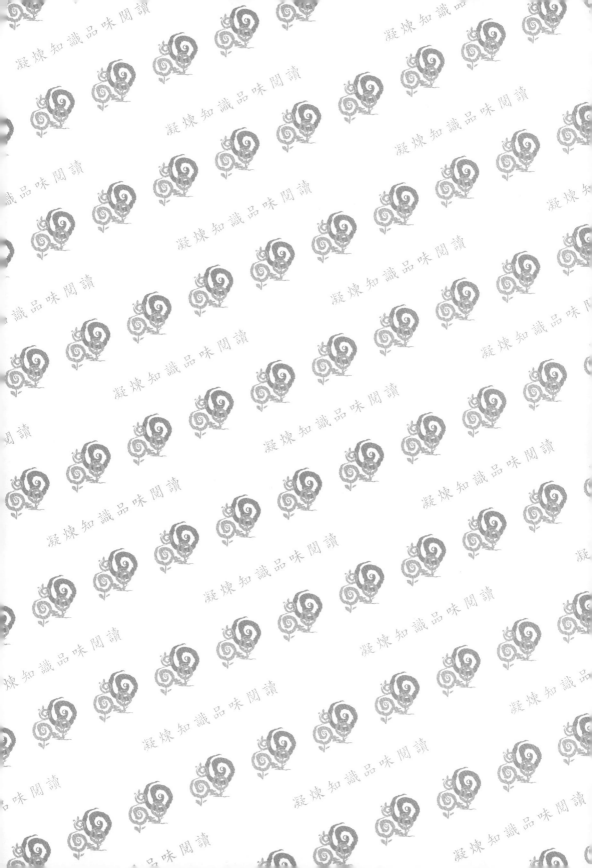

國際私法研究會叢書（六）

國際環境仲裁法理論與實踐

鄒純忻 著

五南圖書出版公司 印行

會長序

　　自2020年全球新冠肺炎疫情及國際風雲變幻，面臨嚴峻挑戰，咱們法律人面對人類命運共同體、全球治理與大城市市場治理理論與實踐變革、國際公共衛生安全與醫療倫理、國際民商事新秩序、俄羅斯烏克蘭與以色列黎巴嫩戰爭、國際環境保護（Environmental）、社會責任（Social）和公司治理（Governance）（簡稱ESG）三個面向具體化等諸問題。在台灣有識者面對未來十年「兩岸三地四法域五大洲」之複雜問題，共同加強國際公法、國際私法、國際經濟法、國際環境法、國際民事訴訟法及國際仲裁法（合稱「六國法」），繼往開來，共同為「六國法」之理論與實務而努力！

　　台灣國際私法學會監事鄒純忻博士著《國際環境仲裁法理論與實務》乙書，即是長期精進「六國法」理論與實務之結晶，應具體說明者：

　　一則就自「實體國際法學」調整到「程序國際法學」之學術視角：在「人體構造論中」兩腳為「或審或裁原則」，即爭議解決方式有訴訟、仲裁、和解、調解（Conciliation）、迷你法庭（Mini-trial）、爭議審查委員會（Dispute Review Board）、技術性專家鑑定（Technical Expert Appraisal）、爭議顧問（Dispute Advisor）等，凡是用「訴訟」以外之方式解決紛爭，概可稱為紛爭解決可替代模式（Alternative Dispute Resolution，簡稱ADR）。本書集中在《國際環境仲裁法學》之理論體系，敬佩願為我國《國際環境仲裁法學》催生的雄心壯志！

　　二則就ESG在國際環境法的發展而言：自1960及1970年代重視勞工權利問題，推出「責任投資原則」，1999年聯合國秘書長科菲‧安南（Kofi Anan）倡議將「營利」自公司主觀角度轉換爲客觀「群體利益」思維。迨至2004年聯合國全球契約（UN Global Compart）首次具體化爲環境保護（Environmental）、社會責任（Social）和公司治理（Governance）三個面向，ESG標準逐漸形成，許多投資機構開始發布ESG報告，ESG評分系統也應運而生。又在2015年，聯合國發布《2030永續發展議程》（United Nation 2030 Agenda for Sustainable Development），設立以2030年「永續發展」爲目標之17項質性發展目標（SDGs, Sustainable Development Goals），實質強化ESG相關資訊揭露義務。2022年11月聯合國氣候變遷大會（COP27）在極端氣候肆虐全球，如何補償過去、適應當下、應對未來，如何「三管齊下」以人爲本拯救氣候，應對氣候危機／Mitigation、提升氣候適應力及韌性／Adaptation & Resilience，以及補償氣候損失和損害／Loss & Damage。又聯合國對「淨零」2050年發展目標主要集中在實現環境永續發展性，企業更減少碳足跡及碳中和，實現淨零排放，並採用可再生能源，資源回收和循環經濟爲主流；科技與創新方面，利用人工智慧和大數據等技術提升ESG數據之收集與報告能力，從而更好地監測和評估ESG表現。

　　三則就社會責任與碳排氣候變遷因應政策與法制而言：我國在2018年8月《公司法》第1條增訂第2項謂：「公司經營業務，應遵守法令及商業倫理規範，得採行增進公共利益之行爲，以善盡其社會責任。」蓋公司在法律設計上被賦予法人格後，除了能成爲交易主體外，另一層面意義在於公司能永續經

營，有17世紀成立至今數百年之公司，其經濟影響力亦日漸深遠，已經是與人類生活息息相關之商業組織。尤其大型企業，更可與國家平起平坐，其決策之影響力，常及於消費者、員工、股東，甚至一般民眾。舉凡企業所造成環境污染、劣質黑心產品造成消費者身心受損害等，不一而足。且中外多數國家均認為公司有社會責任，其社會責任內涵包括：公司法令遵守；應考量倫理因素，採行一般被認為係適當負責任之商業行為；得為公共福祉、人道主義及慈善之目的，捐獻合理數目之資源。其次《公司法》第20條及《證券交易法》第36條第4項授權訂定之《公開發行公司年報應行記載事項準則》已明定公開發行公司年報中「公司治理報告」應記載履行社會責任，鑑於推動公司社會責任已為國際潮流及趨勢，導入公司應善盡社會責任之理念；且2015年7月《氣候變遷因應法》以因應全球氣候變遷、制定氣候變遷策略，降低與管理溫室氣體排放，落實善盡共同保護地球環境之責任，並確保國家永續發展，依第四章「減量對策」，2024年8月政府公告《碳費收費辦法》、《自主減量計畫管理辦法》及《碳費徵收對象溫室氣體減量指定目標》之碳費三項子法，2025年1月1日公告生效，2026年5月繳交2025年排放量碳費。充分表現國際環境問題之全球性，因為生態系是一個整體，不論在何處發生之環境污染或生態破壞，均係影響人類生存發展之人類命運共同體。

台灣國際私法學會會長　賴來焜

於2024年10月南京老門東漫心府

自　序

自1987年世界環境與發展委員會提出，並於聯合國第四十二屆大會公布的報告——《我們共同的未來》，提出了永續發展的概念：所謂「永續發展」是指既滿足當代人的需要，又不損害後代人滿足其需要的能力的發展。而永續發展的三大面向，包括了環境保護、社會責任及公司治理。由於近年來嚴重異常之天氣變化，在全世界產生頻繁之驟雨、洪澇、乾旱、熱浪等問題，使得氣候災害更加嚴重且普遍，因此，其中環境保護成為目前最急需處理的問題。然而，環境問題若只從國內法之角度處理，肯定是不夠的，問題最終解決必須躍至國際領域，以「命運共同體」為基本視角，透過共同努力創建國際規則，讓整個國際社會一同面對如此嚴峻之環境問題，始能有效過止地球環境受到污染和破壞而繼續惡化，朝向永續發展之目標前進。

揆諸本書《國際環境仲裁法理論與實踐》，即旨在研究如何利用「國際仲裁」此種爭端解決方式，使國際環境爭端能更加妥適地解決，使地球環境能有更好的保護。因為我們只有一個地球，任何人都無法自身於事外。而本書將國際環境爭端以仲裁解決之方式稱為「國際環境仲裁」。因為國際環境爭端具有以下與其他的國際爭端不同之特點：一、跨界性：環境爭端往往因為大氣環流以及水的流動而具有跨界性；二、不確定性與不特定性：許多環境危害具有潛伏性，短時間內無法顯現，非但損害之不確定性高，受害對象也相當不特定；三、不可逆轉性：一旦造成環境損害，經常是不可逆轉的；四、各領域之

相互交錯性：國際環境爭端往往會涉及生物、天文、地理、化學，甚至是遺傳工程領域，也會同時與海洋法、國際水法、國際經濟法、國際發展法、國際投資法等相互交錯，因此國際環境爭端往往與其他領域之爭議緊密相關；五、高度科學技術性：環境問題之解決需要高度之科學技術；六、整體性：國際環境爭端如何有效解決，卻又不至於造成更嚴重之環境污染和生態破壞，往往牽一髮而動全身，環環相扣；七、適用主體多樣性：國際環境爭端涉及之主體，不僅只有國家，尚包括了政府間國際組織、非政府間國際組織及自然人與法人；八、全球性：由於生態系統是一個整體，因此不論在何處所發生之環境污染或生態破壞，均係影響人類生存與發展之全球性問題。

　　基於以上國際環境爭端之特點，國際仲裁在解決國際環境爭端方面更具優勢與特色，包括解決了《國際法院規約》關於程序主體之限制問題，加上國際仲裁程序較為靈活的特色，將可使得國際環境爭端之解決更有效率。

　　然而，國際仲裁在面對國際環境爭端之特點，仍存有一定之挑戰，諸如：公域環境不屬於任何國家管轄，且人煙稀少，甚至沒有直接受害人，如何透過國際仲裁過止公域環境污染或破壞之行為？再者，由於氣候變遷具有不確定性，國際仲裁無法在此發揮作用，但是否有機會透過國際投資仲裁之方式，產生間接強制國家履行環境保護義務之結果，而讓國際仲裁在此議題上發揮一定之作用？值得探討。

　　最後，由於國際間並無專門處理國際環境爭端之常設機構，導致國際環境爭端往往會尋求其他之爭端解決機構，但是這些機構成立之目的若非基於環境保護，往往會忽略了環境保護之重要性，但不論是經濟發展或人權保障，均與環境保護是

相輔相成之議題，不可偏廢，沒有良好之生活環境爲基礎，經濟如何高度發展也是枉然。因此，本書認爲若能有專門爲國際環境爭端設置的常設仲裁機構，受理涉及國家、政府間國際組織、非政府間國際組織及個人之國際環境爭端，制定適合解決國際環境爭端之仲裁規則，從國際環境法之觀點妥適解決國際環境爭端，方能朝向永續發展之目標前進。

鄒純忻

2024年8月1日

目錄

第一章
導　論

第一節　爲我國《國際環境仲裁法學》催生

　　現今國際環境爭端之發生已經越來越頻繁，而所謂「國際環境爭端」是指各種人類行爲造成之環境污染和生態破壞，因此產生跨界之環境爭端。相對於其他爭端而言，國際環境爭端具有更不易解決之特點：例如許多環境危害是屬於潛伏性的，短時間內無法顯現，非但損害之不確定性高，受害對象也相當不特定；再者，國際環境爭端也具有高度科學技術性及學科邊緣綜合性，除了與海洋法、國際發展法、國際經濟法、國際投資法相互交錯之外，亦與天文學、地理學、生物學、環境科學、環境倫理學、物理學、化學、經濟學等學科有密切關聯；此外，國際環境爭端往往錯綜複雜、環環相扣，甚難從單一層面處理，且又摻雜法律、社會及政治因素，導致問題更加複雜，解決難度更高。而國際環境爭端之產生，若能以政治解決方式，包括透過協商、談判、斡旋、調停等，完成爭端之解決，相信絕對是國際社會最希望達到之結果。但是，若沒有中立性之公正單位出具正式判斷，認定行爲方確實有違反國際環境法，而要求停止其行爲，甚至明確計算出應給付之金額用以彌補損害，恐怕顯然難以協商、談判、斡旋、調停等方式要求行爲方遵守其義務，甚至要求其賠償。因此，使國際環境爭端有更適當之解決途徑，實爲目前刻不容緩之工作。

　　再者，國際間許多條約之簽訂，包括《聯合國氣候變化綱要公約》、《保護臭氧層維也納公約》、《遠距離跨界大氣污染公約》、《生物多樣性公約》、《防治荒漠化公約》及《聯合國海洋法公約》等，均在使國際法主體承擔國際環境法之權利和義務。然而，若要讓國際法主體確

實遵守相關之環境義務，以及實現其在國際環境法上之權利，救濟制度是絕對不可缺少的。

在國際環境爭端發生之際，損害所及者，不僅只有國家，尚包括個人。雖然傳統國際法上，對於個人之主體地位尚有爭議，但依據1972年《斯德哥爾摩人類環境宣言》、1992年《里約熱內盧環境與發展宣言》、1992年《21世紀議程》，以及《世界人權宣言》、《非洲人權憲章》、《美洲人權公約》等國際文件，近代學者多認為個人之環境權益已普遍受到承認，換言之，每個人都能主張其應享有生活在良好環境之權利。然而權利之落實有賴於救濟制度之建立，以目前國際間最受重視之國際法院而言，依據《國際法院規約》，僅有國家才能成為國際法院之訴訟主體，國家以外之實體均無法利用國際法院進行救濟程序。至於依據《聯合國海洋法公約》成立之國際海洋法法庭，雖然放寬了程序主體之限制，然因國際海洋法法庭之管轄範圍仍僅限於涉及海洋方面之爭端，但是國際環境爭端未必均涉及海洋，尚有大氣污染、生物多樣性之減少、土壤荒漠化等爭議，仍無法透過國際海洋法法庭加以處理，因此國際環境爭端之解決，尚須尋求更適當之爭端解決方式。

基於國際仲裁亦屬法律解決方式，且個人、政府間國際組織、非政府間國際組織在仲裁程序均具有主體地位，只要爭端當事方之間成立仲裁協議，即可透過仲裁解決爭端，而避免了《國際法院規約》關於程序主體之限制問題，以及國際海洋法法庭管轄範圍之限制問題。因此，國際仲裁也許是解決國際環境爭端更佳之途徑。

況且，目前包括1969年《國際干預公海油污事故公約》、1973年《國際防止船舶造成污染公約》、1985年《保護臭氧層維也納公約》、1986年《關於保護南太平洋地區自然資源和環境公約》、1992年《聯合國氣候變化綱要公約》及1993年《生物多樣性公約》等，均採用國際仲裁作為爭端解決方式。由此觀之，實務上也認同國際仲裁為解決國際環境爭端之良好途徑。

雖然目前關於國際仲裁之研究成果已經相當豐碩，屬於相對成熟之領

域，然而大部分之研究均著重在於國際經濟、貿易領域，以及跨國界私人間商務領域，尤其在《外國仲裁判斷之承認及執行公約》（*Convention of the Recognition and Enforcement of Foreign Arbitration Awards*，又稱《紐約公約》）生效之後，仲裁之適用更為普遍，其相關之研究更是蓬勃發展。相對於國際環境法之領域，雖然不乏以仲裁程序解決國際環境爭端之案例，包括1941年特雷爾冶煉廠案（*Trail Smelter Case*）、1957年拉努湖仲裁案（*Lanus Lake Case*）等，都是非常著名之案例，但是對此大部分之研究仍著重在於該案例在實體法上形成之國際環境法原則，而就國際環境爭端之解決途徑等問題，目前尚無專門之著作進行深入研究。

　　再者，由於國際環境爭端的特點，其中之一即在於受損害之主體不僅只有國家，也包括個人，因此國際環境爭端可能存在於國家與國家之間，亦可能是國家與其他實體之間。隨著1965年《解決國家與他國國民間投資爭端公約》（*Convention on the Settlement of Investment Disputes Between States and Nationals of Other States*）生效後，突破了傳統國際法之觀點，使個人得以仲裁方式追究國家之國際法責任，並且得向國家請求賠償，實為國際法上一重大突破，也因此有許多國內外之專著對此有諸多研究。然在國際環境法領域中，雖然承認個人之環境權益，但如何在救濟程序上保障個人之環境權益，以及如何在仲裁程序中追究國家在國際環境法上之責任，均缺乏相關之研究。

　　雖然實務上涉及環境爭端之案例為數不少，但以國際環境法之觀點加以妥善解決者並不多，本書認為有以下幾個原因：首先，由於國際間並無專門處理國際環境爭端之機構，因此當國家間發生環境爭端時，除非涉及《聯合國海洋法公約》之爭議，並提交至國際海洋法法庭以外，該爭端通常會以國際法院為爭端解決機構。然而，國際法院之法官雖均為國際法之專家，但未必係國際環境法之專家，其判決恐未能從國際環境法觀點妥善解決之；再者，由於國際爭端很少被歸類為純粹之國際環境爭端，因為國際環境爭端往往會牽涉到其他領域，例如國際經濟法、國際投資法，甚至國際人權法，由於這些領域已有特定的爭端解決機構，故通常即以該特定

的爭端解決方式處理，然其裁決結果往往忽略國際環境法中應考慮之原理原則，甚至與國際環境法之原則相扞格。

由此觀之，因審判者之專業背景在國際環境爭端解決中是相當重要之一環，爲此，學界曾經提出三種方式解決此等問題：第一種方式，是修正目前之規範，使其適用於國際環境爭端；第二種方式，是直接成立世界環境法院，由國際環境法之專家擔任法官，來解決審判者專業背景之問題；第三種方式，則是成立專門處理國際環境爭端之仲裁機構，讓爭端當事方自行選任仲裁人進行審理。本書以爲，第一種方式雖然變動最小，但牽一髮而動全身，修正之規範未必能完全適用於國際環境爭端之外，甚至可能影響其他領域之爭端解決；第二種方式，則因法院之組織必須有一定人數之法官編制，其經費來源及在選任法官上各國角力之問題，成立之路遙遙無期，更何況，法官有固定人數限制，但國際環境爭端所涉領域甚廣，恐仍非在固定人數法官之專業範圍內。然而，國際間成立一個專門處理國際環境爭端之機構，著實有其必要性，故本書認爲，若能採取第三種方式，成立專門處理國際環境爭端之仲裁機構，由雙方自行選任仲裁人，以仲裁方式解決國際環境爭端，應爲較適當之解決方案。

有鑑於未來國際環境爭端之產生將會越來越頻繁，國際間對於國際環境爭端之解決必然更加重視，本書以期對此提出相關研究結果，希望能藉此達到有效處理國際環境爭端作出貢獻，完善國際環境爭端之解決方式，並且爲我國《國際環境仲裁法學》催生。

第二節　國際環境仲裁法學之體系論

一、國際環境爭端解決方式之總覽

按國際環境爭端解決之原則與方式，依《聯合國憲章》第2條第3款的基本原則：「各會員國應以和平方法解決其國際爭端，俾免危及國際和

平、安全及正義。」及第33條要求國家間有和平解決爭端的法律義務，明文規定：「一、任何爭端之當事國，於爭端之繼續存在足以危及國際和平與安全之維持時，應儘先以談判、調查、調停、和解、公斷[1]、司法解決、區域機關或區域辦法之利用，或各該國自行選擇之其他和平方法，求得解決。二、安全理事會認為必要時，應促請各當事國以此項方法，解決其爭端。」[2]國際爭端之解決方法有二類：(一)強制解決方式：係指一個國家為迫使另一個國家接受其所要求之解決爭端辦法，其帶有若干強制性之方法，包括有反報、報復、干涉及平時封鎖[3]；(二)非強制解決方式：其又可分為政治方式與法律方式。政治方式又稱外交方式，在國際法學家所支持採用者，包括談判（negotiation）、斡旋（good offices）、調停（mediation）、調查（enquiry）和調解（conciliation）等幾種或混合使用

---

[1] 「公斷」（arbitration），係《聯合國憲章》中文本的譯法，就我國仲裁制度與仲裁法之沿革而言：(一)光緒29年（1903年）清政府頒行《商會簡明章程》，賦予商會商事「公斷權」；(二)民國2年（1913年）北洋政府頒行《商事公斷處章程》，且由商會制定了《商事公斷處辦事細則》，商事仲裁逐步定型化；(三)民國10年（1921年）北洋政府頒行《民事公斷暫行條例》，奠定商事仲裁法制化基礎；(四)民國24年（1935年）國民政府承認並修訂北京政府公布之《民事公斷暫行條例》，仲裁制度之法制於焉完備；(五)民國44年（1955年）9月5日中華民國商務仲裁協會成立，專職處理商事爭端仲裁業務；(六)民國50年（1961年）1月20日《商務仲裁條例》公布實施，現代化《仲裁法》制度遂初步完成；(七)民國87年（1998年）6月24日《仲裁法》修正公布，全文計有56條，即為現行《仲裁法》。然《聯合國憲章》係1945年10月生效，當時中國法制均將「arbitration」譯成「公斷」。見：劉鐵錚：〈聯合國外國仲裁判斷之承認與執行之研究〉，載其著《國際私法論叢》（3版），三民書局，1984年6月，第279頁以下；王寶輝：〈仲裁人倫理經驗談〉，載《仲裁報季刊》2007年6月第4期，版3。

[2] 丘宏達 著：《現代國際法》（修訂3版），三民書局，2019年4月，第1005頁以下；林燦鈴 著：《國際環境法》（修訂2版），人民出版社，2011年11月，第222頁以下。

[3] 《聯合國憲章》第2條。端木正 主編：《國際法》，北京大學出版社，1997年9月，第407頁以下；林燦鈴 著：《國際環境法》（修訂2版），人民出版社，2011年11月，第224-226頁。

此幾種非裁判性之解決方式[4]；又國際環境爭端法律解決方式，包括國際司法解決及準司法解決之方式[5]。隨著國際形勢發展，法律解決國際環境爭端之方式越來越受到重視，國際環境仲裁將成爲最重要的國際環境爭端解決方式，故本書以《國際環境仲裁法學》爲研究主題。

二、國際環境仲裁法學之體系

按《國際環境仲裁法學》應包括下列具體內容：(一)基礎論：國際環境仲裁法學之定義、概念、性質、法源、分類、仲裁類似機制（調解與調停、專家鑑定）[6]、仲裁程序與訴訟程序之區別等重要基本問題；(二)主體論：國際環境仲裁制度與主體有關者，包括仲裁人（仲裁人之資格、仲裁人之基本條件、仲裁人之公正獨立性與仲裁人之倫理規範）[7]、仲裁庭（仲裁庭之人數、選定方式、主任仲裁人之選定、更動、仲裁庭組成後之法律效果）、仲裁機構、主管機關與法院（保全及救濟制度之裁判權）[8]；(三)客體論（標的論）：國際環境仲裁制度與客體（標的）有關者，涉及案件仲裁容許性（又稱「可仲裁性」，有主觀之仲裁容許性與客觀之仲裁容許性）[9]、仲裁協議（仲裁條款之基本類型、形式、自主原

4　丘宏達 著：《現代國際法》（修訂3版），三民書局，2019年4月，第1006-1012頁；王鐵崖 等編著：《國際法》（初版），五南圖書，1995年2月，第552頁以下；林燦鈴 著：《國際環境法》（修訂2版），人民出版社，2011年11月，第226-230頁。

5　林燦鈴 著：《國際環境法》（修訂2版），人民出版社，2011年11月，第230-238頁；馬驤聰 主編：《國際環境法導論》，社會科學文獻出版社，1994年2月，第66頁以下；丘宏達 著：《現代國際法》（修訂3版），三民書局，2019年4月，第1012-1056頁以下。

6　理律法律事務所 著，李念祖、李家慶 主編：《訴訟外紛爭解決機制》（初版），三民書局，2012年2月，第5頁以下。

7　藍瀛芳 著：《比較的仲裁法(上)》（初版），元照，2018年11月，第764頁以下；理律法律事務所 著，李念祖、李家慶 主編：《訴訟外紛爭解決機制》（初版），三民書局，2012年2月，第22頁以下。

8　藍瀛芳 著：《比較的仲裁法(上)》（初版），元照，2018年11月，第696頁以下。

9　同上註，第337頁以下。

則、解釋原則、效力與消滅）[10]、仲裁請求權、仲裁權與仲裁費[11]；(四)法律關係論：所謂法律關係（Rechtsverhältnis），非但是法律秩序之實質內容，亦是法所規律的人與人間生活關係[12]，在國際環境仲裁法律關係中包含基本類型的法律關係（指專案仲裁[13]之仲裁人與當事人間的法律關係）與機構仲裁下之特殊的法律關係（可分為三種法律關係：當事人與仲裁人間的法律關係、仲裁機構與仲裁人間的法律關係、仲裁機構與當事人間的法律關係）[14]；(五)程序論：國際環境仲裁之程序涉及仲裁法庭之組成及程序，依1958年聯合國國際法委員會所擬定《仲裁程序示範規則》（*Model Rules on Arbitral Procedure*）[15]第2條，仲裁協議應包括以下事項：1.爭端提交仲裁之約定；2.爭端之主旨；3.組成仲裁庭之方法與仲裁人人數[16]；(六)效力論：又依前述《仲裁程序示範規則》第35條至第37條規定，仲裁法庭作成仲裁判斷（arbitral award）當然具有與法院判決相同之法律上效力[17]，仲裁判斷書一般與法院司法判決書相同，有主文、理

---

[10] 鄒純忻：〈國際環境仲裁研究〉，中國政法大學國際法研究所博士論文，2022年，第76頁以下。

[11] 就仲裁費用觀察，依我國《仲裁機構組織與調解程序及費用規則》（共有6章57條條文）第25條第1項規定，應按其「仲裁標的」之金額或價額，依下列7款標準逐級累加繳納「仲裁費」。見：柯澤東 著，吳光平 增修：《國際私法》（增訂6版），元照，2020年10月，第333頁以下。

[12] 韓忠謨 著：《法學緒論》（初版），自版，臺灣大學法學院事務處總經銷，1962年7月，第144頁以下。

[13] 或稱「臨時仲裁」。

[14] 藍瀛芳 著：《比較的仲裁法(上)》（初版），元照，2018年11月，第953頁以下。

[15] 計有前言（preamble）5款及38條條文，顯示與一般法院程序相似。

[16] 丘宏達 著：《現代國際法》（修訂3版），三民書局，2019年4月，第1015頁以下；林燦鈴 著：《國際環境法》（修訂2版），人民出版社，2011年11月，第230頁以下。

[17] 依我國《仲裁法》第四章仲裁判斷之執行（第37條至第39條）第37條第1項規定：「仲裁人之判斷，於當事人間，與法院之確定判決，有同一效力。」第2項及第3項規定仲裁判斷得為強制執行。

由及個別或反對意見，當事國應遵照仲裁判斷執行[18]；(七)判斷的監督與救濟論：我國《仲裁法》第五章「撤銷仲裁判斷之訴」（第40條至第43條），蓋處理仲裁判斷欠妥或不合法之問題，我國仲裁法仍採傳統以激烈之撤銷判斷訴訟而委由法院予以處理[19]。然當今已有新觀念思維，歸納如下：一則法院介入與撤銷仲裁判斷並非唯一的救濟方式；二則法院裁判外有其他非司法之監督機制，包括由仲裁機關自行監督、由第二級仲裁庭監督，或由特設仲裁申訴機構監督者，如1979年美國紐約曼哈頓「解決爭議之公資源中心」（Center for Public of Resources, CPR）[20]；三則新思維之司法監督對新的立法影響有二：一為國際立法與其新機制，1985年《聯合國模範法》第34條繼受1958年《紐約公約》第5條，對傳統撤銷仲裁判斷之訴認為過於激烈，賦予法院相當裁量權，得以裁定將仲裁判斷移回原仲裁庭更新仲裁程序，以獲得更佳解決爭端之機會[21]；二為國內法與其特殊機制，亦即從《民事訴訟法》與《仲裁法》中觀之，由於實體法之違反與程序法之違反，有不同之救濟途徑或不同之法律效果，且救濟途徑有積極救濟途徑與消極救濟途徑，此兩種機制並非對立或相互排斥，由於1985年《聯合國模範法》將撤銷判斷事由之積極救濟途徑，和拒絕承認與執行之

---

[18] 丘宏達 著：《現代國際法》（修訂3版），三民書局，2019年4月，第1019頁以下。

[19] 藍瀛芳 著：《比較的仲裁法(下)》（初版），元照，2018年11月，第1764頁以下。

[20] 同上註，第1173-1175頁。

[21] 1985年《聯合國模範法》第34條增加第4項：「法院受理撤銷仲裁判斷之聲請後，如認為適當且當事人如此請求時，得於一定期間內暫時停止進行撤銷程序，俾使仲裁庭得重新進行仲裁程序，或採取仲裁庭認為能除去請求撤銷仲裁判斷之事由的其他行為。」（The court, when asked to set aside an award, may, where appropriate and so requested by a party, suspend the setting aside proceedings for a period of time determined by it in order to give the arbitral tribunal an opportunity to resume the arbitral proceedings or to take such other action as in the arbitral tribunal's opinion will eliminate the grounds for setting aside.）

消極救濟途徑等事由，分開規定在第34條及第36條條文，各國大致仿效其立法方式[22]。

---

[22] 就兩者之性質與目的而言，積極救濟途徑性質上是形成訴訟，原則上應由仲裁地之法院管轄，目的在監督仲裁判斷的合法性，判斷經撤銷，發生判斷效力的喪失，包括執行力等在內一切效力；判斷經發回，原則上停止其效力。消極救濟途徑則是向執行法院聲請判斷的承認與執行事件爲非訟程序，僅歸屬執行地之第一審法院審理，其目的僅使判斷在執行法院不能發生其執行力而已，其對執行事件所提出聲明或聲明異議，係屬《強制執行法》第12條等程序上救濟。見：藍瀛芳 著：《比較的仲裁法(下)》（初版），元照，2018年11月，第1959-1960頁；賴來焜 著：《強制執行法總論》（初版），元照，2007年10月，第533頁以下。

第二章
基礎論：國際環境仲裁之概述

　　基於國際環境爭端之特性，本書認為國際仲裁應為更合適之爭端解決方式。但因目前並無專門處理國際環境爭端之仲裁機構，因此如何使國際仲裁成為有效解決國際環境爭端之途徑，使國際環境爭端能獲得更加妥適之解決，為本書的研究重點，而本書則將國際環境爭端以仲裁解決之方式稱為「國際環境仲裁」。

第一節　國際環境仲裁之界定

一、國際環境爭端之定義及其特點

　　首先，應先定義何謂「國際環境爭端」，方為本書所認為適合以國際仲裁為爭端解決之客體，以明確界定「國際環境仲裁」及其特徵。

(一) 國際環境爭端之定義

　　至於何謂「國際環境爭端」，首先應明確「國際爭端」之定義。王鐵崖教授曾認為，「國際爭端是以國家為爭端之當事者」[1]。然而，若將「國際爭端」定義為僅有國家與國家間之爭端，方為「國際爭端」，從現代國際法之觀點，恐怕其範圍被過度限縮，因為國際法之主體並不限於主權國家，尚包括國際組織，甚至個人，故近期之國際法學者開始有放寬之見解，如中國政法大學周忠海教授在其《國際法》一書中提及，「國際爭端是兩個主體間關於法律上或事實上論點之……矛盾對立。……國際爭端

---

[1]　王鐵崖 等編著：《國際法》（初版），五南圖書，1995年2月，第548頁以下。

涉及國家，也涉及其他國際法主體……[2]」由此定義觀之，其已將「國際爭端」定義爲「國際法主體」間之衝突與對立，不是僅限於「國家與國家」間之爭端方屬於國際爭端。換言之，從國際公法之視角，國際爭端不僅僅是國家與國家間之爭端，尙包括國家與國際組織間之爭端、國家與個人間之爭端等均屬之[3]。然就國際爭端產生在不同領域，又可區分爲國際人權爭端、國際投資爭端、國際海洋爭端、國際貿易爭端、國際劃界爭端，若發生在環境領域者，則爲國際環境爭端[4]。

　　而所謂「環境」，則係指「圍繞人之空間中，影響人類生存和發展之各種自然因素之總體」[5]，其中包括天然的和經過人工改造的，這是環境科學中所認定之「環境」，也是臺灣《環境基本法》[6]與中國大陸《環境保護法》[7]對於「環境」所爲之定義。再從國際法角度觀之，《斯德哥

---

[2] 周忠海 主編：《國際法》（3版），中國政法大學出版社，2017年7月，第362頁以下。

[3] 個人與個人間跨界之爭端，不在本書之討論範圍內。

[4] 這些僅是分類標準，並非有一定之清楚範圍，環境問題涉及領域甚廣，包括國際人權爭端也可能涉及環境問題，例如Urgenda訴荷蘭政府案，雖起訴之依據爲荷蘭國內之人權法，但實質內容卻屬於氣候變化之環境訴訟；而Peter A. Allard訴巴貝多政府案，則是國際投資爭端涉及環境問題之案例；南方藍旗金槍魚案，則是涉及海洋與環境之爭端案例；世界貿易組織稀土案，則是涉及環境問題而產生之國際貿易爭端；至於模里西斯與英國間之查哥斯群島海洋保護區案，則是同時涉及環境與劃界問題。

[5] 《中國大百科全書（環境科學卷）》，中國大百科全書出版社，1983年，第154頁以下。

[6] 《環境基本法》第2條第1項：本法所稱環境，係指影響人類生存與發展之各種天然資源及經過人爲影響之自然因素總稱，包括陽光、空氣、水、土壤、陸地、礦產、森林、野生生物、景觀及遊憩、社會經濟、文化、人文史蹟、自然遺蹟及自然生態系統等。

[7] 中華人民共和國《環境保護法》第2條：本法所稱環境，是指影響人類生存和發展的各種天然的和經過人工改造的自然因素的總體，包括大氣、水、海洋、土地、礦藏、森林、草原、濕地、野生生物、自然遺跡、人文遺跡、自然保護區、風景名勝區、城市和鄉村等。

爾摩人類環境宣言》中，提及「無論是自然環境或是人工環境」，對人類之福祉及人權方面都是非常重要的，又《禁止為軍事目的或其他敵對目的使用改變環境的技術的公約》中規定，「環境」指的是地球，包括地球之生物圈、水圈、大氣圈、岩石圈，以及外太空，都是屬於「環境」[8]。由此觀之，雖然公約或國內法就其所規範之定義並不完全相同，但同樣都認為，不論是天然或是人工改造之各種自然因素，都是「環境」之組成部分，其空間範圍不僅是人類生存之整個地球，尚包含與人類生存有直接、間接影響之外太空，換言之，「環境」應指不論在地球或是外太空，只要與人類生存有所影響之天然或是人工改造過之自然因素，均屬於「環境」之組成部分，因此該自然因素之總體，即為「環境」。

　　至於「國際環境爭端」之定義，在中國政法大學林燦鈴教授之《國際環境法》一書中提及，所謂「國際環境爭端，是指在國際環境領域由於各種人為……造成之污染和破壞而產生……之糾紛。其範圍主要在兩個國家之間，但也可能涉及多個國家或……地區，甚至是全世界」[9]。由此定義觀之，首先，關於非人為造成之污染和破壞，排除在此範圍內，故因氣候變化所造成之連續乾旱或洪澇，其災害結果無法成為國際環境爭端之標的，但是造成氣候變化之原因，例如排放過多之二氧化碳至大氣層內，係人為造成之污染，則屬於國際環境爭端之範圍內。再者，此種人為所造成之污染和破壞，須具有「跨界性」，方會產生「國際」環境爭端。因生態系統是一個整體，所以環境污染造成損害後果所及之範圍，可能不只涉及兩個國家，也可能涉及多個國家，或是整個亞洲地區、歐洲地區，甚至是全世界。

　　而國際環境爭端與其他國際爭端相同的是，亦可分成政治性質與法律

---

[8] 《禁止為軍事目的或其他敵對目的使用改變環境的技術的公約》第2條：第1條所使用的「改變環境的技術」一詞是指透過蓄意操縱自然過程改變地球（包括其生物群、岩石圈、地水層和大氣層）或外太空的動態、組成或結構的技術。

[9] 林燦鈴　著：《國際環境法》（修訂2版），人民出版社，2011年11月，第223頁以下。

性質，而政治性質之國際環境爭端，一般稱爲「不可裁判之爭端」，僅能以談判、斡旋、調停、和解等方式進行，僅有屬於法律性質之國際環境爭端，始能被認定爲「可裁判之爭端」，亦即可以透過國際司法或國際仲裁之方式加以解決。由於國際環境仲裁仍屬於法律解決之方式，因此僅限於國際環境爭端中「可裁判之爭端」始能以國際環境仲裁作爲其爭端解決之方式。

由於國際爭端之主體不限於主權國家，尚包括國際組織及個人[10]，尤其在國際環境爭端中，個人往往是破壞環境、污染環境之主要行爲者，例如跨國公司，其經濟活動極有可能造成環境污染或生態破壞之結果[11]；但換個角度，個人卻也是環境污染造成損害後果之主要承擔者，因此在許多國際重要文件中也都承認個人擁有環境權益。由此觀之，國際環境爭端可能發生在國家與國家之間、國際組織與國家之間，甚至是國家與個人之間。至於國際環境爭端之產生，除了國際法主體進行國際不法行爲所導致之爭端外，尚包括國家所進行者是屬於國際法上不加禁止之行爲，但因此造成其他國際法主體之權益發生損害之結果，甚至只要是其他國際法主體之權益具有可能受到侵害之危險，而可經由國際司法或國際仲裁進行裁判之爭端，均屬於本書所謂「國際環境爭端」之範圍。

綜前所述，本書對於「國際環境爭端」之定義爲：因各種人爲所造成跨界之環境污染或生態破壞，導致國際法主體之權益受到侵害，所因此發生可裁判性之爭端，但損害不以實際上已發生結果者爲限。

---

[10] 本書在此所謂之「國際組織」，包括政府間國際組織及非政府間國際組織，詳見本書第三章第三節及第四節。而在此所謂之「個人」，包含自然人與法人，詳見本書第三章第五節。

[11] Peggy Rodgers Kalas, International Environment Dispute Resolution and the Need for the Access by Non-State Entities, Colorado Journal of International Environmental Law & Policy, Vol. 12, 2001.

(二) 環境問題之特殊性

1. 環境問題之潛在性及科學之不確定性

　　雖然目前科技發展之速度飛快，但是大自然中仍有許多人類無法理解之事物，除非是短時間內發生之意外事故，方能讓人們意識到自己已經向自然環境中排放了太多的成分，超過環境的自淨作用，導致人或其他生物之危害；但是，若環境污染之情況並非短時間內大量排放，而是因為環境污染條件不斷地積累，或者人們對於環境不當地利用，逐漸減少環境中之化學物質和動能，因而降低環境整體之品質，造成生態失衡、資源枯竭、臭氧層破洞、氣候變化、土壤荒漠化、濕地縮減、物種多樣性減少等環境問題，人們很可能在過程中毫無察覺，直到發現時已是無法挽回之災難。換言之，人類有很多行為所造成之危害，是屬於潛伏性的，短時間內根本無法顯現，非但損害不確定性程度相當高，受害對象也無法特定[12]，因此若能在環境污染或生態破壞之萌芽階段即制止其活動，顯然是對於環境保護最好之方法。從爭端解決角度觀之，必須以最快速之方式確認該爭議行為是否有造成環境破壞之危險，否則因為時間的拖延，可能造成環境更嚴重的損害[13]。再者，由於環境問題之潛在性，雖然不能以憑空想像出之危險阻礙人類經濟活動之開展，但也不能以科學之不確定性，即寬泛地容忍所有可能導致環境損害之活動隨意進行，因此，如何在損害發生之前認定該行為是否具有污染環境或破壞生態之可能性，則將會是爭端解決過程中之一大挑戰[14]。

---

[12] 張寶、潘鳴航：〈環境公益訴訟中"公益"的識別與認定－一種反向排除的視角〉，載《中南大學學報》2018年第2期。

[13] 若能在環境污染或生態破壞之萌芽階段即停止該活動，將可避免大規模之環境破壞，因此「預防原則」被稱為國際環境法之「黃金原則」。惟本書認為，除此之外，須更進一步論及：應儘快「確認」該行為是否有造成環境破壞之危險，除臨時措施之實施外，包括裁決程序所需之時間也應格外重視。

[14] 張寶、潘鳴航：〈環境公益訴訟中"公益"的識別與認定—一種反向排除的視角〉，載《中南大學學報》2018年第2期。

2. 環境問題之不可預見性

自工業革命開始，人類即不斷大量地向空氣中排放二氧化碳等溫室氣體，當濃度過高，造成氣候暖化[15]，改變了氣流循環，也改變了降水規律，進而引發熱浪、颶風、洪澇及乾旱，使得一部分地區洪水氾濫、另一部分地區卻乾旱肆虐，除糧食產量因此受影響之外，也會因此引發瘧疾、登革熱等流行性疾病，對人類之危害極大。尤有甚者，因為氣候暖化之結果，導致熱帶雨林正在消失，與此相伴之動植物物種也逐漸在消失中，而生物多樣性之減少，是不可回復的，且某種生物之消失，將影響食物鏈，對人類之影響甚至無法預測。但無論是氣候變遷或是生物多樣性減少之問題，都不是人類在活動伊始就知道可能產生之結果，即使現今已經知悉氣候變遷之原因極有可能來自於溫室氣體之排放，但真正因為氣候變遷造成損害之地區，卻未必是溫室氣體排放過量之地區，而生物物種多樣性減少而改變食物鏈之結果，也同樣是人類所無法預見的。換言之，環境問題涉及無法預見之損害結果，相較於其他國際爭端，其裁判結果更需要全面性之考慮，方能挽救人類之環境。

(三) 國際環境爭端之特點

從工業革命開始，全球經濟得到飛躍之進展，包括糧食之產能增加、醫藥水準之進步、空調及家電之普及，人類之生活環境越來越優渥，因此自20世紀以降，開啟了人類認為自己可以戰勝自然的時代。然而不論是已開發國家工業化程度之快速進展，或是發展中國家積極發展經濟之結果，均導致全球環境之污染加劇，自然資源被快速消耗，但人類卻天真地以為自然資源是取之不盡、用之不竭，而空氣與水源之污染，也會因環境自身之潔淨能力而慢慢消除，或是人們自私地以為只要將污染留在他處，自己之生活根本不會受到任何影響。直到1930年代，發生了所謂「八大公

---

[15] 聯合國政府間氣候變遷專門委員會（IPCC）在2001年提出，過去50年所觀測到之地球增暖之主要原因是人類活動所造成。

害」[16]事件：包括1930年比利時的馬斯河谷工業區，由於有害物質和灰塵造成環境污染，一週內有60多人死亡[17]；1940年代，美國洛杉磯因汽車排放之廢氣中含有碳氫化合物，導致許多市民有紅眼症及頭疼症狀，而由於該氣體在太陽光照射下形成淺藍色煙霧，故被稱為「光化學煙霧事件」；1948年美國賓州多諾拉鎮之空氣污染，導致全鎮總人口將近43%之人發病；1952年英國倫敦因為燃煤所產生之有毒氣體，導致四天內死亡人數超過同期之死亡人數4,000多人；1953年，日本熊本縣發生工廠排放之甲基汞污染了魚貝類，經人食用後，對人類造成中樞神經之疾病，稱之為水俣病；1955年，日本富士山縣因鋁、鋅冶煉廠排放鎘廢水污染，造成居民鎘中毒[18]；1961年，日本四日市因企業所排放之硫氧化物導致大氣污染，因此引發居民之哮喘病；1968年日本米糠油事件，因工廠之疏忽導致米糠油摻雜到有毒之多氯聯苯，導致受害者高達1.3萬人。由於這些事件都發生在經濟及物質文明高度發展之國家，人類才開始察覺，原來經濟高速發展之另一面，竟是造成如此嚴重之後果。此後，又因為蘇聯切爾諾貝利核電廠之洩漏事故，其影響不只在蘇聯，包括歐洲大陸其他國家也因此造成嚴重損害；而瑞士巴賽爾贊多茲化學公司所造成之萊茵河污染事件，則除了瑞士之外，尚波及法國、德國、荷蘭和北海，此時人們方意識到，環境之污染和生態之破壞，並非僅限於人為所劃定之疆界，而是會透過大氣環流

---

[16] 裴廣川、林燦鈴、陸顯祿 主編：《環境倫理學》（初版），高等教育出版社，2002年6月，第358-362頁。

[17] 1930年當時，比利時之馬斯河河谷工業區內有27家工廠，包括有玻璃廠、陶瓷廠、金屬冶煉廠、電廠、化肥廠及化學工廠等，其中有一半以上之工廠使用氟作為原材料。1930年12月1日，大霧籠罩了馬斯河河谷，而馬斯河河谷因位處反氣旋之高氣壓下，在高空中出現了逆溫層，到了12月3日，當地居民開始出現鼻、口、喉嚨、氣管和支氣管疼痛，並伴有劇烈的咳嗽和急促之呼吸，嚴重者甚至呼吸困難、心跳過速、噁心、嘔吐等症狀，當地醫療機構收治超過千名患者，其中60餘名患者先後死亡，直到12月6日霧散之後才緩和。此被認為是20世紀最早被記錄之空氣污染事件。

[18] 這種疾病又稱為「痛痛病」，會導致人體骨骼變軟，導致骨質疏鬆症和慢性腎功能衰竭，由於此種疾病引發骨、關節、脊椎極度疼痛，故該疾病得名於病人之叫喊聲。

與水之流動,影響到全世界。之後又發現臭氧層破洞、全球氣候暖化、酸雨、赤潮、氣候變化、土壤荒漠化、濕地縮減、生物多樣性減少等環境問題,尤其是氣候變遷,更是成為全世界關注之焦點[19]。而自2019年起新冠肺炎(COVID-19)肆虐,全球各國無一倖免,因染疫而導致死亡者已超過上千萬人,各國實施封鎖政策,使人類世界遭受前所未有之衝擊,而這些可能都是因為人類過度利用環境而造成大自然反擊之結果,值得我們深思。

由此觀之,環境污染和生態破壞所造成之影響,並不會因為人為劃定之疆界而侷限於一地,影響所及者是全人類;且許多環境污染及生態破壞具有潛在性,一時間無法顯現出來,之後則會因為逐漸累積,造成不可逆轉之損害;至於人類也並非有意破壞環境,而是在追求經濟發展之同時,其實進行著破壞環境之行為而不自知。因此,環境污染或生態破壞所產生之國際環境爭端與其他國際爭端有所不同,包括以下幾項特點:

1. 環境污染及生態破壞不會侷限於一地,因此環境爭端具有跨界性

地球上所有之水域都是相通的,因此河川上游之污染,可能導致下游之魚群死亡,而空氣也會隨著大氣之環流作用而流動,故工業廢氣排放造成之空氣污染,也會隨著大氣環流飄散至其他地區,整個自然界每一個部分都是相互連結、相互制約,並不會受到人為所劃定疆界之限制。例如地球仰賴二氧化碳存在,始能維持一定的溫度,但因現今工業活動發達之

---

[19] 2021月3月,由歐盟、加拿大及中國聯合主持之第5屆部長級氣候行動會議,除有數十個國家參加之外,最重要的是2021年第26屆聯合國氣候變遷大會(COP26),目標為控制全球未來升溫攝氏1.5度之臨界值,以符合《巴黎協定》之內容。會議決議主要包括承諾減少煤炭使用、減少甲烷排放量、加速轉型零碳排電動車等,並達成2050年淨零碳排之全球共識。2022年第27屆聯合國氣候變遷大會(COP27),則首度將氣候損失與損害納入議程,確定成立氣候基金,請發達國家為發展中國家提供資金之協助,以降低發展中國家適應氣候變遷所帶來之衝擊。2023年第28屆聯合國氣候變遷大會(COP28),更是決議應即以公正、有序及公平之方法(in a just, orderly, and equitable manner)轉型脫離化石燃料,並加速推動再生能源,首次將化石燃料納入規範,別具意義。

結果，導致空氣中二氧化碳之濃度增加。當空氣中二氧化碳濃度過高時，二氧化碳溶入沉澱物中，使沉澱物之PH值小於5.6，則成為酸雨。當酸雨降到地面上，將造成土壤酸化，從而減少土壤中之有機質，進而危害農業。同時，酸雨之危害也會造成水環境酸化，導致魚種不能產卵，水生生物也受到抑制，破壞水生生態系統。此外，山林、建築結構、工業設備、歷史遺跡、文化藝術設施等都將因酸雨而遭受破壞。然酸雨之形成並不會受限在人為所劃定之疆界內，而會因為大氣環流影響到其他地區，並且跨越國界。由此可見，地球環境之每一個組成部分都在相互影響著，任何地區、國家、集團，以及個人都難以獨善其身，也無法擺脫地球獨自享受舒適之自然環境。地球上所產生之狀況和全球環境問題將使所有人成為命運共同體[20]。因此，要解決環境問題，若只從國內法之角度處理，肯定是不夠的，問題最終解決必須躍至國際領域，以「命運共同體」為基本視角，透過共同努力創建國際規則，讓整個國際社會一同面對如此嚴峻之環境問題，嚴格遵守國際環境法上之義務，始能有效遏止地球環境受到污染和破壞而繼續惡化，朝向永續發展之目標前進。

2. 國際法不加禁止之行為也會導致國際環境爭端發生

自工業革命之後，隨著人類社會追求經濟發展之需求下，科學技術之進展可謂一日千里，這些高新技術之利用，使人類社會之工業化程度大幅提高，讓人們脫離貧窮、疾病，但也造成環境污染和自然資源過度開發的結果。例如跨界河流之開發，雖然開發之過程均符合開發國之法令規範，但卻因此造成河水之污染而影響對岸或下游國家[21]；又或者是船舶航行過程中，因艙壓水將不屬於當地之生物帶入後，產生某些生物大量繁殖或死

---

[20] 林燦鈴 著：《國際環境法》（修訂2版），人民出版社，2011年11月，第325-326頁。

[21] 例如：2005年，烏拉圭准許兩家造紙廠在烏拉圭河沿岸建造及營運，但卻引起烏拉圭河對岸之阿根廷認為造紙廠之建造與營運會影響烏拉圭河之水質，而阿根廷之環保團體甚至因此封鎖烏拉圭河上連結兩國之聖馬丁將軍大橋，使得兩國分別向國際法院聲請臨時措施。

亡，而導致跨界之環境污染或生態破壞；又如為核能發電而利用核材料，卻因為核廢料之處置結果造成跨界之環境污染。然而這些活動是人類經濟發展上所需要，也並非國際法所禁止，若依據傳統國際法對於國家責任之見解，以國家是否有違反國際法之行為或不行為作為前提，包括國際犯罪行為，如侵略、違反人道主義、滅絕種族等，以及國際不法行為，如破壞邊界之界標、迫害外國僑民等，在無涉及國際犯罪或國際不法行為者，則將對於這些活動所造成之損害無法追究，因此，中國政法大學林燦鈴教授為此發展出新的國家責任理論，稱之為「跨界損害責任」。林教授所謂「跨界損害責任」，是指國家責任之產生並不取決於是否有違反國際法之行為或不行為作為前提，而是在於是否發生「跨界損害」之事實[22]。由於各國在其本國境內所從事之任何行為，其實彼此均會產生相互之影響，因此只要能夠證明發生「重大」或「顯著」之損害[23]，且損害與行為間有因果關係，即使沒有違反國際法上行為或不行為之義務，仍可追究其國家責任。換言之，國際環境爭端之產生，可能未必是當事國故意違反國際法之義務，即使是各國基於自身經濟發展所需而進行之活動，卻因此導致他國產生重大之損害，只要損害與行為間有因果關係，行為國即應負擔國家責任，實與一般傳統國際法上之國際爭端，有其相異之處。因此，從國家責任的角度觀之，國際環境爭端產生之原因，未必是國家有違反國際法之行為，而是國家即使從事國際法所不加禁止之經濟活動，卻因此造成他國之損害，行為國亦須為此負起國家責任，此亦為國際環境爭端特點之一。

3. 國際環境爭端具有相當強之科學技術性

　　國際環境爭端往往會涉及物理、生物、天文、地理、化學，甚至遺傳工程領域，從海洋資源養護、核能問題、基因食品等議題之探討，亦可

---

[22] 林燦鈴 著：《國際環境法》（修訂2版），人民出版社，2011年11月，第242-253頁。

[23] 例如《在跨界背景下環境影響評價公約》第2條第1項：各締約國應單獨或聯合採取一切適當和有效的措施，以避免、減少和控制擬議活動所造成的「重大」不利跨界環境影響。

看出環境問題之解決極度需要科學技術，包括在判斷哪些行爲可能造成環境污染或生態破壞而應該予以制止，或是判斷哪些新物質可能對於環境或人體造成不良影響而應該加以禁止，其中即涉及諸多領域中之科學技術問題。從國際環境法相關的法律文件觀之，其本身包含許多技術性規範，例如1972年《防止傾倒廢棄物及其他物質污染海洋公約》中，將廢棄物依照其特性及對海洋環境之影響，分成不同之類別，就如何傾棄而有寬嚴不同之規定[24]，如此可以看出，這些規定必須是人類運用科學技術從各領域進行研究，方能認識到哪些行爲或哪些物質可能造成環境污染或生態破壞，以及所造成之污染或破壞之程度，而將此研究結果制定出相應之國際法規範，使得國際環境法與科學技術間之關係越來越緊密。因此，基於國際環境爭端具有高度科學技術性之特點，解決國際環境爭端之裁判者，必須要對於天文學、地理學、物理學、化學、生物學、環境科學等均有所研究，方能預見該爭議之行爲對於環境可能造成之影響，換言之，國際環境爭端之裁判者，不能僅係國際法之專家，而必須爲國際環境法之專家，始能作

---

[24] 《防止傾倒廢棄物等物質污染海洋公約》第4條：In accordance with the provisions of this Convention Contracting Parties shall prohibit the dumping of any wastes or other matter in whatever form or condition except as otherwise specified below: **(a) the dumping of wastes or other matter listed in Annex I is prohibited; (b) the dumping of wastes or other matter listed in Annex II requires a prior special permit; (c) the dumping of all other wastes or matter requires a prior general permit.** 2. Any permit shall be issued only after careful consideration of all the factors set forth in Annex III, including prior studies of the characteristics of the dumping site, as set forth in sections B and C of that Annex. 3. No provision of this Convention is to be interpreted as preventing a Contracting Party from prohibiting, insofar as that Party is concerned, the dumping of wastes or other matter not mentioned in Annex I. That Party shall notify such measures to the Organization. （中譯：根據本公約規定，各締約國應禁止傾倒任何形式或狀態之任何廢物和其他物質，此外，另作如下具體規定：**(a)禁止傾倒附則1所列之廢物及其他物質；(b)傾倒附則2所列廢物及其他物質需要事先獲得特別許可證；(c)傾倒其他廢物或物質需要事先獲得一般許可證。**在發給任何許可證之前，必須慎重考慮附則3中所列舉之所有因素，包括事先研究該附則b節及c節所規定傾倒地區特性。本公約之任何規定不得解釋爲妨礙一締約國在其所管轄之範圍內禁止傾倒未列入附則1之廢物或其他物質，該締約國應將該類措施通知本組織。）

出能真正保護環境之裁判。

4. 國際環境爭端可能造成無法逆轉之損害

　　國際環境爭端中所爭議之行為，可能會造成地球環境不可逆轉之損害，此種特點與其他國際爭端可以用其他方式彌補之情形顯有不同。例如國際貿易爭端中，當雙方修正其行為，改善貿易關係之後，此種損害是可以透過經濟方式予以彌補[25]，但是國際環境爭端所造成之損害結果，卻可能是無法彌補也無法逆轉的，例如為有效保護瀕臨絕種之動植物物種所簽署之《瀕臨絕種野生動植物國際貿易公約》[26]，若締約國未履行該公約之義務，這些瀕臨絕種之野生動植物將可能持續因國際間之貿易行為而危害其生存而遭到滅絕，而任何動植物物種之滅絕，都是無法逆轉之損害。因此，國際環境爭端之解決必須將「預防原則」納入爭端解決之程序中，以避免爭議行為對環境造成不可逆轉之損害。

5. 國際環境爭端與其他領域之交錯

　　由於環境問題會與物理、化學、生物、天文、地理、環境科學、遺傳工程等領域相關，而國際環境法也會同時與海洋法、國際水法、國際經濟法、國際發展法、國際投資法等相互交錯，因此國際環境爭端，往往也涉及其他領域，例如賀爾蒙牛肉案，雖然是屬於國際貿易爭端，但也涉及環境問題；又或是東道國為遵守國際環境法應遵守之義務，而頒布或施行之政策或法令，影響外國投資人之投資，因而發生之國際投資爭端等觀之，國際環境爭端與其他領域的爭端有很大程度上之相互交錯，因此要將某個國際爭端單純歸類為國際環境爭端並非易事；但從環境保護之觀點，即使

---

[25] 在此所謂以「經濟方式彌補」，僅指取消貿易障礙後雙方恢復往來而在經濟上產生之利益，非指以賠款方式進行補償，因WTO之專家組在大部分之案例中，均認為總協議並沒有強制締約方有賠償之義務。見：趙維田：〈論GATT/WTO解決爭端機制〉，載《法學研究》1997年第19卷第3期。

[26] 由於人類經濟社會之發展，物種滅絕之速度不斷加快，而造成物種滅絕之其中一項重要因素，即是國際貿易所引起對野生動植物資源之破壞，故為有效保護瀕臨絕種之物種，因此在1973年國際間簽署了《瀕臨絕種野生動植物國際貿易公約》，該公約並於1975年生效。

與其他領域相互交錯之國際環境爭端，在解決爭議時也應該納入國際環境法之觀點，以避免裁判結果對環境造成危害。

6. 國際環境爭端涉及全人類共同利益

由於生態系統是一個整體，因此不論在何處所發生之環境污染或生態破壞，均為影響人類生存與發展之全球性問題，故環境保護是為了全人類共同之利益，也是為了世世代代人類可以繼續發展之目的，人類應採取一致之行動共同面對現有之危機。因此國際環境爭端所涉及的是人類共同利益，必須從各方面考慮爭議行為對環境造成之影響，也不能因為國際環境爭端涉及其他領域，忽略了爭議行為可能對於環境造成之污染或破壞，因為其所涉及的是人類共同利益，其後果將會由全人類共同承擔。

7. 國際環境爭端涉及主體之多元性

國際環境爭端可能發生在國家與國家之間、國際組織與國家之間，或是國家與個人之間，因此國際環境爭端涉及之主體，不僅只有國家，尚包括了國際組織與個人。由於國際環境法中強調個人擁有環境權益，而在國際環境爭端當中，造成環境污染和生態破壞的也往往是個人，例如跨國公司之經濟活動等，此與其他國際爭端之主體，例如劃界之爭議不涉及個人，顯有不同。且在國際法院「執行聯合國職務時遭受傷害之賠償案」之諮詢意見中，已承認政府間國際組織之主體資格[27]，而在國際環境法中，非政府間國際組織也擔任相當重要之角色，由於其所具備之公益性，本書認為應賦予其更積極之任務：亦即對於可能造成環境破壞之行為，應主動提出國際環境爭端解決，確認該行為是否應該被制止，以保護全人類之利益[28]。

8. 國際環境爭端具有更難解決之特點

國際環境爭端因為涉及範圍之廣、層面之複雜，更甚於其他國際爭

---

[27] 1948年12月3日聯合國大會通過第258(Ⅲ)號決議，請求國際法院發表諮詢意見，而國際法院於1949年4月11日發表該諮詢意見。相關論述請詳參本書第三章第三節。

[28] 關於此部分請參考本書第三章第四節非政府間國際組織之論述。

端。由於人類之經濟活動無法為環境保護而全面停滯，因此必須在多種達成經濟目的之手段中，選擇一個對於環境影響最小之方案，但是環境問題又往往涉及社會和經濟問題，牽一髮而動全身，環環相扣。例如以核能進行發電，係提供國家充足電力最有效之方式，但是核電廠之廢料處理，即有可能產生國際環境爭端，若因此改以風力發電方式達到保護環境之目標，卻可能因風電建設過程中所產生電力稀缺之問題，造成企業缺電而影響投資，而國家卻又採用煤炭發電來補足的方式，結果將造成更嚴重之空氣污染，進而可能產生另一個國際環境爭端。由此觀之，如何有效解決國際環境爭端，讓國際環境法之主體遵守其義務，但卻又不至於造成更嚴重之環境污染和生態破壞，成為國際環境爭端比其他國際爭端更複雜及更難解決之特點。

(四) 國際環境爭端之種類

1. 以國際環境爭端產生之原因為分類標準

以國際環境爭端產生之原因進行分類，可分為兩種：一是跨界之環境污染或生態破壞；二是關於共用資源之開發和利用。

(1) 跨界環境污染或生態破壞之國際環境爭端

關於跨界環境污染或生態破壞，最為經典之案例莫過於特雷爾冶煉廠案（*Trail Smelter Case*）[29]。特雷爾冶煉廠位於英屬加拿大哥倫比亞之特雷爾，是屬於加拿大之公司，為北美洲最大之金屬材料加工廠。從1896年起，工廠開始冶煉鋅、錫等金屬材料。由於精煉化學物質中含有硫粉，因此當精煉後之煙氣進入地球大氣，則變成二氧化硫。到1930年，工廠每天排放600噸至700噸二氧化硫到空氣中。由於蒸汽體伴隨著上升之氣旋向南移動，竟在美國華盛頓州造成嚴重之環境污染，致使該地區之糧食作物、樹木、農場、牲畜和房屋遭受大規模破壞。雖然受害者曾向加拿大提出異

---

[29] 林燦鈴 編著：《國際環境法案例解析》（初版），中國政法大學出版社，2020年，第1-10頁。

議，但一直沒有得到圓滿解決。直到1931年，美國與加拿大方協議將此問題提交給原本在處理兩國邊界問題之「國際聯合委員會」處理。該委員會在1931年發表對於該爭端之建議，認為加工廠對美國所造成之損害達到35萬美元，但此賠償金額是計算到1932年1月1日，而加拿大政府亦同意該報告之結論，願意給付美國35萬美元作為全部損失之賠償。但是，美國卻不同意該報告之建議，因此該爭端並未解決。隨後，1935年4月15日，在「國際聯合委員會」建議下，美國和加拿大簽署了「特別協定」，協議組成仲裁庭解決爭端。仲裁庭組成後，美國明確提出兩項要求：一是要求特雷爾冶煉廠終止對美國華盛頓州之環境污染危害；二是要求加拿大政府賠償美國因環境污染所造成之損失。1938年，仲裁庭作出判斷，根據第一項要求，裁決加拿大政府應採取安裝污染物測量儀等合理措施對其污染行為進行治理，並為特雷爾冶煉廠設置臨時之監督管理制度以減少其污染，至於第二項要求，則裁決加拿大政府應向美國支付自1932年1月1日至1937年10月1日之間，特雷爾冶煉廠對美國華盛頓州造成之損害，共計78,000美元之損害賠償，但賠償範圍之計算僅有開墾土地和荒地之損失。由於美國對該判斷仍不滿意，認為本案法律適用錯誤，因而提出異議。而仲裁庭在1941年作出最後判斷，認為本案並無法律適用錯誤之問題，故仍維持原判斷結果。至於美國所主張1937年至1940年特雷爾冶煉廠對其造成之損害，亦應就其造成之損害為賠償，仲裁庭最終以美國無法證明其所造成之損害為由，駁回關於此部分之請求。

(2) 因共用資源開發和利用產生之國際環境爭端

　　至於共用資源開發和利用產生之爭端，則以2010年巴基斯坦訴印度仲裁案（*Indus Waters Kishenganga*[30]）為例進行說明。該案係因巴基斯坦與印度兩國在喀什米爾地區，持續存在印度河水資源如何分配之爭議，直到1960年，印度和巴基斯坦簽訂《印度河水源條約》（*Indus Water*

---

[30] 林燦鈴 編著：《國際環境法案例解析》（初版），中國政法大學出版社，2020年，第378-386頁。

Treaty），確定締約雙方之控制權範圍：東部三條河流（Sutlej、Beas和Ravi）由印度使用，而巴基斯坦則使用西部三條河流（印度河主幹道、Jhelum和Chenab）。

本案起源於印度在Kishenganga河推行水力發電計畫，建造水力發電系統。由於Kishenganga河雖然位於印度控制之喀什米爾地區，但在流入巴基斯坦管理之喀什米爾地區後，則被巴基斯坦重新命名爲Neelum河，但河水最後將流入Jhelum河。而印度之「Kishenganga河水力發電計畫」（下稱「KHEP」），是要將Gisz山谷中之Kishenganga河（即Neelum河）通過隧道將水源牽引至離河流23公里之發電站。而巴基斯坦亦試圖利用Neelum河推行「Neelum-Jhelum水力發電計畫」（下稱「JHEP」）。但由於印度之KHEP之推行，影響了印度河系統之主幹道——Jhelum河對巴基斯坦之供水，故巴基斯坦於2010年5月根據《印度河水源條約》將爭端提交仲裁。

該案仲裁庭對於印度KHEP之設置及Kishenganga水源之牽引是否符合條約之規定，其判斷認爲，印度必須使其所控制之水源流入由巴基斯坦控制之河流中，亦即，印度使用上游水源必須有所限制，包括KHEP所爲之支流牽引，否則將會影響巴基斯坦所擁有「最低限度」用水之權利。另，該案應適用國際環境法之基本原則——預防原則，即各國都有義務在實施各項發展計畫時，預防或減輕其對環境之重大損害。再者，依據該條約，除了不可預見之緊急情況外，絕對禁止減少備用庫存水量，但印度就該水庫清淤之技術採用「泄降水位沖砂法」（drawdown flushing）[31]，卻會消耗備用庫存之水量。仲裁庭認爲這是水庫清淤之技術問題，故仍允許印度繼續建造KHEP，惟必須確保下游之最小流量，但禁止印度使用「泄降水位沖砂法」清理淤沙；也不得再建造任何會使用到巴基斯坦所控制之西部河川之川流式水力發電廠[32]。

---

[31] 此排淤之方法於2007年曾被中立專家認可KHEP得採用此技術。

[32] KHEP之水力發電方式爲「川流式水力發電」（run-of-river），https://zh.wikipedia.org/wiki/%E5%B7%9D%E6%B5%81%E5%BC%8F%E7%99%BC%E9%9B%BB。

2. 以國際環境爭端之主體為分類標準

另一種分類方式，則是以國際環境爭端所涉及之主體進行分類，可分為國家與國家間之國際環境爭端，及國家與其他實體間之國際環境爭端。

(1) 國家與國家間之國際環境爭端

關於國家與國家間之國際環境爭端，拉努湖仲裁案即為一經典案例[33]。拉努湖（Lake Lanoux）位於法國海拔2,100公尺以上之庇里牛斯山，其湖水流入下游西班牙境內之卡羅河（R. Carol），與塞格來河（R. Segre）匯合後，流入地中海。1956年，法國為了利用拉努湖之湖水發電，決定阻截拉努湖之湖水流向西班牙境內之卡羅河，以增加拉努湖之儲水量，但對於卡羅河減少之水量，則將亞里埃奇河（R. Arriere）之河水引入卡羅河作為解決之方式，以保證其最低流量。但西班牙仍反對法國此項工程，認為法國僅是和西班牙政府交換意見之後即擅自進行，未得到西班牙政府之同意，主張法國違反1866年雙方所簽署之《巴約納條約》（*Bayonne Treaty*）。1957年，兩國決定將此案件提交仲裁。

1957年11月16日，仲裁庭就該案作出仲裁判斷，認為法國依據1866年《巴約納條約》，的確有義務與西班牙政府交換意見並進行磋商，且進行該項活動時應考慮下游國家之利益，但是該項工程位於法國境內，因此即使未得到下游國家之同意，法國仍有權對於其管轄範圍內之活動作出最終決定。更何況，本案中法國不但曾與西班牙交換意見、徵詢其同意之外，並且該工程也已經充分考慮到下游國家之利益，確保卡羅河之最低水量。因此認定法國並未違反雙方所簽訂之《巴約納條約》，並同時強調，西班牙有權要求他國尊重其權利，並且將其利益納入考慮之範圍，而法國雖在其管轄範圍內得行使主權國家之權利，但也不能任意忽略西班牙之利益。

(2) 國家與其他實體間之國際環境爭端

國家與其他實體間之國際環境爭端，包括國家與政府間國際組織、

---

[33] 林燦鈴 編著：《國際環境法案例解析》（初版），中國政法大學出版社，2020年，第164-169頁。

國家與非政府間國際組織,以及國家與個人間之國際環境爭端。就國家與個人間之國際環境爭端而言,則經常與國際投資領域相交錯,例如Peter A. Allard v. The Government of Barbados案[34],本案雖然是因為國際投資產生之爭議,但其爭議涉及環境保護之議題,故亦屬於本文所定義之國際環境爭端。Peter Allard是加拿大人,於1994年在巴貝多南海岸Graeme Hall取得一塊34.25英畝之土地,並在巴貝多註冊成立一間名為Graeme Hall Nature Sanctuary Inc.之公司(下稱「GHNSI公司」),在該地進行生態旅遊項目。值得注意的是,Graeme Hall是巴貝多重要的紅樹林和候鳥棲息地,因此Peter Allard之投資,不但是對Graeme Hall濕地進行環境研究,並恢復該地保護區之自然環境,且為當地居民和遊客提供教育服務等一系列活動,為巴貝多的永續發展貢獻非常多,甚至在2004年4月至2009年3月期間,吸引數以千計遊客前來Graeme Hall。但因巴貝多未能阻止污水排放到濕地,以及保持該地區充足地排水,且對於造成污水之來源也未調查和起訴,就野生動物偷獵者也未起訴追究其責任,故Peter Allard認為,巴貝多顯然無視國內環境法和國際條約中應盡之義務,違反保護其生態旅遊項目之法律標準,未能緩解當地之環境退化,破壞他在巴貝多南海岸34.25英畝天然濕地之投資。因此在2009年9月,Peter Allard指控巴貝多因未能執行其環境法並遵守其環境義務,違反國內法及國際環境法之義務,使其在巴貝多高達3,500萬美元之生態旅遊項目如同被間接徵收,違反加拿大與巴貝多於1996年5月29日所簽署之雙邊投資協議「加拿大─巴貝多雙邊投資條約」(*Agreement between the Government of Canada and the Government of Barbados for the Reciprocal Promotion and Protection of Investments*, Canada-Barbados BIT),且由於巴貝多違反了前開雙邊投資條約,也應認定其未履行在《生物多樣性公約》(*Convention on Biological Diversity*)和《拉姆薩爾公約》(*Ramsar Convention*)下之

---

[34] *Peter A. Allard v. The Government of Barbados* (PCA Case 2012-06), Award (27 June 2012);林燦鈴 編著:《國際環境法案例解析》(初版),中國政法大學出版社,2020年,第50-56頁。

義務，而向常設仲裁法院對巴貝多提出仲裁。

　　仲裁庭認為，由於GHNSI公司仍持續從作為咖啡館用途之項目獲得利潤，因此認定巴貝多並未間接徵收Peter Allard之投資。至於Canada-Barbados BIT中所規定全面保護和安全之標準，仲裁庭則認為，因為巴貝多已採取合理措施保護該地區，特別是透過設立一個保護委員會來保護之方式，已經達到所要求之標準。而巴貝多是否有違反Canada-Barbados BIT規定之其他保護標準，仲裁庭則認為Peter Allard未能提供令人信服之證據，因此駁回該部分之主張。不過該仲裁庭之仲裁判斷特別指出，由於巴貝多是《生物多樣性公約》和《拉姆薩爾公約》之締約方，雖然這並不會因此改變Canada-Barbados BIT下之標準，但是在判斷東道國之國際義務時，這些條約之義務都有相關性，必須同時考慮進去。這樣之判斷理由，讓國際環境條約之締約方所負擔之環境義務，也成為考慮是否違反雙邊投資協定要件之一。

二、國際仲裁之發展及特點

(一) 國際仲裁之發展

　　國際仲裁與斡旋、調停、和解等政治解決方式最大之不同點，在於仲裁判斷對爭端當事方不但具有終局性，也具有拘束力[35]。但與國際司法相較，又因其具有尊重當事人意思之特點，且在程序上更具靈活性，已成為目前國際間相當重要之爭端解決方式。

　　仲裁制度之源起，可以推到古希臘時代。依據希臘史之記載，自紀元前第四世紀起希臘城邦間之爭議，就開始出現以仲裁解決之案例。例如約在紀元前兩百年，Samos城邦與Priene城邦將兩者間一直存在之邊境糾紛，向Rhodes邦國提請仲裁。而Rhodes邦國接受此項聲請之後，即在國民議會中選出五位成員來進行審理。這五位成員在聽取兩個城邦所派出之代表陳述後作出裁判，而Rhodes邦國則將該五位成員之姓名、雙方陳述之

---

[35] 林燦鈴 著：《國際環境法》（修訂2版），人民出版社，2011年11月，第230頁以下。

內容、判斷之理由等，刻在邊界之石碑上。這種以仲裁解決邊境爭議之方式一直在歐洲持續存在，例如在1351年瑞士邦聯成立後，為解決邦與邦之間的邊界爭議，蘇黎世邦與其他邦簽訂仲裁協議，不僅約定仲裁庭成員之選任方式，並表示願意遵守仲裁之結果。而此種方式，已有現今之仲裁制度之雛型，且有部分原則為後來所延續[36]。

　　直到1794年英國與美國簽訂了《英美友好、通商與航海條約》（*Treaty of Amity, Commerce and Navigation*）[37]，則開創了現代國家與國家間仲裁之新時期。《英美友好、通商與航海條約》第6條規定仲裁委員會成立之方式，是由雙方各任命二人，而第五人則依雙方達成之共識進行推派，但若雙方無法達成共識，則以抽籤決定該第五名人選，該規定已成為如今仲裁制度之雛型。自《英美友好、通商與航海條約》之後，有許多條約以及爭議均採用此種方式處理。例如1872年，因美國內戰，英國將其所製造之軍艦賣給美國南方政府，而該軍艦對美國北方之商船進行攻擊，造成美國重大損失，美國聲稱英國違背了應保持中立之義務，因此將該爭議提交至1871年《華盛頓條約》（*Treaty of Washington 1871*）所規定之仲裁方式解決，即為著名之「阿拉巴馬號仲裁案」（*The Alabama Arbitration 1900*），而該案當時之仲裁方式，是由爭端當事國即英國和美國各任命一人之外，其他三人則由義大利國王任命一人、瑞士元首任命一人及巴西元首任命一人，以此五人成立之仲裁委員會，解決雙方之爭議。而英國與美國間關於白令海之相關爭議，當時亦以仲裁方式解決，而該案之仲裁方式，則由美國總統任命兩人，英國女皇任命兩人，法國基於締約方之地位得任命一人，義大利任命一人，瑞典挪威聯合王國任命一人，由此七人成立仲裁委員會，解決該爭議，此即著名之「白令海仲裁案」（*Behring Sea Arbitration*）。由此觀之，自18、19世紀以降，國家與國家間之爭議已開

---

[36] 藍瀛芳 著：《比較的仲裁法(上)》（初版），元照，2018年11月，第19-20頁。

[37] 1794年英國與美國所簽訂之《英美友好、通商與航海條約》（*Treaty of Amity, Commerce and Navigation*），由於當時美國簽約人為John Jay，因此一般也稱為《傑伊條約》（*Jay Treaty*）。

始以仲裁方式解決紛爭，且國際間也逐漸對於以組織仲裁庭此種方式解決爭議，以及如何組織仲裁庭之方式產生共識。

　　直到依據《海牙和平解決國際爭端公約》成立常設仲裁法院（Permanent Court of Arbitration, PCA）後，開始受理與國家間之仲裁案件。自1990年代以後，常設仲裁法院受理了許多邊界爭議及戰後索賠之問題，目前已經成為國家間約定以仲裁方式解決爭議時，優先選定之仲裁機構。嗣後在1958年，聯合國國際法委員會擬定了《仲裁程序示範規則》（*Model Rules on Arbitral Procedure*），規定了有關仲裁庭之組成方式、進行仲裁之程序、適用之法令，以供各國在以仲裁方式解決爭議時採用。而《仲裁程序示範規則》之產生，使當事國選擇以仲裁方式解決爭議時，可以直接採用該規則，而減少許多談判仲裁協議內容之時間，因此更願意以仲裁方式解決爭議[38]。然而常設仲裁法院並非是唯一的仲裁機構，只要雙方同意，仍可將爭議提交到其他仲裁機構，例如美國與加拿大所簽訂《2006年軟木協議》（*2006 Softwood Lumber Agreement*），則約定雙方就協議內容事項如有爭議，不得訴諸世界貿易組織（WTO）之爭端解決機制或《北美自由貿易協定》（*North American Free Trade Agreement, NAFTA*）第二十章之爭端解決程序，但得向倫敦國際仲裁院（London Court of International Arbitration, LCIA）提交仲裁[39]。

　　如今，在各種不同領域中，已有許多條約規定以仲裁為爭端解決方式，例如：1969年《維也納條約法公約》（*The Vienna Convention on the*

---

[38] 丘宏達 著：《現代國際法》（修訂3版），三民書局，2019年4月，第1013頁以下。

[39] *2006 Softwood Lumber Agreement* Article XIV: 6. If the Parties do not resolve the matter within 40 days of delivery of request for consultations, either Party may refer the matter to arbitration by delivering a written Request for Arbitration to the Registrar of the LCIA court. The arbitration shall be conducted under the LCIA Arbitration Rules in effect on the date the SLA 2006 was signed, irrespective of any subsequent amendments, as modified by the SLA 2006 or as the Parties may agree except that Article 21 of the LCIA Rules shall not apply. *See* Gary B. Born, International Arbitration: Law and Practice, Kluwer Law International, 2012, pp. 439, 440.

Law of Treaties）第65條及第66條即規定，若有當事國主張不受條約之拘束，或質疑條約之效力時，爭端當事方應依《聯合國憲章》第33條解決，但若十二個月內未能解決，雙方得提請國際法院裁決之，但當事國同意將爭端提交仲裁者，不在此限[40]；又依據《聯合國海洋法公約》（*United Nations Convention on the Law of the Sea*）第287條規定，關於該公約之爭端，締約國得提交至國際法院、國際海洋法法庭、按照《聯合國海洋法公約》附件七組成之仲裁庭，以及按照《聯合國海洋法公約》附件八組成之特別仲裁庭解決爭議[41]；1971年《制止危害民航安全之非法行為公約》（*Convention for the Suppression of Unlawful Acts against the Safety of Civil Aviation*），又稱為《蒙特婁公約》（*Montreal Convention*）第14條規定，締約國間之爭執，如無法經由談判解決，應提交仲裁，但如六個月內，當事國對於仲裁之組成未能達成共識，當事國得將爭議提交國際法院審理[42]；1979年《消除對婦女一切形式歧視公約》（*The Convention on the*

---

[40] 《維也納條約法公約》第65條：1.當事國依照本公約之規定援引其承受條約拘束之同意有誤為理由，或援引非難條約效力、終止退出或停止施行條約之理由者，必須將其主張通知其他當事國。此項通知應載明對條約所提議採取之措施及其理由。2.在一非遇特別緊急情形不得短於自收到通知時起算三個月之期間屆滿後，倘無當事國表示反對，則發出通知之當事國得依第67條規定之方式，實施其所提議之措施。3.但如有任何其他當事國表示反對，當事國應藉《聯合國憲章》第33條所指示之方法以謀解決。4.上列各項絕不影響當事國在對其有拘束力之任何關於解決爭端之現行規定下所具有之權利或義務。5.以不妨礙第45條為限，一國未於事前發出第1項所規定之通知之事實並不阻止該國為答覆另一當事國要求其履行條約或指稱其違反條約而發出此種通知。《維也納條約法公約》第66條：倘在提出反對之日後十二個月內未能依第65條第3項獲致解決，應依循下列程序：(甲)關於**第53條或第64條之適用或解釋之爭端之任一當事國得以請求書將爭端提請國際法院裁決之，但各當事國同意將爭端提交公斷者不在此限**；(乙)關於本公約第五編任一其他條文之適用或解釋之爭端之任一當事國得向聯合國秘書長提出請求，發動本公約附件所定之程序。

[41] 請詳參本書第五章第二節關於《聯合國海洋法公約》之仲裁規則研究。

[42] 《制止危害民航安全之非法行為公約》第14條：1.**如兩個或幾個締約國之間對本公約之解釋或應用發生爭端而不能以談判解決時，經其中一方之要求，應交付仲裁**。如果在要求仲裁之日起六個月內，當事國對仲裁之組成不能達成協定，任何一方可按照國際法院規約，要求將爭端提交國際法院。2.每個國家在簽字、批准或加入本公約

Elimination of All Forms of Discrimination against Women）第29條規定，締約國間對於本公約爭議，如不能經由談判解決，應交付仲裁。但如六個月內，當事各方未能就仲裁庭之組成達成共識，得將爭議提交國際法院[43]。

　　由此觀之，包括海洋法領域、航空太空法領域、人權領域中均有將仲裁約定為爭端解決方式，可見仲裁制度在國際間已運用地相當普遍而頻繁，然而要讓仲裁發揮爭端解決之功能，重點在於得到各當事國對於仲裁判斷之信賴，因此仲裁制度在各個不同領域之運用，應依據該領域之特點作相應性之調整，方能增強爭端當事方之信服度，也才能讓各當事方自願執行該判斷結果。

(二) 國際仲裁之特點

　　國際仲裁屬於以法律解決爭端方式之一，與談判、協商、斡旋、調停等政治解決方式不同。由於政治解決方式，往往僅取決於爭端當事方之政治實力，若無公正之第三方依法來判斷是非曲直，甚難終局解決該爭端。然而隨著國際間越來越重視國際法之趨勢下，爭端當事方也越來越有意願以法律方式解決爭端。第一，國際仲裁屬於法律解決方式之一，與國際司法相同者，在於仲裁庭所作成之仲裁判斷，對於爭端當事方均具有拘束之效力；第二，爭端當事方之間必須要有仲裁協議，始能將爭議提付仲裁解決，故爭端當事方只要願意成立仲裁協議，通常就會願意遵守判斷結果；

　　時，可以聲明該國不受前款規定之約束。其他締約國對於任何作出這種保留之締約國，也不受前款規定之約束。3.按照前款規定作出保留之任何締約國，可以在任何時候通知保存國政府撤銷這一保留。

[43] 《消除對婦女一切形式歧視公約》第29條：1.兩個或兩個以上之締約國之間關於本公約之解釋或適用方面之任何爭端，如不能談判解決，經締約國一方要求，應交付仲裁。如果自要求仲裁之日起六個月內，當事各方不能就仲裁之組成達成協議，任何一方得依照《國際法院規約》提出請求，將爭端提交國際法院審理。2.每一個締約國在簽署或批准本公約或加入本公約時，可聲明本國不受本條第1款之約束，其他締約國對於作出這項保留之任何締約國，也不受該款之約束。3.依照本條第2款之規定作出保留之任何締約國，得隨時通知聯合國秘書長撤回該項保留。

第三，仲裁程序具有尊重當事方意思之特點，因此爭端當事方可以自由選擇仲裁機構、仲裁人、仲裁規則，以及應適用之法律，且因仲裁人是由爭端當事方自行選任，故屬於非專職性的，與法院之法官屬於專職性之情形顯然有所不同，爭端當事方可以選任自己認為更具專業性、更具公正性之仲裁人[44]。

由於國際仲裁相當尊重當事人之意思，故仲裁之進行，包括仲裁庭之組成、交付仲裁之爭議、仲裁庭管轄權之範圍、爭端應適用之實體法、進行仲裁之程序、仲裁地、仲裁費用之分擔等，基本上均由爭端當事方自行約定，因此仲裁程序相較於訴訟程序而言，更具有靈活性。由於國際環境爭端往往涉及損害之不可逆轉性，因此需要更快速地取得判斷結果，以避免環境遭到更嚴重的破壞，而國際仲裁透過雙方協議程序之進行及法律之適用，更能有效地控制進程，避免冗長而無效的程序。再者，組成仲裁庭之仲裁人得由爭端當事方自行選任，實為國際仲裁相當重要的特色之一。因司法制度中，法院之組成必須有固定人數之法官，審判程序也是由法院之法官進行，但國際仲裁原則上是由爭端當事方自行選任仲裁人組成仲裁庭，且即使有仲裁人名單，通常也不會強制要求必須從名單上選任[45]，因此仲裁人基本上並非專職性。由於此種方式，使爭端當事方可以選任自己認為更具專業性、中立性、公正性之人擔任仲裁人，組成仲裁庭，如此將更能提升爭端當事方對於仲裁判斷之信服度，使其願意遵守該判斷結果。此外，基於國際環境爭端與其他領域高度相互交錯之特性，若能由爭端當事方自行選任裁判者，將更能符合裁判者具備專業性之要求，進而作出維護環境使得人類能永續發展之判斷，亦屬於國際仲裁在環境保護中發揮之重要作用。

---

[44] 周忠海 主編：《國際法》（3版），中國政法大學出版社，2017年7月，第367頁以下。

[45] 例如常設仲裁法院之仲裁規則，包括《2012年常設仲裁法院仲裁規則》以及《常設仲裁法院仲裁有關自然資源和／或環境爭端之任擇性規則》，雖設有仲裁人名單，但均未要求爭端當事方必須從名單上選任。

目前在國際環境法領域中，已有相當之條約約定以國際仲裁為爭端解決方式：包括1969年《國際干預公海油污事故公約》（*International Convention Relating to Intervention on the High Seas in Cases of Oil Pollution Casualties*）即規定，若雙方經過協商無法解決其爭議，則可提交調解，但若調解仍無結果，需在一百八十天內提交仲裁[46]；1973年《防止船舶污染公約》（*International Convention for the Protection of Pollution from Ships*）第10條規定，締約國在不能透過協商或其他方式解決爭議時，任一締約國得依本公約議定書所規定之仲裁程序提交仲裁[47]；1985年《保護臭氧層維也納公約》（*Vienna Convention for the Protection of the Ozone Layer*）第11條第3款，則要求締約國得以書面方式聲明，對於未能以政治手段（包括談判、斡旋、調停等方式）解決之爭端，願接受仲裁為強制性之爭端解決方式[48]；1986年《關於保護南太平洋地區自然資源和環境之

---

[46] 《國際干預公海油污事故公約》第8條：1.締約國之間之任何爭議，如對於根據第1條所採取之措施是否違反本公約之規定，是否有責任按照第6條進行賠償，以及對這種賠償之數額問題，如果在有關締約國之間，或在採取措施之一方與要求賠償之自然人或法人之間，不能透過協商取得解決，而各方又不能用其他方法達成協議，則應按照本公約附件之各項規定，在任何一方要求之下，提請調解，倘調解不成，則提請仲裁。2.採取措施之一方，不得僅僅以根據本國法院之法律對補償辦法尚未議定為理由，拒絕按照前款規定提請調解或仲裁。《國際干預公海油污事故公約》附件第二章仲裁第13條：如調解不成功，出於仲裁之要求只可在調解宣告失敗後一百八十天內提出。

[47] 《防止船舶污染公約》第10條：在兩個或兩個以上締約國之間對本公約之解釋或適用所發生之任何爭議，如不能透過這些國家間協商解決，同時如這些國家又不能以其他方式取得一致意見時，經其中任一締約國之請求，應提交本公約之議定書2中所規定之仲裁。

[48] 《保護臭氧層維也納公約》第11條：1.締約國之間在本公約之解釋或適用發生爭端時，有關之締約國應以談判方式謀求解決。2.如果有關之締約國無法以談判方式達成協議，它們可以聯合尋求第三方進行斡旋或邀請第三方出面調停。3.在批准、接受、核可或加入本公約或其後之任何時候，締約國或區域經濟一體化組織可書面向保存國聲明，就未根據上述第1款或第2款解決之爭端，它接受下列一種或兩種爭端解決方式為強制性方式：(a)根據締約國會議首屆會議通過之程序進行仲裁；(b)將爭端提交國際法院。4.如果締約國還沒有按照上文第3款之規定接受相同或任何程序，則應

公約》第26條第2款規定，若締約國未能以政治手段（包括談判、斡旋、調停等方式）解決爭議時，爭議各方可協定按該公約附件所規定之條件透過仲裁方式解決爭端[49]；1992年《聯合國氣候變化綱要公約》（*United Nations Framework Convention on Climate Change*）第14條爭端解決中規定，締約方可以書面聲明，關於本公約之解釋或適用之任何爭端，願依據附件之程序將爭端提交仲裁，且對於接受同樣義務之締約方，無需另訂特別協議[50]；1993年《生物多樣性公約》第27條爭端解決中規定，締約國可以書面聲明，對未能以政治手段（包括談判、斡旋、調停等方式）解決爭

根據下文第5款之規定提交調解，除非締約國另有協議。5.若爭端一方提出要求，則應設立一個調解委員會。調解委員會應由有關各方所指派之數目相同之成員組成，而主席則應由各方指派之成員共同選出。委員會將作出最後之建議性裁決，各方應誠懇地考慮這一裁決。6.本條規定應適用於任何議定書，除非有關議定書另有規定。

[49] 《關於保護南太平洋地區自然資源和環境之公約》第26條第2款：若締約國未能以政治手段（包括談判、斡旋、調停等方式）解決爭議時，爭議各方可協定按該公約附件所規定之條件透過仲裁方式解決爭端。

[50] 《聯合國氣候變化綱要公約》第14條：1.任何兩個或兩個以上締約方之間就本公約之解釋或適用發生爭端時，有關之締約方應尋求透過談判或它們自己選擇之任何其他和平方式解決該爭端。2.非為區域經濟一體化組織之締約方在批准、接受、核准或加入本公約時，或在其後任何時候，可再交給保存人一份文書中聲明，關於本公約之解釋或適用方面之任何爭端，承認對於接受同樣義務之任何締約方，下列義務為當然而具有強制性的，無須另訂特別協議：(a)將爭端提交國際法院，和／或(b)**按照將由締約方會議盡早通過之、載於仲裁附件中之程序進行仲裁**。作為區域經濟一體化組織之締約方可就依上述(b)項中所述程序進行仲裁發表類似聲明。3.根據上述第2款所作之聲明，在其所載有效期期滿前，或在書面撤回通知交存於保存人後之三個月內，應一直有效。4.除非爭端各當事方另有協議，新作聲明、作出撤回通知或聲明有效期滿絲毫不得影響國際法院或仲裁庭正在進行之審理。5.在不影響上述第2款運作之情況下，如果一締約方通知另一締約方它們之間存在爭端，過了十二個月後，有關之締約方尚未能透過上述第1款所述方法解決爭端，經爭端之任何當事方要求，應將爭端提交調解。6.經爭端一當事方要求，應設立調解委員會。調解委員會應由每一當事方委派之數目相同之成員組成，主席由每一當事方委派之成員共同推選。調解委員會應作出建議性裁決。各當事方應善意考慮之。7.有關調解之補充程序應由締約方會議盡早以調解附件之形式予以通過。8.本條各項規定應適用於締約方會議可能通過之任何相關法律文書，除非該法律文書另有規定。

端者，願接受本公約附件二第一部分所規定之程序進行仲裁，且將其作爲強制性之爭端解決方式[51]。由於以上之條約均是國際環境法領域中相當重要之國際法律文件，均採取國際仲裁爲締約方發生爭議時之解決途徑，甚至是將國際仲裁規定爲強制性之爭端解決方式，由此觀之，國際社會越來越重視國際仲裁，甚至已成爲目前國際環境法領域中相當重要之爭端解決方式[52]。

三、國際環境仲裁之定義與範圍

由於本書所稱「國際環境仲裁」，是將國際環境爭端以國際仲裁解決之方式稱爲「國際環境仲裁」，因此客體方面，必須是「國際環境爭端」，亦即應符合「因各種人爲所造成跨界之環境污染或生態破壞，導致國際法主體之權益受到侵害，所因此發生可裁判性之爭端，但損害不以實際上已發生結果者爲限」之定義，方爲本書所認爲適用「國際環境仲裁」之客體；至於主體方面，由於國際仲裁程序並無特別之限制，因此在國際仲裁中具有程序主體資格之國際法主體，包括國家、政府間國際組織、個人（包括自然人及法人），甚至是非政府間國際組織，均屬於可適用國際環境仲裁之主體。

---

[51] 《生物多樣性公約》第27條爭端之解決：1.締約國之間在就公約之解釋或適用方面發生爭端時，有關之締約國應透過談判之方式尋求解決。2.如果有關締約國無法以談判方式達成協議，它們可以聯合要求第三方進行斡旋或要求第三方出面調停。3.在批准、接受、核准或加入本公約時或其後之任何時候，一個國家或區域經濟一體化組織可書面向保管者聲明，**對按照以上第1款或第2款未能解決之爭端，它接受下列一種或兩種爭端解決方式作爲強制性方式：(a)按照附件二第一部分規定之程序進行仲裁**；(b)將爭端提交國際法院。4.如果爭端各方尚未按照以上第3款規定接受同一或任何程序，則這項爭端應按照附件二第二部分規定提交調解，除非締約國另有協議。5.本條規定適用於任何議定書，除非該議定書另有規定。

[52] 林燦鈴 著：《國際環境法》（修訂2版），人民出版社，2011年11月，第14頁以下。

(一) 國際環境仲裁之定義

　　雖然國際環境爭端與其他國際爭端具有許多不同之特徵，然因目前並無專門處理國際環境爭端之常設機構，因此爭端當事方通常會將國際環境爭端提交至其他領域之爭端解決方式處理，例如涉及貿易領域之國際環境爭端，可能提交至世界貿易組織之爭端解決機制；涉及投資領域之國際環境爭端，可能提交至國際投資爭端解決中心（International Centre for Settlement of Investment Disputes, ICSID）進行仲裁；與人權領域有關之國際環境爭端，則會提交至人權法院或人權委員會進行處理。然而，這些機構均有其成立之宗旨與目的，裁決結果未必能充分考慮環境保護，若國際環境爭端沒有專門可資遵循之爭端解決程序，而必須以其他領域之爭端解決方式處理時，環境保護極有可能在與其他領域之利益相衝突時被要求退讓。但是環境問題爲全人類生存與發展所必須面臨之共同問題，故對於國際環境爭端之解決，必須要有符合其特點之爭端解決方式，始能朝向永續發展之目標前進。

　　因國際仲裁與國際司法均屬於法律解決之方式，其仲裁判斷對於爭端當事方具有拘束力，但不同點在於，國際仲裁更尊重爭端當事方之意思，因此包括仲裁機構、仲裁人、仲裁規則，以及應適用之法律等，都可以由爭端當事方合意選定，使得判斷結果更能符合爭端當事方之預期，甚至提出更好之解決方案，而讓爭端當事方更願意遵守判斷結果。因此本書認爲，國際仲裁實爲解決國際環境爭端更爲適當之方式。

　　然而，爭端當事方之間必須要有仲裁協議，始能將爭議提付仲裁解決，因此「國際環境仲裁」首先需要確認的是：爭端當事方之間是否有成立仲裁協議？而該仲裁協議是否一定要爭端當事方之間另行簽訂仲裁協議始可，還是可以依據爭端當事方先前所簽訂之國際環境條約作爲提出仲裁之依據？再者，由於環境破壞造成之後果，影響所及者不僅只有國家，尚包括其他國際法主體，此爲國際環境爭端之特點，與其他國際爭端有所不同，但國家基於主權豁免，是否可與其他實體之間成立仲裁協議，進而將

國際環境爭端提交仲裁解決？綜上，確認爭端當事方之間是否有仲裁協議，以及國家是否得與其他實體之間成立仲裁協議等，均爲國際環境仲裁首先須處理之問題。

又因國際環境爭端具有高度之科學技術性及學科邊緣綜合性，仲裁人之資格必須更加重視其專業背景，僅具有國際法之專業已顯有不足，但是由於目前國際環境條約之附件中所規定之仲裁規則相對簡單，如何確認仲裁人之背景符合解決國際環境爭端之需要，以及確保仲裁人在案件中之公正獨立性，以期提升仲裁判斷之專業度及爭端當事方對該判斷之信服度，則爲「國際環境仲裁」相當核心之問題。但即使仲裁人具有國際環境法之專業背景，然因國際環境爭端之內容仍可能涉及仲裁人專業領域外之科學知識，因此在進入仲裁程序後，如何透過聽證程序之進行、專家證人之指派，甚至適用「法庭之友」制度允許第三方專家參與仲裁程序，協助仲裁庭理解高度科學技術性之爭議，及該爭端所涉及公共利益之意見，以利爭端能眞正朝向保護環境之方向解決，也是國際環境仲裁相當重要的程序問題。

尤有甚者，由於環境問題具有潛在性之特徵，因此「預防原則」被稱爲國際環境法之黃金原則，使得國際環境爭端較其他國際爭端更有指示臨時措施之必要性，其目的不僅在於維護爭端當事方之權利，更重要的是，必須藉由臨時措施之指示，將可能造成大規模環境破壞之結果在萌芽之際予以制止，方能讓環境有更好之保護，否則環境之損害往往是無法逆轉的。因此，仲裁庭是否具有指示臨時措施之權力，以及在何種條件下仲裁庭可以指示臨時措施，亦爲國際環境仲裁相當重要之一環。

至於實體法之適用，因國際仲裁已經形成一定之規則，包括應尊重爭端當事方之意思，仲裁庭首應適用爭端當事方合意選定之實體法，若爭端當事方無法合意選定，則由仲裁庭依據仲裁規則爲爭端當事方選定。但因國際環境爭端具有相當強烈之公益性，在實體法之適用方面，爲使國際環境爭端能更妥適地解決，是否可以賦予仲裁庭更大之權力，直接適用國際環境法之基本原則，或是國際環境法的淵源，包括國際環境條約、國際習

慣，或是一般法律原則，甚至是國內法之規定，此亦為國際環境仲裁相當重要之問題。

然而，即使國際環境爭端能依據以上方式處理，使爭端解決更能朝向永續發展目標前進，但因環境問題之特殊性，以國際仲裁為爭端解決方式也有其困境，例如環境破壞之結果不會侷限於一地，若因此造成公域環境之破壞，則由於該區域不屬於任何國家管轄，且又人煙稀少，造成無直接利害關係人可以提出仲裁之問題，應如何解決？又例如氣候變遷，由於造成之原因及發生之結果，均具有相當之不確定性，可以提出仲裁之聲請人及應負責任者也都相當不確定，國際仲裁在此問題上是否仍有發揮作用之空間？均為國際環境仲裁目前所面臨之挑戰。

綜上所述，本書所研究之「國際環境仲裁」，是針對符合以下定義：「因各種人為所造成跨界之環境污染或生態破壞，導致國際法主體之權益受到侵害，所因此發生可裁判性之爭端，但損害不以實際上已發生結果者為限」之國際環境爭端，不論是國家、政府間國際組織、個人，甚至是非政府間國際組織，只要具有國際仲裁程序主體資格之主體所提出之國際仲裁，從提出仲裁之法律依據、仲裁人之選任、臨時措施之實施、聽證程序之進行、專家證人之指派、實體法之適用等，以確保能從國際環境法之角度妥適解決國際環境爭端之觀點出發，不論是在其他領域之爭端解決方式進行相應之調整，甚至成立專門解決國際環境爭端之常設仲裁機構，制定適合解決國際環境爭端之仲裁程序及規則，目的均在於讓爭端當事方之間若產生國際環境爭端，能有所依循，使國際環境爭端能朝向真正保護環境之方向解決，而讓環境能有更好之保護。

(二) 國際環境仲裁之範圍

國際環境仲裁之提起，就主體方面而言，因國際仲裁並沒有對於程序主體有特別之限制，故原則上只要是國際環境法之主體，包括國家、政府間國際組織、個人（包括自然人及法人），甚至是非政府間國際組織，都具有國際環境仲裁之程序主體資格，均屬於適用國際環境仲裁之主體。但

因本書主要是以國際公法為視角進行研究，故所提出「國際環境仲裁」之
範圍，並不包括個人與個人之間因國際環境爭端所提出之國際仲裁，先予
敘明。

　　由於國際環境爭端具有高度之學科邊緣綜合性，往往與其他領域之爭
端相互交錯，例如Urgenda訴荷蘭政府案，雖起訴之依據為荷蘭國內之人
權法，但實質內容卻屬於氣候變遷之環境訴訟[53]；Peter A. Allard訴巴貝多
政府案，則是涉及環境爭議之國際投資爭端[54]；世界貿易組織稀土案，則
是涉及環境問題而產生之國際貿易爭端[55]。雖然人權爭端、投資爭端、貿

---

[53] Urgenda是一個致力於環境保護之非政府間國際組織，建立於2008年。因認為荷蘭政
府在控制氣候變遷方面欠缺積極之作為，因此Urgenda聯合800多名荷蘭公民依據其
國內之人權法和侵權法，向荷蘭政府提出集體訴訟。見：林燦鈴 編著：《國際環境
法案例解析》（初版），中國政法大學出版社，2020年，第113-119頁。

[54] *Peter A. Allard v. The Government of Barbados* (PCA Case 2012-06), Award (27 June
2012)；林燦鈴 編著：《國際環境法案例解析》（初版），中國政法大學出版社，
2020年，第50-56頁。

[55] 1988年，中國大陸就已開始實施稀土產品出口配額許可制度，並把稀土原料列入加
工貿易禁止類商品目錄。2006年，停止發放新的稀土礦開採許可證。2010年，中國
國務院正式發布《關於促進企業兼併重組》之意見，將稀土企業列為重點行業兼併
重組之名單，且表示出於資源與保護環境之目的，中國仍將對稀土出口實施配額管
理，且配額將有所削減。2012年，美國、歐盟及日本認為中國採取之出口管制措施
違反GATT和《中華人民共和國加入世貿組織議定書》之相關條款及義務，因此向世
界貿易組織（WTO）提交爭端解決。本案專家組初步裁定認為，關於中國涉案產品
之出口關稅、出口配額、配額管理及分配措施，不符合WTO規則以及中國加入WTO
之相關承諾，但同時專家組以自然資源主權原則，認可中國對稀土等採取之資源與
環境保護措施，且延伸出尊重國家主權和不損害外國環境之國際環境法基本原則。
2014年美國對此又提出上訴。上訴機構則認為，中國對稀土產品採取之出口配額措
施，只有針對出口，並未對國內之生產及消費造成影響，故認為該政策實際上是為
了實現其稀土產業政策之目標，滿足國內製造商之開採及使用，因此認定中國違反
《中華人民共和國加入世貿組織議定書》；且對於中國提出該措施應屬於GATT第
20條(g)款之抗辯內容，也認為中國所採取之貿易限制與保護國內稀土資源並無實質
上之關聯性。China - Measures Related to the Exportation of Rare Earths, Tungsten, and
Molybdenum, WT/DS431; WT/DS432; WT/DS433；林燦鈴 編著：《國際環境法案例解
析》（初版），中國政法大學出版社，2020年，第320-327頁。

易爭端,依據各自所特別設置之爭端解決方式,均有其特別需要保護之權
益,因此當涉及環境問題時,未必能有所兼顧,甚至有可能將環境保護置
於劣後之考慮因素。然而,生態系統是一個整體,任何國家、團體或個人
均無法置身事外,若人類連享有良好之生活環境都不可得,這些權益自然
也無法獲得真正之保障,因此全人類之環境權益應與這些領域之權益共同
受到保護,方為正途。換言之,環境問題必須在這些交錯之領域中,獲得
一定之重視始可。

因此,只要符合本文「國際環境爭端」之定義,亦即「因各種人為所
造成跨界之環境污染或生態破壞,導致國際法主體之權益受到侵害,所因
此發生可裁判性之爭端,但損害不以實際上已發生結果者為限」,即應認
定屬於國際環境仲裁之客體範圍,而當爭端當事方所產生之爭議屬於以上
定義之國際環境爭端,在爭端當事方有仲裁協議之情形下,即應適用國際
環境仲裁相關之程序或規則,不因與其他領域相交錯而有所例外。即使符
合定義之國際環境爭端被提交至其他領域所規範之仲裁程序,也應適用國
際環境仲裁之程序及規則,就該仲裁程序為相應之調整,如此一來,方能
在其他領域之仲裁程序中,就環境保護方面能有充分之考慮,不至於為保
護其他領域之權益,而犧牲全人類之環境權益。

第二節　國際環境仲裁之特點

一、國際環境爭端法律解決方式之比較

目前國際環境爭端之解決方式,嚴格來說,包含有政治解決方式及法
律解決方式。所謂政治解決方式,係指由國際法主體進行談判、協商、斡
旋、調停等方式解決爭議,但是政治解決方式往往僅為政治實力之展現,
因此對於該爭議經常仍僵持不下。然隨著國際間越來越重視以國際法維持
國際秩序,適用法律方式解決國際環境爭端也越來越頻繁,而法律解決之

方式，可分為國際司法及國際仲裁。以國際司法解決爭議，係指爭端當事方將爭議提交至司法機構，以訴訟方式闡明各自之立場，並取得一份判斷是非對錯之判決，以解決爭端。目前國際間處理國際環境爭端之主要司法機構，包括有國際法院及國際海洋法法庭。至於國際仲裁方面，雖然迄今已有相當之國際環境公約採用國際仲裁為其爭端解決方式，但並沒有就國際環境爭端設立特別之仲裁機構，故目前處理國際環境爭端之常設仲裁機構仍以常設仲裁法院最受重視，因此以下就常設仲裁法院作一介紹，並就其與國際法院和國際海洋法法庭之不同點進行評析。

(一) 國際法院之國際環境爭端解決程序

1. 國際法院組織及職權

國際法院（International Court of Justice, ICJ）在二次大戰後成立，地點設在海牙，其組織及運作之依據為《國際法院規約》（*Statute of the International Court of Justice*），而《國際法院規約》是《聯合國憲章》（*Charter of United Nations*）之一部分，因此聯合國之會員則為《國際法院規約》之當然當事國。依據《國際法院規約》第3條規定，國際法院共有15位獨立法官，是由選舉產生，但15位法官當中不得有二位具有相同國籍。且《國際法院規約》第2條規定，「國際法院之法官必須品德高尚，且在本國具有被任命為最高司法職位資格之人，或是被公認為在國際法領域中聲譽卓著之法學家。」在選舉法官方面，依據《國際法院規約》第9條規定，「法官全體須能代表世界各大文化及主要體系。」目前各地區之分配情形，大致為非洲地區有三位法官，拉丁美洲和加勒比海地區有二位法官，亞洲地區有三位法官，西歐和其他國家有五位法官，東歐地區則有二位法官，惟依據慣例，聯合國安全理事會之各常任理事國均得在國際法院有本國之法官，由此觀之，法官之選舉實為各國角力之所在。再者，國際法院之法官須為專職，不得行使任何其他職業性質之任務，亦不得擔任

任何案件之代理人[56]，但可以參與仲裁案件擔任仲裁人，或在常設仲裁機構之仲裁人名單中列名。而國際法院開庭時，原則上全體法官均應出席，但若未能全體出席，只要有法官九人出席，即構成法定開庭人數[57]。而國際法院雖設在海牙，但如果法院認為合宜之情況下，亦可在其他地方開庭或行使職務[58]。又依據《國際法院規約》第26條，國際法院為處理特定案件，得以設立分庭之方式為之，而分庭之法官人數須得當事人同意定之，通常為五人[59]。

　　國際法院之職權分為兩種，一種為訴訟管轄權，另一種為諮詢管轄權。就訴訟管轄權而言，依據《國際法院規約》第34條規定，僅有國家始能在國際法院為訴訟當事方[60]，因此必須依據國際法之相關規定被認定為「國家」之主體，始能成為國際法院之訴訟當事者。然而，也並非所有國家均可以成為國際法院之訴訟當事者，原則上只有以下三種情形始可：第一種情形，該國為聯合國之會員國。由於《國際法院規約》是《聯合國憲章》之一部分，因此聯合國之會員國是《國際法院規約》之當然當事國，也自然具有國際法院訴訟當事者之資格；第二種情形，雖該國並非聯合國會員國，但經過聯合國安全理事會依據《聯合國憲章》第93條第2款提出建議，由會員大會就個別情形決議該國是否得成為《國際法院規約》之當

---

[56] 《國際法院規約》第16條第1款：法官不得行使任何政治或行政職務，或執行任何其他職業性質之任務。《國際法院規約》第17條第1款：法官對於任何案件，不得充任代理人、律師或輔佐人。第17條第2款：法官曾以當事國一造之代理人、律師或輔佐人，或以國內法院或國際法院或調查委員會委員，或以其他資格參加任何案件者，不得參與該案件之裁決。

[57] 周忠海 主編：《國際法》（3版），中國政法大學出版社，2017年7月，第371-372頁。

[58] 《國際法院規約》第22條第1款：法院設在海牙，但法院如認為合宜時，得在他處開庭及行使職務。

[59] 《國際法院規約》第26條第2款：法院為處理某特定案件，得隨時設立分庭，組織此項分庭法官之人數，應由法院得當事國之同意定之。丘宏達 著：《現代國際法》（修訂3版），三民書局，2019年4月，第1061頁以下。

[60] 《國際法院規約》第34條第1款：在法院得為訴訟當事國者，限於國家。

事國；第三種情形，則是不屬於第一種及第二種情形之當事國，但該國依據《國際法院規約》第35條第2款[61]之規定，在符合安全理事會訂定之條件下，向國際法院聲明願意承認國際法院之管轄，保證執行國際法院之判決，並願意尊重安全理事會之建議，亦可具備國際法院訴訟當事國之資格[62]。

　　在滿足上述標準後，具有起訴資格之當事國仍須符合《國際法院規約》第36條規定之條件，才能將爭議提交國際法院。國際法院可以管理之案件分為三種：第一種為「自願管轄」，係指當事國雙方均同意將該案件提交到國際法院審理，該同意即成為國際法院管轄權之基礎，《國際法院規約》第36條第1款前段所規定「各當事國提交之一切案件」即指此類案件；第二種為「協議管轄」，則指在《聯合國憲章》或現行條約、協定內容中，若包含得利用國際法院解決爭端之規定，則因締約國就該條款事先接受國際法院之管轄權，將來在其範圍內發生條約或協定內容解釋或適用上之爭端，任一方向國際法院提出訴訟，他方不得拒絕，此即指《國際法院規約》第36條第1款後段所規定「《聯合國憲章》或現行條約及協約中特定之一切事件」；第三種為「任意強制管轄」，只要關於：(1)條約之解釋；(2)涉及國際法之問題；(3)確認違反國際義務之事實；(4)因違反國際義務而須賠償等這四種法律爭端，各當事國得隨時聲明，承認國際法院具有當然且強制性之管轄，則對於接受同樣義務之其他國家，不須另訂協議，即可將該案件提交國際法院。換言之，當事國一旦作出該條款之聲明，當與他國發生以上四種爭端，且他國亦承擔同樣義務時，一方起訴，另一方即有義務應訴，否則法院可以作出缺席判決。而國際法院對於此類案件之管轄，是基於各當事國所作前述之聲明，並非基於各當事國另訂之協議或條約，因此雖他方有應訴之義務，但此聲明之提交是任意的，故將

---

[61] 《國際法院規約》第35條第2款：法院受理其他各國訴訟之條件，除現行條約另有特別規定外，由安全理事會定之，但無論如何，此項條件不得使當事國在法院處於不平等地位。

[62] 王鐵崖 等編著：《國際法》（初版），五南圖書，1995年2月，第582頁以下。

此種管轄稱之為「任意強制管轄」，此即為《國際法院規約》第36條第2款之規定[63]。

　　至於國際法院之諮詢管轄權，僅有聯合國會員大會及安全理事會可以直接請國際法院發表諮詢意見，且不限於任何法律問題，但若是聯合國其他機關及各種專門機關，則僅能在工作範圍內之法律問題提請國際法院發表諮詢意見，且必須有大會之授權始能請求國際法院發表，此為《聯合國憲章》第96條之規定[64]。又依據《國際法院規約》第65條第1款規定，國際法院如被請求發表諮詢意見時，「得」發表諮詢意見[65]。雖然國際法院有權決定是否受理諮詢案件，但國際法院成立以來，尚未有拒絕過發表諮詢意見之案例[66]。此外，由於諮詢意見並非對特定國家發表，因此並不需要國家同意，而國家也無權利要求國際法院不得發表諮詢意見。由此可知，諮詢管轄權與訴訟管轄權並不相同[67]。而國際法院行使諮詢管轄權之

---

[63] 《國際法院規約》第36條：1.法院之管轄包括各當事國提交之一切案件，及聯合國憲章或現行條約及協約中特定之一切事件。2.本規約各當事國得隨時聲明關於具有下列性質之一切法律爭端，對於接受同樣義務之任何其他國家，承認法院之管轄為當然而具有強制性，不須另訂特別協定：(1)條約之解釋。(2)國際法之任何問題。(3)任何事實之存在，如經確定即屬違反國際義務者。(4)因違反國際義務而應予賠償之性質及其範圍。3.上述聲明，得無條件為之，或以數個或特定之國家間彼此拘束為條件，或以一定之期間為條件。4.此項聲明，應交存聯合國秘書長並由其將副本分送本規約各當事國及法院書記官長。5.曾依國際法院規約第36條所為之聲明而現仍有效者，就本規約當事國間而言，在該項聲明期間尚未屆滿前並依其條款，應認為對於國際法院強制管轄之接受。6.關於法院有無管轄權之爭端，由法院裁決之。見：周忠海 主編：《國際法》（3版），中國政法大學出版社，2017年7月，第373頁以下；王鐵崖等編著：《國際法》（初版），五南圖書，1995年2月，第583頁以下。

[64] 《聯合國憲章》第96條：1.大會或安全理事會對於任何法律問題得請國際法院發表諮詢意見。2.聯合國其他機關及各種專門機關，對於其工作範圍內之任何法律問題，得隨時以大會之授權，請求國際法院發表諮詢意見。

[65] 《國際法院規約》第65條第1款：法院對於任何法律問題如經任何團體由聯合國憲章授權而請求或依照聯合國憲章而請求時，得發表諮詢意見。

[66] 丘宏達 著：《現代國際法》（修訂3版），三民書局，2019年4月，第1058頁以下。

[67] 王鐵崖 等編著：《國際法》（初版），五南圖書，1995年2月，第585頁以下。

目的，只是在於讓聯合國之機構及聯合國之其他機關在行使其職權或進行相關活動時，能夠更符合《聯合國憲章》之制定目的，以及國際法之相關規範，因此其所發表之諮詢意見不具有法律拘束力[68]。然而，因爲國際法院在國際間被視爲相當關鍵之司法機構，因此其所發表之諮詢意見，往往被認定爲具有相當之權威性，甚至有國際條約要求會員國，對於國際法院之諮詢意見應認爲具有法律拘束力而必須予以執行，例如《聯合國特權與豁免公約》（*Convention on the Privileges and Immunities of the United Nations*）第8條即規定，關於國際法院就該爭議問題發表之諮詢意見，各方當事國必須接受，即爲一例[69]。

2. 國際法院在國際環境爭端所扮演之角色

國際法院自成立以來，一直是國際間發生爭端時，最普遍使用之司法機構，也是目前最具有威望且具有主導性地位之爭端解決機構。但是因爲國際法院僅限於「國家」始能進入國際法院尋求爭端解決，且國際法院之法官組成背景也經常遭到第三世界國家之質疑，因此在討論《聯合國海洋法公約》的內容時，締約國決定另行成立國際海洋法法庭。然而，國際海洋法法庭之成立並不影響國際法院之地位，因此在《聯合國海洋法公約》之架構下，若爭端當事國均同意，雙方亦得將案件提交至國際法院進行司法程序，並非限定只能交由國際海洋法法庭進行審理，亦即國際法院對於《聯合國海洋法公約》所規範有關海洋環境之爭端亦有管轄權。

而國際法院曾爲了專門處理國際環境爭端，在1993年成立一個由七位法官組成之環境事務分庭（Chamber for Environmental Matters）。但由

---

[68] 周忠海 主編：《國際法》（3版），中國政法大學出版社，2017年7月，第373頁以下。

[69] 《聯合國特權與豁免公約》第8條：第三十節　本公約之解釋及施行發生爭執時，應移送國際法院，但經當事者約定另用他法解決時不在此限。若爭端之一造爲聯合國而他造爲會員國之一時，應依據憲章第96條及法院規約第65條之規定提請法院提出諮詢意見。法院之諮詢意見，應由爭端當事人接受爲有效裁判。見：丘宏達 著：《現代國際法》（修訂3版），三民書局，2019年4月，第1060頁以下。

於國際法院之法官主要均係國際法之專家，並非國際環境法之專家，也並不具有與環境相關之科學或技術方面之專長，因此除提交到國際法院的國際環境爭端案件極少之外，在一些提交到國際法院的國際環境爭端，也被認為國際法院未能充分從國際環境法之角度進行審理，例如Pulp Mills on the River Uruguay紙漿廠案（*Argentina v. Uruguay*）[70]，是阿根廷與烏拉圭之間因《烏拉圭河規約》所產生之爭端，其爭議內容主要是共同資源如何利用，屬於國際環境爭端，但國際法院之判決理由雖提及國家應在利用共同資源時，明知可能會對他國造成不利影響，必須先進行環境影響評價等論述，仍遭學者批評此等論述在國際環境法之初期早已經成為國際習慣，本案之論述並未使國際環境法有更進一步之發展。因此，提交至國際法院有關環境爭端之案例越來越少，直到2006年，因為沒有案源，國際法院已決定不再為環境事務分庭選任法官，該分庭後來被廢止[71]。

　　國際法院之所以面臨國際環境爭端之案源稀少，主要有以下幾個原因：首先，國際間對於環境案件之爭端解決方式有多種選擇，除了國際海洋法法庭之外，常設仲裁法院亦可以受理環境爭端，因此國際法院在環境案件中已非處理爭端之主要角色。再者，國際法院在成立之初，即並非以處理國際「環境」爭端為主要工作，因此國際法院之法官是國際法之專家，但卻非國際環境法之專家，因此普遍對於環境保護之理解較為低落，就環境問題之重視程度不高，也因此對於送進國際法院之案件，很少以國際環境法之角度進行審理，進而法官之專業性並不被廣泛認同，國際環境爭議也就甚少訴諸國際法院[72]。

---

[70] https://www.icj-cij.org/en/case/135/judgments.

[71] Peggy Rodgers Kalas, International Environment Dispute Resolution and the Need for the Access by Non-State Entities, Colorado Journal of International Environmental Law & Policy, Vol. 12, 2001；婁立：〈從國際環境法的發展看全球環境治理—兼評國際法院等組織的角色定位〉，載《創新》2013年第1期。

[72] Mari Nakamichi, The International Court of Justice Decision Regarding the Gabcikovo-Nagymaros Project, Fordham Environmental Law Journal, Vol. 9, 1998.

再次，就國際法院之審理程序觀察，其程序設計上並不利於複雜之事實，以及蒐集必要資訊之工作。因為此種國際間之爭端，雙方為了支持各自的主張，均提出極為大量之訴訟材料，導致雙方經常無法在法院要求之期限內提交，嚴重影響訴訟效率，而由於國際環境爭端比其他國際爭端更具有科學技術性，也更加複雜，可以想見其訴訟效率將更為低落，且在審理過程中，國際法院往往讓這些科學專家以代理人之身分陳述，也導致法院缺乏第三方專家之輔助，而無法有客觀之審理依據，且國際法院之審理方式與國際仲裁法庭之審理方式不同，在聆審過程中通常不會打斷陳詞提問，即使需要提問，也是在雙方陳述結束後方提出，但如此之方式將導致複雜之問題更難釐清，因此有學者認為，事實複雜之爭議案件，首選之平臺顯然並非國際法院。尤有甚者，國際法院之法官背景，一直是國際法院受到第三世界國家詬病之原因，由於國際法院之法官是透過選舉產生，故必須在聯合國大會及安理會均獲得絕對多數之支持才有可能當選，但聯合國中存在不同的國家集團，代表不同意識形態之國家利益，導致國際法官之選舉，成為大國間角力之戰場，即使事實上國家未必能影響國際法院法官之判決結果，但也會令人對於法官之獨立性有所質疑[73]。因此，關於國際環境爭端之解決，國際法院並非最合適之爭端解決機構。

(二) 國際海洋法法庭之國際環境爭端解決程序

國際海洋法法庭成立之依據，為1982年《聯合國海洋法公約》（*United Nations Convention on the Law of the Sea*）。該公約是目前在海洋環境保護領域中，最為重要也最為全面之公約。依據《聯合國海洋法公約》第283條、第284條、第286條及第287條之規定，當發生有關《聯合國海洋法公約》適用或解釋之爭端，爭端方應先交換意見、協商、進行調解程序，若仍無法解決爭端，則爭端當事方得將爭端提交至國際海洋法法

---

[73] 胡小芬：〈國際法院解決國際環境爭端評析〉，載《湖北警官學院學報》2018年第5期。

庭，或提交至國際法院，或提付仲裁解決[74]。

　　在海洋法會議期間，有部分國家主張應在國際法院之外，另行設立專門處理海洋事務之法庭，但反對者則認為，若讓兩個法院同時存在，將會產生管轄權重疊及判決衝突之情形，除了影響國際法院在處理國際間爭議的主導地位之外，基於國際法之一體性，若成立專為處理海洋爭端之國際法庭，將會使國際法割裂適用，破壞其完整性。然而在該時代背景下，由於第三世界國家就國際法院所作成之一些判決結果，認為過於偏頗，因此對於國際法院大為不滿，故極力支持法官人數較多，且顧及地理上公平分配之國際海洋法法庭成立，認為如此方能保護第三世界國家之利益。因此，不但決議應成立國際海洋法法庭，且其組織之設立也與國際法院有所不同[75]。

1. 國際海洋法法庭之組織及法官之資格

　　依據《國際海洋法法庭規約》之規定，法官人數為21人，應具備公

---

[74] 《聯合國海洋法公約》第十五部分第一節第283條：如果締約國之間對本公約之解釋或適用發生爭端，爭端各方應迅速就以談判或其他和平方法解決爭端一事交換意見。如果解決這種爭端之程序已經終止，而爭端仍未得到解決，或如已達成解決辦法，而情況要求就解決辦法之實施方式進行協商時，爭端各方也應迅速著手交換意見。第十五部分第一節第284條：1.作為有關本公約之解釋或適用之爭端一方之締約國，可邀請他方按照附件五第一節規定之程序或另一種調解程序，將爭端提交調解。2.如爭端他方接受邀請，而且爭端各方已就適用之調解程序達成協議，任何一方可將爭端提交該程序。3.如爭端他方未接受邀請，或爭端各方未就程序達成協議，調解應視為終止。4.除非爭端各方另有協議，爭端提交調解後，調解僅可按照協議之調解程序終止。第十五部分第二節第286條：在第三節限制下，有關本公約之解釋或適用之任何爭端，如已訴諸第一節而仍未得到解決，經爭端任何一方請求，應提交根據本節具有管轄權之法院或法庭。第十五部分第二節第287條第1款：一國在簽署、批准或加入本公約時，或在其後任何時間，應有自由用書面聲明之方式選擇下列一個或一個以上方法，以解決有關本公約之解釋或適用之爭端：(a)按照附件六設立之國際海洋法法庭；(b)國際法院；(c)按照附件七組成之仲裁法庭；(d)按照附件八組成之處理其中所列之一類或一類以上爭端之特別仲裁法庭。

[75] 姜皇池 著：《國際海洋法(下)》（2版），新學林出版公司，2018年4月，第1648頁及第1651頁以下。

平與正直之高尚品德，且在海洋法之專業領域有一定之地位，始能被選任，而法官任期九年，連選得連任。由於國際法院所處理之案件範圍較廣，因此法官之選任要求係在國際法方面之專家，但國際海洋法法庭則因專門處理海洋方面之爭端，因此特別要求必須是海洋法領域享有盛名之專家始具有擔任法官之資格。而這21位法官之選任除必須能代表世界各主要法系之外，法官人數應依據地域平均分配，包括同一地理區域集團至少應有法官三人，而法官中亦不得有二人具有相同國家之國籍[76]。由此等規定觀之，是因爲第三世界國家認爲國際法院之法官人數較少，且西歐與其他國家之法官比例也偏高，又安理會五強在國際法院也皆有法官，因此在國際海洋法法庭設立時，特別注重此等改革，不但應依地域公平分配之外，也讓安理會之五強在國際海洋法法庭無此優勢。除此之外，爲保障爭端當事方在案件審理上之公平性，若爭端當事國在國際海洋法法庭無本國籍之法官時，則有權利選任一專案法官（judge ad hoc）來參與案件之審理，而該專案法官之選任不限於具有爭端當事國國籍，也不限於《聯合國海洋法公約》締約國之國民，但此專案法官蒞庭時與其他法官具有完全平等之權利，也爲一創舉[77]。

---

[76] 《國際海洋法法庭規約》第2條：1.法庭應由獨立法官21人組成，從享有公平和正直之最高聲譽，在海洋法領域內具有公認資格之人士中選出。2.法庭作爲一個整體，應確保其能代表世界各主要法系和公平地區分配。《國際海洋法法庭規約》第3條：1.法庭法官中不得有二人爲同一國家之國民。爲擔任法庭法官之目的，一人而可視爲一個以上國家之國民者，應視爲其通常行使公民及政治權利之國家之國民。2.聯合國大會所確定之每一地理區域集團應有法官至少三人。

[77] 《國際海洋法法庭規約》第17條：1.屬於爭端任何一方國籍之法庭法官，應保有其作爲法庭法官參與之權利。2.如果在受理一項爭端時，法庭上有屬於當事一方國籍之法官，爭端任何一方可選派一人爲法庭法官參與。**3.如果在審理一項爭端時，法庭上沒有屬於當事各方國籍之法官，當事每一方均可選派一人爲法庭法官參與。**4.本條適用於本附件第14條和第15條所指之分庭。在這種情形下，庭長應與當事各方協商後，要求組成分庭之法官中必要數目之法官將席位讓給屬於有關當事各方國籍之法官，如果不能作到這一點，或這些法官不能出庭，則讓給當事各方特別選派之法官。5.如果當事若干方利害關係相同，則爲以上各項規定之目的，該若干方應視爲當事一方。關於這一點之任何疑義，應由法庭以裁定解決。**6.按照本條第2款、第3款、**

2. 國際海洋法法庭判決之效力

　　國際海洋法法庭並無上訴機制，因此不論是全體法官所作成之判決或是分庭之判決，均為終局判決，對於爭端方具有拘束力，且要求爭端各方均應遵行。其中較為特別之規定是，海底爭端分庭之裁判，應在該締約國領土內執行，且執行方式應以締約國境內最高法院判決或命令相同，此為《國際海洋法法庭規約》第39條之明文規定[78]。但此種具有執行力之條款，僅規定在海底爭端分庭之裁判，卻未出現在國際海洋法法庭全體法官所作成之判決，因此要求締約國必須執行之約定是否得適用在全體法官作成之判決，尚有爭議。

3. 國際海洋法法庭之分庭

(1) 海底爭端分庭

　　海底爭端分庭主要在審理海底資源爭端，其與《聯合國海洋法公約》體系下其他分庭最大的不同點，在於海底爭端分庭排除了《聯合國海洋法公約》第287條之適用，換言之，只要涉及海底之爭端，均應依《聯合國海洋法公約》第十一部分第五節之規定，提交至海底爭端分庭審理[79]，但海底爭端分庭仍有管轄權之限制，包括對於管理局按照本部分規定所行使之斟酌決定權，不得以自己之斟酌決定權代替之[80]。海底爭端分庭之所以具有此特殊性，是由於在第三屆海洋法會議期間，原本是設計將海底爭端分庭與國際海洋法法庭居於同等地位，但最後因經濟上之考慮，方決定把

第4款選派之法官，應符合本附件第2條、第8條、第11條規定之條件。他們應在與其同事完全平等之條件下參與裁判。

[78] 《國際海洋法法庭規約》第39條：分庭之裁判應以需要在其境內執行之締約國最高級法院判決或命令之同樣執行方式，在該締約國領土內執行。

[79] 《聯合國海洋法公約》第186條：海底爭端分庭之設立及其行使管轄權之方式均應按照本節、第十五部分和附件六之規定。《聯合國海洋法公約》第187條：海底爭端分庭根據本部分及其有關之附件，對以下各類有關區域內活動之爭端應有管轄權：(a)締約國之間關於本部分及其有關附件之解釋或適用之爭端。

[80] 《聯合國海洋法公約》第189條：海底爭端分庭對管理局按照本部分行使斟酌決定權應無管轄權；在任何情形下，均不應以其斟酌決定權代替管理局之斟酌決定權。

海底爭端分庭降爲國際海洋法法庭之分庭。然而，雖然架構上海底爭端分庭是立於國際海洋法法庭下，但其職權並未被削減。故此分庭之法官組成也有特別嚴格之規定，依據《國際海洋法法庭規約》第35條[81]，應由國際海洋法法庭之法官以過半數從法庭中選任法官11人組成，且此11位法官，也必須確保能代表世界各主要法系和地區之公平分配。此外，海底爭端分庭上有一個特殊之職權，亦即若經國際海床當局大會或理事會之要求，海底爭端分庭亦得發表諮詢意見，但僅就海床活動所引發之法律問題爲之，爲所有分庭中唯一擁有諮詢管轄權之分庭[82]。

(2) 其他各類分庭

國際海洋法法庭依據《國際海洋法法庭規約》之規定，依爭端解決之需要設立分庭。目前分庭設立之情形，包括有簡易程序分庭、漁業事務特別分庭、海洋環境保護特別分庭、海域劃界爭端分庭、專案特別分庭。簡單分述如後：①簡易程序分庭，主要是爲迅速處理事務而設立，此分庭審理之案件，可能因爲當事方之選擇，也可能因爲該案件具有必須迅速處理之特殊性，例如有關船員釋放之爭端，或請求作成臨時措施之案件，均可由此分庭處理；②漁業事務特別分庭，則專門處理漁業資源養護與管理之爭端，包括《聯合國海洋法公約》或其他協定規範有關海洋生物資源養護與管理之爭端；③海洋環境保護特別分庭，主要是處理有關海洋環境保護之爭端，範圍包括與《聯合國海洋法公約》、其他條約，或其他賦予國

---

[81] 《國際海洋法法庭規約》第35條：1.本附件第14條所指之海底爭端分庭，應由海洋法法庭法官以過半數從法庭選任法官中選派法官11人組成。2.在選出分庭法官時，應確保能代表世界各主要法系和公平地區分配。管理局大會可就這種代表性和分配提出一般性之建議。3.分庭法官應每三年改選一次，連選可連任一次。4.分庭應從其法官中選出庭長，庭長應在分庭當選之任期內執行職務。5.如果選出分庭之任何三年任期終了時仍有案件尚在進行，該分庭應按原來之組成完成該案件。6.如果分庭法官出缺，法庭應從其選任法官中選派繼任法官，繼任法官應任職至其前任法官任期屆滿時爲止。7.法庭選任法官七人應爲組成分庭所需之法定人數。

[82] 《聯合國海洋法公約》第191條：海底爭端分庭經大會或理事會請求，應對他們活動範圍內發生之法律問題提出諮詢意見。這種諮詢意見應作爲緊急事項提出。

際海洋法法庭管轄權之協定中，有關海洋環境保護條款之爭端；④海域劃
界爭端分庭，則是專門處理海域劃界之爭端，因為此項爭端屬於任擇除外
條款，亦即締約國得以書面聲明該爭端不接受《聯合國海洋法公約》之爭
端解決程序，但若未特別聲明，締約國間若發生海域劃界之爭端，則可提
交至國際海洋法法庭，因此國際海洋法法庭為專業分工所需，特別設立海
域劃界爭端分庭；⑤專案特別分庭，則是《聯合國海洋法公約》為使締約
國更能接受其爭端解決程序，規定由海底爭端分庭在徵得當事各方之同意
後，得設立專案特別分庭。此專案特別分庭之設立與仲裁制度類似，雖然
原則上由三位法官組成，但如果爭端各方不同意專案分庭之組成，則法官
之指派方式，是由爭端每一方指派法官一人，第三名法官由雙方協議指
派，甚至可以協議修改審理規則[83]。學者認為，此制度將使締約國更容易
接受在國際海洋法法庭下之爭端解決程序[84]。

4. 國際海洋法法庭在國際環境爭端解決之地位

　　國際海洋法法庭成立以來所受理之案件總共30件，涉及海洋環境問
題占相當大之比例，包括澳洲、紐西蘭與日本間之南方藍鰭金槍魚案、關
於養護和永續利用東南太平洋劍魚案、愛爾蘭訴英國之MOX工廠案、馬
來西亞與新加坡之間填海造地案等，其內容均涉及海洋環境及生物資源問
題。此外，國際海洋法法庭所受理的諮詢案件，也都體現了海洋環境的保
護。由此觀之，國際社會對於海洋環境之維護及生物資源養護投入了更多

---

[83] 《國際海洋法法庭規約》第36條：1.海底爭端分庭為處理按照第188條第1款(b)項向
　　其提出之特定爭端，應成立專案分庭，由其法官三人組成。這種分庭之組成，應由
　　海底爭端分庭在得到當事各方同意後決定。2.如果爭端各方不同意專案分庭之組成，
　　爭端每一方應指派法官一人，第三名法官則應由雙方協議指派。如果雙方不能達成
　　協議，或如任何一方未能作出這種指派，海底爭端分庭庭長應於同爭端各方協商
　　後，迅速從海底爭端分庭法官中作出這種指派。3.專案分庭之法官必須不屬爭端任何
　　一方之工作人員，或其國民。

[84] 姜皇池 著：《國際海洋法(上)》（2版），新學林出版公司，2018年4月，第1667-
　　1672頁；黃異 著：《國際海洋法》（2版），新學林出版公司，2020年9月，第249、
　　250頁。

之關注，因爲唯有在海洋科學技術上之提升，始能提出造成環境破壞之原因，而更進一步向國際海洋法法庭提出司法爭議之審理要求。且由於涉及海洋環境之爭議往往具有很強的科學技術性，當締約國願意將此等爭議交由國際海洋法法庭審理，代表對於國際海洋法法庭之專業度，給予高度之肯定。再由這些案件內容觀之，國際海洋法法庭所受理之案件涵蓋了海洋環境保護、海洋資源養護、非法之捕魚活動等範圍，也反映了國際海洋法法庭在海洋環境保護方面之作用和地位。而就審理案件之程序而言，國際海洋法法庭所受理之案件中，關於釋放船員和臨時措施之案件，實際上都非常快速地作出裁判，反映了國際海洋法法庭審理高效之特徵，著實有利於環境糾紛之解決及防止或減少環境之損害。此外，因爲國際海洋法法庭設立分庭之方式，也顯示出其具有相當強的靈活性，因爲爭端當事方可以依據其爭端之特點，選擇合適之分庭處理，尤其是專案特別分庭之組建，爭端當事方尚可以自行協議法官人選及審理規則，更加有利於爭端之解決[85]。

而國際海洋法法庭與國際法院最大之不同點，在於國際海洋法法庭就其案件之審理表現出充分對於海洋環境之關注，亦即考慮了國際環境法中之基本原則，包括在第10號愛爾蘭訴英國之MOX工廠案中，國際海洋法法庭考慮到國際合作之重要性，以達到眞正防止污染之目標；而在第12號馬來西亞訴新加坡塡海造地之案件中，國際海洋法法庭也強調了謹愼原則，以及需要爭端雙方進行合作之必要性；又在第17號諮詢案中，說明了預防原則是擔保國之義務，故爭端方必須採取最佳方式開展環境影響評價[86]；以及在第21號諮詢案中，強調國家間漁業資源之保全需要各國共同合作，此爲各國之義務，並提及「永續發展」爲《聯合國海洋法公約》所確立之基本原則，以及在缺乏科學證據之情況下，仍必須採取預防原則等

---

[85] 蔣小翼：〈《聯合國海洋法公約》涉海環境爭端解決程序之比較分析〉，載《邊界與海洋研究》2018年第2期。

[86] 李文杰：〈也談國際海底區域擔保國的法律義務與責任—以國際海洋法法庭第17號"諮詢意見案"爲基點〉，載《河北法學》2019年第1期。

論點，均可看出國際海洋法法庭對於環境糾紛之處理，確實能夠朝著符合國際環境法之方向前進，而不同於國際法院之判決，仍以傳統國際法之角度進行審理，國際海洋法法庭之設立在此展現其重要性[87]。

　　再者，國際海洋法法庭在爭端當事方資格方面之規定，與《國際法院規約》之規定大不相同，包括自然人及法人均可以利用國際海洋法法庭解決爭端，相對於國際法院僅允許主權國家始能成為訴訟當事方之規定，實為國際司法上相當重要之改革。這是因為支持設立國際海洋法法庭之國家認為，因《聯合國海洋法公約》之爭端具有相當強之專業性，而且因《聯合國海洋法公約》所規範之行為主體也呈現多元化之傾向，故應建立新的國際海洋法法庭以因應此種特性[88]。然而依據《聯合國海洋法公約》第190條規定，「如自然人或法人為爭端之一方，應將此事通知其擔保國，該國應有權……參加司法程序。如果締約國擔保之自然人或法人對另一締約國提出訴訟，被告國可請擔保……之國家代表……出庭。[89]」有學者認為，本條在規範擔保締約國得參加程序和出庭之制度，其目的在於避免自然人或法人為當事方，而另一方為國家時，在程序上之不平等[90]。但是本書認為，就本條之文字觀之，自然人或法人是「應」將此事通知擔保國，以及「如果締約國擔保之自然人或法人對另一締約國提出訴訟」等語，應

---

[87] 蔣小翼：〈《聯合國海洋法公約》涉海環境爭端解決程序之比較分析〉，載《邊界與海洋研究》2018年第2期。

[88] 吳慧 著：《國際海洋法法庭研究》（初版），海洋出版社，2002年1月，第10-13頁。

[89] 《聯合國海洋法公約》第190條：1.如自然人或法人為第187條所指爭端之一方，應將此事通知其擔保國，該國應有權以提出書面或口頭陳述之方式參加司法程序。2.如果一個締約國擔保之自然人或法人在第187條(c)項所指之爭端中對另一締約國提出訴訟，被告國可請擔保該人之國家代表該人出庭。如果不能出庭，被告國可安排屬其國籍之法人代表該國出庭。

[90] 徐曾滄、盧建祥：〈《聯合國海洋法公約》爭端解決機制十年：成就、不足與發展—以與常設國際仲裁法庭、國際法院的比較實證分析為視角〉，載《中國海洋法學評論》2007年第1期。

解釋爲雖然自然人及法人可在國際海洋法法庭成爲當事方，但仍需締約國作爲擔保國，該自然人及法人始能在國際海洋法法庭成爲爭端當事方，所以自然人或法人「應」將此事通知擔保國，且僅有「締約國擔保」之自然人或法人方能在國際海洋法法庭提出訴訟。因此，一旦遇有擔保國不願意出面之情形，自然人及法人之權利即有保護不周之處。

(三) 常設仲裁法院之國際環境爭端解決程序

1. 常設仲裁法院之成立

　　常設仲裁法院是根據1899年第一次海牙會議中所訂定《海牙和平解決國際爭端公約》而成立的，該公約第20條至第61條規定常設仲裁法院之設置依據及辦法，並在1901年於荷蘭海牙正式成立常設仲裁法院（Permanent Court of Arbitration, PCA）。而在1907年第二次海牙和平會議中，將《海牙和平解決國際爭端公約》進行修訂，對於常設仲裁法院部分進行大幅度增補，確立常設仲裁法院設立之任務，是爲了國家在無法用外交方法解決爭議時，得以仲裁方式解決爭議[91]。原本常設仲裁法院設立之初衷，在於「以最有效之方式，確保全世界之人民可以得到眞正且持久之和平」[92]，但在二次大戰後，隨著國際政經情勢改變、科技日新月異，各國對於如何維持和平之概念也有所不同，且已理解到國際環境爭端之產生，將會是危及人類和平最嚴重的問題之一，因此常設仲裁法院也作出一些改變，期望自己能成爲解決國際環境爭端之平臺。

2. 常設仲裁法院之組織

　　依據《海牙和平解決國際爭端公約》規定，常設仲裁法院之組織包括國際事務局、常設理事會，且保存有仲裁人名單。以下分述之：

　　(1)國際事務局（International Bureau）：爲常設仲裁法院之秘書處，專門負責處理行政事務，工作包括常設仲裁法院對內及對外相關事項之聯

---

[91] 王鐵崖 等編著：《國際法》（初版），五南圖書，1995年2月，第565-566頁。

[92] 裴欣：〈從1899年到今天：常設仲裁法院的百年〉，載《北京仲裁》2008年第4期。

繫、文件檔案之保管等，以及在仲裁案件中爲仲裁庭和爭端當事方提供相關之協助。設有秘書長，所有相關事項由秘書長統整爲之。

(2)常設理事會（Permanent Administrative Council）：其主席是荷蘭外交大臣擔任，組成人員包括各締約國駐海牙之外交代表。主要任務在對於國際事務局之工作給予指導及監督、制定議事規則和其他程序方面之規定，以及就常設仲裁法院所產生之行政問題進行決策，並對締約國提出工作及費用之報告。

(3)仲裁人名單：依據《海牙和平解決國際爭端公約》規定，各締約國應提出至多四名仲裁人，這些仲裁人必須爲公認「精通國際法，且道德名望極著」之人，並願意擔任仲裁職務者，始能將其列入仲裁人名單。但各締約國所選定之仲裁人不一定必須爲本國籍人，且同一人也可以被幾個國家同時提出在名單內，任期六年，但得連選連任[93]。

(4)仲裁庭：爭端當事方在發生爭端，並將爭端提交至常設仲裁法院時，得依據當事國間之仲裁協議進行仲裁程序，以及決定應適用之法律。但是若雙方未有明確協議，亦可依據1907年所修正之《海牙和平解決國際爭端公約》第51條至第85條之規定。其中關於仲裁人選定之問題，原則上係由爭端當事方在仲裁人名單中各自選出一位仲裁人，再由這兩位仲裁人選出第三位仲裁人，但該公約並未禁止爭端當事方選任仲裁人名單以外之人。然若爭端當事方就第三位仲裁人始終無法選定，則可請第三國代爲選定，但若對於這第三國雙方亦無共識，則可各選一個第三國，由這兩個第三國以達成共識方式推出第三位仲裁人，但若在兩個月內仍無法達成共

---

[93] 1899年《海牙和平解決國際爭端公約》第23條：各締約國在各自批准本公約後之三個月內，應選定公認之精通國際法問題、享有最高道德聲望並願意接受仲裁人職責之人士至多四名。被選定之人士應列入仲裁法院成員名單，由事務局負責通知各締約國。仲裁人名單之任何變更，應由事務局通知各締約國。兩個或幾個國家可以協商共同選定一個或幾個成員。同一人士得由不同國家選定爲成員。仲裁法院成員之任期爲六年，期滿可以連任。遇有仲裁法院成員死亡或退休，應按照該人原任命之同樣方式予以補缺。

識，則由兩國各自選出兩人，以抽籤決定第三位仲裁人[94]。

　　由此觀之，常設仲裁法院並非有固定法官審理案件，只有仲裁人名單，以及可選用之仲裁規則，故應屬於通常意義上之國際仲裁機構。而常設仲裁法院設立之重大意義，在於以前國際仲裁關於仲裁人之組成（包括人數及選任方式）沒有一定之規則，導致爭端當事國在運用仲裁制度解決爭議時，產生許多問題，而常設仲裁法院的設立，解決了這些問題，也提升了國際間適用仲裁解決爭端之意願。

3. 常設仲裁法院近期之發展

　　常設仲裁法院設立後，於1902年到1932年將近30年間，雖仲裁了20個案件，但自1950年左右，案件越來越少，直到1990年處理之仲裁案件數量極其有限，原因可能在於國際法院成立，使得國家利用常設仲裁法院解決爭議之機會更少，因此國際間對於常設仲裁法院之評價，已經是一個虛有其名而未能發揮實際作用之機構。所幸，常設仲裁法院在1990年以來，採取了一系列之措施，增強其所提供之服務及便利性，讓國際社會重新認識到常設仲裁法院之作用，而使其爭端解決之功能得以提高。其中最重要之兩項發展，一是商事仲裁和投資仲裁方面之發展，另一個則是與國家達成協議，讓仲裁過程可以直接在爭端當事國之領域內進行，而無須特別到海牙進行仲裁[95]。

---

[94] 1907年所修正之《海牙和平解決國際爭端公約》第45條：當締約國願將它們之間發生的一項爭端訴諸常設仲裁法院以求解決時，應在法院成員總名單中挑選仲裁人組成法庭以受理此項爭端。如當事國未能就仲裁法庭的組成達成協議，則按如下方式組成：每一當事國任命兩名仲裁人，其中只有一名可由本國國民充任或由該國從常設仲裁法院成員名單中選出一人充任，再由這些仲裁人共同選擇一名公斷。如票數相等，則公斷人的選擇應委託各當事國共同協議選定的第三國為之。如對選擇第三國問題未能達成協議，則每一當事國各自選定一不同的國家，並由這樣選定的國家共同選出公斷人。如在兩個月內，這兩個國家未能達成協議，則每一國各自從常設法院成員名單中提出候選人兩名，但他們都不是當事國所任命的成員，並且不是任一當事國的國民。公斷人應由按上述辦法提出的候選人用抽籤決定。見：丘宏達著：《現代國際法》（修訂3版），三民書局，2019年4月，第1015頁以下。

[95] 裴欣：〈從1899年到今天：常設仲裁法院的百年〉，載《北京仲裁》2008年第4期。

關於商事仲裁和投資仲裁方面之發展，是因為常設仲裁法院依據1907年所修正之《海牙和平解決國際爭端公約》，僅作為國家與國家間爭端處理之仲裁機構。但事實上，仲裁所能處理之糾紛，不應僅包括國家間之爭端，而尚應包括國際組織、私人企業與國家間之爭端，這些也許是當初公約起草者並未預見的，但常設仲裁法院在現實條件下為維持營運必須採取新政策，因此擴大仲裁之爭端範圍確實是可行之方式。由於常設仲裁法院觀察到各國簽署雙邊投資協議之數量顯著成長，於2005年，全世界共簽署約有2,500個雙邊投資協定，進而決定積極介入國際投資仲裁案件。雖然《聯合國貿易法委員會仲裁規則》將常設仲裁法院作為指派當局之任命機構（designator of appointing authority），亦即當爭端方就仲裁庭之組成無法達成共識時，一方可以請求常設仲裁法院之秘書長決定指派機構，再由指派機構指定仲裁人，有利於仲裁程序之順利進行。但此種方式仍需經過兩個階段，若能在雙邊投資協定中直接規定具體之指派機構，將可縮短仲裁庭成立之時間。因此常設仲裁法院積極與許多國家進行接洽，希望能在雙邊投資協定中約定由常設仲裁法院秘書長作為指派機構，由常設仲裁法院秘書長直接指派仲裁人，讓常設仲裁法院之作用發揮到最大。

另一發展，則是常設仲裁法院近年來積極地與1899年或者1907年《海牙和平解決國際爭端公約》之締約國簽訂東道國協定（Host Country Agreement）。簽署該協定之目的，在於提交至常設仲裁法院之仲裁案件，其仲裁程序不需要在海牙進行，而可以直接在東道國之境內進行，且東道國不需要建立常設之機構，只需要與常設仲裁法院合作，保證常設仲裁法院之職員及代理人、證人等仲裁過程之參與者，能夠在東道國境內具有與常設仲裁法院及荷蘭政府所簽署之總部協議相同條件下履行職能，包括為仲裁人和參與仲裁者提供特權或豁免（例如某些經濟上之豁免權）。如此一來，東道國協議可以讓常設仲裁法院在東道國境內提供進行仲裁之設施與服務，為東道國境內及附近之爭端解決提供了便利，也提高了效率，讓爭端當事方更加願意將爭端提交至常設仲裁法院。目前與常設仲裁法院簽署東道國協議之國家，包括阿根廷、智利、中國（與香港特別行政

區）、哥斯大黎加、吉布地、印度、愛爾蘭、馬來西亞、模里西斯、葡萄牙、新加坡、南非、烏拉圭和越南[96]。

雖然許多國際環境公約中均有規定仲裁程序，但包括《聯合國海洋法公約》均沒有因此特別成立仲裁機構，故有許多案件指定由常設仲裁法院擔任書記處，以協助相關案件之進行。此外，常設仲裁法院也認識到國際環境爭端解決之重要性，因此特別就自然資源及環境保護方面制定新的仲裁規則，即《常設仲裁法院仲裁有關自然資源和／或環境爭端之任擇性規則》以擴大其受理案件之範圍[97]。甚至有學者認為，常設仲裁法院由於《常設仲裁法院仲裁有關自然資源和／或環境爭端之任擇性規則》之制定，以及備有國際環境法專業之仲裁人及科技專家之名單，甚至已有能力處理關於氣候變遷方面之爭議[98]。

二、以國際仲裁解決國際環境爭端之特點

以國際仲裁解決國際環境爭端之特點，包括國際仲裁得由爭端當事方自行選任仲裁人，此有助於提高雙方對於國際環境爭端判斷結果之信服度，且由於仲裁程序得依爭端當事方之協議進行，與訴訟程序相較，程序上更具有靈活性。

(一) 仲裁人之自行選任有助於提高判斷之專業度及爭端當事方對於判斷的信服度

雖然國際法院為目前國際上最受到重視之司法機構，其判決及諮詢意

---

[96] 同上註：https://pca-cpa.org/cn/relations/host-country-agreements/.

[97] The George Washington University Law School Conference on International Environmental Dispute Resolutions (15-17 April 1999), George Washington Journal International Law & Economic, Vol. 32, 2000.

[98] Risteard de Paor, Climate Change and Arbitration: Annex Time before there won't be a Next Time, Journal of International Dispute Settlement, Oxford University Press, Vol. 8, Issue 1, 2017.

見對於國際法之發展有著極大貢獻，但是國際法院備受質疑之一點，就是國際法院之中立性。因為國際法院一開始所選任之法官，其背景大多為已發展國家，加上《國際法院規約》規定，國際法院開庭時，原則上全體法官均應出席，並且表示意見[99]，因此導致國際法院在許多重大案件之判決結果及諮詢意見，均明顯偏向西方大國之見解，過去有許多第三世界之國家認為國際法院被已發展國家所把持，若將案件提交至國際法院審理，勢必為不利之判決，故不願將案件提交給國際法院。不過近年來國際法院之法官背景已有所改變，亞洲、非洲，以及南美洲等國家之法官，實際上已經為多數，但這是否能讓國際法院在第三世界國家中之形象有所扭轉，尚有待觀察。然而相反地，在西方國家眼裡，由於國際法院中之法官有社會主義之法官及第三世界之法官，其所作出之判決在西方國家不易被接受，因此西方國家對於國際法院也是有所疑慮。因此，本書認為，以仲裁解決爭議應為更好的途徑[100]。

　　而國際仲裁最重要的特點，在於仲裁程序之進行相當重視當事人意思自治，尤其仲裁人是由爭端當事方自行選任，避免了前述國際法院法官背景之問題，直接影響爭端當事方對於判斷結果之信服度。且爭端當事方也可以透過選任之過程對於仲裁人之背景有所理解，而選出與自己法律見解相近之仲裁人，加上爭端當事方得自行約定適用之法律，如此將使得判斷結果更能被爭端當事方所預期，也增加了爭端當事方對於該仲裁庭所作出判斷結果之接受度。況且，由於國際環境法涉及海洋法、國際發展法、國際經濟法、國際投資法、環境科學、環境倫理學、天文學、地理學、生物學、經濟學等不同之領域，因此國際法之原理原則，與國際環境法仍有所不同，因此若審判者能由爭端當事方自行選擇，進而選出國際環境法之專家，而能夠不僅從國際法之角度，或是國際經濟法、國際投資法等之原理

---

[99] 《國際法院規約》第25條第1款：除本規約另有規定外，法院應由全體法官開庭。

[100] 丘宏達 著：《現代國際法》（修訂3版），三民書局，2019年4月，第1023頁及第1061頁以下。

原則來作爲判斷之理由，更能從國際環境法之基本原則解決該爭議，亦能使國際環境法之發展更進一步。

　　從執行面而言，在國際法院訴訟之案件，一旦敗訴國家不願意接受該判決，國際法院之判決在執行上往往會遇到瓶頸，但若國際環境爭端以國際仲裁方式進行，則由於爭端當事方願意將爭端提交至仲裁，通常即表示願遵守仲裁判斷，加上爭端當事方對於仲裁判斷若有相當之信服度，則雙方將更願意自動履行該仲裁判斷，進而使國際環境爭端能夠實際上得到終局解決。

(二) 仲裁程序之靈活性更能在國際環境爭端之解決發揮作用

　　由於國際仲裁相當重視當事人意思自治，因此程序上也比國際法院之司法程序更加靈活。依據《國際法院規約》第38條規定，國際法院應適用國際法爲裁判，而此處之國際法僅包括條約、國際習慣、一般法律原則、司法判例及公法學家之學說[101]。因此，國際法院裁判所依據之法律，僅能是以上被認定爲國際法之規範，而不能適用任何國內法之規定，除非該項國內法已經成爲國際習慣或是國際法之一般法律原則。然而，仲裁判斷所適用之法律，得依據當事人之約定，例如特雷爾冶煉廠案，雙方即約定同時適用國際法與美國法，但是在國際法院之司法程序上，即使雙方同意適用國內法，國際法院仍受到《國際法院規約》之限制而未必可以如此爲之。

　　再者，國際法院之訴訟程序相當僵化，從起訴開始，須先進行書面程序之後，再進行口述程序，而各國爲了求取勝訴判決，所提出之書狀內

---

[101] 《國際法院規約》第38條：法院對於陳訴各項爭端，應依國際法裁判之，裁判時應適用：1.不論普通或特別國際協約，確立訴訟當事國明白承認之規條者；2.國際習慣，作爲通例之證明而經接受爲法律者；3.一般法律原則爲文明各國所承認者；4.在第59條規定之下，司法判例及各國權威最高之公法學家學說，作爲確定法律原則之補助資料者。前項規定不妨礙法院經當事國同意本公允及善良原則裁判案件之權。

容及資料非常龐雜，法官及雙方須花費相當多時間進行整理，加上口述程序又耗時許久，導致其程序進行之時間非常冗長，因此費用也相當高昂[102]。惟相較於國際法院訴訟程序冗長、費用又較高之情形，基於仲裁程序之靈活性，可以依據爭端當事方之要求隨時進行調整，不會如同司法程序一般僵硬，爭端當事方可無需耗費過多之時間在等待，否則如國際環境爭端如此複雜之爭議，恐怕程序上所需之時間相較其他之國際爭端將更加冗長[103]。更何況，由於國際環境爭端中所涉及之環境污染或生態破壞，一旦程序拖延，所造成之損害將更加嚴重，而環境與生態系統之破壞往往是無法逆轉的，因此國際環境爭端更需要快速解決，故國際仲裁應為更加適當之爭端解決方式。又基於國際仲裁之靈活性，可以在仲裁程序中或仲裁判斷中提出更好的解決方案，進而達到雙贏局面，這也是仲裁制度一大特色。

(三) 國家以外之實體亦可利用國際仲裁解決國際環境爭端

依據《斯德哥爾摩人類環境宣言》以及《里約熱內盧環境與發展宣言》，提出我們「只有一個地球」原則，強調「地球之生態系統是封閉性之世界而非開放式宇宙」，因此生態系統具有整體性與相互依賴性，亦即地球每一個部分都是相互連結、相互制約，整個地球之生態危機，均使得人們成為命運共同體，任何國家、集團，甚至個人均不可能脫離地球而獨享其舒適之環境，只有全人類共同努力，才能保護人類唯一的地球。故人們必須認清，任何人都有保護環境之義務，但也都有主張享有良好環境之權利，而為了讓地球環境能有更好的保護，因此需要有更多主體來監督環境保護之實行情形。

國際法上之主體包括國家、個人和國際組織，然依據《國際法院規

---

[102] 王鐵崖 等編著：《國際法》（初版），五南圖書，1995年2月，第589-590頁。

[103] Charles Qiong Wu, A Unified Forum? The New Arbitration Rules for Environment Disputes under the Permanent Court of Arbitration, Chicago Journal of International Law, Vol. 3, No. 1, 2002.

約》第34條規定，僅有「國家」始能成爲國際法院之訴訟當事者，亦即僅有在國際法概念下之「國家」，方能利用國際法院解決國際爭端[104]，換言之，除了國家以外之實體，包括個人及國際組織，根本無法進入國際法院成爲爭訟當事方。再者，因爲國際海洋法法庭之管轄範圍僅在海洋環境，對於未涉及海洋之國際環境爭端，仍無法透過國際海洋法法庭加以處理。但是國際仲裁並無此等限制，換言之，個人及國際組織，均可以利用國際仲裁程序解決國際環境爭端。

　　由於環境污染或生態破壞之後果，最後仍是由個人承擔，然而即使承認個人有環境權益，但若個人無法透過國家來主張國際法上之權利，也無救濟程序來加以落實，當權利被侵害，而不能得到即時有效之救濟，權利也變成了一紙空文，所謂「環境權益」最終將僅落爲一個口號而已。雖然環境權益在國際間已被認同爲基本人權之一，故在環境權益受到侵害時，個人得依據相關人權公約之規定，將爭議案件請求人權法院或人權委員會予以裁決。然而，不論是依據《歐洲人權公約》（*European Convention for Protection of Rights and Fundamental Freedoms*）、《美洲人權公約》（*American Convention on Human Rights*）、《非洲人權和民族權憲章》（*African Charter on Human and Peoples' Rights*）所設立之人權法院或人權委員會，由於這些公約均屬於區域性公約，並非全世界之國家均可成爲締約國，故其適用範圍係屬有限，且人權與環境權益之主張並非全然沒有矛盾之處，例如爲環境保護爲由，而要求原住民改變原本之生活方式，則原住民之生存權即可能與環境保護相左。因此由於國際環境爭端具有主體多元化之特點，以及目前並無全球性之人權司法機構，故在國際環境法之領域中，仲裁制度應爲更爲適合之爭端解決方式。

---

[104] 《國際法院規約》第34條：在法院得爲訴訟當事國者，限於國家。

|第三章|
主體論：國際環境仲裁之主體資格及適格問題

　　由於「國際環境爭端」重要特徵之一在於「跨界性」，係指應負責任者與受損害者分別為不同之國家，或分屬不同之國籍，方屬於「國際」環境爭端。然國際環境爭端與其他國際爭端不同點在於：受損害者不僅只有國家，而應負責任者也不僅只有國家，因此需先確認國際環境法之主體為何，以及何者具有國際仲裁之主體資格，以及這些主體在何種情形具有主體適格[1]。

　　由於國際環境法是調整國際環境關係之法律制度規章，屬於現代國際法之新領域，因此在界定國際環境法主體之前，須先確認國際法之主體資格。依據傳統國際法，認為「國家」方為國際法之主體，並且是國際法唯一之主體，只有國家才有資格承擔國際法之權利和義務，也只有國家才能參與國際法之制定[2]。然而亦有持相反論點者，認為僅有個人，才是國際法之主體，其論點在於，一切法律規範最後目的都是個人，國際法也是一樣，因此國際法之主體並非國家，而是組成國家之個人，只不過囿於國際之現況，國際法只能透過國家這個介面來適用，但其本質仍在於直接支配個人[3]。然此兩種說法均有其盲點，因為國際法主體應隨著國際關係之發展而發展，不應僅限於國家，否則將無法反映當今之國際實踐，也無法保護或規制除國家以外之主體；而國家之組成也並非僅是一群人，若將個人看作是國際法之唯一主體，也太偏離了國際現實。因此出現了折衷說，認

---

[1] 本書之研究並不包括個人與個人之間所產生跨界之環境爭端。

[2] 周鯁生 著：《國際法》（初版），商務印書館，2018年12月，第70頁以下。

[3] 林燦鈴 著：《國際環境法》（修訂2版），人民出版社，2011年11月，第55-56頁。

為國家與個人均是國際法之主體，而國家是具有權利能力及完全行為能力之主體，但個人則是在一定之條件下可以成為國際法之主體。

再者，因為戰後出現大量政府間國際組織，其共同之特點在於：具有獨立之法律人格，也有一定之法律行為能力，依其組織成立之文件擁有自己之工作人員，並具有派遣代表之能力。由於這幾項特點，政府間國際組織被認為具有獨立參加國際關係和直接承受國際法上權利義務之能力，因此在一定之條件下，也被認為是國際法之主體[4]。而在環境問題具有全球性及多樣化之挑戰下，除了政府間國際組織之外，非政府間國際組織不但推動了各國環境治理之法制化，且促進了國際間在環境保護領域之合作，並對於國際環境法之發展，甚至在國際環境爭端之解決，均有相當之貢獻，在國際環境保護上扮演相當重要之角色，若再依循傳統國際法，採取完全否認其具有國際法主體資格之見解，恐怕已不合時宜，如今應肯定非政府間國際組織之主體資格，方能發揮其在環境保護方面之功能。以下就國家、政府間國際組織、非政府間國際組織，以及自然人和法人，分別論其在國際環境法上之主體地位，以及在國際仲裁中之主體資格及適格問題。

第一節　仲裁主體論之總說

按法律關係之主體，係指在法律關係上享受權利及承擔義務之個體，人係權利義務的主體，再抽象言之，亦即唯有「人」具備享受權利負擔義務之資格，即為法律上之人格者（personen），故學者有謂，人格者之觀念，是全部法律秩序之基礎[5]；又得為權利之主體而具有法律上之人

---

[4]　林燦鈴 著：《國際環境法》（修訂2版），人民出版社，2011年11月，第57-59頁。

[5]　韓忠謨 著：《法學緒論》（初版），自版，臺灣大學法學院事務處總經銷，1962年7月，第168頁以下；施啓揚 著：《民法總則》（6版），自版，2005年6月，第69頁以下；林誠二 著：《民法總則新解—體系化解說(上)》（3版），瑞興圖書，2012年2月，第148頁以下。

格者，並不以「自然人」爲限，在法律生活中，有若干社會組織體，亦同係具有人格者，其地位與自然人相當，得獨立爲權利與義務之主體，乃有「法人」（juristische person），由是法人遂與自然人並立[6]。又國家係高度組織化之政治團體，其對內之人格，以《憲法》爲基準，而對外之人格，即以國際法爲依據。其下之公共團體與地方自治團體，亦各有其組織法，均屬於公法人之範疇[7]。在行政組織之結構，行政主體有廣狹二義，狹義行政主體，係指行政法上享有權利負擔義務，具有一定職權，且得設置機關以便行使其職權，並藉以實現其行政上任務之組織體。然既爲權利義務之主體，故其前提須具有法律上之人格，在我國法制中，因公法人資格取得不易，故另創廣義行政主體，不以具有公法人地位爲條件，凡公法上之獨立組織體，有特定職權得設立機關或置備人員，以達成其任務者，均屬之。舉凡國家、直轄市、縣（市）、鄉鎮市、農田水利會、行政法人等具有公法地位之組織，即屬行政主體。至於廣義之行政主體，則與我國司法實務上廣泛承認訴訟程序之當事人能力，及在國際環境仲裁程序之當事人能力，可相互呼應[8]。

又仲裁主體論涉及仲裁制度之主體，舉凡仲裁當事人（包括仲裁聲請人與相對人）、仲裁當事人能力、仲裁行爲能力、仲裁之代理人、仲裁人（包括仲裁人之資格、基本條件、仲裁人之公正獨立性及仲裁人之倫理規範）[9]、仲裁庭（包括仲裁庭之人數、選定方式、主任仲裁人之選定、更

[6] 王澤鑑 著：《民法總則》（增訂新版），自版，2017年3月，第179頁以下。

[7] 趙相林 主編：《國際私法》（初版），中國政法大學出版社，2007年9月，第57頁以下；林燦鈴 著：《國際環境法》（修訂2版），人民出版社，2011年11月，第53頁以下。

[8] 城仲模 著：《行政法之理論與實用》（增訂13版），三民書局，2015年10月，第152頁以下；林騰鷂 著：《行政法總論》（修訂4版），三民書局，2020年2月，第188頁以下；藍瀛芳 著：《比較的仲裁法(上)》（初版），元照，2018年11月，第321頁以下。

[9] 藍瀛芳 著：《比較的仲裁法(上)》（初版），元照，2018年11月，第314頁及第696頁以下；李家慶、蕭偉松、謝定亞、范光群：〈工程仲裁未來之走向—先調後仲之爭

動、仲裁庭組成後之法律效果）、仲裁機構、主管機關與法院（包括保全
程序及救濟制度之裁判權）[10]。在本書關於國際環境仲裁主體論之主題，
為國際環境仲裁之主體資格及適格問題，擇要四者：一、國家：深入探究
國家之法律人格、國家在國際環境仲裁之主體資格，以及國家在國際環境
仲裁中主體適格問題；二、政府間國際組織：深入分析政府間國際組織之
法律人格、在國際環境仲裁之主體資格，以及主體適格問題[11]；三、非政
府間國際組織：就非政府間國際組織之國際法主體資格及在國際環境仲裁
程序之主體資格與主體適格問題進行探討；四、個人：個人在國際法及國
際環境法上之地位、個人在國際環境仲裁之主體資格，以及自然人與法人
在國際環境仲裁之主體適格問題進行探討[12]。

第二節　國家

一、國家之法律人格

　　由於國際法主要是調整國家與國家間關係之規章制度，此特徵即決
定了國家具有國際法上之主體地位。在周忠海教授《國際法》一書中，認
為國際法之主體，係指「國際法上法律關係之當事者，即直接擁有國際法
上權利義務之法律人格者」。換言之，國際法主體應具備兩種能力，一是
直接參加國際關係之能力；另一是直接承受國際法上權利義務之能力，具

端解決模式〉，載《仲裁季刊》2006年第80期，第7頁以下；藍瀛芳 著：《比較的仲
裁法(下)》（初版），元照，2018年11月，第1251頁以下。

[10] 藍瀛芳 著：《比較的仲裁法(上)》（初版），元照，2018年11月，第314頁及第862頁
以下。

[11] 林燦鈴 著：《國際環境法》（修訂2版），人民出版社，2011年11月，第78頁以下。

[12] 趙相林 主編：《國際私法》（初版），中國政法大學出版社，2007年9月，第57頁以
下；林燦鈴 著：《國際環境法》（修訂2版），人民出版社，2011年11月，第97頁以
下。

備此兩種能力者，始能承認其具有國際法之主體資格。再者，既然國際法是調整國際關係之依據，而國際關係中，又以國家與國家間之關係最爲重要，此更奠定了國家爲國際法主體之地位。其三，由於國家具有主權，因此在國際法上有完全之權利能力和行爲能力，這是其他主體所不具備的，此爲周忠海教授在《國際法》一書中清楚說明國家爲國際法主體之理由[13]。因此，國家爲國際法之基本主體，應無疑義。

惟國際法所認定之「國家」必須包含以下四個要素：第一，必須要有相當數量定居之居民。因爲相當數量定居之居民，方能形成一定之社會及經濟結構；第二，必須要有確定之領土範圍，因爲國家之存在必須有居民生存及活動之地域，方能生產出居民及國家賴以生存之物質，並且方能確認國家行使權力之範圍。然無論領土範圍之大小，均不影響其被認定是否具有國際法主體資格；第三，必須要有自己之政府。所謂「政府」，是一個國家對內實行統治、對外進行外交之政權組織，與一般之社會組織並不相同；第四，必須要有主權。所謂「主權」係指可以獨立處理對內及對外事務之最高權力，學者將其稱之爲「對內之最高統治權」及「對外之平等獨立權」[14]。當具備以上四個要素，即可被認定爲國家，而屬於國際法之主體。

二、國家在國際環境仲裁之主體資格

由於人們已經意識到，我們只有一個地球，人類之一切活動都將對於地球環境產生一定之影響，而生態環境具有整體性，需要全人類共同維護，因此每一個國家之經濟社會發展都會對於全球之環境產生影響，使得國家之間因爲環境問題產生新的關係，而當環境問題從國內之議題轉變爲國際社會共同關注之議題時，國際關係即產生不一樣的變化，亦即國家與

---

[13] 周忠海 主編：《國際法》（3版），中國政法大學出版社，2017年7月，第53-54頁。

[14] 丘宏達 著：《現代國際法》（修訂3版），三民書局，2019年4月，第266-268頁。

國家間產生一層新的關係——即國際環境關係[15]，換言之，除了政治、經濟、文化關係之外，又多一層新的領域關係。而國際環境法就是調整國家與國家間之環境關係，其中尤以國家基於開發利用自然資源與保護環境所產生之國際權利義務關係最為重要，因此學者將之稱為國家環境主權[16]。

　　自1962年《關於自然資源之永久主權宣言》中提及：「……各國行使其對於天然……資源之永久主權，必須為其國家之發展著想，並以……人民之福利為依歸。……各國必須根據主權平等原則，……促進……各國……自由有利行使其對天然資源之主權。[17]」《斯德哥爾摩人類環境宣言》中亦宣布：「按照《聯合國憲章》和國際法原則，各國有……開發自己資源之主權，並且有責任保證在……控制之內之活動，不致損害其他國家或國家管轄範圍以外地區之環境。[18]」嗣後在《里約熱內盧環境與發展宣言》又再次重申此一原則[19]觀之，國家已經被確認擁有環境主權，亦即對於其領域之自然資源和環境具有完整之權利義務及完全之行為能力，得依自己之政策開發資源及利用環境，但須確保其活動不得損害其他國家之環境或是公域環境。由此觀之，國家必然也必須是國際環境法之基本主

---

[15] 林燦鈴 著：《國際環境法》（修訂2版），人民出版社，2011年11月，第70-71頁。

[16] 林燦鈴 等著：《國際環境法的產生與發展》（初版），人民法院出版社，2006年11月，第269頁以下。

[17] 《關於自然資源之永久主權宣言》是1962年聯合國大會通過之決議。其主要內容包括：1.各國人民及各民族行使其對自然財富與資源之永久主權，必須為其國家之發展著想，並以關係國人民之福利為依歸。……5.各國必須根據主權平等原則，互相尊重，以促進各國人民及各民族自由有利行使其對自然資源之主權。

[18] 《斯德哥爾摩人類環境宣言》為1972年聯合國人類環境會議後所發表的，其主要內容為：按照《聯合國憲章》和國際法原則，各國有按自己之環境政策開發自己資源之主權，並且有責任保證在其管轄或控制之內之活動，不致損害其他國家或國家管轄範圍以外地區之環境。

[19] 《里約熱內盧環境與發展宣言》原則2：按照《聯合國憲章》和國際法原則，各國擁有按照其本國之環境與發展政策開發本國資源之主權權力，並且負有確保在其管轄範圍內或其控制下之活動，不致損害其他國家或各國管轄範圍以外地區環境之責任。

體。

　　由於國家為國際環境法之基本主體，因此具有一定之權利及義務。就權利而言，依據《斯德哥爾摩人類環境宣言》及《里約熱內盧環境與發展宣言》觀之，國家雖然在其管轄領域內有開發自然資源及利用環境之權利，但有義務保證不得對於其他國家之環境或公域環境造成破壞，換言之，當其他國家之行為造成本國之環境破壞，自有請求停止其行為，並得就其損害要求賠償之權利。

　　就義務而言，在國際環境法領域中，國家至少負有兩項義務：一項是通知義務。所謂通知義務，係指各國在發生自然災害或可能產生重大影響環境之活動，應儘早通知鄰國或有關國家，使其能夠事先作好防範之準備，甚至能夠預先就該活動之替代方案或防範行動進行磋商。最早在《核事故及早通報維也納公約》中，即規定了通知義務[20]，之後則將通知義務從核領域擴展到其他領域，例如《里約熱內盧環境與發展宣言》中，即有一般性通知義務之規範[21]。另一項則是賠償義務，係指若本國所管轄或控制下之活動，造成其他國家或公域環境損害，即使該行為屬於國際法不加禁止之活動，但只要造成損害之結果，該國仍需負擔損害賠償責任[22]。

---

[20]　《核事故及早通報維也納公約》第2條：在發生第1條所規定之核事故時，締約國應：(a)立即直接或透過國際原子能機構（簡稱「機構」），將該核事故及其性質、發生時間和在適當情況下確切地點通知第1條所規定之那些實際受影響或可能會實際受影響之國家和機構；(b)迅速地直接或透過機構向第(a)項所述之國家和機構提供第5條所規定之有關儘量減少對那些國家之輻射後果之這類可獲得之情報。《核事故及早通報維也納公約》第3條：為了儘量減少輻射後果，在發生第1條規定以外之核事故時，締約國可以發出通報。

[21]　《里約熱內盧環境與發展宣言》原則18：各國應把任何可能對其他國家之環境突然產生有害影響之自然災害或其他意外事件立即通知那些國家。國際社會應盡一切努力幫助受害之國家。《里約熱內盧環境與發展宣言》原則19：各國應事先和即時地向可能受影響之國家提供關於可能會產生重大之跨邊界有害環境影響之活動之通知和資訊，並在初期真誠地與那些國家磋商。

[22]　林燦鈴 等著：《國際環境法的產生與發展》（初版），人民法院出版社，2006年11月，第269-270頁。亦有學者認為，其原則在於禁止國家故意造成相鄰國家之環境損

　　因此，當國家未遵守以上義務，造成其他國家之損害時，受到損害之國家則可以循救濟途徑向未遵守義務之國家，提出國際訴訟或國際仲裁，以維護自身之權利。在國際仲裁中，由於國家擁有實體上之權利義務，故在程序上也當然具有主體地位，例如《2012年常設仲裁法院仲裁規則》第1條及《常設仲裁法院仲裁有關自然資源和／或環境爭端之任擇性規則》之序言，即明確許可國家得成為仲裁程序之主體[23]，而在《聯合國海洋法公約》（*United Nations Convention on the Law of the Sea*）附件七及附件八有關仲裁之程序規定，也都以「締約國」為基本之程序主體，因此國家在國際環境仲裁具有主體資格，應無疑義。再者，由於國際仲裁提出之前提，尚需雙方之間有仲裁協議，而由於國家是國際法之基本主體，故具有約定仲裁協議之能力，因此，不論是國家因國際環境爭端發生後與其他主體訂定仲裁協議，或依據所簽訂之國際環境條約中訂有以仲裁方式解決爭端之規定，國家均得依此提起國際仲裁程序，解決國際環境爭端。

三、國家在國際環境仲裁中之主體適格

　　「主體適格」係指特定之法律關係中，何主體之間始能有效地解決紛爭，該主體方具有訴訟或仲裁之實施權，換言之，「主體適格」須判斷提

　　害，而應被認為是權利濫用，見：陳慈陽 著：《環境法總論》（3版），元照，2012年11月，第262頁以下。

[23] 《2012年常設仲裁法院仲裁規則》第1條第1項原文為：Where a **State**, State-controlled entity, or intergovernmental organization has agreed with one or more States, State-controlled entities, intergovernmental organizations, or private parties that disputes between them in respect of a defined legal relationship, whether contractual, treatybased, or otherwise, shall be referred to arbitration under the Permanent Court of Arbitration Arbitration Rules 2012 (hereinafter the "Rules"), then such disputes shall be settled in accordance with these Rules subject to such modification as the parties may agree. 《常設仲裁法院仲裁有關自然資源和／或環境爭端之任擇性規則》中 Introduction: The Rules are Optional and emphasize Flexibility and party autonomy. For example: (i) The Rules, and the services of the Secretary-General and the International Bureau of the PCA, are available to **States**, international organizations, and private parties.

出訴訟或仲裁之主體是否具有「直接利害關係」。國家雖然爲國際法及國際環境法之主體，且在國際環境仲裁具有主體資格，但仍需判斷其是否具有直接利害關係，方能以自己之名義提出國際環境仲裁。

由於人類社會工業化之提升，科學研究與技術應用之高速發展，若國家在推動經濟發展之過程中，造成其他國家，甚至是整個國際社會之損害，但此種行爲並非是國際法所禁止的，對於這些「國際法所不加禁止之行爲」卻使得其他國家遭受損害之情形，依據「跨界損害責任制度」，受損害之國家自有請求行爲國停止其行爲之權利，並得就其損害要求行爲國負起國家責任。然而，如何判斷提出仲裁之國家是否爲「受損害之國家」？亦即如何判斷該國具有「直接利害關係」？

首先，判斷該國對於特定法律關係是否具有直接利害關係而爲適格之主體，可以從國際法上之管轄權認定進行判斷。基於國際法上決定國家管轄權之原則，包括：(一)領域管轄原則：即國家對於在本國領域內之任何事項，均有管轄權，又稱爲屬地管轄權；(二)國籍管轄原則：國家對於具有本國國籍之人具有管轄權，又稱爲屬人管轄權；(三)保護管轄原則：國家對於發生在本國領域外，但爲保護本國國籍之人，亦可以行使之管轄權；(四)普遍管轄原則：對於危及國際間之和平與安全，或危害全人類共同利益之行爲，例如戰爭罪、海盜行爲、種族滅絕、種族隔離等罪行，不論行爲地在何處，亦不論行爲人之國籍，任何國家均具有之管轄權。以特雷爾冶煉廠案爲例，由於特雷爾冶煉廠位於加拿大，其所造成之空氣污染，使得美國華盛頓州當地之農作物、森林、牲畜、建築物等受到嚴重的損害，依據領域原則及國籍原則，國家對於在本國領域範圍內所有之事項，以及對於具有本國國籍之人，均有直接之利害關係，因而對於該項爭端當然具有管轄權，故美國就此爭端向加拿大提出國際環境仲裁，即爲適格之主體。

然在國際環境法領域中，若僅以領域管轄原則或國籍管轄原則判斷國家是否具有直接之利害關係，恐怕過於狹隘。本書認爲，尚可以從保護管轄原則及普遍管轄原則進行認定。基於保護管轄原則是國家爲保護本國籍

之人，對於領域外發生之事務亦可以主張管轄權，而由於個人之環境權益所包含享有良好生活環境之範圍，並不以人為劃定之疆界為限，而應在全球的任何地區，因為生態系統是一個整體，故不論在何處所產生影響環境之行為，都有可能對個人良好生活環境造成影響，因此不論任何地區發生之環境污染或生態破壞，均應包含在本國國民環境權益可主張之範圍內，因此國家自可以為保護本國籍人，而代表本國國民主張環境權益，進而提出與本國無直接利害關係或無具體損害之仲裁案件。

　　至於普遍管轄原則，是從國際刑法發展而來，因此傳統國際法對於普遍管轄原則之範圍相當限縮，基本上僅對於海盜罪、戰爭罪、種族隔離、種族滅絕、酷刑等行為，始承認國家得依據普遍管轄原則進行管轄，以避免造成侵害其他國家管轄權，而使得其他國家無法行使管轄權之情形。然而，由於全球之生態系統是一個整體，任何一處之環境污染或生態破壞，都將會因為空氣環流或水之流動而使得全球環境受到影響，且目前國際間就造成嚴重環境污染或破壞之行為，已逐漸認同應屬於國際犯罪行為[24]，故本書認為，應擴大普遍管轄原則之適用範圍，進而放寬直接利害關係之認定，如此將可使國家對於發生在非本國領域範圍內，且未涉及本國國籍人之環境損害行為，亦為適格之主體，而得以自己之名義提出國際環境仲裁，如此一來，對於任何國家均無管轄權之公域環境，將可以透過無直接利害關係之國家提出國際環境仲裁之方式進一步保護環境。

---

[24] 《國際刑事法院羅馬規約》第5條所規定國際刑事法院管轄範圍內之犯罪，包括滅絕種族罪、危害人類罪、戰爭罪及侵略罪。而1979年擬定之《危害人類和平與安全罪法典草案》中，對於污染或破壞全人類所依賴生存與發展之環境之行為，以及若在戰爭中違反國際公約而使用可能對環境造成廣泛的、長期的、嚴重的、無法逆轉的損害之行為，分別將其規範為危害人類罪及戰爭罪。而危害人類罪及戰爭罪，則為國際刑事法院所管轄範圍內之罪名。

第三節　政府間國際組織

一、政府間國際組織之法律人格

　　所謂政府間國際組織，係指國家間爲實現特定目的和任務，以簽訂條約或協定之方式，所成立之常設性組織。然而在傳統國際法概念下，僅認定國家爲國際法唯一之主體，而政府間國際組織並非國家實體，又無法確認其在何種限度內擁有權利能力，故並不認爲政府間國際組織在國際法上具有主體資格。直到1949年因聯合國大會就「執行聯合國職務時遭受傷害之賠償案」請求國際法院就聯合國是否有求償能力提供諮詢意見，方有突破性之見解[25]。該諮詢意見認爲，由於《聯合國憲章》並沒有對於聯合國是否具有國際法人格予以明確規定，但爲了實現其目的和宗旨，它必須具備國際法人格，且從《聯合國憲章》規定觀之，聯合國之設立並不僅僅成爲「協調各國行動」之中心，而是爲了執行具體任務而建立之機關，並對於聯合國與會員國間之權利義務關係有所規範，因此必須承認聯合國具有國際法人格和行爲能力，如此方能就聯合國所預期或正在行使之職能和權利有法律之基礎[26]。換言之，國際法院此一結論，表明政府間國際組織不一定需要在條約中明白地賦予其國際法人格或行爲能力，只要是爲履行其職能，在該範圍之內，政府間國際組織都具有法律人格[27]。但是政府間國際組織在國際法律關係中之行爲能力是受到設立條約之限制，意即僅能享有各會員國在條約中所賦予之任務裡所含有之權利，其所能參與之國際關

---

[25] 1948年，聯合國派往中東調停之兩位職員，由於以色列警方疏於防範，導致兩名人員遭到暗殺，因此聯合國擬對於以色列求償，但前提要件爲聯合國是否具有國際法人格，故大會決議請求國際法院提出諮詢意見。

[26] 中國政法大學國際法教研室 編：《國際公法案例評析》，中國政法大學出版社，1995年，第76-78頁。

[27] 林燦鈴 著：《國際環境法》（修訂2版），人民出版社，2011年11月，第75頁以下。

係，亦僅限於該條約中所規定之範圍，不得逾越[28]。換言之，政府間國際組織雖然是國際法主體，但其仍受到國際法一般原則、國際組織法，以及設立之條約、協議對其所設之拘束。因此，各個政府間國際組織雖有其國際法人格，但因各自設立之條約或協議所賦予之宗旨及任務不同，因此其國際法人格會呈現出有限性、差異性之特點[29]。

　　因此，目前國際間對於政府間國際組織具有國際法主體資格已成為通說，尤其是1986年《關於國家和國際組織間或國際組織相互間條約法之維也納公約》，亦為政府間國際組織具有國際法主體地位的有力證明[30]，但政府間國際組織之權利能力和行為能力是由政府間國際組織之設立條約所賦予的，因此政府間國際組織只能在設立條約之範圍內享有一定之權利能力和行為能力，與國家享有完全之權利能力和行為能力並不完全相同。

二、政府間國際組織在國際環境仲裁之主體資格

　　由於環境問題之複雜性，政府間國際組織成為國際環境法之主體更是必然。因為生態環境具有整體性，環境污染和生態破壞所導致之結果，並不會僅限於人為所劃定之疆界內，因此環境問題之處理，必須透過各國之合作，始能達成環境保護之目標。然而，各國間之合作，包括訊息之交換、彼此之磋商、共同規則之制定，以及自然資源之管理，須透過政府間國際組織來進行協調，各國之行動方能一致，且對於環境之持續監控及就所獲得之資料進行分析等工作，都需要永久性之常設機構，才能有系統且持續地進行。因此政府間國際組織之主體地位在國際環境法領域中更為突出，因為這些政府間國際組織負有環境保護之職責，包括為締約國在環境事務方面提供協商之場所、蒐集和散布相關之環境資訊、透過決議或通過

---

28 梁西 著：《國際組織法》（4版），武漢大學出版社，1998年7月，第123頁以下。

29 林燦鈴 等著：《國際環境法的產生與發展》（初版），人民法院出版社，2006年11月，第274-275頁。

30 周忠海 主編：《國際法》（3版），中國政法大學出版社，2017年7月，第54頁以下。

法律文件創設國際環境義務、推動國際環境法之進步、保證締約國履行有關國際環境法之義務，以及為爭端當事方之間所產生之環境爭端提供爭端解決之機制和場所。而在執行職務之過程中，必然會跟國際法之主體產生一定之關係，因此政府間國際組織在國際環境領域中所具有之主體地位，其重要性不容忽視[31]。

　　目前與環境保護有關之政府間國際組織，可以分為全球性及區域性之政府間國際組織。所謂全球性政府間國際組織，原則上係指開放給全世界所有國家都可以參與之政府間國際組織，並未限定參與國家之區域條件，而目前最具有影響力且發揮核心作用之政府間國際組織，即為聯合國，而聯合國環境規劃署（UNEP）作為聯合國之常設機構，在環境保護之領域，發揮著非常重要之作用，包括透過審查各國之報告來檢查全球環境，並提出國際上須緊急解決之環境問題，協調全球之環境政策，且協助發展中國家實施有利於環境保護之措施。除此之外，聯合國之專門機構，也都在國際環境保護之領域有著重要貢獻，例如聯合國教科文組織（UNESCO），從1970年開始進行研究人類活動與環境影響之項目，建立全球生物圈之保護區，全世界有100多個國家參與該項研究；而聯合國糧食及農業組織（FAO）之工作，主要在提高糧食之營養及生產之收益，故自然資源之養護為其關心之重點，因此不僅起草1976年《保護地中海海洋環境之巴塞隆納公約》及其議定書，並推動許多國家在農業、森林、漁業及水土保持方面之立法，且提供專家建議，支持農業之綜合發展；至於世界氣象組織（WMO）之主要目標，在建立氣象觀測網和氣象資料迅速交換系統、鼓勵氣象科學之應用，包括天氣之預測等，而這些活動實際上與環境直接相關，尤其是對於臭氧層和溫室氣體之研究，以及對於自然災害之預測；而國際海事組織（IMO）原本成立之目的在促進國際商業海運之技術規則和慣例上之合作，但近年來之工作則大量著重在海洋環境之污染問題，包括1954年《國際防止海洋油污公約》、1972年《防止傾倒廢棄物

---

[31] 林燦鈴 著：《國際環境法》（修訂2版），人民出版社，2011年11月，第77頁以下。

等物質污染海洋公約》、1973年《國際防止船舶造成污染公約》等，都是在該組織之宣導下而簽訂的；此外，包括國際復興開發銀行（IBRD）、全球環境基金（GEF）等國際金融機構，則是以提供資金之方式，推動與環境保護相關項目之發展。至於區域性之政府間國際組織，則是指因位於同一地理區域之國家為了共同之利益，在條約之基礎上所成立之常設性組織，其組織之任務在於促使區域內共同利益事項上之合作，例如歐洲理事會（European Council）、經濟合作暨發展組織（OECD）、歐盟（EU）、美洲國家組織（OEA）、阿拉伯國家聯盟（LAS）、非洲統一組織（OAU）、東南亞國家協會（ASEAN）等，均為區域性政府間國際組織。這些組織當中，尤其是歐盟，在環境保護方面之貢獻最為突出，不但在《歐洲聯盟條約》中將永續發展、環境保護列為主要目標，並且締約國明確在環境保護領域方面賦予其使命與權力。由此觀之，政府間國際組織在環境保護方面實具有相當重要之地位[32]。

由於國際仲裁並未對於主體資格有特別之限制，因此只要在國際環境法具有法律人格之主體，原則上即具有國際環境仲裁之主體資格。從《2012年常設仲裁法院仲裁規則》第1條[33]及《常設仲裁法院仲裁有關自然資源和／或環境爭端之任擇性規則》之序言中[34]觀之，這些仲裁規則均

---

[32] 林燦鈴 著：《國際環境法》（修訂2版），人民出版社，2011年11月，第72-74、78-88頁。

[33] 《2012年常設仲裁法院仲裁規則》第1條第1款原文為：Where a State, State-controlled entity, or **intergovernmental organization** has agreed with one or more States, State-controlled entities, intergovernmental organizations, or private parties that disputes between them in respect of a defined legal relationship, whether contractual, treatybased, or otherwise, shall be referred to arbitration under the Permanent Court of Arbitration Arbitration Rules 2012 (hereinafter the "Rules"), then such disputes shall be settled in accordance with these Rules subject to such modification as the parties may agree.

[34] 《常設仲裁法院仲裁有關自然資源和／或環境爭端之任擇性規則》中 Introduction: The Rules are Optional and emphasize Flexibility and party autonomy. For example: (i) The Rules, and the services of the Secretary-General and the International Bureau of the PCA, are available to States, **international organizations**, and private parties. 雖然與《2012年常設

適用於涉及「政府間國際組織」爭議之仲裁案件。換言之，依據常設仲裁法院之仲裁規則，已明文認可政府間國際組織具有國際環境仲裁之主體資格，甚為明確。

三、政府間國際組織在國際環境仲裁之主體適格

　　參考1949年國際法院在「執行聯合國職務時遭受傷害之賠償案」中就聯合國是否有求償能力所提供之諮詢意見觀之，政府間國際組織在實現其目的和宗旨之範圍內，應承認其具有國際法律人格，因此具有求償能力。但是就該諮詢意見之案件背景觀之，是因為以色列警方之疏失造成聯合國所派遣之人員遭受傷害，而認為聯合國得以自己之名義提出求償，換言之，該諮詢意見雖承認政府間國際組織具有國際法人格，但是在主體適格方面，僅認為政府間國際組織「在實現其目的和宗旨之範圍內，而自身受到損害之情形」，始能成為適格之主體。但基於環境保護之目的，政府間國際組織得否就「非自身受到損害」之情形，提出國際環境仲裁，而成為適格之主體？

　　由於政府間國際組織之權利能力和行為能力是由政府間國際組織之設立條約所賦予，因此政府間國際組織雖然具有法律人格，但仍與國家具有完全之權利能力與行為能力仍有不同。本書認為，即使政府間國際組織之權利能力及行為能力限制在其設立之條約或協議內，不應僅視其設立之條約或協議內是否有該「任務」之「明示」規範，而應從政府間國際組織所設立的「目的」和「宗旨」判斷，亦即只要政府間國際組織依其設立之條約或協議內有關於「環境保護」之「目的」或「宗旨」存在，即使並非自身受有損害之情形，亦可以寬認其對於特定之國際環境爭端具有直接利害

仲裁法院仲裁規則》不同，但再依據常設仲裁法院1996年《國際組織與國家之間仲裁之任擇規則》第1條第2款：For the purpose of the preceding paragraph: (a) "International organization" means an intergovernmental organization，換言之，常設仲裁法院之仲裁規則中之International organization與intergovernmental organization為相同含意，均為政府間國際組織。

關係，而可在與爭端當事方成立仲裁協議後，即得以自己之名義提出國際仲裁，而爲適格之主體。如此一來，政府間國際組織在非與自身有關之國際環境爭端中，亦可以成爲國際環境仲裁適格之主體，對於與自己無直接利害關係之環境損害行爲提出國際環境仲裁，進而要求國際法主體停止其行爲或賠償因此造成之損害，將能夠更好地保護環境。

第四節　非政府間國際組織

　　所謂非政府間國際組織，係指由各國民間之個人或團體，爲特定之目的，所成立之非官方性組織[35]，而當該組織之組成或行動涉及兩個以上之國家，則可以被稱之爲非政府間國際組織。其特徵在於：第一，由於非政府間國際組織屬於非官方性之組織，因此沒有濃厚之政治色彩；第二，其成立是爲了公共利益，例如爲環境保護，實現永續發展爲目標，因此亦屬於非營利性之組織；第三，其活動範圍並非限於一國，而是在整個國際社會中；第四，基於其成立之目的，非政府間國際組織具有該領域相當傑出之專業性與技術性[36]。基於非政府間國際組織之特性，允許非政府間國際組織參與到國際環境爭端之解決是不可少的[37]，然而非政府間國際組織是否具有國際法主體資格及主體適格？以下爲進一步分析。

---

[35] 聯合國經社理事會1950年之288(X)號決議，「任何國際組織，凡不是經由政府間協議創立之，都被認爲是爲此種安排而成立之非政府間國際組織」。嗣後，經社理事會在1968年之1296(XLIV)號決議，將這類組織之範圍擴大爲，「包括接受由政府當局指定成員之組織，但這些成員不干預該組織之觀點之自由表達」者，亦認爲屬於非政府間國際組織。見：王勇、方建偉：〈非政府間國際組織略探〉，載《現代法學》2002年第7期。

[36] 王全齊：〈國際非政府間組織法律地位評析〉，載《法治與經濟》2014年第386期。

[37] Jerry Clark, Opportunity Knocks—The Role of International Trade Arbitration in Reducing International Trade Barriers and Addressing Environmental Concerns, Currents: International Trade Law Journal, Vol. 13, 2004.

一、非政府間國際組織之國際法主體資格

　　基於傳統國際法理論，僅有國家為國際法之唯一主體，非政府間國際組織不但並非國家實體，也並未如同政府間國際組織得到國家之授權，自然不具有國際法之法律人格。再者，由於非政府間國際組織無法通過具有法律約束力之法律文件，且非政府間國際組織之代表也不具備國際法上豁免等特權，對於締約國履行條約之監督行為也不具有強制性，以及在政府間國際組織中，非政府間國際組織基本上僅有參與權並無決策權等特點，相較於國家及政府間國際組織，非政府間國際組織實際上並不具備主體資格，自也無法成為條約所設定權利義務之享有者及承擔者[38]。更何況，非政府間國際組織之成立依據為註冊國或行為地國之國內法，但各國之規定不甚相同，有些國家甚至沒有相關規定，故難以從國際法統一規範非政府間國際組織之法律人格。

　　然而自二次大戰後，全球化之推動，導致非政府間國際組織大量興起。由於全球化之問題開始受到關注，例如環境保護議題，使得國際社會面臨一系列超越國家疆界之問題，也因此弱化了主權國家之控制力[39]，雖然國際社會期望主權國家可以負起維持國際社會之和平與發展之重責大任，但實際上主權國家仍僅考慮本國之國家利益，因此在面對具有全球化特徵之問題時，例如環境保護，即產生一定之衝突與矛盾，但是由於非政府間國際組織之靈活性、專業性及中立性，能夠超越國家利益，其所代表之公益性，亦形成國際社會普世價值之道德訴求，故主權國家在此種問題之功能弱化，學者稱之為「政府失靈」（government failure）狀態[40]，造

---

[38] 王曉東、馬瑋：〈論國際法主體的新發展—以國際環境法為例〉，載《求索》2005年第4期。

[39] 樊勇明：〈全球化與國際行為主體之多元化—兼論國際關係中之非政府組織〉，載《世界經濟研究》2009年第9期。

[40] 何志鵬、劉海江：〈國際非政府組織在國際法中的尷尬地位〉，載《廣西社會科學》2013年第5期。

成非政府間國際組織有存在與發展之空間[41]。再者，由於非政府間國際組織挾其專業優勢，不但爲國家及政府間國際組織提供建言，並廣泛參與國際條約之制定、監督國際法之實施，甚至爲保護環境而研發創新技術，引發產業革命[42]，因此在人權、環境等各領域均有相當之貢獻，使得國家及政府間國際組織爲鼓勵其作出更多貢獻，而認爲必須與非政府間國際組織有更多的交流，進而考慮到非政府間國際組織之主體資格，也因此使其地位更加突出[43]。

基於目前國際形勢之發展，近代國際法學者則認爲，由於非政府間國際組織之大量存在，且廣泛參與國際條約之制定，並監督國際法之實施，所起之積極作用是非常明顯的，其存在就決定了它在國際法上之地位[44]。且以國際法院在1949年關於聯合國具有國際法律人格之諮詢意見爲本，認爲聯合國具有國際法人格既然不需要有明確規範，那麼非政府間國際組織也應該如此，亦即在章程中即使並無任何有關非政府間國際組織權利能力之規定，只要在章程所包含之宗旨及職能之範圍下，非政府間國際組織也應該被認可具有國際法之主體資格方爲妥適[45]。

更進一步而言，目前已有對非政府間國際組織之權利與義務加以設定，進而承認非政府間國際組織具有法律人格之國際法律文件，例如《美洲人權公約》第44條，明確允許非政府組織得針對締約國違反本公約之

---

[41] 常欣：〈全球化背景下國際非政府組織的作用與侷限性分析〉，載《國際社會組織》2018年第5期。

[42] 龐強：〈政府間與非政府間國際組織在全球環境治理中的有效性評估〉，載《河北工程大學學報（社會科學版）》2016年第1期。

[43] 宋效峰：〈非政府組織在國際環境法治中的角色分析〉，載《內蒙古農業大學學報》2018年第3期。

[44] 蕭惟志：〈NGO作爲國際環境法主體之研究〉，載《廣西品質監督導報》2020年第11期。

[45] 林燦鈴 等著：《國際環境法的產生與發展》（初版），人民法院出版社，2006年11月，第284頁以下。

情事，向美洲人權委員會提出請願之權利[46]；至於1986年4月24日部分歐
洲理事會成員國所簽訂之《關於承認非政府間組織之法律人格之歐洲公
約》（*European Convention on the Recognition of the Legal Personality of
INGOs*），及2003年歐洲理事會所通過之《歐洲理事會關於非政府組織地
位基本原則》（*Council of Europe Fundamental Principles on the Status of
Non-Governmental Organization in Europe*），更是明確承認非政府間國際
組織之法律人格[47]。除了這些國際文件之外，許多政府間國際組織在與非
政府間國際組織產生關係時，亦對於其權利義務有所設定。例如聯合國非
常重視與非政府間國際組織間之聯繫，故在聯合國經社理事會中，設有一
個非政府間國際組織委員會，專門負責審核非政府間國際組織，一旦審核
通過，則賦予它們在聯合國之諮商地位和觀察員之身分，而被認可之非政
府間國際組織，將獲准參加理事會或其附屬機構之工作。目前全世界已有
超過2,800多個非政府間國際組織擁有諮商地位，得向聯合國以提交文件
和發言之方式提供建言，但若有未遵守義務之情形，則將剝奪其諮商地
位[48]，均可說明非政府間國際組織具有承擔國際法上權利及義務之能力。

二、非政府間國際組織在國際環境仲裁之主體資格

從國際實踐上觀察，非政府間國際組織在國際環境法領域中具有相當
重要之作用，包括促進國際環境法之發展，以及監督國際環境法之實施。

首先，關於促進國際環境法之發展方面，非政府間國際組織透過創立
環境法研究機構，宣傳環保理念、開展環保教育，培養並創新環境保護文
化，為國際環境立法創造有利之社會環境，且推展環境保護運動，甚至推

---

[46] 《美洲人權公約》第44條：任何人或一群人，或經美洲國家組織一個或幾個成員國
合法承認之任何非政府之實體，均可向委員會遞交內容包括譴責或控訴某一締約國
破壞本公約之請願書。

[47] 秦天寶：〈淺論國際環境對現代國際法的發展〉，載《東方法學》2008年第5期。

[48] 林燦鈴 等著：《國際環境法的產生與發展》（初版），人民法院出版社，2006年11
月，第287頁以下。

動與環境保護相關之國際制度建立，以促進國際環境法之發展。例如由國際自然與自然資源保護聯盟（International Union for Conservation of Nature and Natural Resources, IUCN）等非政府間國際組織共同參與而創造之「永續發展」理念，即被聯合國主導之國際環境會議所吸收，進而成為相關立法之價值基礎[49]。此外，非政府間國際組織亦積極參加國際環境會議，創設新的環境保護議題，並以發表宣言等方式，制定國際間環境保護之指導原則，例如《世界自然憲章》，即是由國際自然與自然資源保護聯盟首先起草，而後在聯合國大會通過[50]。再例如1991年《南極條約環境保護議定書》、1992年《生物多樣性公約》、1994年《防治荒漠化公約》等國際法律文件之起草和談判，野生動植物保護國際（Fauna & Flora International, FFI）也發揮了相當重要的作用。由此觀之，一些大型的非政府間國際組織，因其擁有對於環境資訊及相關技術掌握之優勢，加上其成員背景所具有之綜合性及專業性，非但可以就國際環境法或各國國內環境法之相關立法提供建議，甚至可以獨力完成國際環境法草案，可見其地位對於國際環境法發展之重要性。

再者，關於監督國際環境法實施方面，非政府間國際組織透過科學研究、蒐集與傳播各國環境保護之訊息、提交環境保護議案、參與締約方大會、審查條約實施情況等方式，監督國際環境法之實施，增強了法律實施之透明度與力度[51]。其中一種監督方式，是透過與政府間之合作來監督國家履行條約之義務，例如國際自然與自然資源保護聯盟即透過與國家簽署合作備忘錄之方式，協助國家制定實施計畫、開展合作項目等方式來監督；亦有非政府間國際組織透過採取抗議等具體行動來阻止或揭露國家不

---

[49] 宋效峰：〈非政府間國際組織在國際環境法治中的角色分析〉，載《內蒙古農業大學學報》2018年第3期。

[50] 林燦鈴 等著：《國際環境法的產生與發展》（初版），人民法院出版社，2006年11月，第288頁以下。

[51] 王曉東、馬瑋：〈論國際法主體的新發展─以國際環境法為例〉，載《求索》2005年第4期。

履行條約義務之行為[52]；或是扮演壓力團體之角色，參與國際環境制度中各種重要之國際會議，或條約之締約方大會，審議締約國實施和執行情形，督促有關國家履行條約義務或作出相應之調整。例如對於氣候變化以消極態度應對之國家，非政府間國際組織以發布相關訊息之方式，讓國際輿論之壓力迫使該國家積極應對，即為監督國際環境法實施之有效方式[53]。又例如綠色和平組織，對於違反國際環境保護義務之國家，除了以揭露方式引起國際輿論之外，甚至以積極抗議之方式達到阻止其繼續行為之結果，包括為反對捕鯨，即派出了船舶封鎖直布羅陀海峽，讓蘇聯之捕鯨船隊無法通過；為反對法國進行核子試驗，即派出彩虹勇士號船舶進行抗議，以至於被炸沉，而發生了著名之「彩虹勇士號案件」，均可以看出非政府間國際組織在監督國際環境法實施上，具有相當之積極性[54]。

　　由於環境問題之解決必須將全人類視為命運共同體，因此各國之間所存在的矛盾，越來越需要非政府間國際組織介入，由於其具有靈活性、專業性及公益性，能夠發揮溝通協調、促成合作之功效，實現了國際社會之公共利益，也體現了國際社會公認之價值，以符合人類命運共同體之基本立場[55]，《21世紀議程》更指出，由於在執行《21世紀議程》方面，非政府間國際組織之參與是非常重要的，因此必須給予機會，讓這些非政府間國際組織作出貢獻，方能使其發揮更大之作用。此種對於非政府間國際組織發揮其作用之期待，使得非政府間國際組織具有國際環境法之主體資格更為明確[56]。

---

[52] 雷瑛：〈試述非政府間國際組織的國際環境法主體資格〉，載《公民與法》2013年第3期。

[53] 宋效峰：〈非政府間國際組織在國際環境法治中的角色分析〉，載《內蒙古農業大學學報》2018年第3期。

[54] 林燦鈴著：《國際環境法》（修訂2版），人民出版社，2011年11月，第78-88頁。

[55] 文同愛、李凝：〈試論非政府間國際組織在國際環境法中的作用〉，載《時代法學》2006年第1期。

[56] 王曉東、馬瑋：〈論國際法主體的新發展—以國際環境法為例〉，載《求索》2005年第4期。

　　因此，若以傳統國際法角度直接否認非政府間國際組織之國際法人格，恐已不合時宜，有論者認為，在環境保護之領域，主權國家、國際組織、跨國公司與非政府間國際組織成為全球環境治理之四大主體，構成全球環境治理之基本結構，彼此相互制約、相互作用[57]。由此觀之，為因應國際形勢之發展，非政府間國際組織在國際環境法上之地位顯然已不可忽視。

　　至於非政府間國際組織在爭端解決程序上之主體地位，可以先從世界貿易組織（WTO）1998年「海蝦—海龜案」觀之。該案其中爭點之一，即在於依據WTO《爭端解決規則與程序瞭解書》（*Understanding on Rules and Procedures Governing the Settlement of Disputes*, DSU）第13條規定，專家小組可以主動徵詢第三方，並請第三方提供相關資訊並採納為裁決之基礎，然而對於「未經專家小組徵詢」之第三方所提出之資訊，是否即不得加以考慮？該案之專家小組認為，綠色和平組織等非政府間國際組織所提交之訊息，由於未經專家小組之「主動徵詢」，因此對於這些訊息不予考慮。但該案之上訴機構終審裁決卻認為，專家小組對於DSU之解讀是錯誤的，所有之資訊取得應著重在於其實用性或其他相關之目的，不應太過於侷限，而且「經專家小組之要求而提交之資訊」，與「未經要求而提交之資訊」，並不存在區別性。換言之，該上訴機構之終審裁決肯定了非政府間國際組織所提供之資訊具有法律上之效力，也意味著肯定非政府間國際組織在WTO爭端解決機制上之地位和作用[58]。

　　然而，值得注意的是，「彩虹勇士號仲裁案」是國際上第一個由主權國家與非政府間國際組織達成仲裁協議，透過仲裁解決爭端之案例。1985年，由於法國即將進行核子試驗，因此綠色和平組織即派出「彩虹勇士號」船舶，前往法國進行核子試驗之基地穆魯羅瓦島進行抗議，途中卻遭

---

[57] 宋效峰：〈非政府間國際組織在國際環境法治中的角色分析〉，載《內蒙古農業大學學報》2018年第3期。

[58] 丁敏：〈環境保護非政府間國際組織在國際環境保護中的作用〉，載《世界環境》2005年第1期。

到法國擊沉。該事件使得法國在國際社會受到強大輿論，因此法國政府不但向遇難者家屬道歉及賠償之外，也同意與綠色和平組織進行國際仲裁，並且依據仲裁庭之裁決，向綠色和平組織進行賠償[59]。由此觀之，非政府間國際組織是具有約定仲裁協議之能力，而與主權國家透過仲裁方式解決國際爭端。

再從國際文件中觀之，例如聯合國歐洲經濟委員會所制定之《奧爾胡斯公約執行指南》，其中論及附件二仲裁規則雖然不適用於涉及非政府間組織之爭端，但「並不代表締約方不可以與非政府組織依據其他之仲裁規則透過仲裁方式解決爭端」[60]，換言之，雖然《奧爾胡斯公約》所約定之仲裁方式不適用於非政府間組織，但卻也認為非政府間組織具有提出國際環境仲裁之主體資格，可以適用其他之仲裁規則進行國際仲裁。因此，綜前所述，非政府間國際組織在國際環境仲裁具有程序主體地位已相當明確。

三、非政府間國際組織之主體適格

(一)「法庭之友」之制度

從「彩虹勇士號仲裁案」可知，非政府間國際組織具有約定仲裁協議之能力，在國際仲裁具有程序主體之地位，但該案之背景仍是因綠色和平組織本身受有損害，因此在該仲裁案中方為適格之主體。然而，全球環境治理之目標，在於為全人類追求環境正義，而環境正義之內容，除了公平

---

[59] 陳勇：〈論非政府間國際組織的國際法律地位〉，載《廣東外語外貿大學學報》2006年第1期；常欣：〈全球化背景下國際非政府組織的作用與侷限性分析〉，載《國際社會組織》2018年第5期。

[60] 聯合國歐洲經濟委員會所制定之《奧爾胡斯公約執行指南》第242頁：附件二之範圍僅限於本公約締約方之間之爭端，所以並沒有涉及與非政府組織等第三方有關之仲裁。但這並不意味著締約方不得透過與第三方有關之仲裁來解決本公約下之爭端。締約方同意與第三方進行仲裁不會違反本公約之條款——在這種情況下，附件二之條款不再適用。

分配環境利益、合理分配環境義務、落實主體之環境權益之外，亦包括實現環境損害之究責[61]。由於主權國家囿於政治外交之現實，實際上並無法成為環境損害究責之重要主體，而政府間國際組織是由締約國依據設立條約所成立，故顯有可能受到國家間政治角力之牽制，亦無法成為環境損害究責之重要主體，因此本書認為，基於非政府間國際組織之公益性、專業性及中立性，應賦予其對於環境保護更加積極之任務。

在許多國家之國內法，對於專門從事環境保護之非政府間國際組織，已經承認其訴訟主體之地位，就環境公益之爭議得以自己之名義，提出環境公益訴訟，而環境公益訴訟之特點，即在於訴訟主體與訴訟標的之間並無直接之利害關係。但在國際司法方面，非政府間國際組織之主體地位顯然具有其侷限性；而在國際仲裁方面，雖然從「彩虹勇士號仲裁案」可以肯定非政府間國際組織具有國際仲裁之主體資格，但是對於無直接利害關係之國際環境爭端，非政府間國際組織是否為適格之主體，仍為爭議問題。

基於非政府間國際組織之公益性、專業性及中立性，以及在國際環境法中突出之地位，實有必要讓非政府間國際組織參與國際環境爭端。因此，國際間發展出一種鼓勵非政府間國際組織參與國際仲裁程序之方式，即「法庭之友」（amici curiae）制度，許可非政府間國際組織以第三人之身分參與國際仲裁。「法庭之友」最早源自於羅馬法，原本用意是在案件爭點涉及之專業非法院所能理解時，由第三人向法院陳述觀點之制度，之後在仲裁程序中被援引使用。換言之，若能讓非政府間國際組織參與仲裁程序，就其專業提出與該爭端相關之資訊，將可彌補仲裁庭專業知識上之欠缺，進而提高仲裁判斷之品質而獲得更廣泛之信任度[62]。不過「法庭之友」之制度，並非使該參與者成為仲裁程序之主體，而僅是當仲裁庭認為

---

[61] 韓融：〈國際非政府間組織在全球環境治理中的作用初探〉，載《各界》（下半月）2020年第6期。

[62] 范睿：〈論國際投資仲裁法庭之友參與制度的完善措施〉，載《法治博覽》2017年第25期。

符合特定要件時[63]，允許該第三人在仲裁程序中提交書面意見、接觸關鍵資料、參與庭審、提出口頭答辯，甚至參與對證人之交叉詢問。然而，為避免「法庭之友」過度參與，使得仲裁庭之負擔增加、拖延程序之進行，即使仲裁庭允許法庭之友參與仲裁程序，目前實踐上也僅同意以提交書面意見之方式進行[64]。

在*Methanex Corporation v. the United States of America*案[65]中，當時美國為減少水資源之污染，發布一項停止使用某種化學物質之禁令，而Methanex Corporation是加拿大之公司，也是全球生產該化學物質最大之公司，因此以美國該項禁令違反《北美自由貿易協定》（*North American Free Trade Agreement*, NAFTA）為理由，於1999年提出仲裁聲請。當時有三個環境保護之非政府間國際組織，要求以「法庭之友」身分參與仲裁，而仲裁庭因為該案聲請仲裁之依據為《北美自由貿易協定》，因此對於是否接受此「法庭之友」之聲請，除了先徵求爭端雙方之意見外，也向《北美自由貿易協定》另外兩個締約國——墨西哥和加拿大——徵詢意見，最後才決定接受此三個非政府間國際組織所提交之書面。雖然本案聲請人之訴求為國際投資爭議，但其爭點顯然涉及了環境議題，因此該案例可以認為是開啟了國際環境仲裁以「法庭之友」的方式開放非政府間國際組織參與之先例[66]，此項發展對於非政府間國際組織有相當大之鼓舞作用。

---

[63] 例如依據《北美自由貿易協定》所成立之自由貿易委員會，於2003年發布聲明，正式確認法庭之友可以聲請向仲裁庭提交意見，但仲裁庭決定是否允許第三人提交書面意見，必須考慮該四個要件，包括：1.能以不同於爭端當事方之立場、以其專業之知識作出意見，且該意見有助於解決案件中之事實或法律問題；2.提交之意見必須在爭議範圍內；3.對仲裁具有重要利益；4.該仲裁之標的涉及公共利益。

[64] 周圍：〈法庭之友制度在國際投資仲裁中的發展歷程〉，載《北京仲裁》2016年第91輯。

[65] *Methanex Corporation v. United States of America, UNCITRAL 1976*, https://www.italaw.com/cases/683.

[66] 林燦鈴 等著：《國際環境法的產生與發展》（初版），人民法院出版社，2006年11月，第291頁以下。

　　由於國際環境爭端往往需要判斷何種行為或何種物質可能對環境造成影響而必須禁止，然而一旦禁止又會與人類之經濟行為相互衝突，因此其判斷係具有高度之科學技術性，且環境問題又與物理、化學、生物、天文、地理、環境科學、遺傳工程等領域相關，而國際環境法也會同時與海洋法、國際水法、國際經濟法、國際發展法、國際投資法等相互交錯，因此國際環境爭端之解決，需要更高之專業知識，以及跨學科之認識，方能妥善處理，加上環境問題更是與全人類之公共利益相關，需要從不同之角度提供意見，始能全方位考慮爭議行為對環境造成之影響。然而，由於非政府間國際組織之成員背景具有綜合性及專業性，不但可以從不同之領域提供專業見解，而其組織運作之靈活性及其資金充足之優勢，也使得非政府間國際組織更能掌握環境資訊及與環境有關之技術，這些特點正好可以補足仲裁庭可能對於環境方面專業知識不足等問題。因此非政府間國際組織若能積極在國際環境仲裁中以「法庭之友」之身分參與仲裁程序，並在程序當中貢獻其對於環境問題之專業，將更能提升國際環境仲裁判斷之品質，使得該仲裁判斷能有更高之信任度。

(二) 非政府間國際組織之發展方向

　　然而，「法庭之友」僅是讓非政府間國際組織以第三人之身分參與國際仲裁，但並非使其成為國際仲裁之主體，因此透過此種制度，非政府間國際組織仍無法成為環境損害之究責主體，廣泛地對於無直接利害關係之國際環境爭端透過國際仲裁，使破壞環境之國家負起應盡之責任。

　　惟本書認為，基於非政府間國際組織所具有之公益性、專業性及中立性，實為環境損害究責之最佳主體。而要使非政府間國際組織成為究責之主體，首先應處理非政府間國際組織國際法人格的問題，本書認為，應有條件地承認非政府間國際組織之國際法人格。雖然目前國際法之發展趨勢，已朝向承認非政府間國際組織具有國際法人格，但就國際實踐上而言，仍未能被廣泛認可，其原因在於，非政府間國際組織之成立，是依據

其註冊地國或行爲地國之法律，但各國之規定不一致，甚至有些國家並無相關規定，若要從國際社會訂定統一之規範並不容易，且非政府間國際組織良莠不齊，是否確實具有公益性及中立性，還是已淪爲個人私欲或政治鬥爭之工具，亦未可得知。因此，若將非政府間國際組織均廣泛地認可其具有國際法人格，恐怕昧於國際現實，也未能達到應有之目的，因此，承認非政府間國際組織之國際法人格，必須是有條件的承認[67]。有鑑於聯合國目前有條件地允許非政府間國際組織成爲觀察員或賦予其諮商地位，若能藉由聯合國之審查機制，就一些發展態勢強大、組織架構嚴密、對國際社會產生相當影響力之非政府間國際組織，賦予其完整的國際法人格，允許其全面參與國際事務，將可以使全球的環境治理更爲妥適[68]。

由於環境問題無法限於一國之疆界內，必須透過全球治理之方式始能妥善處理，而非政府間國際組織雖然被認爲是全球環境治理的重要主體之一，但由於其不具備完整的國際法人格，因而無法成爲環境損害究責之主體，甚爲可惜。因此本書認爲，可藉由聯合國目前之機制，有條件地承認一些對於環境保護卓有貢獻之非政府間國際組織，賦予其完整的國際法人格，允許其加入國際環境公約成爲締約方，使其能享有該條約之權利並負擔其義務。至於非政府間國際組織就其本質，無法如同個人得主張享有良好之生活環境，也無法如同國家依據管轄原則，得就本國環境或是本國人民受有損害，而具有提出國際仲裁之直接利害關係，但由於個人具有環境權益已爲國際間所公認，且因爲環境問題之跨界性，環境權益之主張應不限於本國疆界，也因爲環境問題涉及全人類之生存與發展，更不應限制環境權益必須由個人行使，而應可授權由他人行使，方爲妥適。由於非政府間國際組織在特定條件下具有國際法人格，自可接受個人所授予之環境權益，進而以國際環境公約之締約方身分，適用國際環境公約之仲裁規則，

---

[67] 黃世席：〈非政府間國際組織的國際法主體資格探討〉，載《當代法學》2000年第5期。

[68] 聶洪濤：〈非政府組織的國際法主體資格問題研究〉，載《學術論壇》2015年第5期。

對於未遵守公約之締約方，透過國際仲裁之方式，完成環境污染或生態破壞之究責，將能更進一步實現環境正義，並且讓全球環境有更好的保護。

第五節　個人

一、個人在國際法及國際環境法上之地位

　　傳統國際法上，只承認國家是國際法唯一之主體，而認為個人，不論是自然人或法人，均不具有國際法之主體地位，如周鯁生教授即認為，只有國家享有國際法上之權利及義務而擁有國際法之法律人格，因此個人必須透過國家才能與國際法之間產生法律關係[69]。王鐵崖教授在《國際法》一書中也提及，即使是海盜罪，或是國際戰爭罪犯之懲罰，都只能說明個人在國際法上只有「應承擔刑事責任而成為被懲罰之對象，但並不因此成為國際法之主體」[70]。

　　然而，近代國際法之發展趨勢則逐漸改變此種見解，認為國際法中雖然大部分之規則仍是拘束國家之規則，但國際法不應僅關注於國家之利益及需要，對於個人及其他實體之利益及需要，也須因應國際發展之現實而加以關注，方能讓國際法與時俱進，因此承認個人在國際法上享有權利義務，而在國際法上具有主體地位，是有實質意義的。也因此，個人在國際法上之地位必須得到該有之重視，才能符合國際社會發展之需要[71]。且若承認個人在國際法上之主體地位，則對於個人之權益將多一層保障，例如本國政府若因為政治或外交問題而無法為本國國民提出爭端解決時，個人不需要透過本國政府仍可自己主張其在國際法上之權利，也能進一步讓國

---

[69] 周鯁生 著：《國際法(上)》，商務印書館，1981年，第62頁以下。

[70] 王鐵崖 等編著：《國際法》（初版），五南圖書，1995年2月，第116頁以下。

[71] 周忠海 主編：《國際法》（3版），中國政法大學出版社，2017年7月，第55-56頁。

際間政治摩擦減少,而對於無國籍之人,更是能夠有所保障[72]。因此,國際間已逐漸承認個人在國際法上之主體地位。

如1982年《聯合國海洋法公約》所成立之國際海洋法法庭,即不再援用《國際法院規約》之規定,僅允許國家為爭端當事方,而是改為國家以外之實體,包括自然人與法人,在一定之條件下,均可以參與訴訟。又依據《歐洲保護人權及基本自由公約》(*European Convention for Protection of Rights and Fundamental Freedoms*,下稱《歐洲人權公約》)之規定,任何人均可以自身人權受到締約國侵害,向歐洲人權委員會提出申訴,嗣後依據1990年簽訂之《歐洲人權公約》第9議定書,個人並得透過歐洲人權法院對締約國提出訴訟;而《美洲人權公約》(*American Convention on Human Rights*)也授權美洲人權委員會得直接受理個人提出之申訴;又依據《北美環境合作協定》之規定,由美國、加拿大、墨西哥等所組成之北美環境合作委員會,當成員國沒有切實執行環境協定之情形時,個人得直接向北美環境合作委員會進行申訴。由以上規定觀之,個人確實直接享有國際環境法上之權利,而其權利包括訴訟權及申訴權[73]。再就1969年《國際油污損害民事責任公約》之規定觀之,應由船舶所有人直接承擔賠償責任[74],而國家只承擔要求船舶所有人為賠償而備置保險等措施之義務[75],由此可以看出,個人得直接承擔國際環境法上之民事責

---

[72] 林燦鈴 著:《國際環境法》(修訂2版),人民出版社,2011年11月,第103頁以下。

[73] 肖松、丁洋洋:〈論國際環境法對個人主體的接納—基於泛國際法主體的嵌入研究〉,載《法制博覽》2015年第30期。

[74] 《國際油污損害民事責任公約》第3條第1款:除本條第2款和第3款另有規定外,在事件發生時,或者如果事件包括一系列事故,則在此種事故第一次發生時,船舶所有人應對該事件引起之油類溢出或排放所造成之污染損害負責。

[75] 《國際油污損害民事責任公約》第7條:1.在締約國登記之載運2,000噸以上散裝貨油船舶之船舶所有人必須進行保險或取得其財務保證,如銀行或國際賠償基金出具之證書等,保證數額按第5條第1款中規定之責任限度決定,以便按本公約規定承擔其對油污損害所應負之責任。2.應對每一船舶頒發一項證書,證明該船按本公約規定進

任[76]。至於1998年歐洲理事會所通過之《通過刑法保護環境公約》則明確指出，危害國際環境罪之主體不僅是國家，也包括個人，以及1998年《國際刑事法院羅馬規約》也規定國際刑事法院對個人具有管轄權，加上國際法委員會於1979年擬定之《危害人類和平與安全罪法典草案》中亦指出，對於污染或破壞全人類所依賴生存與發展之環境之行為，以及若在戰爭中違反國際公約而使用可能對環境造成廣泛的、長期的、嚴重的、無法逆轉的損害之行為，應分別屬於危害人類罪及戰爭罪，而這些均為國際刑事法院之受案範圍，而個人若犯有以上罪行，國際刑事法院有權管轄，要求個人承擔國際刑事責任，換言之，個人亦可以直接承擔國際環境法上之刑事責任[77]。因此，由於個人能直接享有國際法及國際環境法上權利，並承擔國際法及國際環境法上義務，表明國際法及國際環境法亦可直接適用於個人，因此完全否認個人具有國際法上主體地位之見解，顯然已經不合時宜，至少在這些規範下，個人在此限度內具有國際法及國際環境法之主體地位應無疑義[78]。

二、個人在國際環境仲裁之主體資格

在國際環境法上，由於個人之行為往往是造成跨界污染之重要原因，例如法人所從事之開發活動和利用自然資源之經濟活動，往往造成嚴重之環境污染或生態破壞；而造成環境損害需承擔後果之主體，當然也是個人，例如自然人因環境受到破壞而無法享受清新之空氣與乾淨之水源，

行之保險或取得之其他財務保證具有實效。……6.船舶登記國應按本條各項規定決定證書之簽發條件和有效期限。7.一個締約國當局頒發或簽證之證書在本公約範圍內其他締約國應予以接受，並應認為與它們簽發之證書具有同等效力，如一締約國認為，證書上所列之保險人或保證人在財力上不能承擔本公約所規定之各項義務，則可隨時要求與船舶登記國進行協商。

[76] 劉繼勇：〈論個人的國際環境法主體地位〉，載《理論與改革》2015年6月。

[77] 秦天寶：〈淺論國際環境對現代國際法的發展〉，載《東方法學》2008年第5期。

[78] 陳斌蘭：〈論個人在國際環境法中的主體資格〉，載《法治博覽》2012年第9期。

因此個人在環境保護上具有相當重要之地位。故承認個人在國際環境法上具有主體資格，有其實質之意義存在[79]。

　　由於國際仲裁對於程序主體並無如同《國際法院規約》之限制，換言之，個人亦可利用國際仲裁解決爭端。依據《2012年常設仲裁法院仲裁規則》第1條適用範圍[80]，以及《常設仲裁法院仲裁有關自然資源和／或環境爭端之任擇性規則》之介紹中說明[81]，這兩個規則之適用範圍均涉及主權國家、國家所控制實體、政府間國際組織，以及「私人當事方」（private party）間爭議之仲裁案件。然此處所謂之「私人當事方」所指為何？依據常設仲裁法院1996年《仲裁國際組織與私人當事方間爭端之任擇性規則》第1條中規定，所謂「私人當事方」，是指非「國家」也非「政府間國際組織」之實體[82]，換言之，常設仲裁法院之仲裁規則是將非

---

[79] 呂忠梅 著：《環境法新視野》（初版），中國政法大學出版社，2000年5月，第159頁以下。

[80] 《2012年常設仲裁法院仲裁規則》第1條第1款原文為：Where a State, State-controlled entity, or intergovernmental organization has agreed with one or more States, State-controlled entities, intergovernmental organizations, or **private parties** that disputes between them in respect of a defined legal relationship, whether contractual, treatybased, or otherwise, shall be referred to arbitration under the Permanent Court of Arbitration Arbitration Rules 2012 (hereinafter the "Rules"), then such disputes shall be settled in accordance with these Rules subject to such modification as the parties may agree.

[81] 《常設仲裁法院仲裁有關自然資源和／或環境爭端之任擇性規則》中 Introduction: The Rules are Optional and emphasize Flexibility and party autonomy. For example: (i) The Rules, and the services of the Secretary-General and the International Bureau of the PCA, are available to States, international organizations, and **private parties**.

[82] 常設仲裁法院1996年《仲裁國際組織與私人當事方間爭端之任擇性規則》第1條第1項原文為：Where an international organization and **a party that is neither a State nor an international organization** have agreed in writing that disputes that may arise or that have arisen between them shall be referred to arbitration under the Permanent Court of Arbitration Optional Rules for Arbitration between International Organizations and Private Parties, such disputes shall be referred to arbitration in accordance with these Rules subject to such modification as the parties may agree in writing. For the purpose of this provision, the term "international organization" shall mean an intergovernmental organization.

「國家」也非「政府間國際組織」之實體亦認爲具有國際仲裁之主體資格，因此個人也應在適用範圍之內。而在《聯合國海洋法公約》中之規定，更是明確允許自然人及法人可以適用《聯合國海洋法公約》所規範之仲裁規則解決爭端，尤有甚者，在《解決國家與他國國民間投資爭端公約》（*Convention on the Settlement of Investment-Dispute between States and Nation of Other States*）成立國際投資爭端解決中心（International Centre for Settlement of Investment Disputes, ICSID），更進一步確認他國投資人得以個人之名義，透過國際仲裁方式與東道國解決投資爭端，無須透過投資人之母國方能與東道國進行仲裁，更是確認了個人在國際仲裁中之主體資格。

(一) 從《聯合國海洋法公約》確認自然人與法人之主體資格

依據《聯合國海洋法公約》所規定之爭端解決程序，除了締約國之外，並對於「締約國以外之實體」開放[83]。然而，所謂「締約國以外之實體」所指爲何？依據《聯合國海洋法公約》附件六之規定，係指公約第十一部分第五節所指之實體[84]。再參考《聯合國海洋法公約》第十一部分第五節之規定，其規範之主體，除了各締約國、管理局、企業部、國營企業之外，亦包括由締約國所擔保之法人和自然人。實則由於《聯合國海洋法公約》在國際海底區域實行平行開發制度，允許個人與國家一起參與探勘和開發之活動，因此也允許法人及自然人可以就區域開發活動中所產生之糾紛，訴諸至國際海洋法法庭及海底爭端分庭，成爲當事方。換言之，

---

[83] 《聯合國海洋法公約》第291條：1.本部分規定之所有解決爭端程序應對各締約國開放。2.本部分規定之解決爭端程序應僅依本公約具體規定對締約國以外之實體開放。

[84] 《聯合國海洋法公約》附件六《國際海洋法法庭規約》第20條是對於國際海洋法法庭之規範，內容規定：1.法庭應對各締約國開放。2.對於第十一部分明文規定之任何案件，或按照案件當事所有各方接受之將管轄權授予法庭之任何其他協議提交之任何案件，法庭應對締約國以外之實體開放。第37條則是關於海底爭端分庭之規範，內容規定：海底爭端分庭應對各締約國、管理局和第十一部分第五節所指之實體開放。

「締約國以外之實體」，尚包括由締約國所擔保之法人和自然人。再按《聯合國海洋法公約》附件七第13條規定，因明文「比照適用於涉及締約國以外之實體之任何爭端」等語，以及附件八第4條規定，「特別仲裁比照附件七仲裁之規定」可知，由締約國所擔保之法人和自然人亦可適用《聯合國海洋法公約》附件七及附件八之仲裁規則，就其所發生之爭端透過國際仲裁解決。

　　然依據《聯合國海洋法公約》第190條，有關自然人或法人在爭端發生時應通知擔保國，而擔保國有權參加司法程序，或被告國有權要求提出爭端解決之自然人或法人之擔保國出庭等規定觀之，有學者認為此規定是讓國家有權參與爭端解決程序，協助自然人或法人取得公平之裁判結果，然本書認為，該條規定係在要求實際上僅有國家作為擔保之自然人及法人方為《聯合國海洋法公約》規範之對象，才能適用《聯合國海洋法公約》所規定之爭端解決程序。但無論如何，此規定僅是要求應有國家擔保為條件，但並不否認自然人與法人在國際仲裁程序中具有主體資格，故從《聯合國海洋法公約》相關規定觀之，自然人及法人在國際仲裁具有主體資格應無疑義。

(二) 從《解決國家與他國國民間投資爭端公約》確認自然人與法人之主體資格

　　全球貿易自由化之下，由於各國均在爭取外國投資人之資金以增強國內之經濟發展，因此跨國公司之影響力日益增強，但外國投資人與東道國間之爭議也逐漸增多，透過《解決國家與他國國民間投資爭端公約》之簽署，以及國家與國家間之投資貿易協定中增加外國投資人與國家間之爭端解決條款，以利外國投資人得以自己之名義與東道國政府透過國際仲裁方式解決爭端，更確定了個人在仲裁程序上之主體地位[85]。

---

[85] Tamara L. Slater, Investor-State Arbitration and Domestic Environment Protection, Washington University Global Studies Law Review, 2015, pp. 131, 132.

1. 《解決國家與他國國民間投資爭端公約》成立ICSID之起因

　　傳統上，解決國際投資爭端有三種方式：第一種方式，是由外國投資人之母國向東道國政府施加政治壓力、實施經濟制裁，甚至武力干涉等方式，出面保護外國投資人；第二種方式，則由外國投資人之母國擔任原告，至國際法院向東道國政府提起訴訟；第三種方式，是由外國投資人向東道國提出行政爭訟或司法訴訟[86]。然而，第一種方式，不但是東道國政府反對，就外國投資人而言，母國政府出面是從國家角度來處理，並非針對個案，即使取得賠償金額，也無法立即解決外國投資人之問題，更何況，外國投資人之母國可能因政治外交上之考量而不願意出面採行此種行動。至於第二種方式，若是外國投資人之母國不願意爲投資者出面至國際法院提出訴訟，亦無法解決此等爭議。第三種方式，則是因爲強調卡沃爾主義之國家，認爲投資爭議只能經由東道國當地之救濟途徑，以及適用東道國之法律來解決，但是發展中國家的司法體制往往不夠完善，實難給予外國投資人有效之救濟途徑，提升投資人之投資信心[87]。因此，國際社會開始思考是否能有另一種爭端解決機制，能夠讓外國投資人安心地在東道國進行直接投資，也能夠讓東道國獲得更多外國直接投資，發展國內之經濟與建設。

　　在此背景下，1962年國際復興開發銀行起草了《解決國家與他國國民間投資爭端公約》，至1965年在華盛頓簽署，因此該公約也稱爲《華盛頓公約》。而依據《解決國家與他國國民間投資爭端公約》，設置了「國際投資爭端解決中心」（ICSID），作爲處理國家與他國國民間發生投資爭端時之常設仲裁機構，亦即讓外國投資人在東道國國內之司法程序外，能有另一個爭端解決之途徑，讓外國投資人能在此以國際仲裁方式解決其

---

[86] 賴來焜：〈國際投資法律制度之比較研究—以中國大陸《外商投資法》爲中心〉，臺灣地區經濟部109年度《台商在中國大陸投資權益保護法律服務、宣導及研究計畫》附件二，第8-9頁。

[87] 劉筍：〈論國際投資仲裁對國家主權的挑戰—兼評美國的應對之策及其啓示〉，載《法商研究》2008年第3期。

與東道國間之糾紛，更進一步保護外國投資人在東道國之投資，也避免投資爭議之政治化。因此，就外國投資人與東道國政府間因直接投資而引起之爭端，以國際仲裁方式加以解決，學者稱之為「國際投資仲裁」。

2. 國際投資仲裁之特點

國際投資仲裁與國家間仲裁或國際商事仲裁有一定程度之相似性，包括雙方必須有仲裁協議始能進入仲裁、仲裁人是由雙方自行選任，以及最後由仲裁庭作出之判斷，對雙方而言是具有終局性及拘束力的。然而，由於國際投資仲裁處理的是國家與外國投資人間之爭端，基於國家主權豁免之理論，首先面臨的問題即在於如何讓主權國家與外國投資人達成仲裁協議，以及如何跳脫當地之救濟途徑而得以仲裁方式解決爭議？依據《解決國家與他國國民間投資爭端公約》及ICSID之仲裁規則，國際投資仲裁具有以下特點：

(1) 實現國家與個人間以仲裁方式解決爭議

外國投資人直接投資東道國最早是在石油探勘等領域，係以外國投資人與東道國之間締結特許契約方式為之，並在特許契約中訂定仲裁協議，約定由東道國以外之仲裁機構進行仲裁，或是以臨時仲裁方式解決投資爭議[88]。然而，傳統之投資契約中所約定之國際仲裁條款，包括條款本身之效力、仲裁庭之管轄權，以及仲裁判斷之承認與執行，存在許多爭議，一旦東道國不遵守仲裁協議、主張國家主權豁免、不參加國際仲裁程序，甚至強制干預仲裁程序，都會使得外國投資人即使簽訂仲裁協議，也無法與東道國以仲裁方式解決爭議。但因為《解決國家與他國國民間投資爭端公約》之簽訂和ICSID之成立，以及國家間雙邊投資協定之簽署，使得東道國就外國投資人要求以國際投資仲裁方式解決爭議時不得拒絕，而讓傳統投資契約中國際仲裁條款之效力，以及承認及執行等問題，一併獲得了解

---

[88] Christopher F. Dugan, Don Wallace, Jr., Noah D. Rubins, & Borzu Sabahi, Investor-State Arbitration, Oxford University Press, 2008.

決[89]。至此，國際投資仲裁最大之特點，在於《解決國家與他國國民間投資爭端公約》及ICSID仲裁規則之架構下，依據雙邊投資協定，締約方在他締約國之投資人請求以國際仲裁方式解決爭議時，原則上不得拒絕。換言之，承認了國家與個人之間仲裁協議之效力，國家不得再以主權豁免為理由拒絕之。

(2) 鼓勵個人以仲裁方式解決爭議

由於外國投資人進入東道國進行投資活動，自應遵守東道國之法律，除非東道國與外國投資人之間有其他契約約定，或是東道國與外國投資人之母國間簽署相關條約，就雙方產生之爭議有其他安排，否則基本上均應依東道國當地之救濟途徑解決爭議。然而在一些發展中國家，由於法律規範不完善，無法確保外國投資人之投資得到一定之保障，加上司法體制不獨立，往往會受到當地政治勢力不當地干預，甚至是當地民族意識形態之影響，導致判決結果不公正。由於東道國與外國投資人之爭端往往是因為東道國之行政規制或立法規定未能保障其投資，一旦東道國之司法體制不夠完備，而未給予投資人司法正義，將導致外國投資人的投資直接被東道國執行[90]，這樣之問題不僅在發展中國家會發生，即使在法治發達之國家，也可能會因為政治氛圍而對於外國投資人有特別不公平之對待，這些因素都會讓外國投資人對於進入東道國之直接投資望而卻步。但目前在《解決國家與他國國民間投資爭端公約》及ICSID仲裁規則之相關規定下，是讓外國投資人可以跳脫必須用盡東道國當地救濟之困境，而與東道國之間約定以國際仲裁方式解決糾紛[91]，如此一來，不但可以避免當地司法體制之腐敗問題，在實體法方面，也允許雙方約定準據法之適用，而讓

---

[89] 王彥志：〈國際投資爭端解決的法律化：成就與挑戰〉，載《當代法學》2011年第25卷第3期。

[90] M. Sornarajah, The Settlement of Foreign Investment Disputes, Kluwer Law International, 2000, p. 51.

[91] Julianne J. Marley, The Environment Endangerment Finding in International Investment Disputes, New York University Journal of International Law & Policy, Vol. 46, 2014.

外國投資人能夠獲得實質上公平正義之對待。

　　不過，締約國仍可以要求外國投資人必須用盡當地救濟途徑，包括各種行政或司法手段，作爲得將投資爭議提交仲裁之附加條件[92]。換言之，《解決國家與他國國民間投資爭端公約》將此選擇權交由締約國自己決定，例如《北美自由貿易協定》中，並沒有要求外國投資人在提交仲裁之前須用盡當地救濟途徑。然而就目前許多投資協定觀之，大多要求當地救濟途徑與國際仲裁兩者擇一，意即若選擇當地救濟途徑，則不能再將爭議提交國際仲裁，或是選擇以國際仲裁方式解決爭端後，則不得再將爭議提交當地救濟途徑，如美國、加拿大之自由貿易協定和投資協定範本，均要求外國投資人若選擇國際仲裁程序作爲爭端解決方式，則需放棄進行當地救濟之程序。《美國與智利自由貿易協定》也有類似之規定，即外國投資人若選擇將爭端交給當地法院，該外國投資人就不得再將相同爭議提交國際仲裁[93]。而中國大陸與芬蘭2005年所簽署之投資協定，則允許外國投資人可以選擇將爭議提交當地法院，或是提交國際仲裁方式解決，但經法院判決之爭議，則不得再提交仲裁。由此觀之，《解決國家與他國國民間投資爭端公約》當時爲了讓更多國家能夠接受該公約，因此將外國投資人是否須用盡當地救濟途徑交給締約國自行選擇，不過用盡當地救濟必須有特別約定，否則締約國將被視爲放棄該原則[94]。由於此兩者救濟途徑若同時存在，將會產生外國投資人對當地終審判決不滿而提出國際仲裁時，會變相成爲由國際仲裁庭審查當地終審判決，反而影響東道國之司法主權。因此，多數之自由貿易協定或雙邊投資協定，實行由投資者擇一之方式進

92　《解決國家與他國國民間投資爭端公約》第26條：除非另有規定，雙方同意根據本公約付仲裁，應視爲同意排除任何其他補救辦法而交付上述仲裁。締約國可以要求用盡當地各種行政或司法補救辦法，作爲其同意根據本公約交付仲裁之一個條件。見：朱明新：〈國際投資仲裁平行程序的根源、風險以及預防—以國際投資協定相關條款爲中心〉，載《當代法學》2012年第2期。

93　《美國與智利貿易自由協定》第10.17條。

94　劉夢非：〈國際投資爭端解決平行程序的誘因—讀國際投資仲裁有感〉，載《政法論壇》2018年第4期。

行，而爲了加強投資人之保護，此種機制會讓投資爭議更多地被提交到國際仲裁[95]。綜前所述，不但確認個人得向國家提出仲裁，其規定之方式也鼓勵個人以國際仲裁方式解決爭議。

(3) 提升個人在國際法上之地位

在早期，東道國若對於外國投資人之人身或財產有不利之侵害，是被認爲對於外國投資人母國之侵害，因此母國對於此種侵害，往往會採取外交保護之方式，將外國投資人與東道國間之投資爭議，轉變爲母國與東道國間之國際爭端來處理。這樣的方式雖有助於爭端之解決，但若將所有之投資爭議均以國家與國家間之爭端來處理，將會造成兩國之間過多政治與外交上之衝突，而母國受到政治力量之制約，也未必在發生爭議時均願意以外交手段提供協助；更何況，若具有實質控制權之股東不具有外國投資法人之母國國籍時，母國更是未必願意提供外交保護；尤有甚者，即使母國出面爲投資人解決爭議，但投資爭議如何解決，則受到母國政府之控制，外國投資人未必能因此得到母國之償付。因此，有鑑於投資爭議若均上升爲國家間之爭端，恐怕造成國家間政治衝突之升高，且外國投資人也無法一直仰賴母國之保護等原因，《解決國家與他國國民間投資爭端公約》之簽署及ICSID之成立，讓外國投資人基於母國與東道國雙邊投資協定之簽署，使得外國投資人與東道國間之爭端能透過國際仲裁方式解決投資爭議，著實爲國際投資爭議去政治化之一項重大成就，也使得外國投資人取得與東道國平等之地位，得訂立仲裁協議，進而使得個人在國際法上之地位加以提升[96]。

3. 《解決國家與他國國民間投資爭端公約》所建立之國際投資仲裁機制

《解決國家與他國國民間投資爭端公約》之特徵在於僅提供專門之爭端解決機制，亦即就雙方間之爭議，《解決國家與他國國民間投資爭端公

---

[95] 余勁松、詹曉寧：〈論投資者與東道國間爭端解決機制及其影響〉，載《中國法學》2005年第5期。

[96] 王彥志：〈國際投資爭端解決的法律化：成就與挑戰〉，載《當代法學》2011年第25卷第3期。

約》並非是可以直接提交仲裁之獨立依據。換言之，若締約國與他國投資人之間沒有仲裁協議，仍無法單獨以《解決國家與他國國民間投資爭端公約》爲提交仲裁之依據，而在ICSID進行仲裁，仍需爭端雙方之間有其他之協議，足以證明有仲裁協議之存在始可[97]。

(1) 提交國際仲裁之依據爲締約國間之雙邊投資協定而非《解決國家與他國國民間投資爭端公約》

《解決國家與他國國民間投資爭端公約》之加入和批准，並不構成仲裁管轄之同意和接受，若要利用ICSID以仲裁方式解決爭端，必須雙方另行達成仲裁之合意。ICSID之仲裁機制並非強制性的，成員國即使加入了《解決國家與他國國民間投資爭端公約》，也可以自由決定哪些種類之投資爭端同意提交給ICSID[98]，且此種同意不能是概括之同意，必須雙方明確合意將特定爭端提交至ICSID進行仲裁始可。爲了確立符合《解決國家與他國國民間投資爭端公約》要求之仲裁合意，基本上仍須有約束東道國和外國投資人雙方之書面仲裁協議。最常見之情形是，在兩國間之雙邊投資協定中規定，締約國就特定類型之爭端同意將其提交至ICSID進行仲裁。換言之，當一國在雙邊投資協定中向ICSID之仲裁表示同意，等於向另一締約國之國民提出概括之仲裁要約，而當另一締約國之國民提出仲裁時，相當於就該要約表示接受之承諾，如此一來，締約國之國民（即外國投資人）與締約國（即東道國）之間則成立了仲裁協議。除此之外，一國尚可以透過國家立法之方式，依據《解決國家與他國國民間投資爭端公約》對外國投資爭端以仲裁方式解決作出相關規定，此種方式是以該國之法律依據作爲外國投資人提出投資仲裁時之要約，而外國投資人則可以透過向ICSID提出仲裁之請求或以發出通知之方式來對該要約表示承諾，雙

---

[97] Gary B. Born, International Arbitration: Law and Practice, Kluwer Law International, 2012, p. 413.

[98] Christoph H. Schreuer, Loretta Malintoppi, August Reinisch, & Anthony Sinclair, The ICSID Convention: A Commentary (2nd ed.), Cambridge University Press, 2009, p. 190.

方亦可以此種方式成立仲裁協議[99]。

　　目前在許多雙邊及多邊投資協定中，關於外國投資人保護之問題，除明確規定締約國對待他締約國投資人之標準，也規範了發生投資爭端時之仲裁方式。例如《北美自由貿易協定》之第十一章，包含成員國在其他成員國之投資人提出仲裁時之合意，換言之，成員國之投資人無須在爭端發生時與他成員國（即東道國）達成仲裁協議，而是援引該協定，即得進入仲裁程序。除了《北美自由貿易協定》之外，尚有《東南亞國家聯盟投資綜合協定》（*ASEAN Comprehensive Investment Agreement*）、《能源憲章條約》（*Energy Charter*），以及許多國家間之雙邊投資協定，包括目前中國大陸對外之雙邊投資協定，均有此種規定。然而，依據《解決國家與他國國民間投資爭端公約》之規定，東道國必須是締約國，始能進入ICSID仲裁，因此，在《北美自由貿易協定》中，雖然將ICSID進行仲裁作為爭端解決的一個選擇，然加拿大和墨西哥均非《解決國家與他國國民間投資爭端公約》之締約國，仍不得依據《解決國家與他國國民間投資爭端公約》之規定進入ICSID進行仲裁[100]。

　　不過，ICSID為擴大可以受理仲裁之案件範圍，於1978年通過《附加便利規則》（*Additional Facility Rules*），讓一些原本不符合《解決國家與他國國民間投資爭端公約》之案件，亦可以進入ICSID進行仲裁。例如東道國若非《解決國家與他國國民間投資爭端公約》之締約國，或外國投資人並非締約國之國民等案件，若該特定案件經ICSID之秘書長同意得適用《附加便利規則》，爭端當事方即可依據《附加便利規則》提出仲裁。然而，依據《附加便利規則》所提出之仲裁案件，雖由ICSID受理，但其受理僅在於提供案件之管理服務，然就《解決國家與他國國民間投資爭端公約》之相關規定，包括得由內部委員會撤銷仲裁判斷、排除其他補

---

[99] Gary B. Born, International Arbitration: Law and Practice, Kluwer Law International, 2012, p. 424.

[100] *Ibid.*, pp. 413-415.

救方法、禁止向國家法院聲請臨時措施等規定均不適用，因此依據《附加便利規則》所作出之仲裁判斷，如同一般之國際商事仲裁判斷，得由仲裁地之法院決定是否得撤銷，也會適用《外國仲裁判斷之承認及執行公約》（*Convention on the Recognition and Enforcement of Foreign Arbitral Award*，又稱《紐約公約》）之規定，決定是否予以承認[101]。

(2) 國際投資仲裁之主體爲國家與個人，突破了傳統國際法之限制

依據《解決國家與他國國民間投資爭端公約》第25條第1款規定，ICSID管轄之案件涵蓋締約國或締約國所指派之任何組成部分或機構，與另一締約國國民間之爭議[102]。換言之，國際投資仲裁之主體，一方爲締約國，以及締約國依據相關規定向ICSID聲明所指派之組成部分或機構，另一方則爲締約國之國民。

基於以上之規定，東道國必須是締約國，但締約國也可以自由指派任何具備可以接受ICSID管轄同意之組成部分或機構。然而實踐上之問題在於，如何判斷哪些組成部分或機構得享有雙邊投資協定之保護？例如香港特別行政區，在1997年以前，英國已將香港作爲其組成部分而指派到ICSID，但在1997年香港回歸祖國之後，卻一直未被指派到ICSID，而香港目前爲具有一定立法自主權之特別行政區，已簽訂有雙邊投資協定，如此一來，大陸與香港之間在雙邊投資協定方面將存在兩套體系，大陸所簽訂之雙邊投資協定，是否適用於香港成爲問題點[103]。再者，由於《解決國家與他國國民間投資爭端公約》規定，國家除了需告知ICSID哪些組成部分或機構是屬於ICSID之管轄，至於該組成部分或機構對於仲裁之同

---

[101] *Ibid.*, p. 424.

[102] 《解決國家與他國國民間投資爭端公約》第25條第1款：中心之管轄適用於締約國（或締約國向中心指定之該國之任何組成部分或機構）和另一締約國國民之間直接因投資而產生並經雙方書面同意提交給中心之任何法律爭端。當雙方表示同意後，任何一方不得單方面撤銷其同意。

[103] 張建：〈國際投資仲裁管轄權與雙邊投資協定的解釋文題當議—兼議《華盛頓公約》體系下投資仲裁的管轄要件〉，載《研究生法學》2016年第2期。

意，除非該國有特別通知ICSID該組成部分或機構不需要批准，否則該組成部分或機構對於仲裁之同意仍必須經過該國之批准，最後作出之仲裁判斷才能約束該國[104]。因此，當外國投資人與東道國之組成部分或機構訂定契約時，若該國沒有批准該組成部分或機構對於該契約爭議進行仲裁之同意，則ICSID仍沒有管轄權。例如在 *Cable Television v. St. Kitts and Nevis* 案[105]中，該爭議之契約是由申請人與Federation of Saint Kitts and Nevis下的一個城市所簽訂，其中內容含有仲裁條款，但由於該城市並沒有被Federation of Saint Kitts and Nevis指定為ICSID之主體，就該城市之仲裁同意也沒有經過Federation of Saint Kitts and Nevis之批准，因此該案之仲裁庭認為自己對於該爭端沒有管轄權[106]。

至於締約國之國民，則有國籍之要求，依據《解決國家與他國國民間投資爭端公約》第25條第2款之規定，若投資人為自然人，係以國籍為判斷標準，必須是締約國之國民始能適用《解決國家與他國國民間投資爭端公約》向ICSID提交仲裁。然若外國投資人為法人，則同時採用國籍標準及控制標準來認定[107]。一般而言，是以公司註冊地或主營業地來認定，

---

[104] 《解決國家與他國國民間投資爭端公約》第25條第3款：某一締約國之組成部分或機構表示之同意，須經該締約國批准，除非該締約國通知中心不需要予以批准。

[105] *Cable Television of Nevis, Ltd. and Cable Television of Nevis Holdings, Ltd. v. Federation of St. Kitts and Nevis*, ICSID Case No. ARB/95/2, https://www.italaw.com/cases/3450.

[106] Gary B. Born, International Arbitration: Law and Practice, Kluwer Law International, 2012, p. 423.

[107] 《解決國家與他國國民間投資爭端公約》第25條第2款：「另一締約國國民」係指：(1)在雙方同意將爭端交付調解或仲裁之日以及根據第28條第3款或第36條第3款登記請求之日，具有作為爭端一方之國家以外之某一締約國國籍之任何自然人，但不包括在上述任一日期也具有作為爭端一方之締約國國籍之任何人；(2)在爭端雙方同意將爭端交付調解或仲裁之日，具有作為爭端一方之國家以外之某一締約國國籍之任何法人，以及在上述日期具有作為爭端一方締約國國籍之任何法人，而該法人因受外國控制，雙方同意為了本公約之目的，應看作是另一締約國國民。見：張建：〈國際投資仲裁管轄權與雙邊投資協定的解釋文題當議—兼議《華盛頓公約》體系下投資仲裁的管轄要件〉，載《研究生法學》2016年第2期。

例如日本與德國均爲《解決國家與他國國民間投資爭端公約》之締約國，因此若在德國註冊之公司到日本進行投資，德國之投資人與日本則均符合《解決國家與他國國民間投資爭端公約》關於主體之規定。然而，外國投資人在東道國設立子公司，若依據公司註冊地或主營業地判斷國籍，可能被認定爲本國投資人，而非外國投資人時，但因該法人受到母公司之控制，因此《解決國家與他國國民間投資爭端公約》對此種情形特別規定，若該投資人受外國控制，雙方同意爲了本公約之目的，應看作是另一締約國之國民，如此一來，此種受外國控制之子公司則亦可就其相關爭議援用《解決國家與他國國民間投資爭端公約》透過仲裁方式解決爭端[108]。此外，對於跨國之大企業而言，可能在多個締約國均有設立公司，當與東道國發生爭議時，投資人往往就其中與東道國之間所簽訂雙邊投資協定最有利之國家，主張自己具有該國之國籍，而援引該國與東道國間之雙邊投資協定，進行國際投資仲裁，此爲當時《解決國家與他國國民間投資爭端公約》制定時未特別訂定之情形，因而產生投資人得利用此種方式造成「選法」之空間，引發相關爭議[109]。

(3)「保護傘條款」將國家與個人間之契約爭議提升爲國際法之爭端，引發爭議

在傳統意義上之國家責任，並不會因爲東道國單純違反投資契約而產生，但目前有一些雙邊投資協定，要求締約國除了必須遵守雙邊投資協定本身所規定的實體義務之外，還要求締約國遵守對投資人所有之承諾，進而允許外國投資人將所有與東道國間之爭議均提交仲裁，包含契約爭議，此種條款稱之爲「保護傘條款」。

由於在《解決國家與他國國民間投資爭端公約》所建立之國際仲裁架構下，主要是依據國家間所簽署之雙邊投資協定，就他國投資人之直接投

---

[108] Gary B. Born, International Arbitration: Law and Practice, Kluwer Law International, 2012, p. 442.

[109] 喬慧娟：〈論國際投資條約仲裁中的法律適用問題〉，載《武漢大學學報》2014年第2期。

資，若因為東道國之法律或行政規則，對該投資產生類似徵收之效果，投資人就東道國之行為，得透過雙邊投資協定之約定，將其爭議提交仲裁加以解決。換言之，其產生爭議之行為應屬於東道國之公法行為，始能將爭議提升至條約層面加以解決。然而「保護傘條款」之特點在於，如果東道國與外國投資人間簽有投資契約，但因東道國違反該契約時，原本僅能依據該契約所約定之方式進行爭端解決，然而由於雙邊投資協定有「保護傘條款」之規定，外國投資人可以依據雙邊投資協定要求東道國將爭議提交至國際仲裁方式解決，亦即東道國單純違反投資契約之爭議，因為「保護傘條款」之約定，提升至條約層面，其功能是為了提供給外國投資人更加全面之保護。然而此種條款最常發生之爭議在於：若外國投資人與東道國間簽訂之投資契約中已有約定法院管轄條款，當發生爭議時，外國投資人就契約中索償之要求，是否仍可依據雙邊投資協定向東道國提出國際投資仲裁？

　　以上問題，有些雙邊投資協定明確規定，即使契約中存在與雙邊投資協定意思相反之法院管轄條款，外國投資人就契約爭議仍得依據雙邊投資協定將爭議提付仲裁，但是若沒有明確規範之情形下，就「保護傘條款」之解釋則有相當之爭議。一種見解認為，違反契約不等於違反條約，一旦將違反契約之義務上升到違反條約之層次，可能將私法爭議與公法爭議之界限模糊化，因此要求「保護傘條款」必須要有明確規定始可。例如在 *SGS Société Générale de Surviellance v. Islamic Republic of Pakistan*案[110]中，仲裁庭認為「保護傘條款」必須有更加充分及具體之表述，才能支持投資者為投資契約爭議得依據雙邊投資協定以仲裁方式解決為擴張之解釋，因此仲裁庭認定自己沒有管轄權。持此種觀點之仲裁判斷，特別關注該「保護傘條款」之具體表述，以及雙方爭議違反義務之國家行為性質為何，換

---

[110] *SGS Société Générale de Surviellance v. Islamic Republic of Pakistan, Decision of the Tribunal on the Objections to Jurisdiction*, ICSID Case No. ARB/01/13 (6 August 2003), http://icsid.worldbank.org.

言之，國家之主權行為並不同於商業行為，兩者應分別以觀[111]。但另一種見解則認為，此種條款應該從寬解釋，亦即只要違反國家與投資者間簽署之契約，也應同時構成違反條約或是雙邊投資協定，其爭端自可提交國際仲裁進行審理，如此方能達到保護投資人之目的。例如*SGS Société Générale de Surveillance v. Philippines*案[112]中，仲裁庭認為因瑞士與菲律賓間之雙邊投資協定，已規定締約雙方均應承擔他締約國之投資者在其領土範圍內准予進行特定投資之相關義務，因此東道國（即菲律賓）若沒有遵守特定投資專案之承諾，自可認定違反了雙邊投資協定，故仲裁庭對於雙方爭議具有管轄權。此種觀點認為，即使當事人間之契約中有爭端解決方式之約定，但雙邊投資協定賦予給投資人之權利，是額外的、不同於基礎契約中之權利。在*Salini v. Jordan*案[113]中，仲裁庭則更進一步指出，「保護傘條款」之簽署，不僅要求東道國應創設有利於外國投資人之法律體系，並且要求東道國之承諾應延伸到對於外國投資人之契約性義務。對於此等爭議，國際法院甚至指出，原本國家責任僅存在於國際法上，國內法並不存在國家責任之問題，但「保護傘條款」之存在，卻創造了一個例外情況，亦即在國內法上也會發生國家責任承擔之問題[114]。近期為了解決「保護傘條款」應限縮還是應從寬解釋之爭議，有第三種見解提出，認為應就國家所簽訂之契約進行分類，而「保護傘條款」之解釋方式，應僅適用於「行政契約」（即公法契約），而不包含「商事契約」（即私經濟契

---

[111] Gary B. Born, International Arbitration: Law and Practice, Kluwer Law International, 2012, p. 429.

[112] *SGS Société Générale de Surveillance v. Philippines, Decision of the Tribunal on the Objections to Jurisdiction*, ICSID Case No. ARB/02/6 (29 January 2004), http://icsid. worldbank.org.

[113] *Salini Construttori SPA v. The Hashemite Kingdom of Jordon*, ICSID Case No. ARB /01/11.

[114] 張建：〈國際投資仲裁管轄權與雙邊投資協定的解釋文題當議—兼議《華盛頓公約》體系下投資仲裁的管轄要件〉，載《研究生法學》2016年第2期。

約）¹¹⁵。

　　本書認為，由於「保護傘條款」簽署之目的在於兩國之間承諾保護
對方投資人，既然國家作出了此等承諾，即應就國內之整體法制均有一致
性之規定，不應再就國家與外國投資人間之契約中約定不同之爭端解決方
式。然而，由於國際投資仲裁應在於處理涉及國家主權之公法行為，若就
國家違反契約之行為直接上升為違反條約之層次，因而認定國家應負擔國
際法上之國家責任，恐怕確實會將公法與私法行為混淆，而將國際投資仲
裁之範圍過於擴大，且由於並非國家所簽署之契約均屬於行政契約，因此
仍應視該契約之目標為何，進而判斷該契約是否屬具有公法性質，再判斷
「保護傘條款」之適用與否，應更為妥適。但無論如何，從「保護傘條
款」之簽署，以及承認「保護傘條款」的見解觀之，若個人與東道國之間
所有之投資爭議，甚至包括契約爭議，均可以依據雙邊投資協定，透過國
際仲裁方式解決，將使得個人在國際法之地位又更加提升。

4. 《解決國家與他國國民間投資爭端公約》之生效，確認個人在國際仲裁之主體資格

　　綜前所述，從《解決國家與他國國民間投資爭端公約》第25條規定
觀之，ICSID管轄適用於締約國與另一締約國國民間之爭議。換言之，國
際投資仲裁之主體，一方為國家，另一方則為締約國之國民，個人得透過
國家間所簽署之雙邊投資協定、自由貿易協定之內容，使個人得與國家成
立仲裁協議，讓個人就該爭議得依據該協議向國家提出國際仲裁，確認了
個人在國際仲裁具有程序上之主體資格。

　　再者，雖然《解決國家與他國國民間投資爭端公約》並非提起國際投
資仲裁之依據，亦即外國投資人之母國與東道國間仍須有雙邊投資協定、
貿易協定或其他國際條約中有明文規定締約國之國民與締約國間之爭議得
以國際仲裁方式解決，外國投資人始可向東道國提出國際仲裁，而國際

---

¹¹⁵ 徐崇利：〈保護傘條款的適用範圍之爭與我國的對策〉，載《華東政法大學學報》
　　2008年第4期。

間為避免外國投資人顧慮東道國國內救濟制度不足，因此對於投資裹足不前，也都紛紛同意以國際仲裁為爭端解決方式，進而大量簽署以此種方式保護外國投資人之雙邊投資協定、自由貿易協定等國際協議，讓個人得對國家提出國際仲裁解決相關爭議。由這些大量之國際協議觀之，可以更加確認個人確實在國際仲裁具有程序上之主體資格。

而《解決國家與他國國民間投資爭端公約》所建立之架構，讓投資人得以請求金錢賠償之方式向國家追究國際法之責任，更是國際法發展上相當重要之突破。目前允許個人對國家行為提出請求賠償的依據，尚有《歐洲人權公約》和《美洲人權公約》，但是這兩個人權公約，雖然可以由個人就人權問題向國家請求賠償，但透過的是訴訟程序，至於讓個人得以國際仲裁方式追究國家責任者，國際投資仲裁著實開啓了國際法之新篇章。除此之外，二者不同點在於：首先，《歐洲人權公約》和《美洲人權公約》都要求個人必須先用盡當地救濟程序後才能在國際法上追究國家責任，當然也不會允許個人選擇爭端解決之法律規則，或指定進行裁決之審判人員，甚至直接聲請執行國家財產；再者，這兩個人權公約就個人向國家求償之權利，亦有相當之限制存在。依據《歐洲人權公約》向歐洲人權法院所提出之案件，若歐洲人權法院認為非金錢補償即可滿足個人所受之損失，或是國家之金錢補償能力實際上不足時，在實踐上都可能拒絕國家對個人進行賠償。而在《美洲人權公約》體制下，美洲人權委員會的實踐中，也往往傾向不支持對公司給予補償[116]。

綜上，雖然當時《解決國家與他國國民間投資爭端公約》之談判過程中，顧及發展中國家之疑慮，讓ICSID之管轄並不具有強制性，而是讓成員國可以自由選擇是否將爭端提交至ICSID進行仲裁。然而儘管如此，在此架構下還是有一定的強制性，包括：一旦爭端當事方表示同意接受ICSID之管轄後，即不得單方撤銷其同意；又雖然允許雙方得協議選擇適

---

[116] 王彥志：〈國際投資爭端解決的法律化：成就與挑戰〉，載《當代法學》2011年第25卷第3期。

用之實體法，但若雙方未約定，則將適用國際法；此外，爭端當事方均不得以任何方式干預仲裁程序之進行，且ICSID之仲裁判斷不受國內之司法審查，只有ICSID內部之專門委員會能進行有限之形式審查；其中最重要的，是要求締約國對於在ICSID作成之仲裁判斷，必須將其視爲終局裁判而加以遵守。因此東道國不得再否認其成立仲裁協議之效力，外國投資人之母國也不得再任意以外交保護之方式介入投資爭端，如此一來，《解決國家與他國國民間投資爭端公約》所成立之爭端解決機制，其特殊之強制性，使得國際投資爭端能去政治化，而純粹以法律之方式解決，因此獲得國際間普遍接受之結果，實已確認個人在國際仲裁之程序主體地位。

三、自然人與法人在國際環境仲裁之主體適格

(一) 從自然人之環境權益論其主體適格問題

　　自然人具有國際環境法主體地位之確立，來自於許多國際法律文件承認自然人具有環境權益之存在。而環境權益首次獲得國際社會之承認，是在1972年《斯德哥爾摩人類環境宣言》中提及：「人類有權在……尊嚴的和福利的生活環境中，享有自由、平等和充足的生活條件……，並且負有責任保證並改善這一代和世世代代的環境。」換言之，每個自然人均有權利要求享有一個適於人類生存、生活條件不虞匱乏之環境，包括有清新之空氣可以呼吸、有乾淨之水源可以飲用、有其他自然資源可以利用，因此對於任何造成環境污染或破壞之行爲，每個人也都有權利進行監督與干預。之後通過之國際人權文件，包括1981年之《非洲人權和民族權憲章》（*African Charter on Human and Peoples' Rights*，下稱《非洲人權憲章》），即明確規定：「……令人滿意之環境是所有人之權利」；而《美洲人權公約》之經濟、社會和文化權利議定書第12條之標題即爲「對健康環境之權利」等觀之，自然人擁有環境權益已被確認[117]。

---

[117] 林燦鈴 等著：《國際環境法的產生與發展》（初版），人民法院出版社，2006年11月，第302頁以下。

　　至於環境權益之基本內容，就1992年《里約熱內盧環境與發展宣言》中，具體提倡個人對於環境之知情權、參與權及獲得救濟權，就公眾知悉和參與環境議題方面，強調其重要性。與《斯德哥爾摩人類環境宣言》不同的是，《里約熱內盧環境與發展宣言》更進一步落實個人之環境權益，以具體之方式保障個人環境權益之實現。然而這方面最重要之公約，則莫過於《公眾在環境領域獲得資訊、參與決策和訴諸司法之公約》（*Convention on Access to Information, Public Participation in Decision-making and Access to Justice in Environmental Matters*），又稱為《奧爾胡斯公約》（*Aarhus Convention*），該公約保障了個人在環境權益受到侵害時，得訴諸司法之權利，讓個人之環境權益透過司法保障，能夠真正落實。

　　然而，自然人雖然在國際環境仲裁具有主體資格，但在何種國際環境爭端方為適格之主體？以特雷爾冶煉廠案為例，當位於加拿大之特雷爾冶煉廠所排放之氣體影響美國華盛頓州農作物之生長，因而造成美國華盛頓州農民之損害時，「受有損害之自然人」當然為此種國際環境爭端適格之主體。但是從《斯德哥爾摩人類環境宣言》、《非洲人權憲章》、《美洲人權公約》觀之，自然人之環境權益並不僅限於發生具體損害之情形，且環境問題往往無法限制在人為所劃定之疆界內，一國之環境污染或生態破壞，也可能導致他國之自然人無法享有清新之空氣、乾淨之水源，因此就自然人的環境權益觀之，任何造成環境污染或生態破壞之行為所發生之國際環境爭端，自然人原則上均應可以成為適格之主體，透過國際環境仲裁要求行為人負起應負之法律責任。只是從實踐上而言，甚難要求自然人與國家之間在國際環境爭端發生時成立仲裁協議，因此自然人之環境權益仍須透過國家方能加以主張。

(二) 從法人之環境權益論其主體適格問題

　　面臨現今氣候變遷問題，惟有全人類共同保護環境，始能達到永續

發展之目標。然而環境保護的主體，不僅只有國家、國際組織，尚包括自然人與法人，尤其是跨國公司之經濟活動更是影響環境之重大因素，有論者提及，跨國公司與主權國家、國際組織、非政府間國際組織成爲全球環境治理之四大主體，可見其地位之重要性。至於如何從經濟活動方面讓跨國公司帶動環境保護，由於目前全世界都已關注到，企業必須重視「ESG」〔即爲環境（Environmental）、社會責任（Social）及公司治理（Governance）之縮寫〕，亦即企業必須將環境保護及企業社會責任納入公司治理，方能帶動良好循環，以達到永續之目標。但如何從法律方面讓跨國公司帶動全球環境保護，而非繼續破壞環境，本書認爲，可以從國際投資仲裁之領域著手，此部分將會在第六章詳加論述。

　　然法人是法律擬制具有法律人格之人，並無如同自然人，擁有享受清新之空氣、乾淨之水源等環境權益，但卻可能因爲沒有清新之空氣或乾淨之水源，造成法人本身之損害，而成爲國際環境爭端適格之主體。以*Peter A. Allard v. The Government of Barbados*案[118]爲例，Peter A. Allard於1994年在巴貝多（Barbados）南海岸Graeme Hall進行生態旅遊項目之投資，不但進行環境研究，並恢復該地保護區之自然環境，且爲當地居民和遊客提供教育服務等一系列之活動。但巴貝多未能阻止污水排放到該地區，對於造成污水之來源也未調查和起訴，故Peter Allard認爲，由於巴貝多未履行國內環境法和國際條約中應盡之義務，未能緩解當地之環境退化，破壞了他在巴貝多天然濕地之投資，進而提出國際投資仲裁。由此案觀之，該爭端之起因係環境問題，亦屬於國際環境爭端，雖法人無法直接主張與自然人相同之環境權益，但是在國際投資爭端涉及環境問題，則有可能因爲環境污染或生態破壞之行爲，造成法人本身之損害，法人在此種爭端則可以成爲適格之主體。

　　因此，法人若要透過國際環境仲裁主張其環境權益，雖然在仲裁程序

---

[118] *Peter A. Allard v. The Government of Barbados* (PCA Case 2012-06), Award (27 June 2012).

中得為程序主體，但因為法人為法律擬制之人，與自然人能主張之環境權益仍有所不同，從主體適格觀之，應僅有在法人本身受到損害之爭端，法人方為適格之主體。

第四章
標的論：國際環境仲裁之仲裁協議

第一節　仲裁標的（客體）論之總說

　　按法律關係之客體，係指法律關係或權利之標的而言，亦即法律關係或權利義務所在之對象。而法律關係或權利義務之「種類」不同，客體或標的則隨之而異，例如債權之內容係直接請求特定人爲一定之作爲或不作爲，其標的即爲特定人之作爲或不作爲；物權係直接支配特定物並請求除去妨害或防止妨害（指一般人不得侵犯其支配利益），其標的爲特定物或一般人消極不作爲或積極爲適當作爲[1]；人類之精神產物，舉凡人類思想、發明、智慧創造出來之無形財產爲智慧財產權（intellectual property），主要涉及著作、專利、商標等領域爲權利之標的；其他如營業或企業（gewerbliches, unternehmen）、植物品種權[2]、積體電路電路布局權[3]等在文明社會中，頗占重要地位，可見當代法律生活，隨處都表現出極端抽象之權利標的。

　　又仲裁法之客體（標的）論係仲裁制度與法律關係或權利之標的或

---

[1] 韓忠謨 著：《法學緒論》（初版），自版，臺灣大學法學院事務處總經銷，1962年7月，第172頁以下；姚瑞光 著：《民法物權編》，自版，大中國圖書公司總經銷，1976年9月，第56頁以下。

[2] 大陸地區於1997年3月20日訂有《植物新品種保護條例》，有8章46條條文；臺灣地區則在1989年12月5日訂有《植物品種及種苗法》，於2023年5月17日修正，計有7章65條，但有部分條文尚未施行。

[3] 1995年8月積體電路電路布局保護法，有5章41條條文。

客體有關者：舉凡涉及案件仲裁容許性（又稱「可仲裁性」），有主觀之仲裁容許性與客觀之仲裁容許性、仲裁協議（仲裁條款之基本類型、形式、自主原則、解釋原則、效力與消滅）[4]、仲裁權、仲裁請求權、仲裁標的（物）價值與仲裁費[5]。本書係對國際環境仲裁法學中仲裁協議爲深入分析，分二節研究：一、國際環境仲裁之仲裁協議成立與生效：包括國家間仲裁協議之成立與生效、國家與其他實體間成立環境仲裁協議之可行性[6]，尤其國家主權豁免理論、「個人與國家間」及「非政府間國際組織與國家間」國際環境仲裁協議成立與生效；二、國際環境仲裁協議之範圍：深入就條約適用之範圍，以及國際環境條約在進入仲裁前須先進行其他前置程序之約定，在尚未進行該前置程序之前，其中一方即要求進入國際環境仲裁程序，即發生逾越仲裁協議範圍之問題[7]。

第二節　國際環境仲裁之仲裁協議成立與生效

　　國際仲裁必須依據爭端當事方之仲裁協議來進行，如何認定爭端當事方之間具有仲裁協議，以及該仲裁協議之範圍，均會影響仲裁判斷之效力，故本節即就國際環境仲裁協議之成立與生效進行探討。

---

[4] 藍瀛芳 著：《比較的仲裁法(上)》（初版），元照，2018年11月，第310頁以下；柯澤東 著，吳光平 增修：《國際私法》（增訂6版），元照，2020年10月，第341頁以下。

[5] 依《仲裁機構組織與調解程序及費用規則》第25條第1項規定，仲裁費用應按其「仲裁標的」之金額或價額，依7款標準逐級累加繳納。見：柯澤東 著，吳光平 增修：《國際私法》（增訂6版），元照，2020年10月，第333頁以下。

[6] 林燦鈴 著：《國際環境法》（修訂2版），人民出版社，2011年11月，第252頁以下。

[7] 同上註，第85頁以下。

一、國家間仲裁協議之成立與生效

　　若國家與國家間發生爭議，必須爭端當事國均表明同意把爭端提交國際仲裁進行裁決，始能適用仲裁解決彼此間之爭議。而依據聯合國國際法委員會所擬定之《仲裁程序示範規則》第2條規定，爭端當事方所訂定之仲裁協議至少應包含以下事項：(一)雙方同意將爭端提交仲裁之約定；(二)提交仲裁解決之具體爭端問題；(三)仲裁庭之組成（包含仲裁人之人數、組成方式）；(四)爭端當事方認為適宜之其他事項[8]。

　　由於仲裁此種爭端解決方式相當重視當事方之意思，一旦仲裁協議約定不夠詳細，往往會產生爭議，甚至仲裁程序無法進行，因此，當發生國際環境爭端時，不論依據爭端發生前所擬定之條約或協議，或是爭端發生後才擬定之仲裁協議，至少就仲裁庭之組成（包含仲裁人之人數、組成方式）、仲裁庭管轄權之範圍、交付仲裁解決之具體爭端問題、應適用之實體法律、仲裁相關程序、進行仲裁程序之地點、雙方就仲裁費用如何分擔等均有所約定，方能順利進行仲裁程序。然而，既然雙方均有適用仲裁解決爭端之意願，只是對於仲裁程序之細節未為約定，仍應讓雙方以仲裁方式解決爭議，始符合爭端當事方之期待，但如何確認雙方有適用仲裁之合意，以及如何補充雙方未約定之程序細節，使得仲裁程序能順利進行，即成為必須先解決之問題。

---

[8] 《仲裁程序示範規則》第2條：1.除非先前已有為本目的而締結之協定，例如提交仲裁約定本身，訴諸仲裁之當事雙方應締結仲裁協議，其中至少應具體載明下列各項：(1)雙方將爭端提交仲裁之約定；(2)爭端之主題，以及當事各方同意或不同意之各點；(3)組成仲裁庭之方法和仲裁人之人數。2.此外，仲裁協議應包括當事各方認為適宜之任何其他規定，特別是：(1)仲裁庭適用之法律規則和原則，以及授予仲裁庭對該事項有立法職能之那樣按「公允及善良」作出判斷之權利；(2)仲裁庭向當事雙方作出建議之權力；(3)賦予仲裁庭制定自己議事規則之權力；(4)仲裁庭應遵循之程序；但仲裁庭一旦組成，應有否定仲裁協議中任何妨礙其作出判斷之自由；(5)進行審訊時所需之仲裁人之法定人數；(6)作出判斷所需要之仲裁人人數；(7)作出判斷之期限；(8)仲裁人對判斷附以異議或個別意見之權利，或對於這種意見之禁止；(9)審訊程序中所用之語言；(10)費用之支付及分擔方式；(11)請求國際法院提供之服務。上述所列並無詳盡之意思。

　　首先，須先確認爭端當事方有適用仲裁解決爭端之合意。如前所述，聯合國國際法委員會所擬定之《仲裁程序示範規則》第2條規定，仲裁協議應包含：雙方同意將爭端提交仲裁之約定、提交仲裁處理之具體爭端問題、仲裁庭之組成，以及其他爭端當事方認爲適宜之事項，然而其中所謂「雙方同意將爭端提交仲裁之約定」所指爲何？若爲爭端當事方共同締結之國際環境條約中約定以仲裁爲爭端解決方式，是否即可認定爭端當事方之間已成立仲裁協議？還是爭端當事方在爭端發生之後，無論如何仍須另行成立仲裁協議，方可以仲裁方式解決爭議？

　　有學者認爲，即使在條約中有規定將其爭端交付仲裁之條款，在適用時仍須再行訂定仲裁協議方能進行仲裁。例如1932年《中美公斷條約》[9]之規定，兩國間之爭端，不能以外交手段處理者，若該案具有可裁判之性質，應提交常設仲裁法院以仲裁方式解決，但雙方仍必須就具體個案訂定特別協定，且協定中應包含具體爭議問題，以及雙方同意透過仲裁方式解決爭端之合意始可[10]。

　　但本書認爲，如何認定雙方之間是否有仲裁協議，應分成兩種情形：一種情形爲雙方所約定者係一般仲裁條款，如前述《中美公斷條約》，此種條約在於規範兩國間之爭端，在無法以外交手段達成共識時，均應提交仲裁解決。由於此種約定方式過於寬泛，未有具體之爭端主題，若將所有爭端均認定爲締約方有仲裁合意，並不妥適，因爭端當事方可能

---

[9] 《中美公斷條約》第1條：兩締約國間如有國際事項之爭執，此締約國對彼締約國提出由條約內或條約外發生之權利之要求，此項爭執未能以外交方法解決，或經交付於按照1914年9月15日在華盛頓簽訂之條約而設立永久國際委員會仍未解決；而此項爭執因適用法律或公理之原則得付判決，故具有可以裁判之性質者，則於每案發生時，以特別協議決定應交付於按照1907年10月18日公約所設立之海牙永久公斷法庭或其他相當裁判機關。此項特別協議，應於必要時規定裁判機關之組織，並應確指其許可權，載明爭執之問題，並決定交付公斷之條款。每案之特別協議，中國方面依照中華民國之憲法訂立之；美國方面由美國總統得美國參議院之協贊允許訂立之。

[10] 丘宏達著：《現代國際法》（修訂3版），三民書局，2019年4月，第1016頁以下。

無法預期哪些爭議須提交仲裁，將失去仲裁應爲雙方自願受管轄之意義；再者，若以《中美公斷條約》爲例，條文也明文要求雙方提交仲裁之前，仍須訂定特約，並在特約中詳列具體爭端事由，且該特約在美國須經由參議院同意始能簽署。因此，若雙方所訂定爲一般仲裁條款，則必須另行訂定具體之仲裁協議，方能提付仲裁。但另一種情形，則是在條約或協議中訂有特別仲裁條款，例如條約中規定，「就該條約之內容解釋及適用有所爭議時，應透過仲裁方式解決」等文字，即應認爲爭端當事方經由條約之簽訂，表示對於該條約之內容解釋或適用方面之爭端，已有透過仲裁解決爭端之合意，而無須在爭端發生後再另行訂定仲裁協議。換言之，爭端當事方若均爲該條約之締約國，則當然得以該條約爲雙方均同意進行仲裁之依據。

　　然而，若以條約爲仲裁之依據，尚須考慮國家在簽署該條約時，是否有聲明保留之問題。由於國家與國家間之仲裁，涉及締約國是否聲明保留，此將影響該爭端是否能以仲裁方式解決，一般凡是應由國內管轄之事項或與領土有關之問題，以及締約前發生之爭端，締約國均可聲明保留。若國家在簽署條約時即以仲裁爲爭端解決方式之部分聲明保留，則當然未構成雙方均同意將爭端提付仲裁之合意。

　　目前有許多國際環境條約採納仲裁爲爭端解決方式，但爲了讓更多締約國接受該條約，則未必將仲裁規定爲唯一之爭端解決方式，因此是否可以直接認定爭端當事方無需在爭端發生後另行訂定仲裁協議，尚須依據條約約定之內容觀之，無法一概而論。經觀察條約中有關爭端解決方式之規範，大致可分爲以下四種[11]：

　　第一種是將仲裁規定爲爭端發生時唯一之爭端解決方式。亦即在條約中規定，關於雙方無法解決之爭端，均應提交仲裁解決，且通常在此種規範之條約中，在條約本文或條約之附件會明確規範仲裁庭之組成、應適用

---

[11] 朱鵬飛：〈國際環境爭端解決機制研究─國際公法的視角〉，華東政法大學博士論文，2009年。

之規則，以及相關之程序規定。例如1973年《防止船舶污染國際公約》關
於爭端解決之規定，依據該公約第10條[12]，締約國間之爭議，如不能以協
商方式解決，且無法以其他方式達成共識，則「應」將爭議提交本公約議
定書2中所規定之仲裁方式解決。由此觀之，締約國之間因本條約所生之
爭端，必須接受仲裁為爭端解決之方式，且雙方無須另行訂定仲裁協議，
得就該條約之規範認定為雙方均有將爭端提付仲裁之合意，也表示了雙方
自願接受仲裁之管轄。相類似之條約尚包括了1969年《國際干預公海油污
事故公約》[13]。

　　第二種規範方式，是國際環境公約中雖然並非將仲裁規定為唯一之
爭端解決方式，但是要求爭端當事方必須選擇相同之程序，始能適用該爭
端解決程序，否則爭端「必須」提交仲裁解決。例如《關於環境保護之南
極條約議定書》之爭端解決程序中即規定，締約國之間關於該議定書所產
生之爭端，得透過國際法院或國際仲裁方式解決之，但若雙方未接受同一
種爭端解決方式，或同時均接受兩種爭端解決方式，則該爭端應提交仲
裁[14]。在《聯合國海洋法公約》中亦採取此種爭端解決之規範方式，國際

---

[12] 《防止船舶污染國際公約》第10條：在兩個或兩個以上之締約國之間對本公約之解
釋或應用所發生之任何爭議，如不能透過這些國家間之協商解決，同時如這些國家
又不能以其他方式取得一致意見時，經其中任一締約國之請求，應提交本公約議定
書2中所規定之仲裁。

[13] 《國際干預公海油污事故公約》第8條：1.各締約國之間關於根據第1條採取之措施是
否違反本公約之規定、根據第6條是否有義務給予賠償，以及上述賠償之數量應為多
少等問題之任何爭端，如果在有關各締約國之間或是在採取措施之締約國和提出要
求之自然人或法人之間，經過協商不可能解決，而且爭端各方用其他辦法不能達成
協議時，經有關任何一方之請求，可以按照本公約附件之規定提交調解，或在調解
無結果時提交仲裁。2.採取措施之締約國無權僅僅以其法院依照國內法尚未用盡各種
補救辦法為理由，拒絕根據上款規定提出之調解或仲裁之請求。

[14] 《關於環境保護之南極條約議定書》第19條：1.各締約國可於簽署、批准、接受、核
准或加入本議定書時，或在其後任何時間，以書面聲明方式選擇下列一種或兩種方
法來解決關於本議定書第7條、第8條、第15條及任何議定書之規定（除非該附件另
有規定）及第13條（如其與上述條款和規定有關）之解釋或適用之爭端：(a)國際法

實踐上也有較多之案例，此部分將會在本書第五章第二節詳細論述。

　　以上兩種規定方式，有學者將之稱爲強制仲裁[15]，然而此與國內法以「法律」規定須以仲裁方式解決爭端有所不同。由於國際間並無立於各國之上的「世界法」，而是基於「條約必須遵守」之原則，由國家間彼此承諾而成立條約或協議約定應履行之義務，然而國家是否加入該公約或協議，仍是經過各當事國依其自由意願決定是否加入，故以上兩種規定，僅是指國際環境條約在特定情形下以仲裁爲唯一之爭端解決方式，而以該條約規定來認定雙方之間已成立仲裁協議，故此處稱爲強制仲裁是否合適，則有討論之空間。

　　第三種規範方式，則是要求締約國對條約中所約定之仲裁，必須另行聲明願接受仲裁爲爭端解決方式，且爭端當事方均有接受之聲明，方得將爭端提交仲裁。此種規定方式與第二種不同點在於，若爭端當事方並未均有願意接受仲裁爲爭端解決方式之聲明，除非雙方另有協議，否則無法將爭端提交仲裁方式解決。例如1992年《生物多樣性公約》第27條有關爭端解決之規定[16]，若締約國並非均有提出聲明，願以仲裁爲爭端解決方式，則僅能將爭端提交調解，而無法以仲裁方式解決。此種規定方式，則是仰賴締約國提出聲明自願管轄，因此除非雙方均有提出願意接受仲裁爲爭端

院：(b)仲裁法庭。……5.如爭端各方未接受爭端解決之同一方法，或它們都接受了解決爭端之兩種方法，則除非各方另有協議，該爭端僅可提交仲裁法庭。

[15] 朱鵬飛：〈國際環境爭端解決機制研究—國際公法的視角〉，華東政法大學博士論文，2009年。

[16] 《生物多樣性公約》第27條：1.締約國之間就公約之解釋或適用方面發生爭端時，有關之締約國應透過談判方式尋求解決。2.如果有關締約國無法以談判方式達成協議，他們可以聯合要求第三方進行斡旋或要求第三方出面調停。3.在批准、接受、核准或加入本公約時或其後之任何時候，一個國家或區域經濟一體化組織可書面向保管者聲明，對按照以上第1款或第2款未能解決之爭端，他接受下列一種或兩種爭端解決辦法作爲強制性辦法：(a)按照附件二第一部分規定之程序進行仲裁；(b)將爭端提交國際法庭。4.如果爭端各方尚未按照以上第3款規定接受同一或任何程序，則這項爭端應按照附件二第二部分規定提交調解，除非締約國另有協議。5.本條規定適用於任何議定書，除非該議定書另有規定。

解決方式之聲明，否則無法依據該條約認定有仲裁協議。

第四種則是條約中雖有規定得以仲裁為爭端解決之方式，但在提付仲裁之前，仍必須經過爭端當事方之同意，始能將爭端提交仲裁解決。由於此類型之條約亦允許締約國以雙方合意之其他方式解決爭端，而非以仲裁為唯一之解決方式，因此雙方須有明確之合意以仲裁為爭端解決方式始可。例如在1980年《南極海洋生物資源養護公約》第25條即規定，締約國間就本公約所發生爭端，若無法透過協商解決爭端，應經「爭端各方同意後提交國際法院或交付仲裁解決」，若雙方協議將爭端交付仲裁解決，則應按本公約附件規定方式進行仲裁[17]。此種規定，係指雖雙方所簽訂之條約中有以仲裁為爭端解決方式，但仍需在爭端發生後，雙方簽訂仲裁協議，同意將爭端交付仲裁解決，始能以仲裁方式解決爭議，只要其中一方不同意將爭端提交仲裁，亦無法以仲裁方式解決爭端。類似之條約規定，尚有1973年《瀕臨絕種野生動植物國際貿易公約》（*Convention on International Trade in Endangered Species of Wild Fauna and Flora*, CITES）[18]。

以上四種方式之規定，僅有第一種及第二種規範方式，爭端當事方無須再另行訂定仲裁協議，可以直接依據條約之爭端解決方式，將爭端提交仲裁。至於第三種方式，則需視爭端當事方是否對於該條約均有聲明願意接受仲裁為爭端解決方式，若均有此書面聲明，則爭端當事方亦無需訂定

---

[17] 《南極海洋生物資源養護公約》第25條：1.如果兩個或兩個以上締約方之間就本公約之解釋或適用發生爭端，這些締約方應在其內部進行協商，以便透過談判、調查、調停、調解、仲裁、司法解決或他們自行選擇之其他和平方式加以解決。2.不能如此解決之任何此類性質之爭端，應經爭端各方同意後提交國際法院或交付仲裁解決；但如果不能就提交國際法院或交付仲裁達成協議，爭端各方有責任繼續透過本條第1款所述之各種和平方式尋求解決。3.在爭端交付仲裁之情況下，應按本公約附件之規定組成仲裁法庭。

[18] 《瀕臨絕種野生動植物國際貿易公約》第18條：1.如兩個或兩個以上之締約國之間就本公約各項規定之解釋或適用發生爭議，則涉及爭議之締約國應進行磋商。2.如果爭議不能依本條第1款獲得解決，經締約國相互同意，可將爭議提交仲裁，特別是提交設在海牙之常設仲裁法院進行仲裁，提出爭議之締約國應受仲裁決定之約束。

仲裁協議，但若其中一方無此聲明，則爭端當事方仍須訂定仲裁協議，始得將爭端提交仲裁方式解決。但是關於第四種規範方式，由於無法確認爭端當事方是否同意以仲裁方式解決爭端，因此在爭端發生後，仍須由爭端當事方對於具體爭議另行訂定仲裁協議，方能透過仲裁解決有關之爭端。

二、國家與其他實體間成立環境仲裁協議之可行性

在傳統國際法理論中，國家具有主權豁免，且這項特權是絕對的。由於國家有前述豁免之特權，關於仲裁將會產生許多問題：首先，國家是否得以其特殊地位，主張仲裁協議無效？其次，國家是否可以其特殊地位，主張無仲裁管轄權？第三，在國家受到不利之仲裁判斷，聲請人要執行時，國家是否可以主張執行豁免[19]？以上問題中，前兩項問題涉及管轄豁免，第三個問題則涉及執行豁免，本節僅就管轄豁免之問題進行分析。

(一) 國家主權豁免之理論

所謂管轄豁免，係指受訴當事人在身分上享有特權，這種之特權是使其不能成為被告。然而由於全球化過程中，若讓管轄豁免之問題無限上綱，恐怕對於經貿間之交流有所阻礙，因此就該問題發展出兩種學說：

1.絕對說：此種說法認為國家或政府的這項特權是絕對不容放棄的，只要是國家或政府為主體，均得主張管轄豁免。基於此種學說之見解，即使國家簽署仲裁協議，亦不被認為是對於主權豁免之放棄。換言之，即使承認個人或非政府間國際組織等實體具有國際仲裁之程序主體地位，但也會因為國家主張主權豁免而導致國家以外之實體無法利用國際仲裁解決其與國家間之爭端。

2.相對說：此說是基於國際貿易之需要，認為涉及國家和政府之經貿糾紛是否均可主張管轄豁免，不可一概而論，應以其行為之性質來決定。依此見解，學說將其行為分成兩種：一種是強制之法律行為，亦即若國家

---

[19] 藍瀛芳 著：《比較的仲裁法(上)》（初版），元照，2018年11月，第326頁以下。

或政府之行為涉及公法上之行為，此行為則屬強制性之法律行為，自得主張管轄豁免；另一種為經濟性之法律行為，亦即若國家與政府之行為僅牽涉到經濟性之法律行為，此等行為與強制之法律行為有別，則不能主張管轄豁免[20]。

　　以上兩種學說，近代之發展已逐漸朝向相對說，以1961年《國際商務仲裁公約》（通稱1961年《日內瓦公約》）為例，其第2條之標題即宣示「公法上法人服從仲裁之能力」，第1款則規定，「本公約……所指……具有公法之法人資格者，享有締結仲裁協議之能力」，換言之，該公約之締約國所從事之國際貿易行為，得簽署有效之仲裁協定。而1972年《歐洲國家豁免公約》[21]則規定，締約國若從事商務活動，與非國家實體間產生之爭端，締約國在法庭地國不得主張管轄豁免。至於1965年《解決國家與他國國民間投資爭端公約》，則更進一步承認國家與個人之間得成立仲裁協議。依據《解決國家與他國國民間投資爭端公約》第25條第1項之規定[22]，該公約所設立之國際投資爭端解決中心（International Centre for Settlement of Investment Disputes, ICSID）之管轄權範圍，即涵蓋締約

---

20 藍瀛芳著：《比較的仲裁法(上)》（初版），元照，2018年11月，第324、330頁。

21 《歐洲國家豁免公約》第6條：1.締約國不得主張免於另一國法院之管轄，如他參與了與私人、一人或若干人共同組織的、設在法庭地國領土內或在其領土內有實際和法庭所在地、登記事務所或主營業所之公司、社團或其他法律實體，而該訴訟涉及到以該國為一方，以該實體或其他參加者為另一方之間，基於參加此項實體而發生之事件中之相互關係。2.如有相反之書面約定，第1款不適用之。《歐洲國家豁免公約》第7條：1.如締約國在法庭地國之領土上設有辦事處、代理機構或其他任何形式之組織，透過它，和私人一樣，從事於商業、工業或金融業之活動，而訴訟與該辦事處、代理機構或其他任何形式之組織之此項活動有關時，不得主張免於另一締約國之司法管轄。2.如各方當事人均為國家或如另有相反之書面約定時，第1款不適用之。

22 《解決國家與他國國民間投資爭端公約》第25條第1項：中心之管轄適用於締約國（或締約國向中心指定之該國之任何組成部分或機構）和另一締約國國民之間直接因投資而產生並經雙方書面同意提交給中心之任何法律爭端。當雙方表示同意後，任何一方不得單方面撤銷其同意。

國與他締約國國民間之投資爭議，亦即當《解決國家與他國國民間投資爭端公約》之締約國彼此簽訂了雙邊投資協定，即使簽署方仍為締約國，但該協定之管轄則延伸至締約國之國民，使該締約國之國民亦在協議之保護範圍內，若與他締約國之間產生投資爭端，則可依據該協定，要求與他締約國就該投資爭端以仲裁方式解決，而締約國不得拒絕，突破了國家主權豁免原則之絕對性。換言之，《解決國家與他國國民間投資爭端公約》承認，若國家同意仲裁即應受此協議之拘束，不得再以豁免主張仲裁協議無效。因此，就以上國際文件觀之，國家可以主張豁免之情形已經明顯被限縮了，因此若與其他實體成立仲裁協議，即不得再就其特殊地位，主張自己有豁免之特權，而否認其所約定之仲裁協議對其具有拘束性。

(二) 個人與國家間國際環境仲裁協議之成立與生效

由於環境污染或生態破壞造成之損害，往往是由個人承擔其後果，但不論是國籍國考慮政治因素而不願出面，或是無國籍之人無法尋求國籍國之保護，個人均無法經由國家為其主張權利。因此若要保護個人之環境權益，應思考得否由個人之名義向應負責任之國家提出國際司法或國際仲裁。

傳統國際法對於國家責任之判斷，在於國家是否有國際不當行為，但因現今科學之發展及技術之創新，引起跨界環境損害之行為，往往是國際法所不加禁止之行為，依據近代學者之見解，國家責任之理論應與時俱進，不應限縮在國家行為之不法性，而應取決於跨界損害之事實，因此，只要是產生了跨界損害，該國即應負擔國家責任[23]。然而，哪些主體可以向應負責任之國家請求損害賠償？若以國家為請求之主體，無論透過司法程序或仲裁程序，均可為之。但若以個人為請求之主體，由於《國際法院規約》僅允許國家為程序主體，個人並無法進入國際法院成為訴訟當事

---

[23] 林燦鈴 著：《國際環境法》（修訂2版），人民出版社，2011年11月，第252頁以下。

方。然從《歐洲人權公約》、《美洲人權公約》等國際法律文件觀之，環境權益屬於人權之此種見解，已得到肯認，因此有關個人之環境權益爭端得透過歐洲人權法院、美洲人權委員會等進行訴訟或申訴，但不論是歐洲人權法院或美洲人權委員會等均屬於區域性之機構，管轄範圍僅限於該區域之締約國；再者，環境權益與人權未必能完全劃上等號，換言之，該機構之裁決結果，有可能維護了特定群體之人權，卻未必能顧及全人類之環境權益[24]。因此，人權法院或人權委員會仍非解決國際環境爭端之最佳機構。至於國際海洋法法庭，雖然允許個人得成為訴訟當事方，但必須是由國家擔保之自然人或法人，且係參與區域探勘與開發等活動所產生之爭端，方為國際海洋法法庭之管轄範圍。由此觀之，因國際仲裁並無此等限制，且個人在國際仲裁程序中具有主體資格，故若欲以個人名義向應負責任之國家提出爭端解決，國際仲裁應為更適當之方式。

　　以特雷爾冶煉廠案為例，因冶煉廠所排放之氣體造成空氣污染而受到損害之美國農民，當年是由美國出面向加拿大提出仲裁聲請，然而類似之爭端仍有可能不斷上演，若受損害之人民所屬國以政治外交因素為由而不願出面，這些受損害之人民得否以個人之名義向應負責任之國家提出仲裁聲請，要求其承擔損害賠償之責？本書第三章第五節已論及，個人在國際環境仲裁具有主體資格，就國際環境爭端得以個人之名義提出國際仲裁，再基於1961年《日內瓦公約》、1965年《解決國家與他國國民間投資爭端公約》、1972年《歐洲國家豁免公約》等國際法律文件，均已顯示出，國家管轄豁免已朝向相對說之方向發展，尤其是1965年《解決國家與他國國民間投資爭端公約》，已明確承認國家與個人之間可以成立仲裁協議，國家不得主張豁免。因此若應負責任之國家在國際環境爭端發生後，願意與個人成立仲裁協議，自然得將該爭端提付仲裁，透過仲裁方式解決爭議。

　　但由於目前並無國際環境公約如同《解決國家與他國國民間投資爭端

---

[24] 趙玉意：〈國際投資仲裁機構對涉環境國際爭端的管轄：主導與協調〉，載《國際經貿探索》2017年第9期。

公約》之規定，建立國際環境仲裁中心，明確將其管轄權延伸至締約國之國民，使該國國民能與國家訂定仲裁協議，允許個人向國家提出國際環境仲裁，從現實面而言，國家基於主權，就國際環境爭端也甚難期待國家與個人之間成立仲裁協議。然從《解決國家與他國國民間投資爭端公約》規定觀之，因已明確承認個人得與國家成立仲裁協議，而得向國家提出仲裁解決爭端，雖然雙方提出仲裁之依據仍是彼此間之雙邊投資協定所產生之國際投資爭端，但目前有許多國際投資仲裁之案例涉及環境爭議，因此有學者提出，若能就雙邊投資協定中加入國家應履行環境保護義務之相關規定，而讓他國投資人，可以透過國際投資仲裁要求東道國履行國際環境法上之義務，而讓自然人或法人，例如跨國公司，在全球環境治理上能有更積極之主動性，進而讓環境有更好之保護，甚至在氣候變遷議題上將也會有所幫助。關於此部分，本書將於第六章第三節有更詳細之論述。

(三) 非政府間國際組織與國家間國際環境仲裁協議成立與生效

承本書第三章第四節所述，雖然非政府間國際組織是否具有國際法上之法律人格仍存有相當爭議，但是基於《美洲人權公約》、《奧爾胡斯公約》或《關於承認非政府間組織之法律人格之歐洲公約》等國際法律文件，仍然可以確認非政府間國際組織應具有法律人格，只是與國家或政府間國際組織相較，並非完整而具有侷限性。再從「彩虹勇士號仲裁案」觀之，國家與非政府間國際組織成立仲裁協議，而將爭端透過仲裁方式解決已有先例，因此應肯認非政府間國際組織具有約定仲裁協議之能力，也具有仲裁程序之主體資格，故在國際環境爭端中，只要國家願意與非政府間國際組織成立仲裁協議，自得透過仲裁方式解決爭端。

又非政府間國際組織所具有之公益性、專業性及中立性，本書認為應賦予其在環境保護方面有更加積極之任務。基於《斯德哥爾摩人類環境宣言》、《歐洲人權公約》、《美洲人權公約》等國際法律文件，確認個人具有環境權益，亦即承認個人得主張應享有清新之空氣、乾淨之水源，以

及自然資源不虞匱乏之生活環境，而非政府間國際組織雖然無法享有與個人相同之環境權益，但本書認為，可以透過個人之授權，讓非政府間國際組織得代為主張其環境權益。由於環境問題是關乎全人類生存與發展之重大議題，以非政府間國際組織所具有之公益性，自得就環境污染或生態破壞等情事，代全人類主張環境權益，而與國家成立國際環境仲裁協議，約定將爭端提交國際環境仲裁程序予以解決。

然而，國家基於主權，甚難要求國家與非政府間國際組織成立仲裁協議，讓非政府間國際組織就關於非屬自身受有損害之國際環境爭端代全人類主張環境權益。因此本書認為，認可非政府間國際組織之法律人格為首要任務。雖然非政府間國際組織良莠不齊，無法廣泛而普遍地肯認其國際法律人格，但可以透過聯合國目前之機制，就一些發展態勢強大、組織架構嚴密、對國際社會產生相當影響力之非政府間國際組織，賦予其完整之國際法人格，全面參與國際事務。而當非政府間國際組織具有完整國際法人格後，則可被允許加入國際環境公約成為締約方，一旦有締約國違反該國際環境公約之規範造成環境污染或生態破壞時，非政府間國際組織即可以依據國際環境公約以仲裁為爭端解決方式之規定，直接向違反義務之行為國提出國際仲裁，要求其停止行為並負起損害賠償之責任。換言之，若能使非政府間國際組織無須另行與締約國成立仲裁協議，而是以國際環境條約之規定作為雙方提出仲裁之法律依據，就造成環境破壞之行為代全人類提出國際仲裁，要求行為國停止其行為，並就其損害要求賠償，將會使全人類之環境得到更好的保護。

第三節　國際環境仲裁協議之範圍

爭端當事方間之國際環境爭端得否適用國際環境仲裁加以解決，尚須確認國際環境仲裁協議之範圍，始能確認仲裁庭是否具有管轄權。若非在其範圍內，則仲裁庭仍不具有管轄權。此外，若國際環境條約中有進入

仲裁之前須先進行其他前置程序之約定，在尚未進行該前置程序之前，其中一方即要求進入國際環境仲裁程序，亦可能產生逾越仲裁協議範圍之問題。

一、條約適用之範圍

　　許多國際環境條約中約定以仲裁爲爭端解決方式，在前面章節曾述及，此種規定方式本書將其分成四種：(一)將仲裁列爲該條約解釋或適用上若產生爭端時唯一之爭端解決方式；(二)要求爭端當事方必須選擇相同之爭端解決方式，始能適用該爭端解決方式，否則爭端「必須」提交仲裁解決；(三)要求締約國必須聲明願接受仲裁爲爭端解決之方式，若爭端當事方均有接受之聲明，方得將爭端提交仲裁方式解決；(四)僅將仲裁規定爲多個爭端解決方式其中之一，由於尚有規定其他之爭端解決方式，故要求提出仲裁之前，須經過雙方合意成立仲裁協議後，始可透過仲裁解決爭端。以上四種方式觀之，若雙方是在爭端產生之後始成立仲裁協議，較不會產生逾越仲裁協議範圍之問題，但若是第一種、第二種，及第三種規定方式，由於爭端當事方就該條約解釋或適用上之爭端，無須另行訂定仲裁協議，而是以彼此間所簽訂之條約作爲仲裁協議，即有可能產生爭端是否屬於條約規定範圍內之問題。以下就以《聯合國海洋法公約》所進行之仲裁案，即澳洲、紐西蘭與日本之間之「南方藍鰭金槍魚案」進行分析探討。

　　1993年日本、澳洲和紐西蘭簽訂了《南方藍鰭金槍魚養護公約》（*Convention for the Conservation of Southern Bluefin Tuna*），並在澳洲坎培拉成立南方藍鰭金槍魚養護委員會，該委員會制定了南方藍鰭金槍魚總捕撈量，以及三國之間就總捕撈量之分配限額。但因日本對於該捕撈配額無法滿足國內需求，因此要求重新協商，然而三國對此無法達成共識，故南方藍鰭金槍魚養護委員會建議重新確認可捕撈量，來協助三國解決爭議，但須透過開展一項試驗性捕撈計畫，不過如何開展，三國仍無共識。嗣後，日本單方面進行一項大規模之實驗性捕撈，超出了原定配額，因此

澳洲及紐西蘭即向日本提出異議。日本雖依據《南方藍鰭金槍魚養護公約》向澳洲及紐西蘭提出調解，但三國並未因此達成協議，且日本並未停止其所進行之實驗性捕撈計畫，甚至單方面增加之前協議的捕撈配額。1999年，澳洲及紐西蘭則依據《聯合國海洋法公約》附件七之規定，向日本提出仲裁，但在仲裁庭尚未組成之前，澳洲及紐西蘭同時請求國際海洋法法庭依據《聯合國海洋法公約》之規定指示臨時措施[25]。關於臨時措施之部分，國際海洋法法庭初步認定仲裁庭對於本案有管轄權，並且指示五項臨時措施，其中包括要求日本應停止實驗性捕撈計畫。至於澳洲及紐西蘭所提出之仲裁案，該仲裁庭於2000年8月作出判斷[26]。仲裁案首先處理之問題，即在於該爭端是否符合《聯合國海洋法公約》第十五部分第二節之規定，得直接適用強制仲裁程序？本案仲裁庭認為，本爭端同時涉及《南方藍鰭金槍魚養護公約》及《聯合國海洋法公約》，而《南方藍鰭金槍魚養護公約》在當事方之間的適用，並不排除任一方引用《聯合國海洋法公約》關於養護和管理南方藍鰭金槍魚之規定。但由於《聯合國海洋法公約》第286條第1款規定之適用前提，是爭端當事方之間的協議沒有排除其他爭端解決程序。但《南方藍鰭金槍魚養護公約》第16條第1款要求締約方在發生爭端時，得自行選擇談判、調停、調解、仲裁或其他程序，在這些方法都失敗後，「經爭端當事方同意下，得將爭端提交國際法院或仲裁」，因此仲裁庭認為依據《南方藍鰭金槍魚養護公約》第16條第1款，必須爭端當事方均同意下始能提交仲裁，且《南方藍鰭金槍魚養護公約》第16條第2款規定，若爭端當事方對於提交國際法院或仲裁無法達成協議，則不排除得繼續尋求第16條第1款之方式解決爭端[27]，故仲裁庭認

---

[25] *Southern Bluefin Tuna (New Zealand v. Japan; Australia v. Japan), Provisional Measures*, August 1999, ITLOS Reports 1999, https://www.itlos.org/en/main/cases/list-of-cases/case-no-3-4/.

[26] ITLOS, Case Nos 3 & 4, Southern Bluefin Tuna Cases (New Zealand v. Japan; Australia v. Japan), Reports of International Arbitral Awards, 4 August 2000, Vol. XXIII, pp. 1-57.

[27] 《南方藍鰭金槍魚養護公約》第16條：1.若有兩個或兩個以上之締約方對本公約之解

為，《南方藍鰭金槍魚養護公約》第16條旨在排除該條以外任何強制程序之適用，因此不符合《聯合國海洋法公約》第286條之條件，仲裁庭不具有強制管轄權[28]。

本案雖三方均為《南方藍鰭金槍魚養護公約》及《聯合國海洋法公約》之締約國，但依據《南方藍鰭金槍魚養護公約》之規定，必須爭端當事方均同意始能將爭端提交仲裁，然澳洲及紐西蘭依據《聯合國海洋法公約》附件七提出仲裁，雖無須他方同意，但《聯合國海洋法公約》第286條第1款規定之適用前提，是爭端當事方之間的協議沒有排除其他爭端解決程序，但三方所簽訂之《南方藍鰭金槍魚養護公約》要求必須爭端當事方均同意下始能提交仲裁，換言之，排除了《聯合國海洋法公約》強制管轄之範圍，本案仲裁庭之管轄權即遭到質疑。因此，若爭端當事方提出仲裁時無須另訂仲裁協議，而直接以爭端當事方所簽訂之條約作為仲裁協議之情形，包括在國際環境條約中將仲裁定為唯一之爭端解決方式，或是如同《聯合國海洋法公約》之規定，將仲裁規定為雙方未能共同選定爭端解決方式時，唯一得採行之爭端解決方式，由於聲請之一方無須等到他方同意即可提出仲裁，若爭端不屬於條約解釋或適用之範圍，則屬於逾越仲裁協議之範圍，仲裁庭將無管轄權。

二、前置程序之問題

關於前置程序之問題，以巴基斯坦訴印度案（*Indus Waters*

釋與執行產生爭端時，締約方應彼此磋商，以談判、諮詢、調解、仲裁，或自行選擇之其他和平方式解決爭端。2.任何這種性質之爭端無法解決時，應經由每一情形下之所有爭端締約方同意後，向國際法院提起訴訟或以仲裁尋求解決。若在提交國際法院或仲裁後仍無法達成協議，則不應免除各爭端締約方繼續透過第1款所述各種和平方式尋求解決之責任。3.如果爭端被提交仲裁，仲裁庭應按照本公約附件之規定成立。附件構成本公約不可或缺之一部分。

[28] 林燦鈴 編著：《國際環境法案例解析》（初版），中國政法大學出版社，2020年，第214-221頁。

*Kishenganga*仲裁案）[29]為例，由於雙方所簽訂之《印度河水源條約》
（*Indus Water Treaty*）之爭端解決方式規定，兩國間所發生之「問題」必
須先經由依據該條約所設立之「常設印度河水委員會」解決，若無法解
決，則需由「中立專家」判斷該問題是否為「技術性問題」。若判斷結果
屬於該條約附表上之「技術性問題」，則應交由「中立專家」進行解釋。
但若中立專家認為該問題是屬於「非技術性問題」，將會被認定為「爭
端」，而必須透過「正式之談判」來解決。然若談判仍無法達成共識，在
經雙方同意下，則應透過仲裁方式解決，且該仲裁庭應由七位仲裁人組
成。因此當本案之爭端發生後，雙方即以《印度河水源條約》之爭端解決
方式，經過常設印度河水委員會、中立專家，以及正式談判後，均無法
達成共識，嗣後始在雙方同意下，將爭端提交常設仲裁法院進行仲裁程
序[30]。由此觀之，《印度河水源條約》之爭端解決方式並非是在爭端發生
後得直接提交仲裁，而是在提交仲裁之前，尚必須經過常設印度河水委員
會、中立專家，以及正式談判等前置程序，換言之，若尚未進行該等前置
程序前，不得進入仲裁程序。前置程序之規範，在於爭端發生後，得透過
前置程序緩和彼此間劍拔弩張之情勢，並在進入仲裁程序前將爭點更聚
焦，此為前置程序設立之目的。

又例如2004年巴貝多訴千里達及托巴哥共和國專屬經濟區大陸架劃
界案（*Barbados v. Trinidad and Tobago, 2004-02*）[31]，是依據《聯合國海
洋法公約》第十五部分第二節直接將爭端提交該公約附件七進行仲裁之案
例。由於這兩個國家之專屬經濟區與大陸架相互重疊，因此一直存在劃界
爭議，雖經過多次談判，均因各自立場不同而告失敗。因此，巴貝多於
2004年依據《聯合國海洋法公約》第十五部分第二節之規定直接將爭端

---

[29] *Indus Waters Kishenganga Arbitration (Pakistan v. India)*, https://pca-cpa.org/cn/cases/20/.
[30] 林燦鈴 編著：《國際環境法案例解析》（初版），中國政法大學出版社，2020年，第378-386頁。
[31] https://pca-cpa.org/en/cases/104/.

提交該公約附件七之仲裁程序，要求仲裁庭劃分兩國之專屬經濟區及大陸架。巴貝多在其聲請書中提出，由於爭端當事方均為《聯合國海洋法公約》之締約國，且均未對於《聯合國海洋法公約》第287條四種爭端解決程序作出明確之選擇，因此仲裁庭當然具有管轄權，再者，爭端當事方也均未對於《聯合國海洋法公約》第298條之例外規定提出聲明[32]，因此依據《聯合國海洋法公約》附件七所成立之仲裁庭對於海洋劃界之爭端亦有管轄權。但是千里達及托巴哥共和國則認為，依據《聯合國海洋法公約》附件七所成立之仲裁庭並無管轄權，因為適用《聯合國海洋法公約》附件七有一個非常重要之前提條件，即雙方除了根據《聯合國海洋法公約》第74條及第83條規定進行談判義務之外，仍須履行《聯合國海洋法公約》第283條第1項[33]所規定「交換意見」之義務，換言之，在「未進行交換意見之義務」前，不得依據《聯合國海洋法公約》第十五部分第二節之規定直接提交該公約附件七之仲裁程序。但本案之仲裁庭認為，《聯合國海洋法

---

[32] 《聯合國海洋法公約》第298條：一國在簽署、批准或加入本公約時，或在其後任何時間，在不妨害根據第一節所產生之義務之情形下，可以書面聲明對於下列各類爭端之一類或一類以上，不接受第二節規定之一種或一種以上之程序：(a)(1)關於劃定海洋邊界之第15條、第74條和第83條在解釋或適用上之爭端，或涉及歷史性海灣或所有權之爭端，但如這種爭端發生於本公約生效之後，經爭端各方談判仍未能在合理期間內達成協議，則作此聲明之國家，經爭端任何一方請求，應同意將該事項提交附件五第二節所規定之調解；此外，任何爭端如果必然涉及同時審議與大陸或島嶼陸地領土之主權或其他權利有關之任何尚未解決之爭端，則不應提交這一程序；(2)在調解委員會提出其中說明所根據之理由之報告後，爭端各方應根據各報告以談判達成協議；如果談判未能達成協議，經彼此同意，爭端各方應將問題提交第二節所規定之程序之一，除非爭端各方另有協議；(3)本項不適用於爭端各方已以一項安排確定解決之任何海洋邊界爭端，也不適用於按照對爭端各方有拘束力之雙邊或多邊協定加以解決之任何爭端；(b)關於軍事活動，包括從事非商業服務之政府船隻和飛機之軍事活動之爭端，以及根據第297條第2款、第3款不屬法院或法庭管轄之關於行使主權權利或管轄權之法律執行活動之爭端；(c)正由聯合國安全理事會執行「聯合國憲章」所賦予之職務之爭端，但安全理事會決定將該事項從其議程刪除或要求爭端各方用本公約規定之方法解決該爭端者除外。

[33] 《聯合國海洋法公約》第283條第1項：如果締約國之間對本公約之解釋或適用發生爭端，爭端各方應迅速就以談判或其他和平方法解決爭端一事交換意見。

公約》除了第十五部分和該公約附件七所規定之限制外，提出附件七之仲裁程序並不存在其他限制，不能將《聯合國海洋法公約》第283條第1項解釋為經過長時間談判，卻未能將爭端解決時，尚須就爭端解決一事有進行交換意見之義務，換言之，《聯合國海洋法公約》第283條交換意見之義務，應已包含在《聯合國海洋法公約》第74條和第83條[34]之談判中，若將《聯合國海洋法公約》第283條交換意見之義務解釋為一種必經之爭端解決方式，恐怕《聯合國海洋法公約》附件七之仲裁程序將永無適用之可能[35]，因此認為巴貝多依據《聯合國海洋法公約》第十五部分第二節之規定直接將爭端提交該公約附件七之仲裁程序是合法的，且依此成立之仲裁庭對於該爭端具有管轄權。

　　雖然前置程序之設計有利於雙方透過外交手段解決爭端，且緩和了彼此間劍拔弩張之情勢，但若有前置程序之規定，則在提出仲裁之前，必須確認已經過所有之前置程序，方能提出仲裁，且從巴貝多訴千里達及托巴哥共和國關於專屬經濟區大陸架劃界案觀之，爭端是否有經過所有前置程序，則成為國際仲裁中雙方爭執之重點，故雙方欲以仲裁解決爭端時，須特別注意前置程序之履行問題。

---

[34] 《聯合國海洋法公約》第74條：1.海岸相向或相鄰國家間專屬經濟區之界限，應在國際法院規約第38條所指國際法之基礎上以協議劃定，以便得到公平解決。2.有關國家如在合理期間內未能達成任何協議，應訴諸第十五部分所規定之程序。3.在達成第1款規定之協議以前，有關各國應基於諒解和合作之精神，盡一切努力作出實際性之臨時安排，並在此過渡期間內，不危害或阻礙最後協議之達成，這種安排應不妨害最後界限之劃定。4.如果有關國家間存在現行有效之協定，關於劃定專屬經濟區界限之問題，應按照該協定之規定加以決定。《聯合國海洋法公約》第83條：1.海岸相向或相鄰國家間大陸架之界限，應在國際法院規約第38條所指國際法之基礎上以協議劃定，以便得到公平解決。2.有關國家如在合理期間內未能達成任何協議，應訴諸第十五部分所規定之程序。3.在達成第1款規定之協議以前，有關各國應基於諒解和合作之精神，盡一切努力作出實際性之臨時安排，並在此過渡期間內，不危害或阻礙最後協議之達成。這種安排應不妨害最後界限之劃定。4.如果有關國家間存在現行有效之協定，關於劃定大陸架界限之問題，應按照該協定之規定加以決定。

[35] *Barbados v. Trinidad and Tobago*, Award of the Arbitral Tribunal, paras. 203-204.

|第五章|
程序論：國際環境仲裁之
仲裁程序

第一節　仲裁程序論之總說

　　按1930年代後，國際仲裁在國際經濟上之運用已有較明顯之發展。至二次大戰後，特別在1960年代迄今，國際仲裁制度有更大的發展，對於涉外商務糾紛、工程糾紛或其他爭端之解決方法及程序，提供一新面目。國際仲裁運用在國際經濟貿易糾紛解決之重要性，不下於國內法院，而與普通法院形成平行雙軌制度[1]。又就我國《仲裁法》之法典體系觀察，關於仲裁程序可歸納為：一、普通仲裁程序：《仲裁法》第三章仲裁程序（第18條至第36條）；二、簡易仲裁程序：依《仲裁法》第36條第1項規定，《民事訴訟法》所定應適用簡易程序事件[2]，經當事人合意向仲裁機構聲請仲裁者，由仲裁機構指定獨任仲裁人，依該仲裁機構所定之簡易仲裁程序仲裁之[3]；同條第2項謂：前項所定以外事件，經當事人合意者，亦得適用仲裁機構所定之簡易仲裁程序；三、和解與調解程序：《仲裁法》第六章和解與調解（第44條至第46條），所謂和解事件，於仲裁判斷前，

---

[1]　柯澤東 著、吳光平 增修：《國際私法》（增訂6版），元照，2020年10月，第328頁以下；藍瀛芳 著：《比較的仲裁法(下)》（初版），元照，2018年11月，第1041頁以下。

[2]　《民事訴訟法》第二編第三章「簡易訴訟程序」第427條至第436條之7。

[3]　見《中華民國仲裁協會規則》第六章「簡易仲裁程序」第44條至第51條及2017年4月28日通過《中華民國仲裁協會簡易仲裁程序調解先行辦法》，計有九條條文。

得爲和解。和解成立者，由仲裁人作成和解書；前項和解，與仲裁判斷有同一效力[4]。但須聲明法院爲執行裁定後，方得爲強制執行（見《仲裁法》第44條），係爲仲裁和解及其效力；又仲裁調解係指未依仲裁法訂立仲裁協議者，仲裁機構得依當事人之聲請，經他方同意後，由雙方選定仲裁人進行調解。調解成立者，由仲裁人作成調解書。前項調解成立者，其調解與仲裁和解有同一效力。但須聲請法院爲執行裁定後，方得強制執行，係爲仲裁調解及其效力（見《仲裁法》第45條）；四、國際（涉外）仲裁程序：國際仲裁程序擇要說明：(一)就適用對象而言，適用案件爲國際民商事案件；(二)就爭議解決方式而言，解決爭議方式有訴訟、仲裁、和解、調解（mediation）、協商（negotiation）、迷你法庭及替代爭議解決方式（Alternative Dispute Resolution, ADR）[5]，本書係在研究「或審或裁原則」中採仲裁爲解決爭議方式；(三)就國際爭端問題之歸類（定性；識別）而言：究應依何國或何法域法律爲定性之標準[6]；(四)就統一實體法之處理而言：係國際私法之趨同化，應包括避免或消除法律衝突的統一實體規範[7]；(五)就準據法之選擇而言：選擇適用何國或何法域之法律，爲處

---

[4]　仲裁判斷之效力，見：《仲裁法》第37條第1項謂：仲裁人之判斷，於當事人間，與法院之確定判決，有同一效力。

[5]　理律法律事務所 著，李念祖、李家慶 主編：《訴訟外紛爭解決機制》（初版），三民書局，2021年2月，第3頁以下。

[6]　馬漢寶 著：《國際私法總論各論》（3版），翰蘆圖書，2014年，第237頁以下；劉鐵錚、陳榮傳 著：《國際私法論》（修訂4版），三民書局，2008年9月，第513頁以下；肖永平 著：《國際私法原理》（初版），法律出版社，2003年12月，第111頁以下；陳衛佐 著：《比較國際私法》（清華大學法學教材大系叢書／初版），法律出版社，2022年9月，第143頁以下。

[7]　國際統一實體法條約之適用，見：賴來焜 著：《當代國際私法學之基礎理論》（初版），自版，2001年1月，第8頁、第97頁以下；賴來焜 著：《基礎國際私法學》（初版），三民書局，2004年6月，第7頁及第75頁以下；肖永平 著：《國際私法原理》（初版），法律出版社，2003年12月，第29頁以下。

理國際民商事法律關係之仲裁審理之法律依據，即係準據法之選擇[8]；(六)就連結因素之確認而言：國際私法的主要條文，係由指定原因、連結因素及準據法構成，具體爭端中尋找以何事實爲連結因素而爲橋梁或基準[9]；(七)就準據法之適用而言：準據法適用面臨許多問題，包括準據法適用方式、準據法適用之限制（公序良俗條款）（同法第5條）、適用法律範圍與反致條款（同法第6條）及準據法適用與外交承認等問題[10]；(八)就爭端解決而言：係就國際爭端經確認得以仲裁解決、仲裁庭經過定性、選擇準據法、尋找連結因素及利用準據法爲審理依據的流程[11]。

　　本章係以國際環境仲裁之仲裁程序，就仲裁規則、仲裁人資格及選任、臨時措施，以及實體法適用問題，進行分析說明[12]。

---

[8] 柯澤東：〈從國際私法方法論探討契約準據法發展新趨勢—並略評兩岸現行法〉，載其著：《國際私法新境界—國際私法專論》（臺大法學叢書156／初版），元照，2006年9月，第139頁以下。

[9] 賴來焜 著：《當代國際私法學之構造論—建立以連結因素爲中心之理論體系》（衝突法叢書5），自版，神州書局出版公司總經銷，2001年9月；賴來焜 著：《國際（私）法之國籍問題—以新《國籍法》爲中心》（衝突法叢書3），自版，2000年9月；李雙元 主編：《國際私法學》（初版），北京大學出版社，2000年11月，第256頁以下；趙相林 主編：《國際私法》（初版），中國政法大學出版社，2007年9月，第77頁以下。

[10] 山本敬三 著：《國際私法入門》（初版），青林書院新社，昭和54年12月，第144頁以下；江山英文 著：《國際私法》（17版），有斐閣，1989年2月，第73頁以下；黃進 主編：《國際私法》（初版），法律出版社，1999年9月，第103頁以下。

[11] 國際私法實例演習方法論，參考：馬漢寶：〈談國際私法案件之處理〉，載《軍法專刊》1982年11月第28卷第11期；賴來焜 著：《基礎國際私法學》（初版），三民書局，2004年6月，第3-14頁。

[12] 林燦鈴 著：《國際環境法》（修訂2版），人民出版社，2011年11月，第230頁以下；郗純忻：〈國際環境仲裁研究〉，中國政法大學國際法研究所博士論文，2022年，第89頁以下。

第二節　國際環境仲裁之仲裁規則研究

　　雙方在同意以仲裁方式解決爭端後，尚需有可資遵循之仲裁規則。若無可資遵循之仲裁規則時，即須由爭端當事方進行協議。然若雙方無法達成協議之情形下，即使爭端當事方選擇以仲裁方式解決爭端，恐怕也無法順利完成仲裁程序。因此，最好應有明確之仲裁規則提供給爭端當事方適用，始能終局解決其爭端。

　　為達成以上之目的，許多國際環境公約在規定以仲裁為爭端解決方式時，就仲裁程序之部分，通常有兩種規範方式：一種是公約直接指定應提交之常設仲裁機構，例如《瀕臨絕種野生動植物國際貿易公約》第18條[13]規定，該公約之爭端應提交至常設仲裁法院，或是《保護野生動物遷徙物種公約》第13條[14]也有類似之規定；另一種規範方式，則是在公約之附件規定仲裁規則，作為爭端當事方依據該公約提出仲裁時可資遵循之依據，例如《聯合國海洋法公約》、《生物多樣性公約》（*Convention on Biological Diversity*）、《國際干預公海油污事故公約》（*International Convention Relating to Intervention on the High Seas in Cases of Oil Pollution Casualties*）、《控制危險廢棄物越境移轉及其處置巴賽爾公約》（*Basel Convention on the Control of Transboundary Movements of Hazardous Wastes and Their Disposal*，下稱「巴賽爾公約」）、《南極海洋生物資源養護公約》（*Convention for the Conservation of Antarctic Marine Living*

---

[13] 《瀕臨絕種野生動植物國際貿易公約》第18條：1.如兩個或兩個以上之締約國之間就本公約各項規定之解釋或適用發生爭議，則涉及爭議之締約國應進行磋商。2.如果爭議不能依本條第1款獲得解決，經締約國相互同意，可將爭議提交仲裁，特別是提交設在海牙之常設仲裁法院進行仲裁，提出爭議之締約國應受仲裁判斷之拘束。

[14] 《保護野生動物遷徙物種公約》第13條：1.凡是兩個或兩個以上成員國之間就本公約各項規定之解釋和執行發生爭端時，有關各方應透過談判加以解決。2.如果爭端不能依本條第1款獲得解決，經有關成員國共同協商同意，可以透過仲裁——特別是透過海牙常設仲裁法院來解決，請求仲裁解決爭議之成員國應遵守仲裁判斷。

Resources）等均以此種方式爲之。

　　然而，包括《聯合國海洋法公約》等國際環境公約在內，均未特別再另行設立專門之常設仲裁機構，且公約之規定若較爲簡略之情形下，則雙方尚須就仲裁程序上許多細節進行約定，往往造成案件久拖不決之問題。有鑑於一些仲裁機構制定了一系列之程序性規則，例如常設仲裁法院，因此爭端當事方除了依據該公約之相關規定進行程序之外，通常會約定將爭端提交至某個仲裁機構，並約定依據該仲裁機構之仲裁規則進行仲裁程序，如此雙方可就該機構之仲裁規則作爲相關問題未爲約定之補充規定，而對於細節問題即無需另行約定[15]。目前國際間常設之仲裁機構中，並無專門受理國際環境爭端之常設仲裁機構，但就涉及國家之仲裁案件，仍以常設仲裁法院（Permanent Court of Arbitration, PCA）最受到重視，且因常設仲裁法院也關注到環境問題之重要性及特殊性，因此特別針對自然資源及環境問題方面之爭議，制定專門適用之仲裁規則，對於國際環境爭端之解決頗有幫助，值得研究。

一、國際環境公約之仲裁規則

　　若爭端當事方提出仲裁所依據之條約或協議，未指定任何之常設仲裁機構管理其仲裁案件，而爭端當事方亦未能協議將爭端適用某一個常設仲裁機構之仲裁規則，將會缺乏一套常設性之程序規定，很可能發生無法順利進行仲裁程序，以及發生程序中斷之風險[16]。因此目前許多國際環境公約雖未設立專門之常設仲裁機構，也並未直接規定應提交至哪一個常設仲裁機構，但在條約之本文或附件中規定，若因該條約之解釋或適用產生爭議而將爭端提交仲裁時，所應遵循之仲裁規則。目前有許多國際環境公約

---

[15] 即使未約定提交至某一個常設仲裁機構，但約定以特定之仲裁規則作爲協定之補充，亦可產生相同之效果。見：黃進、宋連斌、徐前權 著，《仲裁法學》（修訂版），中國政法大學出版社，2007年1月，第3-4頁。

[16] Gary B. Born, International Arbitration: Law and Practice, Kluwer Law International, 2012, p. 26.

將仲裁規定為爭端解決方式，且為了讓仲裁程序順利進行，在公約之附件中規定相關之仲裁規則，包括《聯合國海洋法公約》、《國際干預公海油污事故公約》、《控制危險廢棄物越境移轉及其處置巴賽爾公約》、《生物多樣性公約》、《南極海洋生物資源養護公約》、《奧爾胡斯公約》等，其中最為特別之規定是《聯合國海洋法公約》，因《聯合國海洋法公約》有四種爭端解決方式，但卻以仲裁為強制之爭端解決方式，且為了加強海洋問題之解決，強調仲裁人之專業度，特別設計兩種仲裁程序，分別規定在《聯合國海洋法公約》附件七及附件八，以下詳述之。

(一) 國際環境公約仲裁規則之概述及比較

目前有許多國際環境公約以仲裁為爭端解決方式，但為避免仲裁程序無法進行之問題，故在公約附件訂定仲裁規則，以下就這些公約之仲裁規則作一分析比較。

1. 仲裁庭之組成

關於仲裁庭之組成，原則上要求仲裁庭應由三名仲裁人組成，組成方式是由爭端當事各方指派仲裁人一人，而第三位仲裁人之產生，則是由被指派之兩位仲裁人經協商後決議推舉出。至於仲裁庭之主席，原則上由該被推舉之第三位仲裁人擔任，但主席仲裁人不得具有爭端當事方任一方之國籍，經常居住地也不得在任一方之境內，此外，亦不得受爭端當事方任一方僱用，且須確保主席仲裁人未以其他身分涉及該案件，以維持仲裁庭之公正性。在《國際干預公海油污事故公約》[17]、《巴賽爾公約》[18]、

---

[17] 《國際干預公海油污事故公約》附件第二章第14條：仲裁庭由三名成員組成：一名由採取措施之沿海國指定，一名由其國民或財產受到上述措施影響之國家指定，另一名由前述兩名透過協議指定，並應擔任仲裁庭主席。第15條：4.按本條規定指定之仲裁庭主席，除經對方同意外，不得是或曾經是任何有關一方之國民。

[18] 《巴賽爾公約》附件六第3條：仲裁法庭應由三名仲裁人組成。爭端每一方應指派一名仲裁人，被指派之兩位仲裁人應共同協議指定第三位仲裁人，並由他擔任法庭庭長。後者不應是爭端任何一方之國民，且不得為爭端任何一方之工作人員或其境內之通常居民，亦不曾以任何其他身分涉及該案件。

《生物多樣性公約》[19]、《南極海洋生物資源養護公約》[20]、《奧爾胡斯公約》[21]均有相同或類似之規定。

　　然而在仲裁庭組成過程中，可能發生兩個問題：第一，若其中一方遲遲不指派仲裁人時，應如何處理？第二，被擇定之兩位仲裁人遲遲無法透過協議產生第三位仲裁人時，應如何處理？此為仲裁程序中首先必須解決之問題。其處理之方式，通常是直接規定指派機構，例如在《生物多樣性公約》[22]及《巴塞爾公約》[23]中，即以聯合國秘書長為指派機構；

---

[19] 《生物多樣性公約》附件第一部分第2條：1.對於涉及兩個當事方之爭端，仲裁法庭應由三名仲裁人組成。爭端每一方應指派一名仲裁人，被指派之兩位仲裁人應共同協議指定第三位仲裁人，並由他擔任法庭庭長。後者不應是爭端任何一方之國民，且不得為爭端任何一方境內之通常居民，也不得為爭端任何一方所僱用，亦不曾以任何其他身分涉及該案件。2.對於涉及兩個以上當事方之爭端，利害關係相同之當事方應透過協議共同指派一位仲裁人。3.任何空缺都應按早先指派時規定之方式填補。

[20] 《南極海洋生物資源養護公約》關於仲裁法庭之附件第1條：1.第25條第3款中所提及之仲裁法庭，應由按下述方式指派之三名仲裁人組成：(1)提起仲裁程序之一方應將一名仲裁人之姓名通知另一方，另一方則應在收到通知之後四十天內將第二名仲裁人之姓名通知提起仲裁程序之一方。在指派第二名仲裁人後六十天內，當事方應指派第三名仲裁人。第三名仲裁人不應是任何當事方之國民，也不應與前兩名仲裁人之任何一位同國籍。仲裁法庭將由第三名仲裁人主持。(2)如果未能在上述規定之時間內指派第二名仲裁人，或者當事方未能在規定之時間內就第三名仲裁人之指派達成協議，該仲裁人可以應任何一方之要求，由常設仲裁法院秘書長從不具有公約締約國國籍而具有國際名望之人員中選派。

[21] 《奧爾胡斯公約》附件二第2條：仲裁庭應由三位成員組成，提出要求之一個或多個當事方和爭端之另外一個或各個當事方應各指定一位仲裁人，經如此指定之兩位仲裁人應按照共同商定指定第三位仲裁人，該仲裁人應擔任仲裁庭庭長。後者不得為爭端任何一個當事方之國民，不得受任何一個當事方之聘用，並且不曾以任何其他身分處理過此案件。

[22] 《生物多樣性公約》附件第一部分第3條：1.如在指派第二位仲裁人後二個月內仍未指定仲裁法庭庭長，<u>聯合國秘書長經任何一方請求，應在其後之二個月內指定法庭庭長</u>。2.如爭端一方在接到要求後兩個月內沒有指派一位仲裁人，另一方可通知聯合國秘書長，聯合國秘書長應在其後之二個月內指定一位仲裁人。

[23] 《巴塞爾公約》附件六第4條：1.如在指派第二位仲裁人後二個月內仍未指定仲裁法庭庭長，<u>聯合國秘書長經任何一方請求，應在其後之二個月內指定法庭庭長</u>。2.如爭

在《國際干預公海油污事故公約》[24]中，係以國際海事組織（International Maritime Organization, IMO）秘書長為指派機構；在《南極海洋生物資源養護公約》[25]中，則以常設仲裁法院之秘書長為指派機構；在《1992年《跨界水道和國際湖泊保護和利用公約》和1992年《工業事故跨界影響公約》關於工業事故跨界影響造成損害之民事責任和賠償議定書》[26]中，則

端一方在接到要求後二個月內沒有指派一位仲裁人，另一方可通知聯合國秘書長，聯合國秘書長應在其後之二個月內指定仲裁法庭庭長。一經指定，仲裁法庭庭長應要求尚未指派仲裁人之一方在二個月內作出指派。如在二個月後仍未指派，庭長應通知聯合國秘書長，聯合國秘書長應在其後之二個月內作出指派。

[24] 《國際干預公海油污事故公約》附件第二章第15條：1.如在第二名仲裁人指定之後六十天期滿時，尚未能指定仲裁庭主席，則本組織秘書長根據任一方之請求，應在另一個六十天之期限內，按照上述第4條之規定，從事先擬定之合格人員名單中進行這種指派。這項名單應與公約第4條規定之專家名單分開，也應與本附件第4條規定之調解員名單分開。同一人員之名字可以同時在調解員名單和仲裁人名單上出現。但是，已擔任爭議調解員之人員不要再選為同一案件之仲裁人。2.如在接到請求之日起六十天內，雙方中之一方尚未委派應由它負責指定之仲裁庭成員，另一方可**直接報告本組織秘書長，秘書長得在六十天內指定仲裁庭主席**，該主席應從本條第1款規定之名單中選定。3.仲裁庭主席經指定後，他應要求未提供仲裁人之一方用同樣方式與條件指定仲裁人。如該方仍未作出必要之指派，仲裁庭主席應請求本組織秘書長按前款規定之方式與條件加以指定。

[25] 《南極海洋生物資源養護公約》關於仲裁法庭之附件第1條：1.第25條第3款中所提及之仲裁法庭，應由按下述方式指派之三名仲裁人組成：(1)提起仲裁程序之一方應將一名仲裁人之姓名通知另一方，另一方則應在收到通知之後四十天內將第二名仲裁人之姓名通知提起仲裁程序一方。在指派第二名仲裁人後六十天內，當事方應指派第三名仲裁人。第三名仲裁人不應是任何當事方之國民，也不應與前兩名仲裁人之任何一位同國籍。仲裁法庭將由第三名仲裁人主持。(2)如果未能在上述規定之時間內指派第二名仲裁人，或者當事方未能在規定之時間內就第三名仲裁人之指派達成協議，該仲裁人可以應任何一方之要求，**由常設仲裁法院秘書長**從不具有公約締約國國籍、具有國際名望之人員中選派。。

[26] 《《1992年《跨界水道和國際湖泊保護和利用公約》和1992年《工業事故跨界影響公約》關於工業事故跨界影響造成損害之民事責任和賠償議定書》》附件三仲裁第3條：如在指定第二名仲裁人兩個月後仍未指定仲裁庭庭長，應爭端任一當事方之要求，**歐洲經濟委員會執行秘書**應在其後之兩個月內指定庭長。第4條：如果爭端一方在接到要求後兩個月內沒有任命仲裁人，另一方可通知**歐洲經濟委員會執行秘書**，

以歐洲經濟委員會執行秘書為指派機構。而指派之方式為：在任一當事方接到指派仲裁人之要求後，一定期間內未指派仲裁人時，或爭端當事方所擇定之二名仲裁人一定期間內無法協議推舉出第三位仲裁人時，爭端當事任一方均得向指派機構請求指派，以解決仲裁庭之組成問題。

2. 缺席判決

　　爭端發生後，爭端當事方往往會因為政治及策略上之規劃，拒絕將爭端提交由法律方式解決，故即使在他方將爭端提交仲裁後，也會以拒絕出庭等方式不進行答辯，使仲裁程序無法順利進行。但公約為確保仲裁能發揮爭端解決之效力，包括《生物多樣性公約》[27]、《巴賽爾公約》[28]、《國際干預公海油污事故公約》[29]、《1992年《跨界水道和國際湖泊保護和利用公約》和1992年《工業事故跨界影響公約》關於工業事故跨界影響造成損害之民事責任和賠償議定書》[30]中均有規定，即使爭端一方未出

由執行秘書在其後之兩個月內指定仲裁庭庭長。一經指定，仲裁庭庭長應要求尚未指派仲裁人之一方在兩個月內作出指派。如後者在此期間內未能作出指派，仲裁庭庭長應通知<u>歐洲經濟委員會執行秘書</u>，執行秘書應在其後之兩個月內作出任命。

[27] 《生物多樣性公約》附件第一部分第13條：爭端一方不到案或不辯護其主張時，他方可請求仲裁法庭繼續進行仲裁程序並作出判斷。<u>一方缺席或不辯護其主張不應妨礙仲裁程序之進行</u>。仲裁法庭在作出判斷之前，必須查明該要求在事實上和法律上都確有根據。

[28] 《巴賽爾公約》附件六第6條第4點：<u>爭端一方不出庭或缺席，應不妨礙仲裁程序之進行。</u>

[29] 《國際干預公海油污事故公約》附件第二章第18條：1.仲裁庭關於仲裁程序和開庭地點之決定，以及對審理任何爭議事項之判斷，應由其成員多數表決通過；由於各方負責指派之仲裁庭某一成員缺席或棄權，並不能構成仲裁庭作出判斷之障礙。如發生平票，主席應投決定性之一票。2.各方應對仲裁庭之工作給予方便，特別是按照他們之法律，並使用一切措施作到：(1)向仲裁庭提供必要之文件和情況；(2)使仲裁庭能進入他們之領土，詢問證人或專家，以及查訪現場。3.<u>一方缺席或不履行義務，不得構成進行仲裁之障礙。</u>

[30] 《1992年《跨界水道和國際湖泊保護和利用公約》和1992年《工業事故跨界影響公約》關於工業事故跨界影響造成損害之民事責任和賠償議定書》附件三仲裁第12條：爭端一方未出庭或未作辯護，另一方可請求仲裁庭繼續進行仲裁程序並作出最終判斷。一方未出庭或未作辯護應不妨礙仲裁程序之進行。

庭，或對於爭端未提出答辯，他方可以請求仲裁庭繼續仲裁程序，並且爲本案判斷，程序不會因此而中斷，換言之，亦即允許仲裁庭可以爲缺席判斷。

3. 臨時措施

　　由於預防原則爲國際環境法上之黃金原則，若能讓大規模之環境污染或生態破壞在萌芽之際即予消滅，對於環境保護上將有莫大之幫助，因此賦予仲裁庭得指示臨時措施之權利非常重要。在《生物多樣性公約》[31]、《巴賽爾公約》[32]、《奧爾胡斯公約》[33]、《1992年《跨界水道和國際湖泊保護和利用公約》和1992年《工業事故跨界影響公約》關於工業事故跨界影響造成損害之民事責任和賠償議定書》[34]等所規定之內容中，仲裁庭對於爭端當事任一方之請求，在認爲有必要時，均得指示臨時措施。換言之，若爭端當事方提出仲裁所依據之公約，若賦予仲裁庭得指示臨時措施，仲裁庭依據該公約之仲裁規則即具有實施臨時措施之權力。

4. 仲裁期限

　　國際環境公約中尚有一個較爲特殊之規範，爲仲裁期限之規定。在《生物多樣性公約》[35]、《巴賽爾公約》[36]、《奧爾胡斯公約》[37]和

---

[31] 《生物多樣性公約》附件第一部分第6條：仲裁庭可應當事一方之請求，建議必要之臨時保護指施。

[32] 《巴賽爾公約》附件六第6條第2點：仲裁庭得採取一切適當措施，以確定事實。仲裁庭得應當事一方請求，建議必要之臨時保護措施。

[33] 《奧爾胡斯公約》附件二仲裁第11條：仲裁庭可應當事方之一之請求，建議臨時保護措施。

[34] 《1992年《跨界水道和國際湖泊保護和利用公約》和1992年《工業事故跨界影響公約》關於工業事故跨界影響造成損害之民事責任和賠償議定書》附件三仲裁第11條：仲裁庭可應當事一方之請求建議臨時保護措施。

[35] 《生物多樣性公約》附件第一部分第14條：除非仲裁庭認爲必須延長期限，仲裁庭應在組成後五個月內作出判斷，延長之期限不得超過五個月。

[36] 《巴賽爾公約》附件六第10條第1點：除非仲裁庭認爲必須延長期限，仲裁庭應在組成後五個月內作出判斷，延長之期限不得超過五個月。

[37] 《奧爾胡斯公約》附件二仲裁第16條：仲裁庭應於組建之日起五個月內作出判斷，

《1992年《跨界水道和國際湖泊保護和利用公約》》和1992年《工業事故跨界影響公約》關於工業事故跨界影響造成損害之民事責任和賠償議定書》[38]之仲裁規則中，規定案件在仲裁庭組成以後，應於五個月內作出裁決，但若仲裁庭認爲需延長期限，該延長之期限不得超過五個月，換言之，案件自組成仲裁庭開始，必須在十個月內完成仲裁程序，作出仲裁判斷。該規定在於加速仲裁庭審理工作，以及爭端當事方提出主張及相關資料之進度，對於環境保護有更好之效果。然本書認爲，雖在國內法上亦不乏有仲裁期限之規定，但國內法對於超過仲裁期限所規定之效果，在於允許爭端當事方得以訴訟之方式繼續爭端解決[39]。然此規定若放在國際環境公約中，則無法以仲裁庭超過仲裁期限未作成仲裁，而直接認定爭端當事方同意改以訴訟方式解決爭端，更何況，若以此種方式解讀公約中關於仲裁期限之規定，將使得爭端解決方式更爲複雜，爭端反而更難解決。因此，若公約中就仲裁期限並無效果上之規範，由爭端當事方各自解讀，反而可能造成仲裁程序上之阻礙，故本書站在有利於爭端解決之立場，認爲此種期限之規範應無必要。

5. 保密性

　　仲裁其中一項特點在於具有秘密性，尤其國際環境爭端與其他國際爭端不同，雙方所提出之證據資料可能涉及國家重大機密，因此包括《生

除非其認爲有必要延長時限，但延長期限不得超過五個月。

[38] 《1992年《跨界水道和國際湖泊保護和利用公約》》和1992年《工業事故跨界影響公約》關於工業事故跨界影響造成損害之民事責任和賠償議定書》附件三仲裁第16條：仲裁庭應在組成之日起五個月內作出判斷，除非仲裁庭認爲有必要延長期限，延長之期限不得超過五個月。

[39] 《仲裁法》第21條第1項：仲裁進行程序，當事人未約定者，仲裁庭應於接獲被選爲仲裁人之通知日起十日內，決定仲裁處所及詢問期日，通知雙方當事人，並於六個月內作成判斷書；必要時得延長三個月。第3項：**仲裁庭逾第1項期間未作成判斷書者，除強制仲裁事件外，當事人得逕行起訴或聲請續行訴訟**。其經當事人起訴或聲請續行訴訟者，仲裁程序視爲終結。

物多樣性公約》[40]、《1992年《跨界水道和國際湖泊保護和利用公約》和
1992年《工業事故跨界影響公約》關於工業事故跨界影響造成損害之民事
責任和賠償議定書》[41]均對於保密之問題有特別規定，要求爭端各方當事
人及仲裁人，在仲裁程序中所收到關於機密之資訊必須要盡到保密義務。

6. 仲裁判斷之效力

仲裁與政治方式解決爭端最大之不同點，即在於仲裁判斷具有約束爭
端當事方之效果，且仲裁判斷不能上訴，而具有終局裁判之效力。因此國
際環境公約之仲裁規則中，為確保仲裁判斷之效力，包括《生物多樣性公
約》[42]、《巴賽爾公約》[43]、《國際干預公海油污事故公約》[44]、《1992
年《跨界水道和國際湖泊保護和利用公約》和1992年《工業事故跨界影
響公約》關於工業事故跨界影響造成損害之民事責任和賠償議定書》[45]及
《南極海洋生物資源養護公約》[46]之仲裁規則均有規定，仲裁判斷具有終

---

[40] 《生物多樣性公約》附件第一部分第8條：當事各方和仲裁人都有義務保護其在仲裁
期間秘密接受之資料之機密性。

[41] 《1992年《跨界水道和國際湖泊保護和利用公約》和1992年《工業事故跨界影響公
約》關於工業事故跨界影響造成損害之民事責任和賠償議定書》附件三仲裁第10
條：爭端各方和仲裁人應對在仲裁庭程序中秘密收到之資訊保密。

[42] 《生物多樣性公約》附件第一部分第16條：判斷對於爭端各方具有拘束力。判斷不
得上訴，除非爭端各方事前議定某種上訴程序。

[43] 《巴賽爾公約》附件六第10條第2點：仲裁庭之判斷應附帶一份理由說明。仲裁庭之
判斷應具確定性並對爭端各方具有約束力。

[44] 《國際干預公海油污事故公約》附件第二章第19條：1.仲裁庭之判斷書應附有理由。
判斷書具有最終效力，不得上訴。各方應立即按照判斷書執行。2.雙方在解釋和執行
判斷書中可能發生之任何爭議，可由任一方提交作出該判斷之原仲裁庭判定，倘該
仲裁庭已不存在，可提交按原仲裁庭同樣方式為此目的設立之另一仲裁庭來判定。

[45] 《1992年《跨界水道和國際湖泊保護和利用公約》和1992年《工業事故跨界影響公
約》關於工業事故跨界影響造成損害之民事責任和賠償議定書》附件三仲裁第17
條：仲裁庭之判斷應附帶一份理由說明。判斷對爭端各方具有終局約束力。判斷
將由仲裁庭送交爭端各方和秘書處。秘書處將把收到之資訊送交本議定書所有締約
方。

[46] 《南極海洋生物資源養護公約》關於仲裁之附件第5條：仲裁庭之判斷為終審裁

局之確定力，除非雙方另有協議，否則不得上訴，判斷對爭端當事方而言，均具有拘束力。

(二) 《聯合國海洋法公約》仲裁規則之特點

　　《聯合國海洋法公約》當時爲使更多國家願意加入，因此納入非常多樣化之爭端解決方式，但也因過度複雜而遭到批評。然而，由於《聯合國海洋法公約》爲目前國際間關於海洋環境保護最爲完整之公約，其爭端解決方式雖然複雜，但卻規定爭端當事方若未選定相同之爭端解決方式時，則以仲裁爲爭端解決方式，換言之，《聯合國海洋法公約》在制定時，對於海洋環境之爭端解決，也認爲仲裁爲最適當之方式，可以看出仲裁著實爲國際環境爭端更適合之解決途徑。

　　按照《聯合國海洋法公約》第284條規定[47]，爭端當事方在產生有關《聯合國海洋法公約》適用或解釋之爭端時，得要求他方依據《聯合國海洋法公約》附件五之程序進行調解。但若調解程序無法解決爭端，依據《聯合國海洋法公約》第287條之規定[48]，各國對於有關《聯合國海洋

　　決，對爭端各當事方和參與仲裁之任何締約方都具有約束力，應予遵守，不得延誤。如果爭端當事方或參與仲裁之任何締約方提出要求，仲裁庭應對判斷作出解釋。

[47] 《聯合國海洋法公約》第284條：1.作爲有關本公約之解釋或適用之爭端一方之締約國，可邀請他方按照附件五第一節規定之程序或另一種調解程序，將爭端提交調解。2.如爭端他方接受邀請，而且爭端各方已就適用之調解程序達成協議，任何一方可將爭端提交該程序。3.如爭端他方未接受邀請，或爭端各方未就程序達成協議，調解應視爲終止。4.除非爭端各方另有協議，爭端提交調解後，調解僅可按照協定之調解程序終止。

[48] 《聯合國海洋法公約》第287條：1.一國在簽署、批准或加入本公約時，或在其後任何時間，應有自由用書面聲明之方式選擇下列一個或一個以上之方法，以解決有關本公約之解釋或適用之爭端：(a)按照附件六設立之國際海洋法法庭；(b)國際法院；(c)按照附件七組成之仲裁庭；(d)按照附件八組成之處理其中所列之一類或一類以上爭端之特別仲裁庭。……5.如果爭端各方未接受同一程序以解決這項爭端，除各方另有協議外，爭端僅可提交附件七所規定之仲裁。

法公約》解釋或適用上之爭端，共有四種爭端解決方式，包括：1.將案件提交給國際海洋法法庭進行訴訟[49]；2.將案件提交給國際法院進行訴訟；3.將案件依據《聯合國海洋法公約》附件七（下稱《附件七》）進行仲裁；4.將案件依據《聯合國海洋法公約》附件八（下稱《附件八》）所組成之特別仲裁庭進行仲裁。而各國得以書面聲明，自由選擇一種或多種方式解決有關本公約之爭端，如果爭端當事方均接受了相同之程序，原則上只能提交該程序。然而如果爭端當事方沒有接受相同之程序，或未選擇任何爭端解決之程序，除非另有約定，否則只能按照《附件七》將爭端提交仲裁。

　　從《聯合國海洋法公約》所規範的爭端解決方式觀之，《聯合國海洋法公約》在於提供具有拘束力之爭端解決方式來建立所有國家在海洋方面法律上之平等，避免國家之間基於政治或經濟相關因素導致不公平之結果，加上以儘量限制除外情形之方式，增強公約所規定爭端解決方式之效能；再者，透過強制性之爭端解決方式，將《聯合國海洋法公約》之解釋與適用建立統一性，從而使得涉及海洋之爭端，盡可能在《聯合國海洋法公約》所規範之爭端解決方式中獲得完善的解決[50]。

　　然而，海洋爭端往往涉及爭端當事國之主權爭議，包括漁業活動、科學研究、海洋劃界，以及軍事活動等爭議，甚難以法律方式加以解決，然而為了讓更多國家能接受《聯合國海洋法公約》，因此公約將部分海洋爭端排除於爭端解決程序之外，這些被排除之部分，尚分為當然限制事項條款，以及任擇除外事項條款。依據《聯合國海洋法公約》第297條當然限制事項條款，以下兩項是完全被排除在爭端解決程序之外，包括：1.沿海國有關專屬經濟區漁業活動之斟酌決定權[51]；2.沿海國有關科學研究之斟

---

[49] 國際海洋法法庭係按照《聯合國海洋法公約》附件六國際海洋法法庭規約之規定組成並執行職務。

[50] 姜皇池 著：《國際海洋法(下)》（2版），新學林出版公司，2018年4月，第1638-1640頁及第1647頁以下。

[51] 專屬經濟區內，沿海國擁有近乎無所限制之捕魚權利，因此關於沿海國對於特定種

酌決定權[52]。由於沿海國對於專屬經濟區內捕魚、生物資源養護與管理，以及科學研究等，均屬於特別敏感之事項，故締約國並不希望交由爭端解決程序來檢驗其正當性，因此將該部分之爭端加以排除。但另一種任擇除外條款之規定則是允許締約國在簽署、加入、批准時得以書面聲明將該等事項排除於強制爭端解決程序之外，亦即《聯合國海洋法公約》第298條包括以下三項：1.關於海洋疆界劃定之爭端[53]；2.關於締約國之軍事活動而產生之爭端[54]；3.由聯合國安全理事會執行《聯合國憲章》所賦予之職務所產生之爭端[55]。換言之，以上三種事項，必須由締約國以書面聲明，方能排除在爭端解決程序之外，因此稱為任擇除外條款。

綜前所述，除了當然限制條款，以及任擇除外條款有締約國之書面聲明外，其餘依據《聯合國海洋法公約》所生之爭議，均得利用《聯合國海洋法公約》之爭端解決方式加以處理，亦即爭端當事方無法解決爭議時，各國得將爭議提交至國際法院、國際海洋法法庭，或提交《附件七》所規定仲裁程序，或依據《附件八》組織特別仲裁庭等四種方式，自由選擇一種或多種方式解決爭端。而若爭端各當事方接受了相同程序，原則上只能提交該程序，然而如果爭端各方沒有接受相同之程序，除非另有約定，否則只能將爭端提交《附件七》之仲裁程序。換言之，若爭端當事方未選擇

群之可捕撈量、自己之捕撈能力、是否分配剩餘量給其他國家之決定，以及就漁業資源之養護和管理所制定之條款和條件所產生之爭端，均不適用強制解決程序。

[52] 沿海國若遭指控以不符合《聯合國海洋法公約》之方式在專屬經濟區內進行有關科學研究之事項，或要求他國停止研究計畫，亦不適用《聯合國海洋法公約》之爭端解決程序。

[53] 關於海洋疆界劃定之爭端，包括《聯合國海洋法公約》第15、74、83條關於劃定海洋邊界之爭端，或涉及歷史性海灣或是與所有權有關之爭端。

[54] 所謂「軍事活動」，包括從事非商業活動之政府船隻和飛機之軍事活動，或沿海國依據《聯合國海洋法公約》第297條第2、3款基於主權之執法活動。

[55] 為避免不同國際組織所作之決定有所歧異，也避免不同之國際組織變相成為上訴機構，因此就聯合國安全理事會依據《聯合國憲章》正在執行之職務，亦屬於任擇除外事項條款。

相同之程序，包括任一方未選擇任何程序，依據《聯合國海洋法公約》之規定，《附件七》仲裁程序即為強制的爭端解決方式，以下即對於《附件七》仲裁程序相關規定說明之。

1. 《聯合國海洋法公約》附件七之仲裁規則

(1) 《聯合國海洋法公約》附件七之適用時點

依據《聯合國海洋法公約》第287條之規定，締約國可以透過書面聲明選擇一種或多種方式解決與他締約國間有關本公約之爭議，如果爭端當事方均接受了相同程序，原則上只能提交該程序。但如果爭端各當事方沒有接受相同之程序，除非爭端各方另有約定，否則只能將爭端按照《附件七》提交仲裁。換言之，爭端當事方若有以下四種情形，包括：①爭端各方直接協定將爭端提交《附件七》之仲裁程序；②爭端各方均有選定仲裁為其爭端解決程序；③爭端各方雖有選擇爭端解決程序，但未接受同一個爭端解決程序；④爭端各方並未選擇任何爭端解決程序。以上情形均應根據《附件七》之仲裁程序進行仲裁，因為依據《聯合國海洋法公約》之規定，這就是雙方預設爭端解決之處理方式。

尤有甚者，由於《聯合國海洋法公約》允許政府間國際組織亦可以加入公約，因此特別制定《聯合國海洋法公約》附件九（下稱《附件九》）之相關規定，但是在解決涉及政府間國際組織之爭端時，《聯合國海洋法公約》所規定之爭端解決方式將會產生一個問題：由於國際法院僅認可國家得為訴訟當事方，而涉及政府間國際組織之爭端即無法利用國際法院尋求救濟，若國家選擇將案件交由國際法院審理，將使得政府間國際組織無法選擇相同之程序，因此《附件九》第7條就是在爭端涉及政府間國際組織時所為的特別安排[56]，規定當締約國僅選擇由國際法院進行爭端解決，

---

[56] 《聯合國海洋法公約》附件九第7條：1.一個國際組織在交存其正式確認書或加入書時，或在其後任何時間，應有自由用書面聲明之方式選擇第287條第1款(a)、(c)或(d)項所指之一個或一個以上方法，以解決有關本公約之解釋或適用之爭端。2.第十五部分比照適用於爭端一方或多方是國際組織之本公約締約各間之任何爭端。3.如果一個國際組織和其一個或一個以上成員國為爭端同一方，或為利害關係相同之各方，

而若政府間國際組織與締約國為爭端同一方或利害關係相同時，即視為政府間國際組織與締約國均接受《附件七》之仲裁程序為爭端解決方式，而得將爭端提交《附件七》之仲裁程序處理[57]。

本書認為，《聯合國海洋法公約》之爭端解決方式將國際仲裁規定為雙方未選擇相同程序時之強制程序，而非以國際司法方式為之，著實有其遠見。除了國際仲裁較國際司法更具有靈活性之外，因國際環境爭端具有高端科學技術性，且即使涉及海洋議題，其爭點所涉及之領域也相當廣泛，換言之，即使國際海洋法法庭之法官均為海洋法方面之專家，但也未必對於該爭端所涉及之議題有所專精，若能透過仲裁方式，讓雙方選出自己認定之專家擔任仲裁人，相信雙方對於仲裁判斷能夠更加信服，也同時能對於國際環境法及海洋法能有更進一步之發展。

(2) 仲裁庭之組成

依據《附件七》第2條規定，各締約國均有權提名四位仲裁人列入聯合國秘書長所保存之仲裁人名單內，而該仲裁人必須除在「海洋事務方面」具有豐富經驗之外，且品德端正、具公正性，在專業領域上有一定之地位，並在這些方面享有非常高之聲望，始具備提名之要件。

當爭端發生時，仲裁庭應由五名仲裁人組成。爭端各方得自行選派一名仲裁人，不限於仲裁人名單內之人選，即使具有爭端當事方國籍之人亦可選派。但其餘三名仲裁人，必須由爭端各方透過協議選任，雖然不限於名單內之人選，但最好是從仲裁人名單中選任，且此三名仲裁人，均不得具有爭端當事方之國籍或與爭端當事方具有相同國籍，除非雙方另有協議。然而，若雙方未能在收到開啟仲裁程序通知時起六十天內就仲裁人之選派達成共識，雙方得協定指派單位，由一位公正人士或第三國擔任，但

該組織應視為與成員國一樣接受關於解決爭端之同樣程序；但成員國如根據第287條僅選擇國際法院，該組織和有關成員國應視為已按照附件七接受仲裁，除非爭端各方另有協議。

[57] 姜皇池 著：《國際海洋法(下)》（2版），新學林出版公司，2018年4月，第1678、1679頁。

若雙方無此協議,為避免仲裁庭無法組成,《附件七》特別規定,此時即應由國際海洋法法庭庭長進行擇定;但若庭長具有爭端當事方其中一方之國籍,或因其他緣故無法處理,則應由「國際海洋法法庭年資次深之法官」進行,但前提是該法官亦不得具有爭端當事方其中一方之國籍始可[58],以避免爭端當事方遲遲無法選出仲裁人,而拖延了仲裁程序之進行,也維護了指派工作之公正性。

(3) 仲裁判斷

　　《附件七》之仲裁程序並不排除「缺席判斷」,依據《附件七》第9條規定,即使爭端之一方不出庭或不以書面就爭端提出答辯,他方仍可請求仲裁庭繼續進行程序,且對於該爭端作出本案判斷,仲裁程序不會因

---

[58] 《聯合國海洋法公約》附件七第3條:為本附件所規定程序之目的,除非爭端各方另有協議,仲裁法庭應依下列規定組成:(a)在(g)項限制下,仲裁法庭應由五名仲裁人組成;(b)提起程序之一方應指派一人,最好從本附件第2條所指名單中選派,並可為其本國國民。這種指派應列入本附件第1條所指之通知;(c)爭端他方應在收到本附件第1條所指通知三十天內指派一名仲裁人,最好從名單中選派,並可為其國民。如在該期限內未作出指派,提起程序之一方,可在該期限屆滿後二週內,請求按照(e)項作出指派;(d)另三名仲裁人應由當事各方間以協議指派。他們最好從名單中選派,並應為第三國國民,除非各方另有協議。爭端各方應從這三名仲裁人中選派一人為仲裁法庭庭長。如果在收到本附件第1條所指通知後六十天內,各方未能就應以協議指派之仲裁法庭一名或一名以上仲裁人之指派達成協議,或未能就指派庭長達成協議,則經爭端一方請求,所餘指派應按照(e)項作出。這種請求應於上述六十天期間屆滿後二週作出;(e)除非爭端各方協議將本條(c)和(d)項規定之任何指派交由爭端各方選定之某一人士或第三國作出,否則應由國際海洋法法庭庭長作出必要之指派。如果庭長不能依據本項辦理,或為爭端一方之國民,這種指派應由可以擔任這項工作並且不是爭端任何一方國民之國際海洋法法庭年資次深法官作出。本項所指之指派,應於收到請求後三十天期間內,在與當事雙方協商後,從本附件第2條所指名單中作出。這樣指派之仲裁人應屬不同國籍,且不得為爭端任何一方之工作人員,或其境內之通常居民或其國民;(f)任何出缺應按照原來之指派方法補缺;(g)利害關係相同之爭端各方,應透過協議共同指派一名仲裁人。如果爭端若干方利害關係不同,或對彼此是否利害關係相同,意見不一致,則爭端每一方應指派一名仲裁人。由爭端各方分別指派之仲裁人,其人數應始終比由爭端各方共同指派之仲裁人少一人;(h)對於涉及兩個以上爭端各方之爭端,應在最大可能範圍內適用(a)至(f)項之規定。

此中斷。但是仲裁庭在面對此種情形時，仍必須查明自己確實有管轄權，也必須查明相關事實及確認法律依據，始能作出本案判斷。然而，若仲裁程序中採取缺席判斷，涉及仲裁人在一方不應訴之情形下，如何堅持雙方程序平等原則，以及如何從各種來源管道瞭解爭端各方之觀點，實為國際仲裁庭是否具有正當性、獨立性與公平性之重大考驗。由於國際仲裁之依據，在於雙方間之仲裁協議，然而在以爭端當事方之間的條約或公約為提出仲裁的依據時，其中一方即有可能以仲裁庭就該案件沒有管轄權為由而不應訴，因此仲裁庭關於該案件是否具有管轄權、可否受理，則成為仲裁庭首要面臨之棘手問題。

在北極日出案（*Arctic Sunrise*）中，俄羅斯拒絕參與仲裁程序，因俄羅斯主張北極日出號之事件，屬於俄羅斯政府當局依其主權之執法活動，且俄羅斯已聲明該爭端排除於《聯合國海洋法公約》強制爭端解決程序之外，因此認為國際仲裁庭沒有管轄權。但本案仲裁庭卻認為，俄羅斯所作之聲明並不足以排除國際仲裁庭之管轄權。為此，該案的判斷理由讓該案之管轄權問題存在一定的爭論空間，而遭到學者的批評，認為仲裁庭一味擴大其管轄權，恐有違司法節制原則。再者，由於國際仲裁庭屬於臨時性質，其獨立性及公正性較容易受質疑，尤其是在一方不應訴之情形下，若爭端當事方連仲裁人之選任均無共識，如何能對於國際仲裁庭作出之判斷有所信服[59]？因此有學者質疑，爭端當事方之不應訴，已經註定該仲裁判斷不會被遵守及承認，《附件七》之強制仲裁方式是否具有實效性，值得商榷[60]。但本書認為，既然爭端當事方均為《聯合國海洋法公約》之締約國，自應使各締約國對於爭端解決方式有所預期，不應任由一方不應訴而使仲裁程序無法啟動，此將嚴重影響各締約國對於《聯合國海洋法公約》

---

[59] 張華：〈國際海洋爭端解中的"不應訴"問題〉，載《太平洋學報》2014年第12期。

[60] Robin Churchill, Some Reflections on the Operation of the Dispute Settlement System of the UN Convention on the Law of the Sea During the First Decade, in David Freestone, Richard Barnes, & David M. Ong (eds.), The Law of the Sea: Progress and Prospects, Oxford University Press, 2006, pp. 397-398.

之信服度，因為一方之不應訴，往往為一國在爭端解決程序中之策略，此種策略可以讓爭端當事國不至於在收到不利之判斷時，無法面對國內批評之聲浪。因此，仲裁庭只需把握司法節制之原則，不濫行擴張其管轄權，且在判斷理由中充分說明仲裁庭具有管轄權之理由即可，本書認為，強制仲裁方式仍然具有其實效性。

　　最後，依據《附件七》第11條規定，仲裁判斷具有確定性及終局性，除非爭端當事方在事前有協議決定某種上訴程序外，仲裁判斷不得上訴，且爭端當事方均應遵守[61]。

2. 《聯合國海洋法公約》附件八特別仲裁之仲裁規則

(1) 特別仲裁庭之仲裁人名單

　　《附件八》將《聯合國海洋法公約》中有關：①漁業；②保護海洋環境；③海洋科學研究；④航行（包括來自船隻和傾倒造成之污染等），以上四項爭端獨立出來，使這四項爭端可依據《附件八》規定之方式進行仲裁[62]。這兩個程序最大之不同點，在於仲裁人名單之編制，《附件七》僅要求仲裁人在「海洋事務方面」有豐富經驗，且具有正直、公平之高尚品德，並在專業領域上享有一定之聲譽，然《附件八》則是特別將這四項爭端獨立出來，係因認為這四項爭端之解決更具有專業性，因此需要更突顯仲裁人在該領域關於技術性方面之專業性要求。因此《附件八》仲裁人名單編制之方式，是由每一會員就每一項爭端類型提出兩名專家，共可提出八名專家。而該等專家名單則分別依不同之項目，由不同之組織或機構編列和保存專家名單：在漁業方面，規定由聯合國糧食及農業組織

61　《聯合國海洋法公約》附件七第11條：除爭端各方事前議定某種上訴程序外，判斷應有確定性，不得上訴，爭端各方均應遵守該判斷。

62　《聯合國海洋法公約》附件八特別仲裁第1條：在第十五部分限制下，關於本公約中有關：1.漁業；2.保護和保全海洋環境；3.海洋科學研究；和4.航行（包括來自船隻和傾倒造成之污染）之條文在解釋或適用上之爭端，爭端任何一方可向爭端他方發出書面通知，將該爭端提交本附件所規定之特別仲裁程序。通知應附有一份關於其權利主張及該權利主張所依據之理由之說明。

（Food and Agriculture Organization of the United Nations, FAO）負責；在保護海洋環境方面，則由聯合國環境規劃署（United Nations Environment Programme, UNEP）負責；關於海洋科學研究方面，是由政府間海洋學委員會（Intergovernmental Oceanographic Commission）負責；航行爭端（包括來自船隻和傾倒污染）問題方面，則由國際海事組織（IMO）負責[63]。

　　而《附件八》所編制之仲裁人名單，其最大之特點，在於這些被編列進入名單內之仲裁人，多是屬於相關科學或技術領域之專家，而非法律專家，主要希望他們可以從相關科學或技術領域來判斷爭端所涉及之事實，並非僅從法律層面進行判斷，如此，相信其判斷將會比法律專家更能貼近事實之實際狀態，因而該制度亦受到締約國之支持，例如美國曾表示，《附件八》特別仲裁庭之設計，最能符合美國之海洋總體利益，因而美國即有接受《附件八》爭端解決程序之聲明[64]。

(2) 特別仲裁庭之組成

　　《附件八》所規定之特別仲裁庭，應由五名仲裁人組成，爭端當事方應各自指派仲裁人二名，且其仲裁人之指派最好是《附件八》專家名單內之人，但爭端當事方若選擇《附件八》專家名單以外之人，亦非不可，

---

[63] 《聯合國海洋法公約》附件八特別仲裁第2條：1.就：(1)漁業；(2)保護和保全海洋環境；(3)海洋科學研究；和(4)航行（包括來自船隻和傾倒造成之污染）四個方面，應分別編制和保持專家名單。2.專家名單在漁業方面，由聯合國糧食及農業組織，在保護和保全海洋環境方面，由聯合國環境規劃署，在海洋科學研究方面，由政府間海洋學委員會，在航行方面，包括來自船隻和傾倒造成之污染，由國際海事組織，或在每一情形下由各該組織、署或委員會授予此項職務之適當附屬機構，分別予以編制並保持。3.每個締約國應有權在每一方面提名二名公認在法律、科學或技術上確有專長並享有公平和正直之最高聲譽之專家。在每一方面這樣提名之人員之姓名構成有關名單。4.無論何時，如果一個締約國提名之專家在這樣組成之任何名單內少於兩名，該締約國有權按需要提名增補。5.專家經提名締約國撤回前應仍列在名單內，被撤回之專家應繼續在被指派服務之特別仲裁法庭中工作，直到該仲裁法庭處理中之程序完畢時為止。

[64] 姜皇池 著：《國際海洋法(下)》（2版），新學林出版公司，2018年4月，第1683頁以下。

且爭端當事方所指派之二名仲裁人，其中一名得爲其國民。至於第五位仲裁人，則爲特別仲裁庭庭長，應爲第三國國民，且應由爭端當事方協議指派。但若爭端當事方在三十天內未能達成協議，則由雙方所指派之人或雙方所協定之第三國作出指派，若均未能達成共識，得向聯合國秘書長作出請求，而聯合國秘書長在收到請求後三十天內應作出指派[65]。其餘程序方面之規定，《附件七》第4條至第13條均比照適用[66]。

(3) 特別仲裁庭之「事實認定」功能

特別仲裁庭除了仲裁人名單所要求仲裁人之專業背景不同之外，其中還有一個較爲特殊之職掌在於「事實認定」之功能，亦即在爭端當事方同意之前提下，組成特別仲裁庭，就關於：①漁業；②保護海洋環境；③海洋科學研究；④航行（包括來自船隻和傾倒造成之污染等）四項爭端進行調查，對事實作出認定，就其所認定之事實，對爭端當事方均有確定

---

[65] 《聯合國海洋法公約》附件八特別仲裁第3條：爲本附件所規定之程序之目的，除非爭端各方另有協議，特別仲裁法庭應依下列規定組成：(a)在(g)項限制下，特別仲裁法庭應由五名仲裁人組成；(b)提起程序之一方應指派二名仲裁人，最好從本附件第2條所指與爭端事項有關之適當名單中選派其中一人可爲其本國國民。這種指派應列入本附件第1條所指之通知；(c)爭端他方應在收到本附件第1條所指的通知三十天內指派兩名仲裁人，最好從名單中選派，其中一人可爲其本國國民。如果在該期間內未作出指派，提起程序之一方可在該期間屆滿後二週內，請求按照(e)項作出指派；(d)爭端各方應以協議指派特別仲裁法庭庭長，最好從名單中選派，並應爲第三國國民，除非爭端各方另有協議。如果在收到本附件第1條所指通知之日起三十天內，爭端各方未能就指派庭長達成協議，經爭端一方請求，指派應按照(e)項作出。這種請求應於上述期間屆滿後二週作出；(e)除非爭端各方協議由各方選派之人士或第三國作出指派，應由聯合國秘書長於收到根據(c)和(d)項提出之請求後三十天內作出必要之指派。本項所指之指派應從本附件第2條所指名單中與爭端各方有關國際組織協商作出。這樣指派之仲裁人應屬不同國籍，且不得爲爭端任何一方之工作人員，或爲其領土內之通常居民或其國民；(f)任何出缺應按照原來之指派方法補缺；(g)利害關係相同之爭端各方，應透過協議共同指派二名仲裁人。如果爭端若干方利害關係不同，或對彼此是否利害關係相同意見不一致，則爭端每一方應指派一名仲裁人；(h)對於涉及兩個以上爭端各方之爭端，應在最大可能範圍內適用(a)至(f)項之規定。

[66] 《聯合國海洋法公約》附件八特別仲裁第4條：附件七第4條至第13條比照適用於按照本附件之特別仲裁程序。

力[67]。此外，爭端當事方尚可要求特別仲裁庭針對其所認定之事實擬具建議，但這種建議僅能成為爭端解決進行審查之基礎，並不具有仲裁判斷之效力。換言之，特別仲裁庭除了可以進行仲裁判斷之外，亦可以基於爭端當事方之協議，為爭端進行事實調查，提出具有拘束力之事實認定，或提出不具有約束力之相關建議[68]。

(4) 特別仲裁庭之管轄範圍

《附件八》所規範之特別仲裁庭，其管轄範圍，僅限於：①漁業；②保護海洋環境；③海洋科學研究；④航行（包括來自船隻和傾倒造成之污染等），以上四項爭端，因此，僅有此四大項之爭端始能提交《附件八》之特別仲裁程序。但此並非強制程序，故即使爭端涉及此四大項，爭端當事方仍然可以提交《附件七》之仲裁程序，以及若爭端當事方對於爭端解決程序未能達成共識之情形下，亦不得提交《附件八》之特別仲裁庭，僅能提交《附件七》之仲裁程序。

(三) 評析

雖然許多國際環境公約之附件訂定了仲裁規則，其目的在於便利締約國若發生該公約適用或解釋上之爭端，而選擇以仲裁方式解決時，能有所依循，尤其是仲裁庭組成之方式，由於仲裁庭可以制定自己的議事規則，因此基本上只要仲裁庭能順利組成，即可使爭端當事方能順利進行仲裁程

---

[67] 《聯合國海洋法公約》附件八特別仲裁第5條：1.有關本公約中關於：(1)漁業；(2)保護和保全海洋環境；(3)海洋科學研究或；(4)航行（包括來自船隻和傾倒造成之污染）之各項規定在解釋或適用上之爭端各方，可隨時協定請求按照本附件第3條組成之特別仲裁庭進行調查，以確定引起這一爭端之事實。2.除非爭端各方另有協議，按照第1款行事之特別仲裁庭對事實之認定，在爭端各方之間，應視為有確定性。3.如經爭端所有各方請求，特別仲裁庭可擬具建議，這種建議並無判斷之效力，而只應構成有關各方對引起爭端之問題進行審查之基礎。4.在第2款限制下，除非端各方另有協議，特別仲裁庭應按照本附件規定行事。

[68] 姜皇池 著：《國際海洋法(下)》（2版），新學林出版公司，2018年4月，第1682、1683頁。

序。再者，爲了讓仲裁發揮爭端解決之功能，故亦會在仲裁規則中特別規定，仲裁判斷對爭端當事方具有拘束力，要求爭端當事方均須遵守該仲裁判斷。尤有甚者，許多國際環境公約在制定時也都認識到預防原則之重要性，故在仲裁規則中也都賦予仲裁庭得指示臨時措施之權力。

然而，這些仲裁規則大同小異，並沒有考慮到違反國際環境公約所產生之國際環境爭端，其具有不同之特性，進而有不同之規定，尤其是仲裁人之選定，僅注意到了仲裁庭組成之公正性，要求第三位仲裁人之背景不能爲爭端任一方之國民，或是慣常住所在任一方之國境內，但對於仲裁人之專業背景問題，卻無特別要求，使得判斷結果未必能從國際環境法之角度進行考慮，對於環境保護方面有所缺憾，且對於國際環境法之發展也難有更進一步之推動，甚爲可惜。

然自《聯合國海洋法公約》生效後，已有許多案例是依據《附件七》成立之仲裁庭處理的，包括1999年澳洲、紐西蘭與日本間之南方藍鰭金槍魚案、2003年馬來西亞與新加坡間關於新加坡在Johor海峽填海造地案、2007年圭亞那與蘇利南案、2004年巴貝多與千里達和托巴哥間之海洋劃界案等，這些案件之判斷結果，均明顯考慮了環境問題，也對國際環境法之發展有所幫助。由於《聯合國海洋法公約》對於海洋環境相關爭議，不但讓締約國有不同之爭端解決方式可資適用，對於仲裁程序上，也顧及到國際環境爭端之特點而進行相應之調整，包括仲裁人之名單編制及保存，以及讓仲裁庭不僅具有爭端解決之功能外，亦得在雙方同意之前提下，就爭端進行事實調查，提出對雙方具有拘束力之事實認定，以及不具有拘束力之建議，這些均有助於海洋環境之維護。

迄今爲止，已有相當多的海洋爭端依據《聯合國海洋法公約》分別提交國際法院、國際海洋法法庭，或是依據《附件七》提交仲裁，但唯獨《附件八》之特別仲裁庭程序，未有任何爭端提交至此。可能之原因在於，國際爭端很少能夠獨立被認定爲屬於：1.漁業；2.保護海洋環境；3.海洋科學研究；4.航行（包括來自船隻和傾倒造成之污染等）等爭端，因此聲請仲裁之一方將會陷入該爭端是否爲《附件八》管轄範圍之問題，

進而決定不依據《附件八》之特別仲裁程序解決爭端[69]。再者，由於《附件七》及《附件八》之程序幾近相同，差別僅在於《附件八》之仲裁人名單之編制不以法律專家爲主，而是以科學領域之專家組成仲裁庭，但因仲裁人之選任並無強制性要求須以仲裁人名單爲準，意即若選任仲裁人名單以外之人亦無不可，此將導致兩者間之差異更小。更何況，《附件七》爲強制仲裁程序，聲請仲裁之一方若直接選擇《附件七》爲爭端解決方式，亦不會產生如《附件八》可能有管轄權之問題，導致聲請方選擇《附件八》進行仲裁之意願將更加低落。

在《聯合國海洋法公約》爭端解決方式開始運作之初期，依據《附件七》所組成之仲裁庭，其大部分之見解將《附件七》之強制性作相當限縮的解釋，因此導致當時被批評的理由之一，則是該程序之適用範圍過於狹窄，而將大量之海洋爭端都排除在外，無法適用該強制程序解決海洋爭端[70]。然而，近十年之發展則有所不同，仲裁庭之見解開始轉向儘量排除不得適用之例外情事，擴大強制程序適用之範圍，以維護《聯合國海洋法公約》之整體效力，此種發展讓原本僅關注國家利益之國際法，轉而關注整體國際社會之利益，值得注意[71]。

但亦有學者對於《聯合國海洋法公約》採取強制仲裁制度不以爲然，認爲國際司法才更具有解決國際環境爭端之優勢，包括：仲裁人是依據個案臨時組成的，雙方因仲裁人之選擇相當耗時之外，更有可能因爲仲裁人之選擇無法達成共識，進而拖延了爭端解決之時間，相對於法院而言，不論是國際法院或是國際海洋法法庭，法院之法官都是預先組成的，在一定程度上增加了爭端解決之時效性。再者，法官是由選舉產生，有固

---

[69] 蔣小翼：〈《聯合國海洋法公約》涉海環境爭端解決程序之比較分析〉，載《邊界與海洋研究》2018年第2期。

[70] Rosemary Rayfuse, The Future of Compulsory Dispute Settlement Under the Law of the Sea[J], Victoria University of Wellington Law Review, Vol. 36, 2005, p. 686.

[71] 羅國強、于敏娜：〈《聯合國海洋法公約》附件七仲裁庭管轄權的發展傾向和中國應對〉，載《河北法學》2020年第12期。

定任期，具有較強之獨立性，但仲裁人是由爭端當事方所選出，較容易受到爭端當事方之影響，其獨立性在一定程度上被削弱[72]。第三，由於仲裁庭都是臨時組成，個案結束即解散，因此仲裁庭提出之法律見解，無法如同司法機關能具有一致性。但本書認為，仲裁制度之優勢即在於爭端當事方可選任自己信任之仲裁人來擔任裁判者，方能有助於解決彼此間之爭端，因此選任仲裁人即使耗時，但若能得到爭端之終局解決，雙方願意服從並遵守該判斷，也是值得的。而獨立性之考量，只要相關之仲裁規則對於仲裁人揭露自己資訊之義務，採取嚴格之標準，自可維持其公正性及獨立性。至於仲裁庭提出之法律見解，本就會依個案而有所不同，且從不同角度審理國際環境爭端，也可使國際環境法能從不同之角度進行審視，而能有更加進步的發展。因此，《聯合國海洋法公約》以仲裁制度作為爭端當事方預設進行爭端解決的方式，著實為相當有遠見之做法。

二、常設仲裁法院之仲裁規則

(一)《2012年常設仲裁法院仲裁規則》

　　《2012年常設仲裁法院仲裁規則》（*Permanent Court of Arbitration Arbitration Rules 2012*，下稱《2012年仲裁規則》）為常設仲裁法院目前最新一套之程序規則，此規則係將先前四個仲裁規則予以合併：《常設仲裁法院仲裁兩國間爭端之任擇性規則》（*The Optional Rules for Arbitrating Disputes between Two States (1992)*）、《常設仲裁法院仲裁當事一方為國家之爭端之任擇性規則》（*The Optional Rules for Arbitrating Disputes between Two Parties of Which Only One is a State (1993)*）、《常設仲裁法院仲裁國際組織與國家間爭端之任擇性規則》（*The Optional Rules for Arbitration Between International Organizations and States (1996)*）、《常設仲裁法院仲裁國際組織與私人當事方間爭端之任擇性規則》（*The*

---

[72] 胡小芬：〈國際法院解決國際環境爭端評析〉，載《湖北警官學院學報》2018年第5期。

Optional Rules for Arbitration Between International Organizations and Private Parties (1996)）。但《2012年仲裁規則》並沒有替代以上四個規則，該四個仲裁規則仍繼續有效。不過《2012年仲裁規則》涵蓋了國家與國家間之爭端、國家與國際組織間之爭端、國際組織與私人當事方間之爭端，以及國家與私人當事方間之爭端，其適用範圍將更爲廣泛，故本書就該規則作進一步之分析。

1. 適用主體

　　《2012年仲裁規則》明確規定適用主體，包括國家、國家所控制之實體、政府間國際組織，以及私人當事方[73]。所謂「私人當事方」，依據1996年《常設仲裁法院仲裁國際組織與私人當事方間爭端之任擇性規則》第1條規定，係指非「國家」也非「政府間國際組織」之實體[74]。而爲使仲裁判斷結果能夠有效被承認及執行，《2012年仲裁規則》特別規定，若國家、國家所控制之實體，以及政府間國際組織，在同意依據本規則進行爭端解決時，應明確表示放棄豁免權[75]。換言之，常設仲裁法院之仲裁規

---

[73] 《2012年常設仲裁法院仲裁規則》第1條第1款：Where a State, State-controlled entity, or intergovernmental organization has agreed with one or more States, State-controlled entities, intergovernmental organizations, or private parties that disputes between them in respect of a defined legal relationship, whether contractual, treaty based, or otherwise, shall be referred to arbitration under the Permanent Court of Arbitration Arbitration Rules 2012 (hereinafter the "Rules"), then such disputes shall be settled in accordance with these Rules subject to such modification as the parties may agree.

[74] 《常設仲裁法院仲裁國際組織與私人當事方間爭端之任擇性規則》第1條第1款：Where an international organization and a party that is neither a State nor an international organization have agreed in writing that disputes that may arise or that have arisen between them shall be referred to arbitration under the Permanent Court of Arbitration Optional Rules for Arbitration between International Organizations and Private Parties, such disputes shall be referred to arbitration in accordance with these Rules subject to such modification as the parties may agree in writing. For the purpose of this provision, the term "international organization" shall mean an intergovernmental organization.

[75] 《2012年常設仲裁法院仲裁規則》第1條第2款：Agreement by a State, State-controlled entity, or intergovernmental organization to arbitrate under these Rules with a party that is

則是將非「國家」也非「政府間國際組織」之實體，包括自然人、法人、非政府間國際組織等，明確認定其亦具有國際仲裁之主體資格，並且要求國家及政府間國際組織在成立仲裁協議後，不得再主張豁免，以維持仲裁程序之順利進行及仲裁判斷之有效性。

2. 仲裁庭之組成

此規則允許當事方選擇一人、三人或五人組成仲裁庭[76]，若爭端當事方就仲裁人之選任無法達成協議，此規則明文規定由常設仲裁法院之秘書長擔任其指定機構，直接依規則任命仲裁人[77]。若是仲裁人之人數未能達成協議，應以三名仲裁人組成仲裁庭為原則，除非其中一方向指定機構要求任命獨任仲裁人，且指定機構認為合理之情況下，得直接任命獨任仲裁人[78]。另，仲裁人之選擇不限於列在常設仲裁法院之仲裁人名單內之人[79]，因此不論爭端當事方之選任或指定機構之任命，均得選擇仲裁人名

---

not a State, State-controlled entity, or intergovernmental organization constitutes a waiver of any right of immunity from jurisdiction in respect of the proceedings relating to the dispute in question to which such party might otherwise be entitled. A waiver of immunity relating to the execution of an arbitral award must be explicitly expressed.

[76] 《2012年常設仲裁法院仲裁規則》Introduction (iii)(c): The Rules allow parties to choose an arbitral tribunal of one, three, or five persons.

[77] 《2012年常設仲裁法院仲裁規則》第6條第1款：The Secretary-General of the Permanent Court of Arbitration shall serve as appointing authority.

[78] 《2012年常設仲裁法院仲裁規則》第7條：1. If the parties have not previously agreed on the number of arbitrators, and if within 30 days after the receipt by the respondent of the notice of arbitration the parties have not agreed on the number of arbitrators, three arbitrators shall be appointed. 2. Notwithstanding paragraph 1, if no other parties have responded to a party's proposal to appoint a sole arbitrator within the time limit provided for in paragraph 1 and the party or parties concerned have failed to appoint a second arbitrator in accordance with articles 9 or 10, the appointing authority may, at the request of a party, appoint a sole arbitrator pursuant to the procedure provided for in article 8, paragraph 2 if it determines that, in view of the circumstances of the case, this is more appropriate.

[79] 《2012年常設仲裁法院仲裁規則》第10條第4款：In appointing arbitrators pursuant to these Rules, the parties and the appointing authority are free to choose persons who are not

單以外之人。

3. 臨時措施

仲裁庭在作出判斷之前，若有爭端當事方提出聲請，仲裁庭若認為不採取臨時措施，可能會產生立即之損害，或者對於仲裁程序之本身有所影響，故有必要在解決爭端之前維持或恢復現狀時，即得下令採取臨時措施[80]，但須要求聲請臨時措施之一方提供與該措施有關之適當保證[81]。

4. 仲裁程序之證據提示及專家任命

仲裁程序進行期間，仲裁庭可隨時要求當事方在期限內出示相關文件、證物或其他證據，且仲裁庭在與當事方協商後，亦得進行實地訪問[82]。若仲裁程序中遇有專業問題，仲裁庭可任命一名或多名獨立專家，就仲裁庭確定之具體問題以提交書面報告之方式協助進行仲裁程序[83]。但

Members of the Permanent Court of Arbitration.

[80] 《2012年常設仲裁法院仲裁規則》第26條第3款：The party requesting an interim measure under paragraphs 2 (a) to (c) shall satisfy the arbitral tribunal that: (a) Harm not adequately reparable by an award of damages is likely to result if the measure is not ordered, and such harm substantially outweighs the harm that is likely to result to the party against whom the measure is directed if the measure is granted; and (b) There is a reasonable possibility that the requesting party will succeed on the merits of the claim. The determination on this possibility shall not affect the discretion of the arbitral tribunal in making any subsequent determination.

[81] 《2012年常設仲裁法院仲裁規則》第26條第6款：The arbitral tribunal may require the party requesting an interim measure to provide appropriate security in connection with the measure.

[82] 《2012年常設仲裁法院仲裁規則》第27條第3款：At any time during the arbitral proceedings the arbitral tribunal may require the parties to produce documents, exhibits or other evidence within such a period of time as the arbitral tribunal shall determine. The arbitral tribunal may also, after consultation with the parties, perform a site visit.

[83] 《2012年常設仲裁法院仲裁規則》第29條第1款：After consultation with the parties, the arbitral tribunal may appoint one or more independent experts to report to it, in writing, on specific issues to be determined by the arbitral tribunal. A copy of the expert's terms of reference, established by the arbitral tribunal, shall be communicated to the parties.

該專家在被任命之前，應向仲裁庭及當事方說明其公正性及獨立性，且仲裁庭應讓當事方對於該專家之資格、公正性及獨立性有表示異議之機會[84]。此外，當專家將書面報告交給仲裁庭之後，也應讓當事方對於該書面有表達意見之機會，並就專家在報告中所依據之文件，當事方也應有審查之權利[85]。

綜前所述，《2012年仲裁規則》係將先前規則作一整合，明文確認適用之主體包括了國家、國家所控制之實體、政府間國際組織，以及私人當事方，且讓常設仲裁法院之秘書長作為爭端當事方未能協議選定仲裁人時之指定機構，避免因雙方未能選任仲裁人而導致仲裁程序延滯，使得該規則更加明確、彈性及容易適用。

(二)《常設仲裁法院仲裁有關自然資源和／或環境爭端之任擇性規則》

常設仲裁法院為解決與利用自然資源和環境保護相關之爭端，也順應時勢，另行擬定一份《常設仲裁法院仲裁有關自然資源和／或環境爭端之任擇性規則》（*The Optional Rules for Arbitration of Disputes Relating to Natural Resources and/or the Environment*）。該規則有許多程序上之創

---

[84] 《2012年常設仲裁法院仲裁規則》第29條第2款：The expert shall, in principle before accepting appointment, submit to the arbitral tribunal and to the parties a description of his or her qualifications and a statement of his or her impartiality and independence. Within the time ordered by the arbitral tribunal, the parties shall inform the arbitral tribunal whether they have any objections as to the expert's qualifications, impartiality or independence. The arbitral tribunal shall decide promptly whether to accept any such objections. After an expert's appointment, a party may object to the expert's qualifications, impartiality or independence only if the objection is for reasons of which the party becomes aware after the appointment has been made. The arbitral tribunal shall decide promptly what, if any, action to take.

[85] 《2012年常設仲裁法院仲裁規則》第29條第4款：Upon receipt of the expert's report, the arbitral tribunal shall communicate a copy of the report to the parties, which shall be given the opportunity to express, in writing, their opinion on the report. A party shall be entitled to examine any document on which the expert relied in his or her report.

新，首先是考慮環境爭議經常涉及多方利害關係人，因此再次確認得參與仲裁之當事方，包括主權國家、政府間國際組織，以及私人當事方。此外，該規則為因應環境爭議之特性，故具有以下幾項特點[86]，以期強化常設仲裁法院作為國際環境爭端之解決機構。

1. 仲裁人名單之特殊性

《常設仲裁法院仲裁有關自然資源和／或環境爭端之任擇性規則》第8條，特別要求常設仲裁法院之秘書長應準備一份對於本規則之爭議事項具有專業能力之仲裁人名單[87]，亦即常設仲裁法院也認知到，因國際環境爭端之特殊性，若該仲裁人僅是深通國際法之專業，恐有不足，由於國際環境爭端具有高度學科邊緣綜合性之特點，故仲裁人應對於海洋法、國際水法、國際經濟法、國際發展法、環境科學、環境倫理學、物理學、化學、天文學、地理學、生物學等亦有所研究，始能作出一個公平、公正且足以令爭端當事方信服之仲裁判斷，因此，該規則特別要求秘書長所準備之仲裁人名單，應與其他國際爭端有所不同。

2. 仲裁人之資格

該規則雖不強制要求爭端當事方必須從仲裁人名單中選任仲裁人，但由於國際環境爭端具有高度科學技術性及學科邊緣綜合性，爭端當事方可能會在仲裁協議中特別約定仲裁人之資格，因此若有一方選出之仲裁人不具備雙方在仲裁協議中同意之資格，仲裁庭之組成即產生爭議，而該規則特別考慮到這個問題，故在該規則第10條中規定，此點亦得成為爭端當事

---

[86] Charles Qiong Wu, A Unified Forum? The New Arbitration Rules for Environmental Disputes under the Permanent Court of Arbitration, Chicago Journal of International Law, Vol. 3, No. 1, 2002.

[87] 《常設仲裁法院仲裁有關自然資源和／或環境爭端之任擇性規則》第8條第3款：In appointing arbitrators pursuant to these Rules, the parties and the appointing authority are free to designate persons who are not Members of the Permanent Court of Arbitration at The Hague. For the purpose of assisting the parties and the appointing authority the Secretary-General will make available a list of persons considered to have expertise in the subject-matters of the dispute at hand for which these Rules have been designed.

方對該仲裁人提出質疑之理由[88]。

3. 仲裁庭得要求提出書面來說明科學技術資訊，以釐清高度複雜之環境爭議

本規則要求秘書長擬定之仲裁人名單，條件僅有「對本規則之爭議事項具有專業能力」者，因此組成之仲裁庭可能包括該領域之專家，也可能是法律專家。爲了讓仲裁庭中不同領域之仲裁人均能理解其爭端之背景，《常設仲裁法院仲裁有關自然資源和／或環境爭端之任擇性規則》第24條，特別賦予仲裁庭若認爲該爭點有必要充分瞭解時，得要求爭端當事方共同或分別提出書面文件，來敘述、解釋爭議所涉及之科學、技術資訊或其他專門資訊之背景，並進行摘要[89]。

4. 仲裁庭得不經爭端當事方之同意任命專家，協助釐清仲裁案件中具有高度科學技術性之爭議點

依據《常設仲裁法院仲裁有關自然資源和／或環境爭端之任擇性規則》第27條規定，仲裁庭在獲取各方意見之後，得指定專家一人或數人，就仲裁庭須進行判斷之問題提出書面報告。秘書長列有一份具備科學或技術上專業知識之專家名單，仲裁庭得從名單中任命該領域之專家，協助仲裁庭判斷該爭點，但並不限制仲裁庭必須在該名單中選擇，若仲裁庭認爲適當，亦可以選擇名單外之專家予以協助[90]。此規定與其他之仲裁規則最

---

[88] 《常設仲裁法院仲裁有關自然資源和／或環境爭端之任擇性規則》第10條：1. Any arbitrator may be challenged if circumstances exist that give rise to justifiable doubts as to the arbitrator's impartiality or independence or **if he/she does not have the qualifications agreed by the parties in their arbitration agreement.** 2. A party may challenge the arbitrator appointed by it only for reasons of which it becomes aware after the appointment has been made.

[89] 《常設仲裁法院仲裁有關自然資源和／或環境爭端之任擇性規則》第24條第4款：The arbitral tribunal may request the parties jointly or separately to provide a non- technical document summarizing and explaining the background to any scientific, technical or other specialized information which the arbitral tribunal considers to be necessary to understand fully the matters in dispute.

[90] 《常設仲裁法院仲裁有關自然資源和／或環境爭端之任擇性規則》第27條第1款：After having obtained the views of the parties, the arbitral tribunal may upon notice to

大不同點在於：仲裁庭可以直接依職權任命專家來協助仲裁庭之判斷，但其他之仲裁規則並未賦予仲裁庭有此種權利。例如《聯合國國際貿易法委員會之仲裁規則》（*Arbitration Rules of the United Nations Commission on International Trade Law*）第29條，僅規定仲裁庭經與各方當事人協商後，可指定獨立專家一人或數人以書面形式就仲裁庭需決定之特定問題向仲裁庭提出報告[91]，換言之，關於專家證人之傳喚，仲裁庭須經各方當事人協商後方能指定獨立專家，故其權利仍在爭端當事方之手裡。又例如《國際律師協會國際仲裁取證規則》（*International Bar Association, IBA Rules on the Taking of Evidence in International Arbitration 2010*）第6條[92]，也要求仲裁庭若要指派獨立專家，應與各當事方共同協商後方能指派，且關於該專家報告之職權範圍，亦須與爭端各方協商後決定，換言之，是否指派獨立專家及專家報告之職權範圍，並非得由仲裁庭直接依職權逕為決定[93]。

---

the parties appoint one or more experts to report to it, in writing, on specific issues to be determined by the tribunal. A copy of the expert's terms of reference, established by the arbitral tribunal, shall be communicated to the parties. 第5項：The Secretary-General will provide an indicative list of persons considered to have expertise in the scientific or technical matters in respect of which these Rules might be relied upon. In appointing one or more experts pursuant to paragraph 1 above, the arbitral tribunal shall not be limited in its choice to any person or persons appearing on the indicative list of experts.

[91] 《聯合國國際貿易法委員會之仲裁規則》第29條第1款：After consultation with the parties, the arbitral tribunal may appoint one or more independent experts to report to it, in writing, on specific issues to be determined by the arbitral tribunal. A copy of the expert's terms of reference, established by the arbitral tribunal, shall be communicated to the parties.

[92] 《國際律師協會國際仲裁取證規則》第6條第1款：The Arbitral Tribunal, after consulting with the Parties, may appoint one or more independent Tribunal-Appointed Experts to report to it on specific issues designated by the Arbitral Tribunal. The Arbitral Tribunal shall establish the terms of reference for any Tribunal-Appointed Expert Report after consulting with the Parties. A copy of the final terms of reference shall be sent by the Arbitral Tribunal to the Parties.

[93] Christina L. Beharry & Melinda E. Kuritzky, Going Green: Managing the Environment through International Investment Arbitration, American University Law Review, 2015, p. 413.

5. 臨時措施之指示

　　《常設仲裁法院仲裁有關自然資源和／或環境爭端之任擇性規則》特別將「避免造成環境嚴重傷害」（prevent serious harm to the environment），列為仲裁庭在考慮是否指示臨時措施之理由[94]。雖然在《2012年仲裁規則》中，亦有對於臨時措施之指示有所規範，但在此針對環境爭端所特別制定之規則中，不只對於保護當事人權利之情形，得聲請採取臨時措施，亦考慮到由於環境損害往往甚難恢復原狀，故為避免爭議目標內之環境造成不可逆轉的損害，仲裁庭亦得採取必要之臨時措施。然而，依據《常設仲裁法院仲裁有關自然資源和／或環境爭端之任擇性規則》之條文，仲裁庭採取臨時措施，仍必須由爭端當事方任何一方提出請求，始能作出臨時措施之裁決。該規則為如此之規定，係因仲裁仍需尊重當事人之意思，但本書認為，由於國際環境爭端具有相當的公益性質，若能賦予仲裁庭在發現環境有可能因此受到嚴重損害時，即有權作出臨時措施之裁決，將能更有效地保護環境。

6. 保密義務

　　《常設仲裁法院仲裁有關自然資源和／或環境爭端之任擇性規則》中，考慮到國際環境爭端可能有許多資料涉及國家機密，雖然仲裁制度已經具有保密性，但仲裁程序中仍會讓對方及程序中之參與者接觸到此機密資訊，故本規則特別創設出任命保密顧問之方式：亦即任一方就所提交仲裁之任何資訊主張應保密者，經仲裁庭確認該資訊應被歸類為機密資訊時，若認為在缺乏特殊保護機制下有可能對於要求保密之一方造成嚴重損害者，即應對於可能會接觸保密資訊之人要求簽署保密協議之外，亦得任

---

[94] 《常設仲裁法院仲裁有關自然資源和／或環境爭端之任擇性規則》第26條第1款：
Unless the parties otherwise agree, the arbitral tribunal may, at the request of any party and having obtained the views of all the parties, take any interim measures including provisional orders with respect to the subject-matter of the dispute it deems necessary to preserve the rights of any party or to prevent serious harm to the environment falling within the subject-matter of the dispute.

命一名保密顧問作為專家，僅讓該保密顧問接觸該機密資訊，且在不向對方及仲裁庭透露該保密資訊之方式下，報告具體爭議，以確保機密資訊不被揭露，及仲裁程序之順利進行[95]。

綜前所述，常設仲裁法院因考量國際環境爭端與其他國際爭端有所不同，因此包括仲裁人資格、專家證人之任命、臨時措施之範圍、保密義務等有不同之規定，以因應國際環境爭端之解決。

三、綜合評析

從《聯合國海洋法公約》所規定爭端解決方式觀之，其多樣化且異常複雜之設計，曾遭致學者批評，認為多種爭端解決方式之選擇，將導致管轄重疊及司法碎片化更為嚴重。但本書從另一個角度來看，如此複雜之爭端解決方式中，《聯合國海洋法公約》卻將仲裁定為強制爭端解決方式，即是考慮到海洋爭端不僅產生在國家與國家之間，亦會產生在其他實體之間，而國際仲裁之主體資格並無如同《國際法院規約》僅允許國家成為訴

---

[95] 《常設仲裁法院仲裁有關自然資源和／或環境爭端之任擇性規則》第15條第4款：A party invoking the confidentiality of any information it wishes or is required to submit in the arbitration, including to an expert appointed by the arbitral tribunal, shall make an application to have the information classified as confidential by notice containing the reasons for which it considers the information confidential to the arbitral tribunal, with a copy to the other party. 第5款：The arbitral tribunal shall determine whether the information is to be classified as confidential and of such a nature that the absence of special measures of protection in the proceedings would be likely to cause serious harm to the party or parties invoking its confidentiality. If the arbitral tribunal so determines, it shall decide and communicate in writing to the parties and the Registry under what conditions and to whom the confidential information may in part or in whole be disclosed and shall require any person to whom the confidential information is to be disclosed to sign an appropriate confidentiality undertaking. 第6款：The arbitral tribunal may also, at the request of a party or on its own motion, appoint a confidentiality advisor as an expert in accordance with article 27 in order to report to it, on the basis of the confidential information, on specific issues designated by the arbitral tribunal without disclosing the confidential information either to the party from whom the confidential information does not originate or to the arbitral tribunal.

訟當事方之限制，加上仲裁程序之靈活性，以及仲裁人是由爭端當事方自行選任之結果，不但在特定領域具有專業性，也增加了爭端當事方對於判斷之信服度，將更能解決雙方間之爭議。

　　雖然《聯合國海洋法公約》規定了仲裁程序，但並沒有因此另行設立仲裁機構。從常設仲裁法院所受理海洋爭端案件觀之，有許多案件是以《附件七》仲裁程序而提起的，而如今常設仲裁法院已爲《聯合國海洋法公約》《附件七》14個案件擔任書記處，換言之，締約國若依據《聯合國海洋法公約》《附件七》提出仲裁，常設仲裁法院目前已成爲優先被選擇之仲裁機構。然而，之所以出現爭端當事方依據《附件七》直接向常設仲裁法院提出仲裁，其原因應在於，《聯合國海洋法公約》雖然設立了國際海洋法法庭，但並不排除其他國際司法機構或是仲裁機構，因此常設仲裁法院亦得受理海洋環境糾紛等案件，再加上常設仲裁法院在國家間仲裁方面，仍享有相當高之聲譽，因此當國家同意以仲裁方式解決爭端時，仍願意將案件交由常設仲裁法院進行仲裁，且爭端當事方選擇以常設仲裁法院作爲仲裁機構時，亦得選用常設仲裁法院之仲裁規則作爲補充規範，有助於仲裁程序的順利進行[96]。

　　又海洋爭端中經常有聲請臨時措施之必要，依據《聯合國海洋法公約》之規定，爲避免遲延採取臨時措施而造成損害，在仲裁庭組成之前，得向國際海洋法法庭聲請臨時措施[97]。就以常設仲裁法院所受理之愛爾蘭

---

[96] 徐曾滄、盧建祥：〈《聯合國海洋法公約》爭端解決機制十年：成就、不足與發展—以與常設國際仲裁法庭、國際法院的比較實證分析爲視角〉，載《中國海洋法學評論》2007年第1期。

[97] 《聯合國海洋法公約》第290條第5款：在爭端根據本節正向其提交之仲裁法庭組成以前，經爭端各方協議之任何法院或法庭，如在請求規定臨時措施之日起二週內不能達成這種協定，則爲國際海洋法庭，或在關於「區域」內活動時之海底爭端分庭，如果根據初步證明認爲將予組成之法庭具有管轄權，而且認爲情況緊急有此必要，可按照本條規定、修改或撤銷臨時措施。受理爭端之法庭一旦組成，即可依照第1款至第4款行事，對這種臨時措施予以修改、撤銷或確認。

訴英國混合氧化物MOX工廠案[98]爲例，當時愛爾蘭是先向國際海洋法法庭聲請臨時措施[99]，嗣後再依據《附件七》仲裁程序向常設仲裁法院提交仲裁，如此進行的方式，將常設仲裁法院與《附件七》仲裁程序連結起來，以達到充分保障權利又能終局解決爭端之目的[100]。

　　至於《聯合國海洋法公約》所規定四種爭端解決方式，雖然其裁決均具有一定之確定力及約束力，但是其所涉及之機構因爲有不同之設立目的，以及各自之國際聲譽，也影響其所受理之案件類型。就國際法院而言，因屬於一般管轄權之司法機關，並非專精於海洋環境方面，但因國際法院具有相當高之權威性，因此國家會將涉及主權或是海洋劃界等問題，交由國際法院審理。而國際海洋法法庭則因更加關注海洋環境問題，對於解決環境爭端更具有其專業性，也更能將國際環境法之基本原則在爭端審理過程中充分而具體地運用，因此關於海洋環境之爭議問題，爭端當事方更願意將其提交至國際海洋法法庭。至於仲裁庭在海洋環境案件所發揮之作用，則因仲裁人是爭端當事方自己選任，對於仲裁庭作出之判斷有一定之信服度，且因仲裁程序之靈活性，往往可在判斷中提出雙贏之方案，讓國際環境爭端能更妥善地加以解決，因此爭端當事方對於較不涉及主權之案件願意交由仲裁庭審理，但有些涉及國家領土主權之案件，也有爭端當事方將其包裝成海洋環境保護之案件，透過強制仲裁程序提交仲裁[101]。

---

[98] *The MOX Plant Case (Ireland v. United Kingdom), PCA, 2002*, https://pca-cpa.org/cn/cases/100/.

[99] *The MOX Plant Case (Ireland v. United Kingdom), Provisional Measures, ITLOS, 2001*, https://www.itlos.org/en/main/cases/list-of-cases/case-no-10/.

[100] 徐曾滄、盧建祥：〈《聯合國海洋法公約》爭端解決機制十年：成就、不足與發展—以與常設國際仲裁法庭、國際法院的比較實證分析爲視角〉，載《中國海洋法學評論》2007年第1期。

[101] 蔣小翼：〈《聯合國海洋法公約》涉海環境爭端解決程序之比較分析〉，載《邊界與海洋研究》2018年第2期。

　　綜前所述，雖然許多國際環境公約中將仲裁規定爲爭端解決方式，且爲了讓爭端當事方在選擇以仲裁爲爭端解決方式時能有所依循，通常在公約之附件中訂有仲裁規則，然而，在這些公約中，仲裁通常並非是唯一的爭端解決方式，且仲裁規則之內容也並無依據國際環境爭端之特性而加以調整，甚爲可惜。然《聯合國海洋法公約》之爭端解決方式，以及常設仲裁法院之仲裁規則，由於開始注意到國際環境爭端之特性，其規定對於國際環境爭端之解決及環境保護實有相當之助益。

第三節　國際環境仲裁之仲裁人資格及選任

一、國際環境仲裁之仲裁人資格問題

　　國際仲裁最重要之特徵，在於爭端當事方有自行選任仲裁人之權利。如前所述，若案件進入國際法院，將由全體國際法院之法官爲判決，但因爲國際法院所審判之案件不僅只有國際環境爭端，而是包含所有之國際爭端，因此國際法院之法官雖均爲國際法之專家，但未必是國際環境法之專家，其判決結果也大多僅從國際法之觀點爲之，較難讓國際環境爭端眞正朝著保護環境之方向解決。而本書所提之國際環境仲裁，其中一項特點，即在於透過選任具有國際環境法專門知識之仲裁人，從國際環境法之觀點，就國際環境爭端進行判斷，以達到環境保護及永續發展之目標。

　　目前涉及國家之仲裁案件，以常設仲裁法院爲歷史最悠久，且經常被選任之仲裁機構。依據1899年《和平解決國際爭端公約》及《2012年常設仲裁法院仲裁規則》，爭端當事方得協議由獨任仲裁人進行仲裁，也可以選擇由三名或五名仲裁人組成之仲裁庭爲裁判，秘書長所編列供爭端當事方參考選任之仲裁人名單，必須是品德崇高且精通國際法之專家。換言之，常設仲裁法院設立時所編列之仲裁人名單，基本上僅要求專精於國際法，對於其他學科而言，未必是專家。然而，國際環境爭端之特色在於

其具有高度學科邊緣綜合性，除了與海洋法、國際水法、國際投資法、國際經濟法相互交叉之外，亦與環境科學、環境倫理學、物理學、化學、天文學、地理學、生物學、經濟學等學科緊密相關，如此一來，未具有相關專業知識之仲裁人是否有能力處理國際環境爭端，恐怕備受質疑。而常設仲裁法院關注到國際環境爭端之特性，以及仲裁人是否具備該特殊專業之資格，亦將影響仲裁之判斷結果，因此認為仲裁人之專業若僅深通「國際法」恐有不足，故訂定《常設仲裁法院仲裁有關自然資源和／或環境爭端之任擇性規則》，要求秘書長應「依據該爭議事項」之不同，提供具有「特殊專業」之仲裁人名單供爭端當事方選任[102]。再者，《2012年常設仲裁法院仲裁規則》僅允許爭端當事方除了對於仲裁人之公正性或獨立性有合理懷疑時，可以要求迴避[103]，然在《常設仲裁法院仲裁有關自然資源和／或環境爭端之任擇性規則》中對於仲裁人之「專業資格」，則允許爭端當事方可以提出要求，亦即該規則規定：若被選任之仲裁人不具備雙方在仲裁協議中約定之資格時，爭端當事方也可以對於該仲裁人提出質疑[104]。此項規定將使得仲裁庭的組成更具有專業性，所作出之仲裁判斷也更能讓爭端當事方信服，甚至讓國際環境法有更進一步之發展。

　　而《聯合國海洋法公約》主要是關於海洋方面之規範，且因其爭端

---

[102] 《常設仲裁法院仲裁有關自然資源和／或環境爭端之任擇性規則》第8條第3款：In appointing arbitrators pursuant to these Rules, the parties and the appointing authority are free to designate persons who are not Members of the Permanent Court of Arbitration at The Hague. For the purpose of assisting the parties and the appointing authority the Secretary-General will make available **a list of persons considered to have expertise in the subject-matters of the dispute at hand for which these Rules have been designed**.

[103] 《2012年常設仲裁法院仲裁規則》第12條第1款：Any arbitrator may be challenged if circumstances exist that give rise to justifiable doubts as to the arbitrator's impartiality or independence.

[104] 《常設仲裁法院仲裁有關自然資源和／或環境爭端之任擇性規則》第10條第1款：Any arbitrator may be challenged if circumstances exist that give rise to justifiable doubts as to the arbitrator's impartiality or independence or **if he/she does not have the qualifications agreed by the parties in their arbitration agreement**.

解決方式所受理之爭議與海洋法相關，故《聯合國海洋法公約》《附件七》仲裁程序對於仲裁人名單之編制，也要求仲裁人不但應具備公平、正直之品德，且在專業方面享有最高聲譽之外，並應對於「海洋事務」方面具有相當豐富經驗，而非僅是國際法方面之專家。至於《聯合國海洋法公約》《附件八》所規定之特別仲裁程序，雖與《附件七》仲裁程序大多相同，但其特別將《聯合國海洋法公約》中有關：(一)漁業；(二)保護海洋環境；(三)海洋科學研究；(四)航行（包括船隻和傾倒造成之污染）等四大項爭議獨立出來，另立一套仲裁規則，並要求四大領域之專業機構來編制保存專家名單，包括聯合國糧食及農業組織、聯合國環境規劃署、政府間海洋學委員會及國際海事組織，以確保所提出之名單確實為該領域之專家。

　　隨著國際間環保意識之興起，許多國家成為國際環境條約之締約國，對於影響環境之投資開始採取限制之措施，然而該措施不僅影響國內產業，也對外國投資之項目造成影響，因此許多國際投資爭端的起因是涉及環境議題。然而當初簽署《解決國家與他國國民間投資爭端公約》（*Convention on the Settlement of Investment Disputes Between States and Nationals of Other States*，又稱《華盛頓公約》）之目的，是為了讓投資人在進入他國投資時，保護投資人之投資不會因為他國施行相關政策或法令而影響其投資，涉及的是國際投資法相關之爭議，因此僅考慮到投資保護之問題，所以要求仲裁人須具備國際投資法之相關專業，自屬當然。但目前有許多國際投資仲裁案件，係因國家為履行國際環境法之義務，而禁止某些產品之販賣，或是拒絕某些行業許可證之續簽，導致影響投資人之投資，但若此種爭端仍僅以國際投資法專家進行裁判，未必能顧及環境保護之目標。因此，即使是國際投資之爭議，若涉及環境議題，亦不能僅選任深通國際公法或國際投資法之專家，而應同時選派國際環境法之專家擔任仲裁人，方為妥適。由於經濟發展與環境保護必須相輔相成，不能偏廢，否則人類良好之生活環境都不可得時，又談何經濟發展或投資保護？再者，此種涉及環境保護之國際投資爭端尚須對於國際環境法有所研究，方能進而整合經濟、社會和環境政策，而同時平衡環境與其他領域利益之

保護，如此方能對於涉及環境議題之投資爭端作出明智之決定。

二、仲裁人之公正性及獨立性研究

由於國際仲裁允許爭端當事方可以自由選擇仲裁人組成仲裁庭，因此仲裁人之選任成為爭端當事方兵家必爭之地。但因仲裁人之國籍、文化背景、養成教育、過去經歷、相關專業等，均會影響仲裁人對於爭議問題有不同之觀點，自然會對於仲裁判斷產生一定之影響，因此爭端當事方對於仲裁人之背景、經歷或對於法律問題之觀點，若發現有可能導致最後之判斷結果對己方不利時，須賦予其權利對於該名仲裁人之公正性或獨立性提出質疑，要求其迴避。

而國際環境仲裁除了對於仲裁人之專業背景特別注重之外，對於仲裁人之公正性及獨立性也必須有所規範。由於本書所論及之國際環境仲裁，主要是包括國家間之國際環境仲裁案件、個人對國家提出之國際環境仲裁案件，或是非政府間國際組織對國家提出之國際環境仲裁案件，而不包括私人與私人間之仲裁案件。然而，此種仲裁案件對於一般律師而言仍是相當特殊之領域，故能在此種案件擔任代理人或仲裁人之專家並不多，若該爭端又屬於國際環境爭端，可以擔任代理人或是具有擔任仲裁人資格之專家將會更少，因此更容易產生同一人同時或先後擔任不同案件之代理人或仲裁人，或是先後擔任不同案件之仲裁人等情形，其獨立性及公正性可能將被質疑。為使國際環境仲裁可以達到雙方均願意服從該判斷之結果，仲裁人獨立性及公正性必須加以確保。然而，由於目前並無專門解決國際環境爭端之機構，因此被單純認定為國際環境爭端者實屬不多，但由於國際投資仲裁為國家與其他實體間之仲裁，其所產生仲裁人獨立性及公正性之問題，在國際環境仲裁也會產生，因此值得加以借鏡。

關於仲裁庭組成，依據常設仲裁法院所制定《2012年常設仲裁法院仲裁規則》[105]及《常設仲裁法院仲裁有關自然資源和／或環境爭端之任

---

[105]《2012年常設仲裁法院仲裁規則》第6條：3. The appointing authority shall have

擇性規則》[106]，均規定爭端當事方除可以合意選擇獨任仲裁人之外，亦得合意以三名至五名仲裁人組成仲裁庭，但不論是三名或五名仲裁人，各方均只能指定一名仲裁人，若決定仲裁庭之組成人數是三名仲裁人，則由此兩名仲裁人協議推選出第三名仲裁人，且以第三名仲裁人爲首席仲裁人，若決定由五位仲裁人組成，則由此兩位仲裁人選擇其他三位仲裁人，並由三位當中其中一位擔任首席仲裁人。但若無法組成仲裁庭時，得由指定機構任命仲裁人，然指定機構必須考慮到該被指定之仲裁人應具備公正性及獨立性，且不得具有爭端當事方任一方之國籍，避免影響其公正性及獨立性。

　　而《聯合國海洋法公約》《附件七》亦有規定，若爭端當事方無法協議選出仲裁人組成仲裁庭，須由指定機構任命仲裁人時，該名仲裁人不得具有任一方之國籍，且不得與爭端當事方任一方有受僱關係，或是經常在爭端當事方任一方之境內居住之人[107]。換言之，常設仲裁法院之仲裁規

---

regard to such considerations as are likely to secure the appointment of an independent and impartial arbitrator and shall take into account the advisability of appointing an arbitrator of a nationality other than the nationalities of the parties. 第9條：1. If three arbitrators are to be appointed, each party shall appoint one arbitrator. The two arbitrators thus appointed shall choose the third arbitrator who will act as the presiding arbitrator of the arbitral tribunal. If five arbitrators are to be appointed, the two party-appointed arbitrators shall choose the remaining three arbitrators and designate one of those three as the presiding arbitrator of the tribunal.

[106] 《常設仲裁法院仲裁有關自然資源和／或環境爭端之任擇性規則》第7條：1. If three arbitrators are to be appointed, each party shall appoint one arbitrator. The two arbitrators thus appointed shall choose the third arbitrator who will act as the presiding arbitrator of the tribunal. If five arbitrators are to be appointed, the two party-appointed arbitrators shall choose the remaining three arbitrators and designate one of those three as the presiding arbitrator of the tribunal. 第6條第4項：In making the appointment, the appointing authority shall have regard to such considerations as are likely to secure the appointment of an independent and impartial arbitrator.

[107] 若由五名仲裁人組成仲裁庭，則依《聯合國海洋法公約》附件七第3條：(d)另三名仲裁人應由當事各方間以協議指派。他們最好從名單中選派，並應爲第三國國民，除非各方另有協議。爭端各方應從這三名仲裁人中選派一人爲仲裁庭庭長。如果在

則及《聯合國海洋法公約》《附件七》仲裁程序中，對於仲裁人之選任並沒有過多的限制，但兩者均有考慮到仲裁人國籍之問題，因此要求指定機構任命仲裁人時，應不得任命具有與爭端當事方任一方國籍之人，甚至是與爭端當事方任一方有僱傭關係之人，或是經常在爭端當事方任一方之境內居住之人，以避免仲裁判斷有所偏頗。

　　再者，常設仲裁法院所制定《2012年常設仲裁法院仲裁規則》[108]及《常設仲裁法院仲裁有關自然資源和／或環境爭端之任擇性規則》[109]賦予爭端當事方對於仲裁人有要求迴避之權利，聲請迴避之條件是：若爭端當事方對於任何一位仲裁人之「公正性或獨立性」（impartiality or independence）有「合理懷疑」（justifiable doubts）時，得對該名仲裁人提出質疑，並要求迴避。此外，依據《解決國家與他國國民間投資爭端公約》之規定，對於解決投資爭議之仲裁人除要求應具有高尚的品德之外，在專業方面也必須被公認具有一定之地位，且可以作出獨立之判斷，而足

收到本附件第1條所指通知後六十天內，各方未能就應以協議指派之仲裁庭一名或一名以上仲裁人之指派達成協議，或未能就指派庭長達成協議，則經爭端一方請示，所餘指派應按照(e)項作出。這種請示應於上述六十天期間屆滿後二週作出；(e)除非爭端各方協議將本條(c)和(d)項規定之任何指派交由爭端各方選定之某一人士或第三國作出，應由國際海洋法法庭庭長作出必要之指派。如果庭長不能依據本項辦理，或為爭端一方之國民，這種指派應由可以擔任這項工作並且不是爭端任何一方國民之國際海洋法法庭年資次深法官作出。本項所指之指派，應於收到請示後三十天期間內，在與當事雙方協商後，從本附件第2條所指名單中作出。這樣指派之仲裁人應屬不同國籍，且不得為爭端任何一方之工作人員，或其境內之通常居民或其國民。

[108] 《2012年常設仲裁法院仲裁規則》第12條：1. Any arbitrator may be challenged if circumstances exist that give rise to **justifiable doubts** as to the arbitrator's **impartiality or independence**.

[109] 《常設仲裁法院仲裁有關自然資源和／或環境爭端之任擇性規則》第10條：1. Any arbitrator may be challenged if circumstances exist that give rise to **justifiable doubts** as to the arbitrator's **impartiality or independence** or if he/she does not have the qualifications agreed by the parties in their arbitration agreement.

以被信賴[110]。且仲裁人所應具備之公正性或獨立性，若有「明顯缺乏」（manifest lack）之情形，則爭端當事得請求迴避[111]。由此觀之，「公正性」及「獨立性」是國際仲裁對於仲裁人普遍性之要求。而傳統上對於「獨立性」之內涵，認為是仲裁人與爭端當事方間之關係，不可以存在影響判斷結果之情形，否則將被認為不具有獨立性，著重在客觀事實之認定；至於「公正性」，則是指仲裁人本身之心態，對於任一當事方或該爭端不存在有任何偏見，重點在於仲裁人之主觀想法。然而，近年來學者則認為，「公正性」及「獨立性」兩者並無區分實益，因為從實踐上來看，要求仲裁人應「獨立判斷」之要求，實已包含「公正性」及「獨立性」之內涵，且在客觀上，若仲裁人與爭端當事方間之關係，存在可能影響判斷之因素時，在主觀上，該仲裁人自然也會對於該當事方或爭端有所偏見，因此主客觀因素將會相互影響[112]。故本書所論及仲裁人是否應迴避之情形，亦以公正性為主加以說明。

(一) 仲裁人獨立性及公正性之內涵

國際仲裁之裁判者必須具有絕對之公正性，方能確保判斷結果具有公信力。至於仲裁人之公正性，係指仲裁人對於爭端當事方不能存有偏見，對於爭議問題也不能有傾向性，仲裁人必須完全依據法律及案件事實作出判斷，方能保證兩方之利益不會因為案件事實以外之因素干擾而受損。因此爭端當事方往往會透過查閱仲裁人過去和當前之專業活動、仲裁人在其他仲裁案件所作之判斷、其所發表之論文或書籍、仲裁人之性格、專業、

---

[110] 《解決國家與他國國民間投資爭端公約》第14條：1.指派在小組服務之人員應具有高尚之道德品質，並且在法律、商務、工業和金融方面有公認之能力，他們可以被信賴作出獨立之判斷。對仲裁人小組之人員而言，在法律方面之能力尤其重要。

[111] 《解決國家與他國國民間投資爭端公約》第57條：一方可以根據明顯缺乏第14條第1款規定之品質之任何事實，向委員會或仲裁庭建議取消其任何成員之資格。

[112] 于湛旻：〈論國際投資仲裁中仲裁員的迴避〉，載《武大國際法評論》2014年第1期。

背景及學經歷選擇仲裁人，或是對於他方所指定之仲裁人，以及指定機構所任命之仲裁人加以調查，進而認定是否有偏頗之虞，因為仲裁人之選任，將直接影響判斷結果。

　　一般而言，就仲裁人公正性之要求，尚可分為身分要求及公平行事要求兩大類：

1. 身分要求

　　所謂身分要求，係指仲裁人不能與案件中之爭端當事方任一方有利益衝突之情形，包含涉及僱傭關係、業務關係，或是涉及金錢之利益衝突，或與其中一方有重大之共同目標等。換言之，若就現存之客觀證據或合理之推論，能夠認定仲裁人可能對一方當事人有偏見之風險存在，而此偏見將影響判斷結果，即可認定該仲裁人具有身分衝突，不具公正性。

　　至於違反身分要求之情形，通常可分為三種：(1)因仲裁人在其他之案件中，曾經擔任爭端當事方任一方之律師或代理人，而被認為在本案中可能偏向其中一方而產生之衝突；(2)仲裁人在同一個爭端當事方不同之案件中均擔任仲裁人；(3)仲裁人曾經發表對於案件之法律觀點所導致之議題衝突，以下就此三種情形分述之。

　　(1)同時或在先後案件擔任代理人與仲裁人，導致身分衝突之情形：由於國際仲裁制度之設計，讓仲裁人基本上是屬於臨時性與非專職性的，因此仲裁人經常具有其他職業身分，實踐上來說，大部分為律師或教授，尤其是從事仲裁工作之律師，也經常會在其他仲裁案件或訴訟案件中擔任代理人。若曾經在爭端當事方其中一方之案件擔任過代理人，嗣後又在其他案件擔任仲裁人，即產生身分衝突之情形，而該仲裁人可能被認為不具公正性。且由於涉及國家之仲裁案件，對於一般律師而言係相當特殊之領域，若又屬於國際環境仲裁，則具有相當專業而能夠擔任仲裁人之人選更是屈指可數，因此是否只要有所重合，即可認定該仲裁人不具有公正性？又或者是仲裁人雖非曾經擔任爭端當事人一方之代理人，但曾向其中一方提供過專業建議，或是與其中一方曾經有共同利益之情形下，是否可認定

其缺乏公正性？

　　(2)不同案件中均擔任仲裁人之情形：若同一個仲裁人曾處理類似之法律問題並作出過判斷，在後案之仲裁案件中，若出現矛盾之判斷理由及決定，是否可以允許爭端當事方質疑該仲裁人不具備獨立性或公正性？又或者同一名仲裁人，多次被同一爭端當事方指定在不同案件中擔任仲裁人，是否可以因此質疑其公正性？此種情形在涉及國家之仲裁案件較一般國際商務仲裁案件更加明顯，因爲在國際商務仲裁案件中，契約內容有上千萬種不同的變化，但是在涉及國家有關之仲裁案件中，裁判之依據爲國際法，通常爲條約或協議，因此這些條約或協議之解釋問題基本上是會反覆出現，因此同一個仲裁人在面對不同案件卻類似之法律問題，且該仲裁人在前案已作出不利於己之裁判時，是否即可認定該仲裁人在本案無法保持其公正性，因而可以對其提出質疑或要求迴避？

　　(3)議題衝突之情形：如前所述，仲裁人基本上是臨時性且非專職性的，因此有許多仲裁人也具有律師或專家學者之身分，若在該案之仲裁判斷結果出現之前，專家學者已先行提出對此案件之觀點，對於已發表特定觀點之專家學者被選派爲仲裁人時，爭端當事方是否得以此要求該仲裁人迴避[113]？

　　以上的問題，在國際律師協會所製作之《國際律師協會國際仲裁利益衝突指引》（*IBA Guidelines on Conflicts of Interest in International Arbitration*）中，就仲裁人可能發生利益衝突之情形分爲四大類，包括：(1)不可棄權之紅色清單（Non-Waivable Red List）：此清單內所列舉之情形，仲裁人資格必然被取消，例如：仲裁人爲本案當事方之經理人、董事會成員，或對當事方有類似之控制性影響等情形[114]；(2)可棄權之紅色清

---

[113] 丁夏：〈國際投資仲裁案件中"客觀行爲標準"的適用〉，載《國際經貿探索》2016年第3期。

[114] **1. Non-Waivable Red List** 不可棄權之紅色清單

1.1 There is an identity between a party and the arbitrator, or the arbitrator is a legal representative in the arbitration, or employee of a person or entity that is a party in the

單（Waivable Red List）：此清單所舉之情形，仲裁人之資格應被取消，但當事方可以放棄請求仲裁人迴避之權利，例如：仲裁人就該爭議案件已經向當事方其中一方或其關係企業、相關單位或關聯機構提供法律意見；仲裁人在先前已經涉及該案件；仲裁人與其中當事一方之代理人為同一律師事務所之律師；仲裁人所在之律師事務所目前與當事方有實質之商業關係等情形[115]；(3)橙色清單（Orange List）：此清單所列舉之情形，仲裁

---

arbitration. 1.2 The arbitrator is a manager, director, or member of the supervisory board, or has a controlling influence on one of the parties or an entity that has a direct economic interest in the award to be rendered in the arbitration. 1.3 The arbitrator has a significant financial or personal interest in one of the parties, or the outcome of the case. 1.4 The arbitrator currently or regularly advises a party, or an affiliate1 of a party, and the arbitrator or the arbitrator's firm or employer derives significant financial income therefrom.

[115] **2. Waivable Red List 可棄權之紅色清單**

2.1 Relationship of the arbitrator to the dispute

2.1.1 The arbitrator has given legal advice, or provided an expert opinion, on the dispute to a party or an affiliate of one of the parties. 2.1.2 The arbitrator had a prior involvement in the dispute.

2.2 Arbitrator's direct or indirect interest in the dispute

2.2.1 The arbitrator holds shares, either directly or indirectly, in one of the parties, or an affiliate of one of the parties, this party or an affiliate being privately held. 2.2.2 A close family member2 of the arbitrator has a significant economic interest in the outcome of the dispute. 2.2.3 The arbitrator, or a close family member of the arbitrator, has a close relationship with a non-party who may be liable to recourse on the part of the unsuccessful party in the dispute.

2.3 Arbitrator's relationship with the parties or counsel

2.3.1 The arbitrator currently or regularly represents or advises one of the parties, or an affiliate of one of the parties, but does not derive significant financial income therefrom. 2.3.2 The arbitrator currently represents or advises the lawyer or law firm acting as counsel for one of the parties. 2.3.3 The arbitrator is a lawyer in the same law firm as the counsel to one of the parties. 2.3.4 The arbitrator is a manager, director or member of the supervisory board, or has a controlling influence in an affiliate of one of the parties, if the affiliate is directly involved in the matters in dispute in the arbitration. 2.3.5 The arbitrator's law firm or employer had a previous but terminated involvement in the case without the arbitrator being involved themselves. 2.3.6 The arbitrator's law firm or employer currently has a significant

人之資格可能會被取消，但仍需視實際上之狀況而定，例如：仲裁人在過去三年內擔任過當事一方之代理人，但該案與本件爭端無關；仲裁人目前或在過去三年內在當事方之其他案件擔任仲裁人，且該案件與本案爭端相關；仲裁人在過去三年內，有三次以上是受到同一代理人或同一律師事務所之任命等情形[116]；(4)綠色清單（Green List）：此清單列舉之情形，

---

commercial relationship with one of the parties, or an affiliate of one of the parties. 2.3.7 The arbitrator has a close family relationship with one of the parties, or with a manager, director or member of the supervisory board, or any person having a controlling influence in one of the parties, or an affiliate of one of the parties, or with counsel representing a party. 2.3.8 A close family member of the arbitrator has a significant financial or personal interest in one of the parties, or an affiliate of one of the parties.

[116] **3. Orange List橙色清單**

3.1 Services for one of the parties or other involvement in the case

3.1.1 The arbitrator has, within the past three years, served as counsel for one of the parties, or an affiliate of one of the parties, or has previously advised or been consulted by the party, or an affiliate of the party, making the appointment in an unrelated matter, but the arbitrator and the party, or the affiliate of the party, have no ongoing relationship. 3.1.2 The arbitrator has, within the past three years, served as counsel against one of the parties, or an affiliate of one of the parties, in an unrelated matter. 3.1.3 The arbitrator has, within the past three years, been appointed as arbitrator on two or more occasions by one of the parties, or an affiliate of one of the parties. 3.1.4 The arbitrator has, within the past three years, been appointed to assist in mock-trials or hearing preparations on two or more occasions by one of the parties, or an affiliate of one of the parties in unrelated matters. 3.1.5 The arbitrator currently serves, or has served within the past three years, as arbitrator or counsel in another arbitration on a related issue or matter involving one of the parties, or an affiliate of one of the parties. 3.1.6 The arbitrator currently serves, or has acted within the past three years, as an expert for one of the parties, or an affiliate of one of the parties in an unrelated matter. 3.1.7 The arbitrator's law firm or employer is currently rendering or regularly renders services to one of the parties, or to an affiliate of one of the parties, without creating a significant commercial relationship for the law firm or employer and without the involvement of the arbitrator, and such services do not concern the current dispute. 3.1.8 A law firm or other legal organisation that shares significant fees or other revenues with the arbitrator's law firm or employer renders services to one of the parties, or an affiliate of one of the parties, before the Arbitral Tribunal.

3.2 Relationship between an arbitrator and another arbitrator or counsel

3.2.1 The arbitrator and another arbitrator are lawyers in the same law firm or have the same employer. 3.2.2 The arbitrator and another arbitrator, or the counsel for one of the parties, are members of the same barristers' chambers. 3.2.3 The arbitrator was, within the past three years, a partner of, or otherwise affiliated with, another arbitrator or any of the counsel in the arbitration. 3.2.4 A lawyer in the arbitrator's law firm is an arbitrator in another dispute on a related issue or matter involving the same party or parties, or an affiliate of one of the parties. 3.2.5 A close family member of the arbitrator is a partner or employee of the law firm representing one of the parties, but is not assisting with the dispute. 3.2.6 A close personal friendship exists between an arbitrator and counsel of a party. 3.2.7 Enmity exists between an arbitrator and counsel appearing in the arbitration. 3.2.8 The arbitrator has, within the past three years, been appointed as arbitrator on more than three occasions by the same counsel, or the same law firm. 3.2.9 The arbitrator has, within the past three years, been appointed as an expert on more than three occasions by the same counsel, or the same law firm. 3.2.10 The arbitrator has, within the past three years, been appointed to assist in mock-trials or hearing preparations on more than three occasions by the same counsel, or the same law firm. 3.2.11 The arbitrator and another arbitrator, or counsel for one of the parties in the arbitration, currently act or have acted together within the past three years as co-counsel. 3.2.12 An arbitrator and counsel for one of the parties currently serve together as arbitrators in another arbitration. 3.2.13 An arbitrator and their fellow arbitrator(s) currently serve together as arbitrators in another arbitration.

3.3 Relationship between arbitrator and party and/or others involved in the arbitration
3.3.1 The arbitrator's law firm is currently acting adversely to one of the parties, or an affiliate of one of the parties. 3.3.2 The arbitrator has been associated with an expert, a party, or an affiliate of one of the parties, in a professional capacity, such as a former employee or partner. 3.3.3 A close personal friendship exists between an arbitrator and a manager or director or a member of the supervisory board of: a party; an entity that has a direct economic interest in the award to be rendered in the arbitration; or any person having a controlling influence, such as a controlling shareholder interest, on one of the parties or an affiliate of one of the parties or a witness or expert. 3.3.4 Enmity exists between an arbitrator and a manager or director or a member of the supervisory board of: a party; an entity that has a direct economic interest in the award; or any person having a controlling influence on one of the parties or an affiliate of one of the parties or a witness or expert. 3.3.5 If the arbitrator is a former judge, and has, within the past three years, heard a significant case involving one of the parties, or an affiliate of one of the parties. 3.3.6 The arbitrator is instructing an expert appearing in the arbitration proceedings for another matter where the arbitrator acts as counsel.

3.4 Other circumstances

通常仲裁人之資格是不會被取消的，例如：仲裁人先前所公開發表過之觀點，與仲裁中出現之問題相同，但並非針對本件爭端；仲裁人與當事一方之經理人，或與當事一方關聯機構董監事會成員，曾經在同一案件作為共同專家，或在同一案件中擔任仲裁人等情形[117]。可以作為參考。

3.4.1 The arbitrator holds shares, either directly or indirectly, that by reason of number or denomination constitute a material holding in one of the parties, or an affiliate of one of the parties, this party or affiliate being publicly listed. 3.4.2 The arbitrator has publicly advocated a position on the case, whether in a published paper or speech, through social media or on-line professional networking platforms, or otherwise. 3.4.3 The arbitrator holds an executive or other decision-making position with the administering institution or appointing authority with respect to the dispute and in that position has participated in decisions with respect to the arbitration. 3.4.4 The arbitrator is a manager, director or member of the supervisory board, or has a controlling influence on an affiliate of one of the parties, where the affiliate is not directly involved in the matters in dispute in the arbitration.

[117] **4. Green List**綠色清單

4.1 Previously expressed legal opinions

4.1.1 The arbitrator has previously expressed a legal opinion (such as in a law review article or public lecture) concerning an issue that also arises in the arbitration (but this opinion is not focused on the case).

4.2 Current services for one of the parties

4.2.1 A firm, in association or in alliance with the arbitrator's law firm or employer, but that does not share significant fees or other revenues with the arbitrator's law firm or employer, renders services to one of the parties, or an affiliate of one of the parties, in an unrelated matter.

4.3 Contacts with another arbitrator, or with counsel for one of the parties

4.3.1 The arbitrator has a relationship with another arbitrator, or with the counsel for one of the parties, through membership in the same professional association, or social or charitable organisation, or through a social media network. 4.3.2 The arbitrator and counsel for one of the parties have previously served together as arbitrators. 4.3.3 The arbitrator teaches in the same faculty or school as another arbitrator or counsel to one of the parties, or serves as an officer of a professional association or social or charitable organisation with another arbitrator or counsel for one of the parties. 4.3.4 The arbitrator was a speaker, moderator, or organiser in one or more conferences, or participated in seminars or working parties of a professional, social, or charitable organisation, with another arbitrator or counsel to the parties.

2. 公平行事要求

　　仲裁人應具備之獨立性及公正性尚有另一個內涵，亦即在仲裁程序中，必須公平公正之對待雙方，包括避免在審理程序外與其中一方單獨接觸；或一方不在場之情形下與他方討論案件；或在審理程序中僅允許一方當事人陳述，而拒絕他方陳述等，這些行爲都會被認爲仲裁人缺乏公正性。此外，對於仲裁人未即時揭露資訊之行爲，也被認爲是屬於違反仲裁人公正行事之要求，因爲該資訊可能影響判斷結果，而選派仲裁人之一方可能早就知悉，但若仲裁人未即時揭露相關資訊，導致他方事後才知悉，顯然是該名仲裁人並沒有公平公正之對待雙方，而違反了公平行事之要求。

　　綜上，公正性之內涵基本上分爲身分要求及公平行事之要求，而身分要求又可細分爲同時或先後擔任代理律師或仲裁人之情形、不同之案件中均擔任仲裁人之情形，以及議題衝突之情形，而公平行事之要求，又可分爲審理程序中及審理程序外之不公平行事，以下提出案例加以說明。

4.4 Contacts between the arbitrator and one of the parties
4.4.1 The arbitrator has had an initial contact with a party, or an affiliate of a party (or their counsel) prior to appointment, if this contact is limited to the arbitrator's availability and qualifications to serve, or to the names of possible candidates for a chairperson, and did not address the merits or procedural aspects of the dispute, other than to provide the arbitrator with a basic understanding of the case. 4.4.2 The arbitrator holds an insignificant amount of shares in one of the parties, or an affiliate of one of the parties, which is publicly listed. 4.4.3 The arbitrator and a manager, director or member of the supervisory board, or any person having a controlling influence on one of the parties, or an affiliate of one of the parties, have worked together as joint experts, or in another professional capacity, including as arbitrators in the same case. 4.4.4 The arbitrator has a relationship with one of the parties or its affiliates through a social media network.
4.5 Contacts between the arbitrator and one of the experts
4.5.1 The arbitrator, when acting as arbitrator in another matter, heard testimony from an expert appearing in the current proceedings.

(二) 關於仲裁人公正性及獨立性之案例分析

　　為維護仲裁人之公正性，故賦予爭端當事方請求迴避之權利，但若爭端當事方濫用此種權利，將會使得仲裁程序無法順利進行外，也對於仲裁制度之發展產生不利之影響。因此，判斷何種情形是屬於仲裁人缺乏公正性，而准許爭端當事方迴避之聲請，是相當重要之議題：如果標準過於嚴謹，將使得爭端當事方對於該判斷結果不信服；但若標準過於寬鬆，將使得爭端當事方為求得有利判斷結果而濫用此種權利。

　　然而，由於目前並無專門解決國際環境爭端之常設仲裁機構，以及將爭端歸類為國際環境爭端並以國際仲裁解決者並不多，故較少對於仲裁人公正性問題提出質疑之案例。但由於國際投資仲裁亦屬於涉及國家與其他實體間之仲裁，其所產生仲裁人公正性之問題，值得國際環境仲裁加以借鏡。由於國際環境仲裁之案件將會因為各國環保意識之興起而逐漸增加，故關於仲裁人公正性之問題實有詳予研究之必要性。以下就將有關仲裁人公正性之案例進行整理並加以評析，以期在國際環境仲裁中，對於仲裁人是否缺乏公正性應如何認定，能有更為明確之標準。

1. 關於身分要求之案例分析

(1) 同時或先後擔任代理人與仲裁人導致身分衝突之案例

① *SSA & ISIA v. Argentine*案[118]

　　在*SSA & ISIA v. Argentine*國際投資仲裁案中，阿根廷認為瑞士籍之仲裁人Gabrielle KAUFMANN-KOHLER在擔任仲裁人期間，同時接受UBS公司聘任作為獨立董事，而UBS公司掌握了申請人SSA公司2.1%之股權，故Gabrielle KAUFMANN-KOHLER擔任本件仲裁人缺乏公正性，因此阿根廷對Gabrielle KAUFMANN-KOHLER提出異議聲請，要求撤銷原案判斷。最後裁決結果認為，由於Gabrielle KAUFMANN-KOHLER在UBS公司所擔任之職務為獨立董事，並不參與UBS公司日常具體營運事項，更

---

[118] *Suez, Sociedad General de Aguas de Barcelona S.A. and Interagua Servicios Integrales de Agua S.A. v. The Argentine Republic*, ICSID Case No. ARB/03/17.

遑論SSA公司只是UBS公司所投資之公司，因此Gabrielle KAUFMANN-KOHLER與SSA公司之關係是間接且遙遠的；再者，UBS公司對SSA公司之投資，對UBS公司而言其比例是非常小的；更何況，即使SSA公司敗訴也不影響Gabrielle KAUFMANN-KOHLER作爲UBS公司獨立董事所領取之報酬，因此該案由三名成員所組織之專門委員會（ad hoc Committee）駁回了阿根廷之異議聲請[119]。但該委員會也對此提出了維持仲裁人公正性之見解，認爲作爲一家國際銀行之董事，應該對於國際銀行可能會跟其他跨國公司存在利益關聯有所認識，而可以預見這些跨國公司將來有可能參與國際仲裁，即應謹愼處理因此出現之利益衝突。而處理之方式，應持續調查自己本身所任職之公司與哪些當事方存有利益關聯，若有發現關聯性，應在擔任仲裁人期間儘早揭露給爭端當事方，或選擇主動辭任，且該仲裁人有義務將自己任職之經歷補充進簡歷中，並正式通知所有的爭端當事方，以保持仲裁人之公正性[120]。

　　在本案中，由於仲裁人身爲爭端當事方之投資方董事，在一般社會經驗中，自然認爲該名仲裁人因爲這層關係而可能有偏頗之心證，但是該案卻非常仔細地審酌投資方所占有之股份比例，以及分析仲裁人在投資方所擔任之職務，最後認定由於投資方在爭端當事方所占股份比例過低，無足輕重，且仲裁人在投資方所擔任之職務也是屬於外部之獨立董事，進而判斷仲裁人與本案之判斷結果應無共同利益之關聯性，故並不影響其公正性。但也特別就仲裁人之公正性提出其見解，認爲仲裁人對於自己是否可能產生利益衝突之情形，應更加謹愼面對，除應在被選任時揭露自己之經歷外，也應有義務持續調查自己任職之背景及經歷是否與爭端當事方有利益衝突之可能，以維持其公正性。

---

[119] 劉京蓮：〈國際投資仲裁正當性危機之仲裁員獨立性研究〉，載《河北法學》2011年第9期。

[120] 丁夏：〈國際投資仲裁案件中"客觀行爲標準"的適用〉，載《國際經貿探索》2016年第3期。

② *Amco Asia v. Indonesia*案[121]

至於*Amco Asia v. Indonesia*案中,由於印尼認為聲請人所指定之仲裁人Robin曾經為聲請人公司之大股東提出過稅務建議,又在本件仲裁案開始之前,Robin之律師事務所曾與聲請人之代理律師間簽署過一份合作協議,且Robin之律師事務所與聲請人之代理律師所在之律師事務所共用同一個辦公場所及設施。雖然在仲裁開始之前,該合作協議已經終止,但是兩個律師事務所使用同一個辦公場所,因此認為聲請人所指定之仲裁人Robin,並無法作出公正且獨立之判斷,故印尼要求Robin迴避。但本案裁決結果認為,當事人會指定該名仲裁人,通常都是因為有所認識或熟悉,因此若僅以雙方之間存在某種關係,並不足以要求迴避。且《解決國家與他國國民間投資爭端公約》第57條規定中,應有相當事實證明該名仲裁人獨立性之缺乏必須是「明顯」(manifest),或至少是具有「高度可能性」(highly probable),因此若僅僅只是「可能」(possible),顯然不足以要求迴避。本案中,Robin雖曾經提供過稅務建議給聲請人之大股東,但並非是經常性提供法律意見之關係,且Robin之律師事務所與聲請人代理律師之合作協議也早在仲裁開始前六年就已經終止,這些原因都不足以認定仲裁人缺乏公正性或獨立性而有迴避之必要,因此駁回印尼要求迴避之聲請。[122]

本案以該名仲裁人是在偶然機會下提供法律意見,而非經常性擔任法律顧問,何況提供意見之對象只是聲請人之股東,而非聲請人,且Robin之律師事務所與聲請人代理律師之合作協議,也早已在仲裁開始前六年就已經終止,這些原因不足以認定該名仲裁人缺乏公正性。其結論維護了仲

---

[121] *Amco Asia Corporation and others v. Republic of Indonesia*, ICSID Case No. ARB/81/1, Decision on the Proposal to Disqualify an Arbitrator, 24 June 1982 (unreported), cited from W. Michael Tupman, Challenge and Disqualification of Arbitrators in International Commercial Arbitration, International and Comparative Law Quarterly, Vol. 38, 1989, p. 44.

[122] 于湛旻:〈論國際投資仲裁中仲裁員的迴避〉,載《武大國際法評論》2014年第1期。

裁制度之正向發展，不許爭端當事方任意聲請仲裁人迴避。

③ *SGS v. Pakistan*案[123]

在*SGS v. Pakistan*案件中，SGS公司認爲Pakistan（巴基斯坦）所指定之仲裁人曾經在另一起NAFTA仲裁案件中擔任巴基斯坦之代理人，而本案巴基斯坦之代理人也恰好是該案之首席仲裁人，且該案最後是由巴基斯坦獲得有利之判斷結果，因此，本案由巴基斯坦所指定之仲裁人可能因爲感受到當時擔任代理人而得到仲裁庭之「恩惠」，進而在本案進行報答，因此爲偏向巴基斯坦之判斷結果，故提出異議。然本案仲裁庭認爲，就另一起NAFTA仲裁案件判斷結果及理由觀之，該判斷並無不合理之處，也無法令人感受到該案之首席仲裁人有特別偏頗之情形，自無可能具有SGS公司所稱之「恩惠」存在，因此認爲SGS公司所提出之異議爲無理由[124]。

本案係代理人與仲裁人角色衝突之情形，是否曾經擔任過爭端當事方之代理人即不得擔任同一爭端當事方但不同案件之仲裁人？本案之仲裁庭是從前案之判斷理由來認定，觀察該判斷理由是否有特別偏向其中一方之情形，以茲認定是否有所謂「恩惠」存在。本書對本案駁回之結論表示支持，原因是即使曾經擔任過其中一方之代理律師，案件結束後，雙方未必有共同利益之存在，因此在擔任不同案件之仲裁人時，雖面對同一爭端當事方，若無其他客觀事實可以認定雙方有共同利益之關聯性，未必即有公正性缺乏之情形存在。

④ *Vivendi v. Argentine*案[125]

仲裁庭在*Vivendi v. Argentine*案作出仲裁判斷後，聲請人聲請撤銷該仲裁判斷。行政理事會主席依據《解決國家與他國國民間投資爭端公約》

---

[123] *SGS Société Generale de Surveillance SA v. Islamic Republic of Pakistan*, ICSID Case No. ARB/01/13, Decision on Claimant's Proposal to Disqualify Arbitrator of 19 December 2002.

[124] 丁夏：〈國際投資仲裁案件中"客觀行爲標準"的適用〉，載《國際經貿探索》2016年第3期。

[125] https://investmentpolicy.unctad.org/investment-dispute-settlement/cases/13/vivendi-v-argentina-i-.

第52條第3款規定，指定了專門委員會進行審理撤銷仲裁判斷之聲請，該專門委員會由Yves Fortier擔任主席。然而，Yves Fortier所在之律師事務所其中一名合夥人曾經向聲請人提供過稅務建議，因此阿根廷即以此為由，要求Yves Fortier迴避。本案另外兩名專門委員會之成員對此迴避之聲請則認為：聲請迴避必須要有相當確定之事實存在，而此事實將會導致任一方之當事人合理地對於該名仲裁人之公正性產生懷疑，方符合「明顯」缺乏獨立性之要件，但是若該事實之存在僅僅只是臆測可能缺乏公正性之結果，則迴避之聲請就不應該得到支持。裁決理由中分析了Yves Fortier所在之律師事務所中該名合夥人提供稅務建議之期間、建議之參與程度，以及該案與本案之關聯性等，最後認為阿根廷所提出之事實仍不足以認定Yves Fortier必須迴避，因此駁回了阿根廷之聲請[126]。

本案對於同一個律師事務所之律師提供稅務意見給其中一方當事人，並不當然認為有公正性缺乏之情形，而是從提供稅務建議之期間、建議之參與程度，以及與本案之相關性等這些因素加以審酌判斷，進而認定並無明顯缺乏公正性。從以上之案例可以看出，實務上對於以仲裁人缺乏公正性為由，在仲裁案件進行中要求仲裁人迴避，或是聲請撤銷仲裁判斷之認定標準，基本上仍嚴格謹守「明顯」缺乏公正性之要件，不輕易認定仲裁人有缺乏公正性之情形。因為仲裁制度中，賦予爭端當事方自行選任仲裁人之權利，故仲裁人之選任通常是因為與爭端當事方有所熟悉或認識，彼此間有所牽連關係自屬正常。因此，當產生代理律師與仲裁人身分衝突之情形時，若沒有明確之事實得證明仲裁人可能因此缺乏公正性，即不能僅以臆測方式為之。

⑤ *Telekom Malaysia v. Ghana*案[127]

本案是馬來西亞之投資者Telekom依據《馬來西亞與迦納雙邊投資

---

[126] 于湛旻：〈論國際投資仲裁中仲裁員的迴避〉，載《武大國際法評論》2014年第1期。

[127] *Republic of Ghana v. Telekom Malaysia Berhad*, District Court of The Hague, Challenge No. 13/2004, Petition No. HA/RK 2004.667, 18 October 2004.

協定》向迦納提出之仲裁案，而在案件進行中，迦納主張對於其中一位仲裁人Emmanuel Gailard聲請迴避。其理由是因為Emmanuel Gailard目前正在參與另一起國際投資仲裁案（*RFCC v. Morocco*[128]），因該案已經作出不利投資者之仲裁判斷，目前正在聲請撤銷判斷之階段，而Emmanuel Gailard則在該案擔任投資者之代理律師。雖然兩案並無關聯，但因迦納在本案中剛好援引了*RFCC v. Morocco*案判斷之理由及結果，若Emmanuel Gailard在*RFCC v. Morocco*案聲請撤銷判斷之程序中擔任代理律師，必然想盡各種理論說服該案之委員會認定*RFCC v. Morocco*案之仲裁判斷是不適當的，如何能在本案中維持其公正性，而作出對迦納有利之仲裁判斷？然因本案是由常設仲裁法院管理，因此在經過常設仲裁法院之秘書長審查後，認為迦納提出之理由不構成Emmanuel Gailard缺乏公正性，因此駁回了迦納之聲請，於是迦納則向海牙地區法院起訴。海牙地區法院則是援引了荷蘭民事訴訟法提出了仲裁人迴避之標準，亦即必須基於客觀事實情況，來認定是否存在公正性缺乏，並且在分析是否有迴避之必要時，應考慮事件外在之表象。本案法官認為，因為Emmanuel Gailard在*RFCC v. Morocco*案聲請撤銷仲裁判斷之程序中擔任代理律師，其義務在於用盡一切理由反對*RFCC v. Morocco*案，但卻要求Emmanuel Gailard在本案中就迦納所援引之*RFCC v. Morocco*案以開放之態度來面對，並與其他仲裁人以客觀之角度來討論，顯然不可能，因為這兩者之想法是衝突的，即使可以相信Emmanuel Gailard在主觀上可以脫離並具有公正性，但從事件之表象看起來，兩者確實無法相容，因此，法官最後仍要求Emmanuel Gailard必須辭去*RFCC v. Morocco*案中代理律師之工作，否則不得繼續擔任本案之仲裁人[129]。

本案與其他本書所引用之案例不同點在於，該案是由海牙地區法院作

---

[128] *Consortium R. F. C. C. v. Kingdom of Morocco*, ICSID Case No. ARB/00/6.

[129] 于湛旻：〈論國際投資仲裁中仲裁員的身分衝突及克服〉，載《河北法學》2014年第7期。

出之裁決結果，也是其中唯一提出仲裁人缺乏公正性而被支持之案例。由於在仲裁實務上，通常代理律師與仲裁人是同一領域之專家學者，往往彼此熟識，且經常會角色互換，再加上聲請仲裁人迴避之案件若是由合議庭所決定，另外兩位（或四位）仲裁人可能會基於「同為擔任本案仲裁人之情誼」，即以不具備缺乏公正性之理由而駁回其聲請，但是若由地區之法院作為裁判者，則較會深入瞭解聲請之緣由，並以客觀之角度來作判斷。本案雖非由仲裁合議庭為判斷，而是由常設仲裁法院之秘書長為判斷，但仍以缺乏公正性而駁回其聲請，因此聲請人始向海牙地區法院起訴，故請求迴避之聲請係由海牙地區法院進行審理。由於本案主張代理律師與仲裁人身分衝突所涉及之兩個案件，並無實質關聯，因此常設仲裁法院秘書長之判斷也不無道理，但海牙地區法院則就案件內容作更深入之觀察，發現仲裁人確實有可能因為擔任撤銷*RFCC v. Morocco*案之代理律師，已經就*RFCC v. Morocco*案有先入為主之想法，這是因為身為代理律師，其所背負之義務是必須以推翻該案件為目標，不得不產生之思考方向，而一方援引*RFCC v. Morocco*案之仲裁判斷作為本案最重要之理由，仲裁人自然會對於引用*RFCC v. Morocco*案之一方有偏頗之主觀判斷，在此情形下尚要求仲裁人在本案中表達支持其所引用之*RFCC v. Morocco*案，顯然緣木求魚，故本案法官則以兩者之態度無法相容為理由，支持仲裁人迴避之聲請，本書深表贊同。

(2) 在不同案件中均擔任仲裁人之案例

① *Suez v. Argentine*案[130]

在*Suez v. Argentine*案中，阿根廷以投資者Suez所指派之仲裁人，之前曾經參與*Vivendi v. Argentine*案件擔任仲裁人，且該案之仲裁判斷，是阿根

---

[130] *Suez, Sociedad General de Aguas de Barcelona S.A. and Interagua Servicios Integrales de Agua S.A. v. The Argentine Republic*, ICSID Case No. ARB/03/17, together with *Suez, Sociedad General de Aguas de Barcelona S.A. and Vivendi Universal S.A. v. Argentine Republic*, ICSID Case No. ARB/03/19, Decision on the Proposal for the Disqualification of a Member of the Arbitral Tribunal of 22 October 2007, para. 36.

廷必須賠償10.5億美元，但該案之事實認定及判斷理由前後矛盾，若讓該名仲裁人參與本案，顯然一開始即缺乏公正性，因此聲請要求該名仲裁人迴避。但本案仲裁庭則認爲，即使仲裁人在前案作出對其中一方不利之判斷，並不代表在其他案件中對於同一當事方無法保持公正性，若要認定該名仲裁人缺乏公正性，必須還要有其他更強而有力之事實及證據，因此否決了阿根廷之請求[131]。

　　本案是爭端當事方反對同一個仲裁人在不同之案件中擔任仲裁人之情形，雖然在此種涉及國家之投資仲裁案件中，往往爭點相同，若由同一人擔任仲裁人之工作，難免令人產生該案已先預判之懷疑。然而，僅僅以前案之判斷結果及判斷理由主張仲裁人缺乏公正性，若予支持，則將使爭端當事方過於輕易使仲裁人迴避之結果，變相鼓勵前案受到不利判斷之一方，均得以此爲理由要求仲裁人迴避，對於仲裁之發展顯有不利。因此，同一人在兩案均擔任仲裁人之情形，其身分衝突而導致缺乏公正性之判斷標準應該更加嚴格方爲妥適。

　　②*LG&E v. Argentine*案[132]與*Enron v. Argentine*案[133]之衝突

　　阿根廷也曾經就*Enron v. Argentine*案對其中一名仲裁人提出異議聲請，因爲該名仲裁人同時也擔任*LG&E v. Argentine*案之仲裁人。這兩起均涉及阿根廷國際投資仲裁之案件，其仲裁判斷結果卻是南轅北轍，*LG&E v. Argentine*案中全體仲裁人一致認定阿根廷之經濟危機構成國家緊急狀態，因此可以免除阿根廷對外國投資者應承擔之賠償責任；但在*Enron v. Argentine*案中，全體仲裁人卻又一致認定阿根廷之經濟危機不構成國家緊急狀態，不得因此免除阿根廷對外國投資者應承擔之賠償責任。此兩案所

---

[131] 丁夏：〈國際投資仲裁案件中"客觀行爲標準"的適用〉，載《國際經貿探索》2016年第3期。

[132] *LG&E Energy Corp., LG&E Capital Corp. and LG&E International Inc. v. Argentine Republic*, ICSID Case No. ARB/02/1.

[133] *Enron Creditors Recovery Corporation (formerly Enron Corporation) and Ponderosa Assets, L.P. v. Argentine Republic*, ICSID Case No. ARB/01/3.

涉及之投資項目均爲天然氣行業，所依據之雙邊投資條約及其爭議點也都相同，卻產生完全相反的仲裁判斷結果。阿根廷發現，其中有一位同時擔任這兩起案件之仲裁人，而該名仲裁人對於相同之爭點卻在兩份完全不同判斷結果之仲裁判斷書上均表示同意，也都未提出同意之理由，因此阿根廷認爲，有正當理由懷疑該名仲裁人缺乏公正性與獨立性。阿根廷主張，如果一名仲裁人是在追求仲裁庭判斷意見之一致性，即不具有身爲一名仲裁人應具備之獨立性。但本案最後裁決結果，還是拒絕了阿根廷之異議聲請[134]。

　　身爲一名仲裁人對於相同之爭點，爲完全不同之認定結果，是否即不具備獨立性及公正性？此時應探討的，是何謂仲裁人之獨立性與公正性。本書以爲，仲裁人獨立性與公正性之認定，在於仲裁人與爭端當事方之間若具有可能造成認定結果偏頗之原因存在，而該原因若在仲裁之過程中被抽離，即有可能產生完全不同的判斷結果，此種情形方可認爲仲裁人有缺乏獨立性與公正性的問題。至於仲裁判斷最後之結論如何，可能隨著案件基本事實之不同、論述方向之不同，以及仲裁庭之組合不同，而有不同之結論，本案以同一位仲裁人在不同案件中，就同一爭點爲相反之認定結果，質疑缺乏獨立性之理由，實曲解了對仲裁人獨立性及公正性之要求，因此最後仲裁庭駁回其聲請之結論，本書亦表贊同。

③ *Saba Fakes v. Turkey*案[135]

　　本案投資人Saba Fakes對於東道國土耳其所指派之仲裁人提出質疑，因爲該名仲裁人同時擔任另一起國際投資仲裁案件之仲裁人，也是受到土耳其之指派，而這兩個案件所要判斷之事實及法律爭點均相同，因此認爲該名仲裁人缺乏公正性。本案合議庭認爲，投資者所舉出之這兩起案件，

---

[134] 劉京蓮：〈國際投資仲裁正當性危機之仲裁員獨立性研究〉，載《河北法學》2011年第9期。

[135] *Saba Fakes v. Republic of Turkey*, ICSID Case No. ARB/07/20.

雖然均在ICSID[136]進行，但其中一起涉及能源產業，且其法律依據爲《能源憲章條約》，另一起案件則是涉及電力產業，其法律依據則爲《土耳其與荷蘭雙邊投資條約》，兩者涉及之產業不同、行政部門不同、法律依據不同，若無其他客觀事實，實難認定兩起案件有何關聯性，因此本案合議庭駁回了投資者一方之質疑[137]。

　　本書認爲，若爲代理律師與仲裁人之衝突，在判斷是否缺乏公正性之要件上應放寬認定，因兩者間較可能涉及利益衝突，但若均爲擔任仲裁人之情形，則較類似議題衝突之情形，在判斷是否缺乏公正性之要件上，應更爲嚴格。本案是因爲兩起案件涉及之產業不同、行政部門不同、法律依據不同，因此認定兩案無關聯性，故仲裁人並無缺乏公正性之問題。然而，隨著每個案件之事實不同、法律依據不同，即使相同之法律爭議點，其結論也未必相同，因此不得僅以該名仲裁人曾經擔任過類似案件之仲裁人即認定缺乏公正性，方能維護仲裁制度之正面發展。

　　從以上案例觀之，若均擔任仲裁人之情形，主張因前案之某種原因要求該名仲裁人應於後案迴避，往往是因爲聲請人爲前案受到不利判斷之一方，擔心自己在後案仍受到不利判斷而聲請，此種情形要認定仲裁人缺乏公正性，則應以更嚴格之標準進行判斷，因爲仲裁人之自由選任，本即爲仲裁制度中相當重要之一環，自然也是爭端當事方兵家必爭之地，聲請迴避之一方所主張之理由，可能也是他方選派之理由，因此要判斷仲裁人是否缺乏公正性，須就前案與本案之具體事實是否有實質關聯性作爲判斷，而不能僅以兩案抽象性之法律觀點爲判斷基礎，應盡量限縮迴避之事由，

---

[136] 1962年國際復興開發銀行（IBRD）起草《解決國家與他國國民間投資爭端公約》（*Convention on the Settlement of Investment-Dispute between States and Nation of Other States*），至1965年在華盛頓簽署，因此該公約也稱爲《華盛頓公約》。而依據該公約設置了「國際投資爭端解決中心」（International Centre for Settlement of Investment Disputes，本書稱爲「ICSID」），作爲處理國家與他國國民之間發生投資爭端時之常設仲裁機構。詳本書第三章第五節。

[137] 丁夏：〈國際投資仲裁案件中"客觀行爲標準"的適用〉，載《國際經貿探索》2016年第3期。

以維護仲裁制度之正向發展。

(3) 議題衝突之案例

① *Saipem v. Bangladesh*案[138]

本案中，東道國孟加拉（People's of Republic Bangladesh）對於投資方所指定之仲裁人提出質疑，因為該名仲裁人曾經在自己之著作中所表達之見解，正好是本案之主要爭點，因此孟加拉認為該名仲裁人已對本案提出預先判斷之立場，顯然不具備獨立性與公正性。但本案合議庭則認為，因為該名仲裁人在著作中所表達之觀點，僅是屬於抽象性之學術觀點，並沒有與本案發生直接的、特定的關聯性，不影響仲裁人之公正性，最後駁回了東道國孟加拉對該名仲裁人之質疑[139]。

② *Urbaser v. Argentina*案[140]

在本案中，投資者一方認為阿根廷所指派之仲裁人，曾經在其著作中發表過之見解，與本案之主要爭議剛好有所重合，故認為該名仲裁人無法在本案中就投資者所提出之事實予以公正判斷，因此提出質疑。而本案合議庭則認為，每一個獨立之個體，都會基於其生長背景、文化、教育、經歷等而有不同之觀點和見解，因此就每件個案能夠依據爭端當事方所提供之事實，排除所有與該案無關之因素而進行判斷，是身為一位仲裁人必須具備之能力，如果仲裁人僅是表明對某項爭議之觀點，顯然不足以認定該名仲裁人不具備公正性，若此項質疑要被支持，尚需有其他之客觀因素來加以佐證說明，該名仲裁人之立場確實有偏向某一方之情形，且仲裁人本人對於案件之結果有相關利益之存在才可以成立，因此駁回了該項

---

[138] *Saipem S.p.A. v. People's of Republic Bangladesh*, ICSID Case No. ARB/05/7, Challenge Decision of 11 October 2005.

[139] 丁夏：〈國際投資仲裁案件中"客觀行為標準"的適用〉，載《國際經貿探索》2016年第3期。

[140] *Urbaser S.A. and Consorcio de Aguas Bilbao Biskaia, Bilbao Biskaia Ur Partzuergoa v. Argentin Republic*, ICSID Case No. ARB/07/26, Decision on Claimants' Proposal to Disqualify Professor Campbell McLachlan, Arbitrator of 12 August 2010, paras. 44-45.

質疑[141]。

　　以上兩個案例均係仲裁人在裁判之前，事先對於某項法律爭點提出法律見解，然而遭爭端當事方質疑該法律爭點恰好是本案主要爭議，因此認定仲裁人先發表法律意見之做法，等於是為該案件作出預先裁判之結果。然而就以上案例之裁決結果觀察，關於議題衝突之問題，通常會認定法律意見之發表，僅僅只是抽象性之學術觀點，並非對於具體案件所作之預判，因為抽象之學術觀點尚需配合本案之基礎事實，始能作出最後之判斷結果，因此最後之判斷結果與其學術觀點未必有絕對之關聯性。再參考國際律師協會所製作之《國際律師協會國際仲裁利益衝突指引》，此種情形僅屬於綠色清單內所列之行為，亦即仲裁人之資格不會被取消，也是相同之觀點。

2. 關於公平行事要求之案例分析

(1) 審理程序中之行為被認為缺乏公正性，以CDC v. Seychelles案[142]為例

　　本案是由獨任仲裁庭之方式進行仲裁，然而最終之判斷結果對東道國塞席爾（Seychelles）不利，因此塞席爾對該案件提出撤銷之聲請，其中一個要求撤銷之原因，在於該名獨任仲裁庭之仲裁人缺乏公正性。因該案在審理過程中，塞席爾要求在預審階段就其所提出之口頭證據舉行聽證，但該名仲裁人在預審階段之前曾質疑該項口頭證據是否有必要，最後是因為塞席爾花費許多時間跟精力說服該名仲裁人，始讓仲裁庭在預審階段同意對三名證人舉行聽證。塞席爾認為，是否提供口頭證據，應屬於爭端當事方之權利，但該名仲裁人竟對於口頭證據應否提供而提出質疑，顯然缺乏公正性，加上該名仲裁人在審理過程中之發問及言語中，都可以發現該名仲裁人明顯偏向投資方CDC，因此請求撤銷該案之仲裁判斷。關於本

---

[141] 丁夏：〈國際投資仲裁案件中"客觀行為標準"的適用〉，載《國際經貿探索》2016年第3期。

[142] *CDC Group plc v. Republic of Seychelles*, ICSID Case No. ARB/02/14. Decision of the Ad Hoc Committee of 29 June 2005 on the Application for Annulment of the Republic of the Seychelles, paras. 54-55.

件請求撤銷之聲請係由專門委員會審理，然委員會最後駁回了塞席爾請求撤銷仲裁判斷之聲請，其理由在於：該名仲裁人對於塞席爾提交口頭證據一事，最後在預審階段還是予以同意，並讓雙方進行討論，且准予塞席爾提出之三名證人舉行聽證，可以看出該名仲裁人對於該議題及全案均採取相當開放之態度，也讓雙方進行充分之辯論，因此並無缺乏公正性之問題[143]。

(2) 在審理程序外，仲裁人未揭露相關資訊之問題，以*Azurix v. Argentine I*案[144]爲例

　　本案主任仲裁人所屬之律師事務所與爭端當事方其中一方即投資者Azurix有所關聯一事，在仲裁程序一開始，該名仲裁人即有所表明。但問題是在仲裁程序開始後，該律師事務所曾收到Azurix集團發來之指示，而該名仲裁人卻未即時揭露此等相關資訊，因此阿根廷即以該名仲裁人違反揭露義務而質疑其缺乏公正性。該案裁決結果則認爲，由於該名仲裁人所屬之律師事務所與投資者Azurix有所關聯，且透過其所屬律師事務所，可以獲知投資者Azurix及其附屬機構發來之指示等情形，這在仲裁程序一開始，該名仲裁人即已有所表明。至於在仲裁程序進行中，該名仲裁人所屬之律師事務所收到Azurix發來之指示卻未揭露該資訊，則應考慮該名仲裁人未揭露此事是否有故意隱瞞或調查疏失之情形。由於該名仲裁人在仲裁程序一開始，即已說明此種關聯性，顯然並非刻意隱瞞，但該名仲裁人還是具有主動調查之義務。然而由於其所屬之律師事務所在11個城市擁有800多名律師，在傳遞訊息上發生偶然之疏失，是可以理解的，更何況，在阿根廷提出該質疑後，該名仲裁人立即作出調查並且詳盡回覆所有狀況，可以認爲該名仲裁人並未違反揭露義務，而有任何缺乏公正性之情

---

[143] 丁夏：〈國際投資仲裁案件中"客觀行爲標準"的適用〉，載《國際經貿探索》2016年第3期。

[144] *Azurix Corp. v. Argentine Republic*, ICSID Case No. ARB/01/12, Decision on the Challenge to the President of the Tribunal of 25 February 2005.

形[145]。

在*CDC v. Seychelles*案中，爭議之重點在於仲裁人在審理過程中之態度，是否有一味偏向其中一方之情形，包括程序之進行及過程中之發問或言詞，雖然可從文字紀錄中加以判斷是否有缺乏公正性之要求，然而此種情形要認定仲裁人有明顯偏頗並不容易，尤其是本案所爭執應對三名證人舉行聽證之程序，最後仲裁庭也同意進行，若從發問或言詞中以仲裁人有主觀上之偏頗來質疑其缺乏公正性，而無其他客觀證據加以佐證下，不應輕易認定仲裁人缺乏公正性，始能維持仲裁之正面發展，該案將此聲請駁回之結論，本書亦表贊同。而*Azurix v. Argentine I*案則是有關仲裁人未即時揭露其與爭端當事方之關聯資訊，導致他方質疑仲裁人缺乏公正性，從該案可以看出，對於仲裁人公平行事之要求，不僅是在程序一開始須揭露當時所有相關資訊之外，在審理之過程中若有其他之相關資訊，亦應即時向雙方揭露，始符合公平行事之要求。

3. 綜合評析

以上本文所引用之案例多為國際投資仲裁中質疑仲裁人不具公正性之案例，原因在於國際投資仲裁之運作已有相當時日，因此累積一定之案例，且國際投資仲裁其中一方之主體為國家，與本文所欲研究之國際環境仲裁，同為涉及國家之仲裁程序，可在國際環境仲裁中予以參考，而具有研究之實益。

承前所述，仲裁制度可以自由選任仲裁人之特點，讓仲裁人之身分通常為非專職性的，但此種非專職性之特色，導致仲裁人往往會與爭端當事方之其中一方或其代理人發生有共同利益之關聯性，而讓另一方認為仲裁人缺乏公正性。因此，有學者提出，在此種涉及國家之仲裁案件，包括國際投資仲裁案件，應建立專任仲裁人名單，並要求這些專任仲裁人不得兼

---

[145] 丁夏：〈國際投資仲裁案件中"客觀行為標準"的適用〉，載《國際經貿探索》2016年第3期。

任律師代理案件[146]，甚至應該建立常設性之機構，透過類似國際法院法官之選舉方式，選出9名至15名之專任仲裁人，並要求這些仲裁人除應具有爭端所需之專業知識外，並能夠代表世界主要法系，兼顧已發展國家和發展中國家不同之要求。至於被選任之仲裁人，在任期內不得兼任其他職務，以徹底斬斷因非專職性而導致仲裁人與爭端當事方其中一方或其代理人有共同利益之關聯性[147]。

　　雖然前述學者之提議主要在國際投資仲裁，但國際環境仲裁也會產生相同之問題，為確保仲裁人之公正性，是否合適以專任仲裁人的方式為之？本書以為，國際仲裁制度與訴訟制度最大之不同點，即在於爭端當事方得自由選任仲裁人，因為如此之方式始能選任出爭端當事方心目中在該領域具有專業性及公正性之專家學者，然若一旦將仲裁人以專任的方式為之，雖然避免了與其中一方有共同利益之關聯性，但未必可以避免所有缺乏公正性之問題；再者，若要求仲裁人不得代理案件，由於擔任代理律師之收入可能較仲裁人豐厚之情形下，若要求仲裁人以專任方式為之，可能因此流失該領域傑出之仲裁人人選；更重要的，是仲裁制度將因此喪失其最為核心之部分：因可自由選任仲裁人進而對於仲裁判斷所產生之信服度。由於環境問題涉及不同之領域，若要選出15名以內之專任仲裁人，恐怕未必可以涵蓋所有之環境問題，且由於仲裁制度最重要之特色即在於仲裁人得由爭端當事方自行選任，故其所作出之仲裁判斷也將令爭端當事方產生一定之信服度，如此方為仲裁制度存在之最大意義。

　　然而有關仲裁人與爭端當事方之共同利益關聯性問題應如何解決？就以上之案例觀之，究竟何種情形屬於缺乏公正性而應迴避，似乎並無定論，且依據個案之不同，無法將所有被認定為缺乏公正性之行為均予以列舉。因此本書認為，仲裁人公正性之維持，應從仲裁人揭露義務之要求著

---

146 于湛旻：〈論國際投資仲裁中仲裁員的身分衝突及克服〉，載《河北法學》2014年第7期。

147 劉京蓮：〈國際投資仲裁正當性危機之仲裁員獨立性研究〉，載《河北法學》2011年第9期。

手。首先，仲裁人揭露資訊之義務，包括在案件開始審理前，應將可能影響案件審理之情形，以及可能引起任一方質疑仲裁人缺乏公正性之情形均必須詳盡揭露之外，在案件審理過程中，若仲裁人自行發現有可能引發質疑公正性之事由，亦應予以揭露。除此之外，仲裁人在接受指派時已經知悉可能會引起任一方質疑其缺乏公正性之情事，也應持續主動追蹤調查，不應讓仲裁人以不知悉為理由，免除了自己主動調查之義務。再者，應參考國際律師協會所製作之《國際律師協會國際仲裁利益衝突指引》，要求只要有落入清單內之資訊，即使在綠色清單內，仲裁人亦應揭露，使雙方對於仲裁人是否具有影響判斷結果之因素均有所知悉，讓雙方自行決定是否要對其中之資訊提出缺乏公正性之質疑，如此方能避免仲裁人身分衝突及公平行事之要求，和最後仲裁判斷結果之信服度，因此須賦予仲裁人更重之揭露義務方為適當。

其次，關於被聲請迴避之仲裁人，制度上不宜採自裁管轄方式[148]，亦即由該仲裁庭以合議方式解決。因為這樣之方式，另外兩名仲裁人可能會基於「同事之情」，避免以嚴格之方式進行審理，卻因此減低了爭端當事方對於該案件仲裁判斷結果之信服度。因此，本書認為，在仲裁人被質疑缺乏公正性時，應另由該仲裁機構之秘書長，或是另行指定專門委員會作為決定機關，以期能公正審理爭端當事方所提出之質疑，從程序上確保仲裁人之公正性。

---

[148] 所謂「自裁管轄」，是指仲裁庭對於自身之管轄權相關之爭議有權作出決定，包括仲裁協議之存在及效力。對於仲裁人公正性之質疑，通常有兩種規範方式，一種是採取自裁管轄原則的方式為之，另一種則是由指定機關作成決定。目前《2012年常設仲裁法院仲裁規則》以及《常設仲裁法院仲裁有關自然資源和／或環境爭端之任擇性規則》之相關規定，均是以指定機構作成決定。

第四節　國際環境仲裁臨時措施之研究

　　臨時措施，是指在作出終局裁判或仲裁判斷之前的任何時候，由法庭或仲裁庭下令一方當事人必須採取之措施，例如要求當事人維持現狀，或禁止當事人進行或繼續進行某種行為。由於國際環境爭端中，有許多國際法上不加禁止之行為，但卻可能導致環境污染或生態破壞之結果，例如工廠之設立，其設施之標準可能符合所在地國之要求，但並不符合鄰國之法令規定，重點是其所排放之廢水或是氣體，由於大氣環流或水之流動，致使鄰國之環境受到污染，此時產生之國際環境爭端，若需等待作出終局裁判或仲裁判斷時，始能要求停止其破壞環境之行為，則可能對於環境已造成嚴重且無法逆轉之損害。因此本節探討之重點，在於國際環境仲裁之仲裁庭是否有指示臨時措施之權利，以及臨時措施之指示是否有其必要性等問題進行研究。

一、從預防原則論臨時措施之必要性

　　由於環境污染與生態破壞所造成之損害往往是無法逆轉的，因此最好之政策並非是事後治理，而是事先預防，況且事先預防之成本，將遠遠低於發生之後進行治理所耗費之成本。因此，「預防原則」實為國際環境法上非常重要之關鍵原則。在*Gabdikovo-Nagymaros*案中，國際法庭亦指出評估環境風險之標準，是建構在「預防原則、世代衡平及永續發展原則」之上[149]。

　　「預防原則」最早出現在德國之環境法中，嗣後則從國內法逐漸發展到區域海洋環境保護之領域，透過國家實踐將「預防原則」發展到環境

---

[149] *Case Concerning the Gabdikovo-Nagymaros Project* (Hunga /5lovakia), ICJ Reports, 1997, p. 7.

法之一般性領域[150]。1984年第2屆北海保護會議所發表之《倫敦宣言》，
就「預防原則」作出相當系統性闡述：「爲了避免北海遭受有害物質之影
響，即使沒有明確之資料顯示這一危害……，我們也必須採取積極之措施
控制這些物質之進入。」之後在《保護東北大西洋海洋環境公約》中，關
於海洋生態平衡及船舶污染之問題，則要求「締約各方應運用預防原則，
在……有可能對人類健康、海洋生物及海洋生態系統造成威脅……情況
下，即使關於排放物質和危害結果之間之因果關係尚未形成……科學結
論，也必須採取適當之預防措施」，開始在海洋環境之保護方面，明確採
用了「預防原則」。然而「預防原則」之所以開始受到重視，則是《里約
熱內盧環境與發展宣言》第15條規定將「預防原則」發展到一般環境保護
之領域，並且爲更明確之表達：「爲了保護環境……遇有嚴重或不可逆轉
之損害威脅時，不得以缺乏科學證據爲理由，延遲採取保護環境之措施」
以防止環境之惡化。此外，包括《生物多樣性公約》之前言[151]和《聯合
國氣候變化框架公約》第3條[152]規定，均提出相同之論點[153]。故「預防原
則」之內涵，在於缺乏足夠之科學證據，證明損害會發生，但也無法從科
學上排除其發生之可能性，生態環境可能將因此受有嚴重或不可逆轉之損

---

[150] James Cameron & Juli Abouchar, The Precautionary Principle: A Fundamental Principle of Law and Policy for the Protection of the Global Environment, Boston College International & Comparative Law Review, Vol. 14, 1991, pp. 6, 15-17.

[151] 《生物多樣性公約》之前言中提及：……並注意到生物多樣性遭受嚴重減少或損失之威脅時，不應以缺乏充分之科學定論爲理由，而推遲採取旨在避免或儘量減輕此種威脅之措施。

[152] 《聯合國氣候變化綱要公約》第3條第3款：各締約方應當採取預防措施，預測、防止或儘量減少引起氣候變化之原因，並緩解其不利影響。當存在造成嚴重或不可逆轉之損害之威脅時，不應當以科學上沒有完全之確定性爲理由推遲採取這類措施，同時考慮到應付氣候變化之政策和措施應當講求成本效益，確保以盡可能最低之費用獲得全球效益。爲此，這種政策和措施應當考慮到不同之社會經濟情況，並且應當具有全面性，包括所有有關之溫室氣體源、匯和庫及適應措施，並涵蓋所有經濟部門。應付氣候變化之努力可由有關之締約方合作進行。

[153] 胡斌：〈試論國際環境法中的風險預防原則〉，載《環境保護》2002年第6期。

害，而在有此威脅時即應採取防制措施。由於環境問題錯綜複雜，同時又因為人類科技之急速發展而使得環境更加可能產生無法預測之損害結果，若等到有足夠之科學證據證明環境將會受到損害方採取措施，恐怕為時已晚，因此必須對於潛在性之環境威脅，即採取防範之手段，方能加強對環境之保護力度。

　　至於「預防原則」是否為國際習慣，在學界上仍存有相當之爭議。肯定說認為，「預防原則」在海洋污染方面、大氣污染方面、自然資源保護及其他如廢棄物傾倒、越境移轉等環境保護之條約，均有關於「預防原則」之相關表述，且由於國際交往之日益頻繁及科學之飛速發展，國際習慣之形成時間已大幅縮短，只要有多數國家曾實踐該原則，且在國際間得到普遍之認同，則應認可該原則已成為國際習慣；且在相關之司法案件或仲裁案件中，當事方亦多有提出「預防原則」作為其主張，因此不可否認該原則已具有國際習慣之地位，即使有國家拒絕「預防原則」之適用，只能說明其並未遵守國際條約及履行國際義務，不影響該原則已經成為國際習慣，進而肯定「預防原則」為國際習慣。然而，否定說則認為，由於國際法上關於「預防原則」之表述，大多都體現在國際組織之宣言或決議，以及國際公約之前言當中，且國際習慣必須由各國之反覆實踐及法之確信方能構成，但「預防原則」之標準及可操作性不夠明確，因此「預防原則」在各國之實踐多有不同，在無明確內容之情形下，如何能讓各國有反覆之實踐及法之確信？此為否定「預防原則」成為國際習慣法之主要論點。此外，亦有學者主張，該原則僅能被認定為一般法律原則，尚不能認定該原則為國際習慣，甚至有學者認為，該原則雖尚未成為國際習慣，但正在成為國際習慣之路上，因此「預防原則」在國際環境法上之地位，學界尚無定論[154]。但本書以為，由於國際間已有許多國際法律文件有「預防原則」之表述，且各國對於「預防原則」在環境保護上所具有之關鍵地

---

[154] 范舒：〈國際環境法中風險預防原則的核心要素及適用標準〉，載《太原城市職業技術學院學報》2013年第3期。

位亦未否認，而「預防原則」之內涵本就會隨著具體事實有所變化，可操作性之不明確並不影響各國之反覆實踐及法之確信，故應肯定「預防原則」已成爲國際習慣。

　　不論「預防原則」是否爲國際習慣，「預防原則」在國際環境法上之作用，實不容忽視。在工業革命之後，人類以爲自己可以預知並且控制一切，然而直到大自然反撲之際，才發現人類之科學知識顯得如此微不足道，仍然有太多無法依靠經驗法則之累積作爲判斷基礎，人們方理解到，當某種活動之進行縱然沒有足夠之科學證據可以證明對於環境定會造成損害，但是無法排除可能讓人類之生存受到嚴重威脅時，即必須立刻加以管控，否則將會使環境造成無法逆轉的破壞。換言之，環境保護不能因爲科學上無法確定而推遲行動，而是必須超越現今之科技水準而對於未來之環境加以規劃[155]。由於環境損害之潛在性，往往必須經過相當長一段時間始能顯現，人類面對環境風險已經不能依靠明確之科學依據作爲決策之標準，若在法理上仍必須要求有發生損害之確定性始能採取防止措施，恐怕無法讓人類免於面對嚴重或不可逆轉的環境破壞。再者，由於我們無法確定生態系統之改變對於人類生活將造成多大影響，因此必須預留一定之空間，以作爲人類生活與生態系統間之緩衝。因此，「預防原則」之提出，重點在於讓防止措施之實施時間點予以提前，以防止危害之發生。而危害應指一種具體而現實之危險，若不加以阻止，則將會轉化爲實際之損害，但是這種現實上之危險，必須是依據現有經驗法則可以預測，而且客觀上存在，並非僅僅只是單純的想像[156]，否則將會把「預防原則」過度擴張，影響人類正常的經濟社會生活，也會導致貿易保護主義之濫用。

　　綜上，「預防原則」在國際環境法上實具有相當重要之關鍵地位，對於未必會有立即且具體損害結果之潛在性破壞環境之行爲，若放任其繼續

---

[155] 張寶：〈從危害防止到風險預防：環境治理的風險轉身與制度調適〉，載《法學論壇》2020年第1期。

[156] 同上註。

進行，而無救濟程序，恐對於環境造成之損害將無法估量。若能根據有關之情況合理判斷其具有潛在破壞環境之可能性，縱使在科學不確定之情況下，即允許強行制止該行為之實施，將有利於該行為在造成大規模環境污染之結果前予以避免，對於環境之維護著實具有莫大之助益。

二、國際環境爭端臨時措施之指示機構及相關規定

目前就國際環境爭端得指示臨時措施之機構包括：國際法院、國際海洋法法庭，以及國際仲裁庭，分述如下。

(一) 國際法院指示臨時措施之依據

國際法院指示臨時措施之依據，包括《國際法院規約》第41條以及《聯合國海洋法公約》第290條之規定，但兩者規定並不相同。依據《國際法院規約》第41條，僅賦予國際法院在「保全爭端當事方彼此權利」之情事，始能指示臨時措施，對於單純環境保護方面，並非在其範圍內[157]。然《聯合國海洋法公約》第290條之規定則不同，該公約賦予國際法院除了對於保全爭端當事方各自之權利時得指示臨時措施之外，就「防止對海洋環境造成嚴重損害之行為」，亦得指示臨時措施[158]。再者，依據《聯合國海洋法公約》之規定，國際法院對於臨時措施之管轄權有兩類：若爭端提交至國際法院，而國際法院依據初步證據認為其具有本案之管轄權者，得指示臨時措施；或即使無本案管轄權，然對於臨時措施有初步管轄權者，亦得指示臨時措施[159]；但《國際法院規約》則無此種規

---

[157] 《國際法院規約》第41條第1款：法院如認情形有必要時，有權指示當事國應行遵守以保全彼此權利之臨時措施。

[158] 《聯合國海洋法公約》第290條第1款：如果爭端已經正式提交法院或法庭，而該法院或法庭依據初步證明認為其根據本部分或第十一部分第五節具有管轄權，該法院或法庭可在最後裁判前，規定其根據情況認為適當之任何臨時措施，以保全爭端各方之各自權利或**防止對海洋環境之嚴重損害**。

[159] Rudiger Wolfrum, Provisional Measure of the International Tribunal for the Law of the Sea, Indian Journal of International Law, Vol. 37, 1997, p. 425.

定，僅能在國際法院對本案有管轄權時，始能指示臨時措施。從兩公約規範內容觀之，《聯合國海洋法公約》就臨時措施之規定，實有長足之進步，對於環境保護有相當之助益，不過由於國際環境爭端並非僅涉及海洋環境，故《國際法院規約》仍有作為請求依據之必要性。

(二) 國際海洋法法庭指示臨時措施之依據

國際海洋法法庭依據《聯合國海洋法公約》第290條第1款、第5款之規定，為保全爭端當事方各自之權利或防止對海洋環境嚴重損害之情形下，有指示臨時措施之權力。換言之，不論該爭端依據《聯合國海洋法公約》提交至國際法院或國際海洋法法庭，對於防止海洋環境之損害，國際法院或國際海洋法法庭均可以指示臨時措施[160]。而國際海洋法法庭對於臨時措施之管轄權包括以下三種：1.國際海洋法法庭對爭端具有本案管轄權，或即使無本案管轄權，但只要具有臨時措施之初步管轄權，則國際海洋法法庭亦得指示臨時措施。在1998年*SAIGA*案中，國際海洋法法庭對於臨時措施之管轄權問題指出，國際海洋法法庭僅在聲請國所援引之條款構成國際海洋法法庭具有初步管轄權之依據，即有臨時措施之管轄權，國際海洋法法庭不需對於該案之實質問題確認具有管轄權，方能指示臨時措施[161]；2.爭端依據《聯合國海洋法公約》規定提交至仲裁庭，但爭端當事方協議由國際海洋法法庭指示臨時措施，則國際海洋法法庭具有臨時措施管轄權；3.爭端依據《聯合國海洋法公約》規定提交至仲裁庭，但因仲裁庭之組成需要時間，因此若爭端當事方在請求臨時措施之日起兩週內未能達成協議組成仲裁庭，若國際海洋法法庭依據初步證據認定仲裁庭有管轄權，且認為情況緊急有指示臨時措施之必要，則亦有權指示臨時

---

[160] 金永明：〈國際海洋法法庭與國際法院比較研究—以法庭在組成、管轄權、程序及判決方面的特徵為中心〉，載《中國海洋法學評論》2005年第1期。

[161] *The M/V "SAIGA" (No.2) Case (Saint Vincent and the Grenadines v. Guinea)*, Provisional Measures, order of 11 March 1998, para. 29.

措施[162]。

(三) 仲裁庭指示臨時措施之依據

　　仲裁庭是否得指示臨時措施，應視爭端當事方提出國際仲裁之法律依據爲何，例如，爭端之起因係違反《聯合國海洋法公約》，而爭端當事方係依據《聯合國海洋法公約》《附件七》將爭端提交至仲裁庭，或依據《聯合國海洋法公約》《附件八》將爭端提交至特別仲裁庭，而因《聯合國海洋法公約》第290條第5款規定只要仲裁庭一旦組成，即具有臨時措施之管轄權。此外，若爭端當事方以特定之仲裁規則作爲雙方仲裁協議之補充規定，若該仲裁規則賦予仲裁庭得指示臨時措施，仲裁庭亦得在特定情形下有指示臨時措施之權利，例如《2012年常設仲裁法院仲裁規則》第26條，仲裁庭在作出仲裁判斷之前，不論是爲避免當前立即之損害，或爲避免損害仲裁程序之本身，又或是爲了保全證據或保全爭端當事方之資產以滿足之後的仲裁判斷，仲裁庭在認爲有必要時，得令爭端當事方維持或恢復原狀，或禁止爭端當事方進行一定之行爲；但聲請人須證明如果仲裁庭不指示臨時措施，聲請人所受到之損害會超過因爲該措施使對方所受到之損害[163]。再者，《常設仲裁法院仲裁有關自然資源和／或環境爭端之任

---

[162] 《聯合國海洋法公約》第290條第5款：在爭端根據本節正向其提交之仲裁法庭組成以前，經爭端各方協議之任何法院或法庭，如在請求規定臨時措施之日起兩週內不能達成這種協議，則爲國際海洋法法庭，或在關於「區域」內活動時之海底爭端分庭，如果根據初步證明認爲將予組成之法庭具有管轄權，而且認爲情況緊急有此必要，可按照本條規定、修改或撤銷臨時措施。受理爭端之法庭一旦組成，即可依照第1款至第4款行事，對這種臨時措施予以修改、撤銷或確認。見：馬偉陽〈國際海洋法法庭在臨時措施案件中所遇到的主要問題—兼論國際法院的臨時措施〉，載《研究生法學》2010年第3期。

[163] 《2012年常設仲裁法院仲裁規則》第26條：1. The arbitral tribunal may, at the request of a party, grant interim measures. 2. An interim measure is any temporary measure by which, at any time prior to the issuance of the award by which the dispute is finally decided, the arbitral tribunal orders a party, for example and without limitation, to: (a) Maintain or restore the status quo pending determination of the dispute; (b) Take action that would

擇性規則》第26條第1款亦規定，若有任何一方要求指示臨時措施，仲裁庭為保護當事人權利，或為避免環境造成嚴重傷害，得指示必要之臨時性措施[164]。

　　綜上，包括《國際法院規約》、《聯合國海洋法公約》及常設仲裁法院所制定之仲裁規則，均有指示臨時措施之規定，尤其是《聯合國海洋法公約》及《常設仲裁法院仲裁有關自然資源和／或環境爭端之任擇性規則》，對於防止環境造成損害之情形更是明文規定可以指示臨時措施。由於國際環境爭端中，就原本可以加以控制之損害，若任由污染環境之行為持續，恐怕造成環境損害之結果將難以估量，因此在國際環境爭端解決之過程中，臨時措施更顯示出其重要性，而對於如何縮短臨時措施指示之時間，在《聯合國海洋法公約》中，則考慮到仲裁庭組成之時間差，避免環境之損害結果更加嚴重，可由國際海洋法法庭先行審酌臨時措施是否採行。而常設仲裁法院關於此等問題，則在《常設仲裁法院仲裁有關自然資源和／或環境爭端之任擇性規則》第26條第3款中規定，爭端當事方得另

---

prevent, or refrain from taking action that is likely to cause, (i) current or imminent harm or (ii) prejudice to the arbitral process itself; (c) Provide a means of preserving assets out of which a subsequent award may be satisfied; or (d) Preserve evidence that may be relevant and material to the resolution of the dispute. 3. The party requesting an interim measure under paragraphs 2 (a) to (c) shall satisfy the arbitral tribunal that: (a) Harm not adequately reparable by an award of damages is likely to result if the measure is not ordered, and such harm substantially outweighs the harm that is likely to result to the party against whom the measure is directed if the measure is granted; and (b) There is a reasonable possibility that the requesting party will succeed on the merits of the claim. The determination on this possibility shall not affect the discretion of the arbitral tribunal in making any subsequent determination.

[164] 《常設仲裁法院仲裁有關自然資源和／或環境爭端之任擇性規則》第26條第1款：Unless the parties otherwise agree, the arbitral tribunal may, at the request of any party and having obtained the views of all the parties, take any interim measures including provisional orders with respect to the subject-matter of the dispute it deems necessary to preserve the rights of any party or **to prevent serious harm to the environment** falling within the subject-matter of the dispute.

向其他司法機關要求採取臨時措施，仲裁庭不能因此認爲爭端當事方違反仲裁協議[165]，以確保爭端當事方得向仲裁庭，也可以向其他司法機關請求臨時措施之指示，避免延誤臨時措施之時效性。

　　至於由不同之機構審理本案和臨時措施，可能造成前後裁判結果不一致的問題，曾遭學者批評。但本書認爲，即使由相同機構進行審理，也可能造成不一致之情形，然而爭端解決本即以本案判決或仲裁判斷爲主，即使發生不一致之情形，仲裁庭亦得透過要求聲請之一方提出擔保金之方式，以避免或減少因臨時措施之指示所造成他方之損害，故並不得以此理由耽誤臨時措施指示之時間，因爲環境保護刻不容緩。

三、指示臨時措施之判斷標準

　　如前所述，雖《國際法院規約》與《聯合國海洋法公約》均有指示臨時措施之規定，但因《國際法院規約》僅在保全雙方權利之情況下始能指示臨時措施，單純環境保護方面並不在其範圍內；但《聯合國海洋法公約》則就「對海洋環境造成嚴重損害之行爲」，亦得指示臨時措施。因此關於國際環境爭端臨時措施之研究，本書認爲應以《聯合國海洋法公約》之相關規範進行研究，更具有實益。

　　首先，「預防原則」適用的前提，是因爲存在一種科學的不確定性。所謂「不確定性」，通常包含以下之情況：一是根據經驗法則之推斷，該活動可能會發生某種風險，但沒有科學上之明確證據；另一種，則是因果關係之不明確，例如人類雖然知道溫室氣體的大量排放會導致地球的溫度升高，但是卻不清楚可能造成的結果。而「預防原則」即是在缺乏科學證據之情況下，對於已經預見環境可能發生損害，但若尚須等待確切之科學證據證明方能採取措施，顯然爲時已晚。因此，即使無法有足夠的

---

[165] 《常設仲裁法院仲裁有關自然資源和／或環境爭端之任擇性規則》第26條第3款：
A request for interim measures addressed by any party to a judicial authority shall not be deemed incompatible with the agreement to arbitrate, or as a waiver of that agreement.

科學證據證明，亦不得以此爲理由，拖延採取保護環境措施之時間點的原則。

1999年紐西蘭與澳洲在國際海洋法法庭起訴日本之「南方藍鰭金槍魚案」（*Southern Bluefin Tuna Cases*）中，原告主張日本以其所聲稱「試驗性」之方式捕撈南方藍鰭金槍魚，除了嚴重損害原告之權利外，其行爲使得魚群已經減少到歷史之最低水準，且這個結論是經過紐西蘭之科學所鑑定。換言之，該捕撈活動對於魚群之繁殖能力可能有所威脅，甚至將造成嚴重的生態危害，因此主張《聯合國海洋法公約》中「預防原則」，請求國際海洋法法庭要求日本不得再繼續進行此種非法捕撈之行爲[166]。然而日本卻主張，正因爲具有科學不確定性，方採取此種試驗性捕撈，況且原告所主張之保全措施是否眞的能夠有效改善南方藍鰭金槍魚之存量，也無法提出科學之證據，只是因爲雙方採取的是不同的科學理論，所以才會對於南方藍鰭金槍魚之存量評估有如此大的差異[167]。而國際海洋法法庭則肯認在此情形下「預防原則」之適用，指出爲確保南方藍鰭金槍魚之繁殖能力不至於受到威脅，而能延續其物種，當事方均應遵守「預防原則」，避免南方藍鰭金槍魚存量之減少，確保漁業資源之有效養護，即使南方藍鰭金槍魚所遭受之嚴重威脅和風險，人們無從知道發生危害之機率，但這不能成爲讓當事方遲延採取保護措施之藉口[168]，因此在該案中同意原告所請求之臨時措施[169]。

---

[166] *Southern Bluefin Tuna Cases (Australia & New Zealand v. Japan)*, Request for the Prescription of Provisional Measures Submitted by New Zealand, ITLOS Reports 1999, paras. 8-11, pp. 6-7.

[167] *Southern Bluefin Tuna Cases (Australia & New Zealand v. Japan)*, Response of Japan to Request for Provisional Measures, ITLOS Reports 1999, paras. 15, 18, 19, pp. 163-164.

[168] *Southern Bluefin Tuna Cases (Australia & New Zealand v. Japan)*, Request for the Provisional Measures, Order, ITLOS Reports 1999, paras. 79-80.

[169] 黃炎：〈國際法風險預防原則的解釋論〉，載《法律方法》2019年第1期。

(一) 存在難以彌補之損害危險

　　關於目前爲保護海洋環境而實施之臨時措施，主要是依據《聯合國海洋法公約》第290條之規定，在司法實踐上，採取之判斷標準取決於「難以彌補之損害危險」及「情況緊急」兩個要件[170]，所謂「難以彌補之損害危險」，主要來自於《國際海洋法法庭規則》第89條第3款之規定[171]，而「情況緊急」，則是臨時措施性質上必須具備之要件。換言之，當符合以上兩個要件時，即應指示臨時措施。但須特別說明的是，在《聯合國海洋法公約》第290條第1款及第5款對於臨時措施之規範並不相同：《聯合國海洋法公約》第290條第1款規定，「根據情況」若國際法院或國際海洋法法庭「認爲適當」，即可以採取臨時措施[172]；但《聯合國海洋法公約》第290條第5款則規定，在仲裁庭組成之前，若先向國際海洋法法庭請求臨時措施之指示，國際海洋法法庭必須認爲是「情況緊急」始能採取臨時措施[173]。但此處之「情況緊急」，與前述臨時措施之判斷標準「認爲

---

[170] 高健軍 著：《《聯合國海洋法公約》爭端解決機制研究》（修訂版），中國政法大學出版社，2014年11月，第217頁以下。

[171] 《國際海洋法法庭規則》第89條第3款：The request shall be in writing and specify the measures requested, the reasons therefor and the possible consequences, if it is not granted, for the preservation of the respective rights of the parties or for the prevention of serious harm to the marine environment.

[172] 《聯合國海洋法公約》第290條第1款：If a dispute has been duly submitted to a court or tribunal which considers that prima facie it has jurisdiction under this Part or Part XI, section 5, the court or tribunal may prescribe any provisional measures which **it considers appropriate under the circumstances** to preserve the respective rights of the parties to the dispute or to prevent serious harm to the marine environment, pending the final decision.

[173] 《聯合國海洋法公約》第290條第5款：Pending the constitution of an arbitral tribunal to which a dispute is being submitted under this section, any court or tribunal agreed upon by the parties or, failing such agreement within two weeks from the date of the request for provisional measures, the International Tribunal for the Law of the Sea or, with respect to activities in the Area, the Seabed Disputes Chamber, may prescribe, modify or revoke provisional measures in accordance with this article if it considers that prima facie the tribunal which is to be constituted would have jurisdiction and **that the urgency of the**

適當」並不相同。因為第5款之規定實際上比第1款之規定更為嚴格，其原因在於：當案件既然以仲裁為爭端解決方式，故臨時措施原本應由仲裁庭進行指示，但若在仲裁庭組成之前，需要向國際海洋法法庭請求臨時措施之指示，則必須是損害可能發生在仲裁庭組成之前方可[174]。

　　所謂「難以彌補之損害危險」，係指在終局裁判前，若不消極禁止或是積極進行某種行為，將可能導致爭端方之權利或海洋環境受到難以彌補之損害，或產生損害之危險。換言之，指示臨時措施之機構，必須判斷以下兩個要素：第一個要素，對爭端當事方權利之侵害或海洋環境之損害是難以彌補的。此處所謂「難以彌補之損害危險」，同時指「事實上」及「法律上」難以彌補之損害均包含在內。「事實上難以彌補之損害」，包括受損害一方之權利或海洋環境在物質上無法恢復到侵害未發生前之狀態，而「法律上難以彌補之損害」，則包括對於人身自由之限制[175]。例如在SAIGA案中，國際海洋法法庭在臨時措施指示中指出，不論船隻、船長、船員、船東或營運者，若在該爭端作出終局裁判前，即受到任何司法或行政處分，對於原告而言，其權利即屬於未受保全之狀態，故有指示臨時措施之必要[176]；第二個要素，則是當事方之權利已經造成損害時，臨時措施之指示機構須判斷該行為對權利發生損害所造成之影響；若僅在「可能」對當事方之權利造成損害時，則須判斷該行為造成損害之可能性，以及產生之後果。換言之，臨時措施之實施並不要求損害已經實際存在，僅具有危險性，亦符合實施臨時措施之判斷標準。

---

situation so requires. Once constituted, the tribunal to which the dispute has been submitted may modify, revoke or affirm those provisional measures, acting in conformity with paragraphs 1 to 4.

[174] 高健軍 著：《《聯合國海洋法公約》爭端解決機制研究》（修訂版），中國政法大學出版社，2014年11月，第223-225頁。

[175] 同上註，第177頁以下。

[176] *The M/V "SAIGA" (No. 2) Case (Saint Vincent and the Grenadines v. Guinea)*, Provisional Measures, Order, 11 March 1998.

在象牙海岸訴迦納海洋劃界臨時措施案[177]中，象牙海岸即主張迦納在爭議區域內所進行鑽井等相關活動，對海床所造成的破壞是無法恢復的，且迦納與石油公司之合作，使得爭議區域內之自然資源資訊被公開，這兩者均對於象牙海岸之權利造成難以彌補之損害。但迦納則反駁，迦納在區域內所進行之活動，唯一可能造成象牙海岸之損害，僅有在最終裁定象牙海岸就該區域具有權利之情形下，象牙海岸在該區域內原本所享有石油開採之利益，然而該利益之損失是可以用經濟方式來加以彌補，因此象牙海岸所主張之事由並不符合《聯合國海洋法公約》第290條「難以彌補之損害」之要件。最後國際海洋法法庭認為，迦納在爭議區域內所進行鑽井等之相關活動，確實會造成海床無法恢復之破壞，而此種破壞正符合「難以彌補之損害」之要件。至於象牙海岸所主張關於該區域內自然資源資訊被公開之問題，法庭也認為，如果最終裁決結果認定象牙海岸在該區域內享有全部或部分權利時，一旦自然資源之機密資訊被公開，象牙海岸也會造成難以彌補之損害，因此同意象牙海岸對於臨時措施之聲請[178]。

然而，「難以彌補之損害危險」必須是客觀存在，依據經驗法則可以推論出來，並非想像出來的。如2001年國際海洋法法庭所審理之「MOX工廠案」（The MOX Plant Case），係因愛爾蘭認為英國所授權運行之MOX工廠，其所產生之輻射性物質一旦洩漏，將會產生非常嚴重的損害，且這些輻射性物質將會透過大氣環流及水之流動，對愛爾蘭造成嚴重威脅，並從混合氧化物原料（Mixed Oxidefuel）之生產、使用、運輸等三個階段說明其所面臨之風險，故向國際海洋法法庭要求適用「預防原則」採取臨時措施[179]。然而英國則反駁，「預防原則」之適用前提，是風險

---

[177] Delimitation of the maritime boundary in the Atlantic Ocean (Ghana/Côte d'Ivoire), Provisional Measures, order of 25 April 2015.

[178] 張小奕：〈關於象牙海岸訴迦納海洋劃界案臨時措施裁定的評述〉，載《亞太安全與海洋研究》2016年第2期。

[179] The MOX Plant Case (Ireland v. United Kingdom), Request for Provisional Measures and Statement of Case Submitted on Behalf of Ireland, 9 November 2001, ITLOS Reports 2001, paras. 11, 26-38, pp. 18-24.

須實際上真正存在，而並非憑空想像出來的，愛爾蘭並沒有為其主張提出
足以證明MOX工廠之運行存在真實之風險[180]。雖然兩方均未否認「預防
原則」之存在，但對於其內涵及適用卻有相當大之差異性。最後國際海洋
法法庭作出之結論，僅提出愛爾蘭與英國均必須小心謹慎地採取合適之措
施，且兩方應當進行合作，對於MOX工廠運行可能導致之風險進行資訊
交換，並為監控MOX工廠之運行應當立即進行磋商，且設計相關之解決
方案來處理這些可能造成之風險或影響[181]。

(二) 情況緊急

「情況緊急」係臨時措施本質上必須具備之要件，這是一種對時間上
之要求，亦即臨時措施之指示機構，在認定該行為可能造成難以彌補之損
害外，尚須認定該損害必須具有「急迫性」，以至於無法等到作成最後實
體判決或判斷時再決定是否禁止該行為或進行其他積極之行為，否則即會
造成「難以彌補之損害」時，始能採取臨時措施。

在馬來西亞與新加坡有關填海造陸之案件（*Land Reclamation in and
around the Straits of Johor*）中，主要是馬來西亞主張新加坡所進行填海造
陸之項目，因具有永久之性質，且依據其採用之方法，將會造成海洋環境
嚴重且不可逆轉的損害，而此種損害是無法修復的，故馬來西亞引用「預
防原則」，依據《聯合國海洋法公約》《附件七》提出仲裁，要求仲裁庭
命令新加坡停止該行為[182]。然新加坡認為，馬來西亞並沒有說明填海造
陸之行為將會造成何種具體之損害，其主張之依據只是一種想像可能會產

---

[180] *The MOX Plant Case (Ireland v. United Kingdom)*, Written Response of the United Kingdom, 15 November 2001, ITLOS Reports 2001, para. 147, p. 54.

[181] *The MOX Plant Case (Ireland v. United Kingdom)*, Request for Provisional Measures, Order, 3 December 2001, ITLOS Reports 2001, paras. 84, 89. 劉澤：〈國際環境法中的風險預防原則——一種功能性認識〉，載《中國國際法年刊》2015年第1期。

[182] *Land Reclamation in and around the Straits of Johor (Malaysia v. Singapore)*, Request for Provisional Measures Submitted by Malaysia, 4, September 2003, ITLOS Reports 2003, paras. 14-15, pp. 7-8.

生也可能不會產生之影響[183]。而仲裁庭最後判斷結果，認為雖然馬來西亞所提交之證據尚無法認定新加坡之行為對於海洋環境是否會遭受嚴重或不可逆轉的損害，或者存在任何其所宣稱之風險，但可以認定的是，該證據確實無法證明具有急迫性，因此駁回馬來西亞之聲請[184]。

　　國際環境爭端最難解決之情況，莫過於如何對於潛在破壞環境之行為透過強制性程序予以制止。由於此種行為未必會產生立即且具體之損害結果，且依據目前科學研究之成果，人類對於大自然之認識仍有其侷限性，因此何謂「難以彌補之損害危險」、何謂「急迫性」、其標準為何，則為臨時措施在審理時所面臨之問題，一旦審查之標準過於嚴格，將導致臨時措施之權力形同虛設，無法在環境保護方面發揮其應有之作用；但若過於寬鬆，又將影響人類經濟活動之發展。由象牙海岸訴迦納海洋劃界臨時措施案觀之，司法實踐上在「難以彌補之損害危險」此要件，是採取較為寬鬆之見解，認為鑽井等活動若造成海床之破壞，確實為不可逆轉且無法彌補之損害；而在南方藍鰭金槍魚案中，國際海洋法法庭因為魚群數量之減少，日本之行為「可能」造成海洋環境破壞等情形，也是採取相同之見解。換言之，即使「可能」發生危險之狀態，也會認定符合該要件。但是從馬來西亞與新加坡有關填海造陸之案件觀之，司法實踐上則以「是否具有急迫性」，將實施臨時措施之範圍加以限縮，認為這兩個判斷標準應分別以觀。換言之，即使可能發生難以彌補之損害危險，但該危險是否具有急迫性，則應另行判斷，若危險不具有急迫性，無論是否可能造成難以彌補之損害危險，也不符合實施臨時措施之要件。以上關於《聯合國海洋法公約》中臨時措施之指示，可為國際環境仲裁在為臨時措施之指示時，加以參考之方向。

---

[183] *Land Reclamation in and around the Straits of Johor (Malaysia v. Singapore)*, Response of the Republic of Singapore, 20 September 2003, ITLOS Reports 2003, para. 141, pp. 48-49.

[184] *Land Reclamation in and around the Straits of Johor (Malaysia v. Singapore)*, Provisional Measures, Order of 8 October 2003, ITLOS Reports 2003, para. 72.

四、臨時措施之節制

　　雖然採取臨時措施之目的，是期望在損害發生或擴大前之萌芽階段，就將其危險消滅，但並不能毫無限制，因臨時措施之實施可能會造成其中一方重大損害，故臨時措施之指示，除了要求爭端當事方提出一定之證據，證明若不採取臨時措施，恐將發生嚴重且不可逆轉的損害，並具有實行臨時措施之急迫性始可。此外，由於無法確保臨時措施與終局判斷不相牴觸，因此，仲裁庭對於請求採取臨時措施之爭端當事方，得要求其提出擔保金，使得因臨時措施之實施而遭受損失之一方，得就該保證金予以填補其損害，方屬公平，而《2012年常設仲裁法院仲裁規則》第26條第6款[185]及《常設仲裁法院仲裁有關自然資源和／或環境爭端之任擇性規則》第26條第2款[186]均有類似之規定。

　　然臨時措施之指示也必須有所限制，因為其所依據之「預防原則」不能被過度擴張，否則將會導致以下之負面影響：其一，國際間將會以科學上之不確定性為藉口，阻止他國某些措施之實施，例如各國均在追求新能源之利用，但是新能源之開發上難免有不可預測之風險，而已發展國家即可以此為藉口，阻止發展中國家創新之做法與行動；更令人擔憂的，是國際間更可以此為由，禁止他國產品之進口，藉此築高自己之貿易壁壘，影響貿易自由。例如WTO之賀爾蒙牛肉案，歐盟即以美國飼養牛隻之飼料中含有過量之賀爾蒙為由，禁止進口，但對於飼料中含有過量之賀爾蒙是否會產生損害，僅處於懷疑階段，尚無明確之科學證據足以證明[187]。站在環境保護之立場，將預防手段實施之時間點提前，著實是相當重要之方

---

[185] 《2012年常設仲裁法院仲裁規則》第26條第6款：The arbitral tribunal may require the party requesting an interim measure to provide appropriate security in connection with the measure.

[186] 《常設仲裁法院仲裁有關自然資源和／或環境爭端之任擇性規則》第26條第2款：Such interim measures may be established in the form of an interim award. The arbitral tribunal shall be entitled to require appropriate security for such measures.

[187] 李騰：〈淺析風險預防原則在國際環境法中的適用—以溫室效應為例〉，載《時代經貿》2011年第18期。

式，但若該原則被無限上綱，也將嚴重影響貿易自由，甚至人類之經濟發展，因此實踐上也多採取謹慎之看法。

　　由於在人類社會中每一個角落都存在著風險，如果要試圖建構起全球統一之「預防措施」，恐怕是不切實際的，最後之結果只能禁止一切的經濟活動，因為唯有不作為，才是最好之方式，因此如果讓「預防原則」過度擴張，將嚴重影響人類之經濟活動進行及科學之發展。所以換一個角度而言，人類每一個行動之選擇，都有其正面及負面之影響，「預防原則」其實僅在要求人類在採取行動之前，應先就該活動可能產生之影響，包括付出之成本及產生之效益進行分析，並作出評估，如何能達到該行動之目的，又能讓環境生態之影響降至最低；更重要的，是必須考慮到過程當中所需付出之經濟成本，不可超出社會經濟之承受能力。例如，核能發電廠之利用，雖然包括核廢料之污染，以及核電廠爆炸對於人類及環境之巨大危害，如2011年3月11日，日本東北地方太平洋近海發生大地震及大海嘯所引發之日本福島第一核電廠爆炸事件，導致福島核子反應爐內之放射性物質持續大規模洩漏，因此造成相當嚴重之空氣污染，且由於福島海岸附近之海流非常強勁，該放射線物質又因排放至海洋中而遠布太平洋，造成放射性物質大量擴散，不但嚴重影響人類健康，使得當地居民得到癌症之機率增高，也使得海洋生物體內累積此種放射線物質，甚至產生基因變異之結果，都是人類社會不可承受之重。但是否因此即全面禁止核電廠之建造及運作，尚仍須考慮人類社會用電之需求，即使目前全世界都在極力推動風電、太陽能發電等綠色能源之開發，然在技術尚未純熟之階段，也無法貿然全面性禁止核能之利用，這就是「預防原則」中需進行成本效益評估之問題。

　　又例如過去在印度市區，因為交通工具和工廠排放有毒氣體，使居民處於嚴重的空氣污染環境中，患上各種呼吸道疾病之機率非常高，因此1998年印度德里市曾發布一項控制空氣污染之命令，即要求所有公車在2001年3月31日之前須換成壓縮天然氣來替代石油或柴油，以減少空氣污染之狀況。結果公車營運商在十四個月內被要求購買2,000部公車，以取

代原來使用石油或柴油之公車，然而這些使用壓縮天然氣公車之價格是原來使用石油或柴油公車之1.6倍，導致民眾使用公車之費用因此調漲外，由於壓縮天然氣之供應站不足，使得一些公車必須開到幾十公里以外並且排隊數小時才能加到天然氣，導致公共運輸量能嚴重匱乏。而由於公共運輸之營運成本及費用上漲，民眾只好改為選擇私人汽車，因此在命令實施之後，石油或柴油小汽車之銷售量反而創新高，幾乎增加了十倍，結果卻是空氣污染更加嚴重，居民患上呼吸道疾病之機率也更高了，這就是成本效益未仔細評估，結果造成社會經濟無法承受之案例[188]。本案最後導致此結果，顯然係未經過詳細之環境影響評價，由於「環境影響評價」是預防措施之核心要素，一方面，應透過「環境影響評價」獲取該活動對於環境是否會造成嚴重或不可逆轉損害之資訊，作為是否採取「預防措施」的合理基礎之外，另一方面，也應該同時預測該預防措施可能產生之負面影響，成為決策之依據，因此，「環境影響評價」本身其實也可以被認為是一項預防措施[189]。而「預防原則」是要求在發生損害之前即須採取行動，但如果採取之措施將導致社會資源之浪費，或是採取措施造成之損害高於原本不採取措施所預期可能發生之損害，即非「預防原則」之本意，因此，採用預防原則必須同時符合成本效益，不論對於預防措施之成本、替代方案、配套措施，以及可能造成之負面影響，均應仔細分析，始能在經濟發展與預防措施之間尋求一個平衡點。

第五節　國際環境仲裁關於實體法之適用問題

國際環境仲裁應如何適用實體法，為妥善解決國際環境爭端相當重要之一環。本章係就國際環境仲裁有關準據法之適用原則，由學理與實證

---

[188] 高敏：〈再論環境公益訴訟的原告資格〉，載《西部法學評論》2017年第3期。

[189] 黃炎：〈國際法風險預防原則的解釋論〉，載《法律方法》2019年第1期。

角度加以分析梳理。就國際環境爭端以仲裁爲爭端解決方式所依據之實體法，引證實際案例，加以分析探討。

一、實體法之選定

(一) 實體法之選定方式

國際仲裁之實體法選定原則，可以區分爲由爭端當事方合意選定其準據法，以及爭端當事方未有事前協議且爭端發生後無法協議時，由仲裁庭選定爭端解決之準據法兩種選定方式。

1. 爭端當事方合意選定

國際環境爭端以仲裁爲爭端解決方式時，爭端當事方得自由合意選定應適用之實體法，但此種合意選定，又可分爲兩種：一種是爭端起因於爭端當事方違反所簽訂之條約，故爭端解決方式所依據之實體法，即爲該條約之規定。例如巴基斯坦訴印度案，爭端當事方訂定《印度河水源條約》（*Indus Water Treaty*）規定有關共有資源之利用方式，由於將仲裁訂爲爭端解決方式，則該爭端所適用之實體法即爲該條約之規定；另一種則是爭端發生之後，爭端當事方另訂仲裁協議，並在協議中合意選定該爭端應適用之準據法，例如在特雷爾冶煉廠案中，依據爭端當事方之仲裁協議，仲裁庭應同時適用國際法和美國國內法。

由於國際仲裁尊重當事人之意思自主，因此準據法得由爭端當事方合意選定，與《國際法院規約》明確規定必須按照條約、國際習慣、一般法律原則等順序來決定法律之適用顯不相同。

2. 由仲裁庭選定準據法

若爭端當事方無法透過合意方式決定應適用之實體法，則由仲裁庭依據雙方所約定之仲裁規則選定，但若雙方也未約定仲裁規則，則以爭端當事方所選定之仲裁機構訂定之仲裁規則進行選定。由於目前並無專門解決國際環境爭端之仲裁機構，但因常設仲裁法院在涉及國家爭端的領域方面聲望最高，且就國際環境爭端訂有相關的仲裁規則，故以下就常設仲裁法

院所訂的仲裁規則說明之。

依據《2012年常設仲裁法院仲裁規則》第35條規定[190]，對於爭端當事方若未指定本件爭端應適用之實體法，仲裁庭應依據所涉及之主體不同而有以下之選定方式：(1)若爭端之主體僅涉及國家，則應依據國際法之淵源，即以《國際法院規約》所規定之順序為之；(2)若爭端之主體涉及國家和政府間國際組織，則應同時適用當事方間之條約或協議，以及該政府間國際組織之規則，並酌情適用國際法上關於政府間國際組織之原則及規定；(3)若爭端之主體涉及政府間國際組織和私人當事方之情況下，除應適用雙方之間協議有關之法律外，仍要考慮政府間國際組織之規則，以及國際法上關於政府間國際組織之管理原則及規定。此外，仲裁庭之仲

---

[190] 《2012年常設仲裁法院仲裁規則》第35條：1. The arbitral tribunal shall apply the rules of law designated by the parties as applicable to the substance of the dispute. Failing such designation by the parties, the arbitral tribunal shall: (a) In cases involving only States, decide such disputes in accordance with international law by applying: i. International conventions, whether general or particular, establishing rules expressly recognized by the contesting States; ii. International custom, as evidence of a general practice accepted as law; iii. The general principles of law recognized by civilized nations; iv. Judicial and arbitral decisions and the teachings of the most highly qualified publicists of the various nations, as subsidiary means for the determination of rules of law; (b) In cases involving only States and intergovernmental organizations, apply the rules of the organization concerned and the law applicable to any agreement or relationship between the parties, and, where appropriate, the general principles governing the law of intergovernmental organizations and the rules of general international law; (c) In cases involving intergovernmental organizations and private parties, have regard both to the rules of the organization concerned and to the law applicable to the agreement or relationship out of or in relation to which the dispute arises, and, where appropriate, to the general principles governing the law of intergovernmental organizations and to the rules of general international law. In such cases, the arbitral tribunal shall decide in accordance with the terms of the agreement and shall take into account **relevant trade usages**; (d) In all other cases, apply the law which it determines to be appropriate. In such cases, the arbitral tribunal shall decide in accordance with the terms of the agreement and shall take into account **relevant trade usages**. 2. The arbitral tribunal shall decide as amiable compositeur or ex aequo et bono only if the parties have expressly authorized the arbitral tribunal to do so.

裁判斷尚需將相關之貿易慣例（trade usages）納入考慮；(4)在其他情況下，仲裁庭得適用其認為適當之法律，但其所作出之仲裁判斷，仍應將相關之貿易慣例納入考慮。再依據《常設仲裁法院仲裁有關自然資源和／或環境爭端之任擇性規則》第33條規定[191]，仲裁庭應適用爭端當事方所協議指定適用之實體法。若未能協議指定，仲裁庭應適用其認為適當之內國法或國際法。此外，仲裁庭亦可以依據公允善良原則進行仲裁判斷，但必須以爭端當事方明示同意為前提。

　　因此，從常設仲裁法院所訂之仲裁規則觀之，涉及不同之主體，對於實體法之選定則有不同的方式，且常設仲裁法院為配合日漸增多之國際投資仲裁，在《2012年常設仲裁法院仲裁規則》中尚要求仲裁庭應將相關之貿易慣例納入考慮。然而在《常設仲裁法院仲裁有關自然資源和／或環境爭端之任擇性規則》中，卻並沒有為了解決國際環境爭議而特別規定，而將相關的國際環境法基本原則納入考慮，甚為可惜。

(二) 實體法之選擇範圍

　　承前所述，國際環境爭端提交仲裁時，不論是由爭端當事方自行選定，或是由仲裁庭依仲裁規則選定之實體法，原則均為「國際法」，少部分即使有直接約定適用內國法之案例，如特雷爾冶煉廠案，也是合意應同時適用國際法及內國法[192]。因此，國際環境爭端所適用之實體法亦為國際法，應包括國際環境法之淵源以及國際環境法之基本原則。

---

[191] 《常設仲裁法院仲裁有關自然資源和／或環境爭端之任擇性規則》第33條：1. In resolving the dispute, the arbitral tribunal shall apply the law or rules of law designated by the parties as applicable to the substance of the dispute. Failing such designation by the parties, the arbitral tribunal shall apply the national and/or international law and rules of law it determines to be appropriate. 2. This provision shall not prejudice the power of the arbitral tribunal to decide a case ex aequo et bono, if the parties expressly agree thereto.

[192] 〔美〕加里·B.博恩 著，白麟、陳福勇、李汀潔、魏奎楠、許如清、趙航、趙夢伊 譯：《國際仲裁法律與實踐》（初版），商務印書館，2015年10月，第585頁以下。

　　國際環境法之淵源應包含所有關於解決跨境污染與全球環境問題相關之國際環境公約、國際習慣、一般法律原則、司法判例、國際法學說和公允及善良原則。目前國際間已為此成立相當多之條約，包括1982年《聯合國海洋法公約》、1985年《保護臭氧層維也納公約》、1987年《關於消耗臭氧層物質蒙特利爾議定書》、1992年《生物多樣性公約》、1992年《聯合國氣候變化綱要公約》等，均為國際上相當重要之條約。至於國際環境法上之國際習慣則較有爭論，因為國際習慣之成立，必須有各國之反覆實踐及法之確信，需要時間之累積。但因現代之國際交往增多，以及科技之日新月異，國際習慣形成之時間縮短，重點已在法之確信上，目前為止，被認定為國際習慣者，主要包括永續發展原則、環境保護之合作義務、在環境發生損害時之通知義務，以及各國有按自己之環境政策開發資源之主權，但須保證其活動不致損害本國管轄範圍以外地區之義務。另外，關於一般法律原則部分，在特雷爾冶煉廠案，仲裁庭提出「善意原則」；而在核子試驗案中，國際法院認為「條約必須信守」為一般法律原則；另外，在1949年科孚海峽案中之「人道主義」，也被認為是一般法律原則[193]。

　　此外，政府間國際組織或重要國際環境會議之相關指引、決議或共同宣言等國際法律文件內容，仲裁庭亦可引用，因為這些國際文件創立了國際環境法之基本原則。例如，由於科技之飛速發展，新型之人類活動或產品對於環境是否有害，因欠缺實證研究而存有科學不確定性時，為確保環境不因此而受到破壞，國際法中「預防原則」應運而生，該原則認為即使欠缺明確之科學證據，也不得作為推遲採取預防性措施之理由，而在國際環境法上被公認為黃金原則。又因高科技之開展及尖端技術之應用，雖然大幅提升產品品質與降低生產成本，卻也同時造成環境污染與生態破壞，然由於工業生產本身並非是國際法所禁止之行為，但對於受到損害者，不能因為該國未違反國際法所禁止之行為即無需承擔國家責任，此種「國際

---

[193] 林燦鈴 著：《國際環境法》（修訂2版），人民出版社，2011年11月，第123-133頁。

法不加禁止之行為」，只要其行為與損害具有因果關係，仍需承擔國家責任。換言之，國家只要對於環境造成損害，即使是國際法不加禁止之行為，仍需承擔國家責任，對受到損害者應進行賠償，此也已被確立為國際環境法之基本原則。

綜上所言，傳統之國際環境法淵源，包括各國所簽訂之國際環境條約，永續發展原則、通知義務等國際習慣，以及善意原則、人道主義等國際環境法之一般法律原則，和晚近發展之預防原則、國際法不加禁止行為之國家責任，以及涉及環境之國際投資爭端中有關東道國對於外國投資者應本於公平與公正待遇（fair and equitable treatment）原則等[194]，仲裁庭在國際環境爭端之解決中均得加以援引。

二、國際環境仲裁關於實體法適用之實踐

國際環境仲裁關於實體法選定之方式，原則應由爭端當事方合意選定，但爭端當事方未合意選定時，則由仲裁庭依據雙方所約定之仲裁規則選定之，包括爭端當事方之間條約或協定中所規定之仲裁規則，或是雙方所約定仲裁機構之仲裁規則。但若由仲裁庭選定時，則應以國際法為實體法，而此所謂之國際法，即為國際環境法之淵源，以及國際環境法之基本原則，仲裁庭將依據個案基礎事實，而引用相關的國際環境法之原理原則。然而，實踐中對於爭端當事方合意選定之實體法適用，亦會產生以下之爭議問題：首先，爭端當事方同時選定國際法及某國之國內法為實體法之情況下，若國際法並未就該問題有相關規定，自然得引用國內法之相關規定作為補充，但若兩者相衝突，則以何者為優先？再者，若爭端當事方原本即訂有多個與環境保護相關之條約，且雙方均為這些環境條約之締約國，當其中一方僅以其中一個條約作為依據聲請仲裁時，仲裁庭得否以其他條約之規定內容作為判斷依據？

---

[194] Ying Zhu, Fair and Equitable Treatment to Foreign Investors in the Era of Sustainable Development, Natural Resources Journal Vol. 58, 2018.

　　在1999年澳洲及紐西蘭與日本間之南方藍鰭金槍魚案中，日本依據《南方藍鰭金槍魚養護公約》向澳洲及紐西蘭提出調解，但雙方並無共識。嗣後，澳洲及紐西蘭則依據《聯合國海洋法公約》《附件七》之規定，向日本提出仲裁。由於三國均為《聯合國海洋法公約》及《南方藍鰭金槍魚養護公約》之締約國，但因澳洲及紐西蘭係依據《聯合國海洋法公約》提出仲裁程序，因此該案首先處理之問題，即在於該爭端是否可以依據《聯合國海洋法公約》第十五部分第二節之規定，提出強制仲裁程序。本案仲裁庭認為，若要依據《聯合國海洋法公約》第十五部分第二節之規定直接提交《聯合國海洋法公約》《附件七》之仲裁程序，須視該爭端是否為《聯合國海洋法公約》強制仲裁管轄之範圍內，但因《南方藍鰭金槍魚養護公約》已排除其他強制程序，因此無法適用《聯合國海洋法公約》提出仲裁。但另一方面，本案卻也承認，因爭端當事國均屬於《聯合國海洋法公約》及《南方藍鰭金槍魚養護公約》之締約國，此兩個公約亦無特別法優於普通法，或後法優於前法之問題，因此任一方均得援引適用之。

　　由於爭端當事方同時為多個國際環境公約之締約國並不罕見，本案係因《南方藍鰭金槍魚養護公約》與《聯合國海洋法公約》關於提交仲裁之條件規範不同，因此無法將爭議提交《聯合國海洋法公約》《附件七》之仲裁程序解決，但若提交仲裁之條件規範相同，而聲請人僅以其中一個條約作為應適用之實體法，仲裁庭得否考慮以其他國際法淵源作為爭端解決之實體法？因國際環境仲裁在於妥善解決國際環境爭端，並達到保護環境之目標，不應嚴格限制仲裁庭就實體法之選定必須以爭端當事方所主張之依據為限，若爭端當事方同時是多個國際環境公約之締約國，依據當事方「條約必須遵守原則」，以及基於國際環境爭端之解決具有相當之公益性，本書認為，仲裁庭甚至無須受到爭端當事方合意選定之限制，而應以其認為合適之實體法作為本案判斷之依據。

　　至於在爭端當事方同時選定國際法及某國之國內法為實體法之情況下，若國際法並未就該問題有相關規定，自得引用國內法之相關規定作為補充，但若兩者相衝突，則以何者為優先？例如在國際投資仲裁之案件

中，仲裁庭通常是援引國際投資條約為主要準據法，但也有仲裁庭同時以國內法作為準據法之案例。在*AAPL v. Siri Lanka*案[195]中，仲裁庭肯認雙邊投資協定應為主要之準據法，但也認為其他法律淵源包括國際法與國內法亦得合併或補充適用。而在*MTD v. Chile*案[196]中，仲裁庭援引東道國之國內法規定，主要是為確認投資行為之範圍、東道國政府對於投資保障、政府措施之合法性等。至於東道國是否違反國際法而應擔負國家責任，仍須適用國際法。據此，當投資條約不足因應時，則應適用國際習慣、一般國際法原則或其他國際法規則予以補充。而在*Antonie Goetz v. Burundi*案[197]中，仲裁庭也認為應同時適用國際法與東道國之國內法，理由為基於比利時（Belgium）與布隆地（Republic of Burundi）間之雙邊投資協定，已明訂應適用東道國之國內法為準據法。至於適用國際法是因為聲請人主張之布隆地國內法屬國際法之國內法化，以及布隆地政府基於投資條約規定，本具有保障比利時投資人之國際法義務，據此仲裁庭得同時適用國際法與國內法。由此觀之，仲裁庭通常會優先適用爭端當事方合意選定之實體法，否則應適用國際法，但若同時適用國際法與國內法時，則將兩者分別適用在不同之問題點，例如投資行為之範圍及合法性，應以國內法進行判斷，而國家是否有違反投資條約而應負國家責任，則應適用國際法，以使其相互補充，而不產生衝突。

　　綜上，國際環境仲裁關於實體法適用問題，仲裁庭原則上仍應依據爭端當事方合意選定之實體法為準據法，但若爭端當事方無法合意選定，則由仲裁庭依據雙方所約定之仲裁規則選定，包括爭端當事方之間條約或協定中所規定之仲裁規則，或是雙方所選定仲裁機構之仲裁規則。但因國際

---

[195] *Asian Agricultural Products Ltd. v. Republic of Sri Lanka*, ICSID Case No. ARB/87/3, https://www.italaw.com/cases/96.

[196] *MTD Equity Sdn. Bhd. and MTD Chile S.A. v. Republic of Chile*, ICSID Case No. ARB/01/7, https://www.italaw.com/cases/717.

[197] *Antoine Goetz et consorts v. République du Burundi*, ICSID Case No. ARB/95/3, https://www.italaw.com/cases/508.

環境爭端之解決具有相當之公益性，本書認爲國際環境仲裁應無須受到爭端當事方合意選定之限制，而應以仲裁庭認爲合適的國際環境法淵源及基本原則作爲判斷依據，以維護環境爲終極目標，運用國際環境法之相關原理原則，妥善解決國際環境爭端，並推動國際環境法之發展。

|第六章|
國際環境仲裁存在之問題及建議

第一節　公域環境之損害問題

一、公域環境之損害缺乏適格主體之問題

　　所謂「公域環境」，依據中國政法大學林燦鈴教授之見解，係指「國家管轄範圍以外之區域，包括公海、國家管轄範圍以外之海床和洋底及其底土、公空、地球南北兩極、外太空等」。由於這些區域不屬於任何國家所管轄，也不屬於任何個人，且該地區通常無人居住或人煙稀少，但是這些區域之生態環境及其相關資源卻是屬於全人類的，亦即爲人類共同繼承之財產，如何開發、利用和保護，所涉及的是全人類共同利益[1]。

　　例如極地地區，不屬於任何國家管轄範圍，且人煙稀少，但若該地區之環境遭到破壞，所造成之影響將是全球性之災難。舉例而言，一旦大氣中溫室氣體增加，將會導致氣溫上升，可能造成極地地區冰蓋、冰架和冰川之融化，當海冰退縮，海平面則會上升，即有可能造成許多國家之土地被海水淹沒；此外，當冰川融化，可能會導致北大西洋暖流停止流動，進而造成氣候之影響，由於暖流會對氣候起到增溫增濕之作用，而墨西哥灣暖流與北大西洋暖流，相當於把地球赤道附近和低緯度地區之溫水帶到了北美和西歐，使得這裡之氣候變得溫暖濕潤，因此一旦北大西洋暖流停止流動，美國和歐洲之大部分地區會被冰川覆蓋，人類可能遭遇到的將是極凍之天氣。再如外太空之環境損害，則可分爲太空污染及太空碎片之問

---

[1] 林燦鈴 著：《國際環境法》（修訂2版），人民出版社，2011年11月，第461頁以下。

題。所謂太空污染，係指由於航太活動所產生之物質或能量（包括氣體、電波、輻射等），當排放過多到外太空時，將對太空環境造成不利影響。例如太空飛行器在發射時所排放之廢氣，由於高空中空氣極為稀薄，因此該廢氣不易透過相互混合而沖散，其因此累積所造成之污染，將會對於臭氧層有極為不利之影響；又該排出物在進入電離層後，也會降低其中電子之密度，這種變化將會干擾無線電通訊。其中最嚴重的是進行核爆炸之活動，其放射性塵埃將會嚴重影響大氣層和外太空環境，甚至會破壞在軌道上運行之衛星。至於所謂太空碎片，則係指因太空物體之自體爆炸，或因碰撞等原因，其碎片因此造成環境之影響。例如因軍事活動所製造之衛星，完成任務之後在外太空以自爆方式炸毀，或是衛星之間以相互碰撞之方式炸毀，而其碎片將會墜入大氣層中被燒毀，而燒毀之過程對於大氣層結構之破壞，以及地球空氣之污染，亦將對於全人類有一定之影響[2]。

　　由此觀之，公域環境污染和破壞所造成之後果，影響所及包括全人類，但依據近代國際法之概念，公域環境不屬於任何國家、任何團體或任何個人，即使公域環境造成污染或破壞對全人類都有一定之危害，但卻因無法具體指出受到損害之國家、團體或個人，若要對於此種破壞公域環境之人提出爭端解決程序，要求停止其行為，或請求相關之賠償，何種主體方有提出之資格？若要求必須具有「直接利害關係之人」始能提出爭端解決程序，不論是訴訟或仲裁，恐將永遠無法有適格之原告或聲請人，如此一來，由於無法要求行為人或行為國承擔責任，將使人們存有僥倖之心態，認為對於公域環境之污染與破壞是不需要負責的，實對於環境保護有所不足。

二、利用國際環境仲裁擴大適格之主體範圍

　　首先，由於國際仲裁之主體並無如同《國際法院規約》之限制，故除

---

[2] 林燦鈴 著：《國際環境法》（修訂2版），人民出版社，2011年11月，第474-475頁。

了國家之外，尚包括個人、政府間國際組織，以及非政府間國際組織，均可利用國際仲裁解決爭端，所以本書認爲，國際環境爭端以國際仲裁解決應爲更好之途徑。

1972年《斯德哥爾摩人類環境宣言》中，提出了環境權益應爲基本人權之一，亦即，人們不僅有權利要求在良好的環境中生活，享受清新之空氣、飲用清潔之水源，也對於破壞或影響良好環境之行爲，負有捍衛之責任[3]。之後，在許多國際人權公約中，也都有承認環境權益之相關規定，例如，1981年《非洲人權和民族權憲章》即明確規定：「有利於人發展、令人滿意之環境是所有人之權利」，以及1988年《美洲人權公約》之經濟、社會和文化權利議定書第12條之標題即爲「對健康環境之權利」[4]，甚至1992年《里約熱內盧環境與發展宣言》中也提出：「人類……應享有以與自然相和諧之方式過健康而富有生氣之生活之權利。」至此，環境權益被認爲是基本人權之地位已然確立，而作爲一項基本人權，是人生來即具有之權利，不容任何人予以剝奪[5]。

由於個人所擁有之環境權益，在於能夠享受良好之生活環境，包括清新之空氣及乾淨之水源，但全球之生態系統是一個整體，任何地區之環境污染與生態破壞，都可能透過大氣之環流與水之流動而影響全世界，因此個人所得主張環境權益之範圍，不應限於人爲所劃定之疆界內，故應包

---

[3]　《斯德哥爾摩人類環境宣言》：1.人類有權在一種能夠過著尊嚴和福利之生活環境中，享有自由、平等和充足之生活條件的基本權利，並且負有保護和改善這一代和將來世世代代之環境的莊嚴責任。……2.爲了這一代和將來世世代代之利益，地球上之自然資源，其中包括空氣、水、土地、植物和動物，特別是自然生態類中具有代表性之標本，必須透過周密計畫或適當管理加以保護。見：國家環境保護總局政策法規司 編：《中國締結和簽署之環境條約集》，學苑出版社，1999年，第386頁以下。

[4]　林燦鈴 等著：《國際環境法的產生與發展》（初版），人民法院出版社，2006年11月，第302頁以下。

[5]　林燦鈴 著：《荊齋論法─全球法治之我見》（初版），學苑出版社，2011年12月，第334-336頁。

含公域環境，因此當個人主張其環境權益時，雖無法進入國際法院提出訴訟，但可以透過國際仲裁程序成為聲請人，以個人之名義要求造成公域環境污染或破壞之行為國承擔起應負之責任。

　　然而，國際環境仲裁之複雜度高、科學技術性強、時間冗長，所投入之金額更是非常龐大，因此若要以個人之名義進行，恐怕如此龐大之金錢與時間之消耗，實足以讓人打退堂鼓，且因個人可能沒有足夠之專業能力推動仲裁程序之進行，因此未必能達到環境保護之目的。更重要的是，雖個人可以成為國際仲裁之主體，但在提出仲裁時，仍需要雙方成立仲裁協議。從《聯合國海洋法公約》第291條第2款[6]及《聯合國海洋法公約》《附件七》第13條規定[7]觀之，締約國以外之實體所發生之爭端亦可以適用《聯合國海洋法公約》《附件七》之仲裁程序，但締約國以外之實體必須依據《聯合國海洋法公約》之具體規定始能適用該爭端解決程序；再依據《聯合國海洋法公約》第285條、第187條之相關規定，所謂締約國以外之實體應包括管理局、企業部、國營企業及自然人或法人，而其具體爭端僅指關於採礦、探勘、開發之合約或合作計畫所產生之相關爭端[8]，換言之，即使《聯合國海洋法公約》允許自然人與法人得成為仲裁程序之主體，但僅限於《聯合國海洋法公約》中所約定之具體爭端，包括與合約或合作計畫相關之爭端，方能以《聯合國海洋法公約》作為提出仲裁之法律

6　《聯合國海洋法公約》第291條：本部分規定之解決爭端程序應僅依本公約具體規定對締約國以外之實體開放。

7　《聯合國海洋法公約》附件七第13條：本附件應比照適用於涉及締約國以外之實體之任何爭端。

8　《聯合國海洋法公約》第285條：本節適用於依據第十一部分第五節應按照本部分規定之程序解決之任何爭端。締約國以外之實體如為這種爭端之一方，本節比照適用。《聯合國海洋法公約》第十一部分第五節第187條：海底爭端分庭根據本部分及其有關之附件，對以下各類有關「區域」內活動之爭端應有管轄權：(c)第153條第2款(b)項內所指的，作為合約當事各方之締約國、管理局或企業部、國營企業及自然人或法人之間關於下列事項之爭端：1.對有關合約或工作計畫之解釋或適用；或2.合約當事一方在「區域」內活動方面針對另一方或直接影響其合法利益之行為或不行為。

依據。

　　此外，承本書第三章第五節所述，依據《解決國家與他國國民間投資爭端公約》（*Convention on the Settlement of Investment Disputes Between States and Nationals of Other States*），個人得與國家間成立仲裁協議，但前提必須是該個人之本國與東道國有雙邊投資協定，且其內容要求東道國與他國投資人發生爭議應以仲裁解決，個人方得透過本國與東道國間之雙邊投資協定與東道國成立仲裁協議。但是在公域環境發生損害之情形下，實際上個人顯無可能與國家間成立仲裁協議，因此即使個人具有國際仲裁之主體資格，也無法解決關於公域環境損害之問題。

　　至於國際組織是否為更合適之主體，則分為政府間國際組織及非政府間國際組織加以說明。由於依據國際法院「執行聯合國職務時遭受傷害之賠償案」諮詢意見中，已承認政府間國際組織在國際法上之主體資格，故若政府間國際組織與國家間成立仲裁協議，自可提出國際仲裁，即使雙方未另行成立仲裁協議，只要彼此間定有條約，亦可成為提出仲裁之法律依據。然而，由於政府間國際組織是由國家簽署條約而成立，因此政府間國際組織之活動顯有可能受到國家彼此間政治外交方面之牽制，因此要期待由政府間國際組織就公域環境損害問題提出仲裁，顯然有其困難度。

　　然而，非政府間國際組織則相當活躍，包括積極參加政府間國際組織之締約方大會、在國際環境會議活動極力發聲、以發表宣言之方式提供環境保護之指導原則和協助擬定國際環境條約草案等，對於環境保護及國際環境法之發展實有莫大之助力，因此在環境保護之領域中已具有相當重要之地位。由於非政府間國際組織在環境治理上扮演著相當重要之角色，透過監督政府之立法及執法、資訊分享、環境教育、社會運動等方式，推動環境保護，且因環境議題並非僅限於一國之事務，故其行動必須躍至國際場域，近年來，也往往因為非政府間國際組織透過國際談判，而影響了最後之結果。例如在《聯合國氣候變化綱要公約》之締約方大會上，有關維護原住民權益之非政府間國際組織，主張氣候變遷政策應尊重原住民之生存文化權；有關生物多樣性保育之非政府間國際組織，則提出應重視氣候

變遷政策對於物種之影響等。而非政府間國際組織除了爭取在國際場域發聲並宣達其理念之外，爲加強其影響力，也透過形成全球性之行動網絡，整合其他之非政府間國際組織，在彼此間進行科學知識之交流，並共同擬定策略對政府間國際組織或國家之政策予以施壓，如此多元而靈活之方式，使得非政府間國際組織在環境保護之領域上占有相當重要之地位[9]。

因此本書認爲，若由非政府間國際組織來擔任公域環境損害之究責主體，應較爲合適。首先，依據1986年4月24日部分歐洲理事會成員國簽訂之《關於承認非政府間組織之法律人格之歐洲公約》已經明確承認非政府間國際組織之法律人格；再者，《21世紀議程》亦指出，在執行《21世紀議程》方面，非政府間國際組織之參與非常重要，並「應依環境與發展大會適用之程序認可其資格」，由此更可看出其對於非政府間國際組織之重視。由於專門從事環境保護之非政府間國際組織對於該領域具有相當豐富之知識，就相關法規之熟悉度也非常高，以其高度之專業性面對爭端解決程序，相信是最適當的，且其背後所代表群體支持之力量也相當強大，若能以其名義就公域環境之污染和破壞提出國際仲裁程序，要求行爲國負起責任，將更具有其公益性。由於國際仲裁對於國際法之主體並無特別限制，因此非政府間國際組織當然具有國際環境仲裁之主體資格，而得以自己之名義提出國際仲裁。從彩虹勇士號仲裁案觀之，非政府間國際組織具有國際仲裁之主體資格已無疑義。

然而，非政府間國際組織雖得與國家成立仲裁協議，但是在公域環境損害之問題上，期待雙方得在個別爭端中另行成立仲裁協議，顯然不切實際，若無條約作爲提出仲裁之法律依據，恐難要求國家與非政府間國際組織成立仲裁協議。因此，要解決此等問題，本書認爲，首先應有條件地廣泛認可非政府間國際組織在國際環境法上之主體資格。由於非政府間國際組織在國際環境法上具有非常重要之角色，爲實現《21世紀議程》之內

---

9 葉俊榮 著：《氣候變遷治理與法律》（初版），臺大出版中心，2015年11月，第67、72-74、248頁。

容，應建置一定之認可程序，讓被認可之非政府間國際組織擁有完整之法人格。有鑑於目前聯合國有條件地允許非政府間國際組織成為觀察員或賦予其諮商地位，若能藉由聯合國之審查機制，就一些發展態勢強大、組織架構嚴密、對國際社會產生相當影響力之非政府間國際組織，認可其具有完整之國際法人格，則該非政府間國際組織即得以自己之名義加入國際環境條約。一旦非政府間國際組織能夠成為國際環境條約之締約方，且該國際環境條約規定以仲裁為爭端解決方式，則非政府間國際組織即得以該國際環境條約作為提出仲裁之依據，對於違反該國際環境條約而損害公域環境之國家提出國際仲裁，要求停止其行為並賠償因此所生之損害，相信對於公域環境之保護能夠更進一步。

三、應將「直接利害關係」之認定標準放寬

由於公域環境之損害往往沒有直接受損害之人，但從環境權益的角度觀之，一旦環境遭受破壞，受到損害的是全人類，故即使未能具體指出受損害之人，任何人均應得主張自己之環境權益，要求污染環境或破壞環境之人承擔責任。然而，若堅持以傳統訴訟之觀點，必須有「直接利害關係之人」始能提出爭端解決程序，實不符合現今對於環境永續發展之要求。因此，首應對於「利害關係」一詞，放寬其標準，而讓並未產生具體損害之人，亦得提出爭端解決程序，實有其必要性。目前已有許多國家之國內法創設了公民訴訟之制度，最早出現公民訴訟制度是美國《潔淨水法》（Clean Air Act）及《潔淨空氣法》（Clean Water Act）[10]，依據《潔淨水法》及《潔淨空氣法》之規定，是任何公民（any citizen）或任何人（any person）得以自己名義提出公民訴訟。之後，兩岸也都有此制度之規範，臺灣是在2000年修正行政訴訟法時，開始施行環境公益訴訟之制度，而大陸至2012年時，亦修正民事訴訟法及行政訴訟法，納入環境公益民事訴訟

---

[10] 湯德宗　著：《美國環境法論集》（初版），無花果企業有限公司，1990年3月，第121頁以下。

及環境公益行政訴訟之制度。而公益訴訟最大之特點，即在於原告與案件並無直接之利害關係，此為傳統訴訟之一大突破。由於落實權利之前提，在於建立救濟制度，若在權利受到侵害而無法即時獲得救濟，權利也只是淪為一個口號而已，而公益訴訟制度之建立，使得環境權益有真正落實之機會。不過，雖然理論上是任何人均可以為自己之環境權益而提起公益訴訟，但是由於司法資源有限，若未就提起訴訟之原告作出任何限制，司法體系將會因為大量湧入之公益訴訟而崩潰，恐怕也非當初制度設計之原意[11]。

　　雖然目前國際間最受重視之司法機構為國際法院，惟依據《國際法院規約》之規定，僅有國家始能進入國際法院提出訴訟案件。因此，國家可以在國際法院以原告之身分提出訴訟，亦可以在國際法院中以被告身分應訴。但國家可否就與本國無直接利害關係，或是無具體損害之情形下，對於他國污染或破壞環境之行為至國際法院提出訴訟？本書認為，由於國家具有國際法律人格，且在國際法院具有訴訟當事者之資格，自然可以代替其國民主張權利，且環境權益為個人之基本權利，但環境權益所包含享有良好生活環境之範圍，並不僅僅以人為劃定之疆界為限，而應在於全球之任何地區，因為生態系統是一個整體，故不論在何處所產生影響環境之行為，都有可能對個人良好生活環境造成影響，因此均應包含在環境權益可主張之範圍內，而屬於本國國民所擁有之環境權益，因此國家自可以代表本國國民主張權利，進而在國際法院提出與本國無直接利害關係或無具體損害之訴訟案件。再者，由於目前國際間已逐漸認同就造成嚴重環境污染或破壞之行為認定為國際犯罪行為，故本書認為，應擴大保護管轄原則及

---

[11] 觀諸美國、臺灣及大陸之公益訴訟制度，雖然美國及臺灣之公益訴訟制度之設計，基本上是允許個人向法院直接提出，但是為維護司法體系運作之正常，仍以一定之條件限制原告之資格，例如以保護規範理論等方式予以限制，而大陸之公益訴訟制度，更是並未同意讓個人直接提出公益訴訟，但卻另准予由其他能代表公益之單位或社會組織，包括檢察機關、專門從事環境保護公益活動之社會組織，作為公益訴訟之原告。

普遍管轄原則之適用範圍，進而放寬直接利害關係之認定，使國家對於發生在本國領域範圍外，亦未涉及本國國籍之人之環境損害行為，亦可成為訴訟程序中適格之主體。

　　但就實際面而言，由於其國際關係錯綜複雜，國家是否提出訴訟，通常有其政治、外交、經貿方面之考慮。例如對發展中國家而言，改善人民之生活條件才是要務，而經濟發展則為消除貧困之唯一方法，因此對發展中國家強調地球環境之惡化，會導致下一代之發展受限，無法達到永續發展之目標等，發展中國家恐怕根本無暇顧及，自然也未能深刻理解環境問題之嚴重性，退步而言，即使透過環境教育使其明白環境破壞可能產生之後果，但是由於缺乏資金、缺乏技術、缺乏專業人士等問題，也會讓發展中國家沒有能力去改善現況，長此以往，他們將無法脫離因環境污染和破壞成為受害最深之國家，也因為沒有能力改善之結果，最後也將成為造成全球環境污染與破壞最嚴重之來源。雖然近代國際法採用了共同但區別原則，期待由已發展國家援助資金與技術移轉之方式，協助發展中國家在發展經濟之同時可以兼顧環境保護。然而從發展中國家為受害者的角度觀之，一旦發生國際環境爭端，發展中國家恐怕因為國際間複雜之政治因素，不敢對於應負責任之國家提出訴訟，尤其是發展中國家亟需已發展國家之援助資金，或是擔心已發展國家因此進行貿易制裁等原因，對於國際環境爭端解決之提出將有所忌憚；再退步而言，即使排除國際間複雜之政治外交因素，發展中國家也會因為其自身專業人才不足，以及資金缺乏等問題，不願對於應負責任之國家提出爭端解決，因為即使提出，也沒有能力為自己提出有利之主張，而無法取得有利之裁決結果，甚至因此所耗費之金錢，造成國家在財政上更大之負擔，最終還是只能默默承受因環境污染或破壞所造成之後果。換言之，即使將直接利害關係放寬，而認為與本國無直接利害關係，或是無具體損害之情形，國家亦可提出國際環境仲裁，但因為國際間之政治外交因素錯綜複雜，國家可能連自己受到損害之情形都無法提出爭端解決程序，更何況是公域環境損害之問題？因此，國家顯然亦非合適之究責主體。

　　本書認為，非政府間國際組織在公域環境破壞而進行究責之問題上，應為更適當之主體。然而，即使透過聯合國之審查機制，將一些對於環境保護卓有貢獻之非政府間國際組織認可其國際法人格，但究其本質，仍無法如同個人得主張應享有清新之空氣、乾淨之水源等環境權益，也無法如同國家因為具有屬地管轄或屬人管轄之關係，而可以就本國環境受損或以保護本國人民權益等理由，代本國國民提出主張，因此，若以非政府間國際組織為究責主體，對於其所能主張之環境權益尚需有所依據。由於就目前的國際法律文件觀之，個人所具有之環境權益已不容否認，但因為環境問題所具有之跨界性，個人環境權益之主張不應限制在人為劃定之疆界，也因為環境問題涉及全人類生存與發展問題，也無須限定應由個人方能主張，而應允許個人得授權他人代為主張。由於非政府間國際組織在特定之條件下具有國際法人格，以及非政府間國際組織所代表之公益性，自得接受個人所授予之環境權益，進而代表全人類主張其環境權益，就造成公域環境損害之國家提起國際環境仲裁，讓應負責任之國家，承擔起相應之法律責任。

　　由於非政府間國際組織之特點在於擁有專業之人才，故能在國際仲裁程序中提出更有利之主張，因此若能由非政府間國際組織代全人類提出國際環境仲裁，也將更有機會取得有利之判斷。如此一來，將可以對應負責之國家產生一定程度之警惕作用，使其知悉污染或破壞環境之結果，是必須付出代價的，且此種代價無法透過國際間政治、外交或經濟方面之壓力而迫使受害國放棄權利之主張。再者，也透過非政府間國際組織積極代全人類主張環境權益而提出國際環境仲裁，其仲裁判斷之結果及理由將對於國際環境法之發展亦具有推動之助力。

第二節　以國際投資仲裁解決國際環境爭端之問題

一、國際投資仲裁與國際環境爭端之關聯性

　　由於全球化與貿易自由化之推升，國際經濟法與國際環境法，以及國內環境法間之關聯性，將會因爲雙邊或區域貿易之發展而日益重要[12]。在國際投資仲裁之許多案例中，有相當大的部分涉及東道國與環境相關之政策及法令問題，理論上可以區分爲兩種案例類型：一種是因爲國家實施環境相關政策或法令而影響投資項目之案件；一種則是因爲國家不履行環境承諾而影響投資項目之案件。但實踐上，大部分之案件仍是因爲國家實施環境保護之相關法令，尤其是訂定新法規而直接影響投資項目，包括許可證之拒絕簽發、禁止某項產品之銷售或運輸、提高環境標準而禁止開發等，導致投資者受到嚴重之損失，由投資者向東道國提出仲裁[13]。就國際投資仲裁之案例說明其與環境爭端之關聯性。

(一) 與環境爭端有關之國際投資仲裁案例

1. *Tecmed v. Mexico*案[14]

　　原告Tecmed是在西班牙設立登記之公司，爲了在墨西哥進行有關處理危險廢棄物之相關事業，因此在墨西哥註冊了一間子公司，名爲Cytrar公司。1996年，Cytrar向墨西哥之環保單位申請許可，並且成功申請到一年期之許可證，雖然該許可證僅有一年效期，但墨西哥之環保單位承諾

---

[12] Laurence Boisson de Chazournes, Environmental Protection and Investment Arbitration: Yin and Yang, Anuario Colombiano de Derecho International, Vol. 10, 2017.

[13] Areta Jez, Environmental Policy-making and Tribunal Decision-making: Assessing the Scope of Regulatory Power in International Investment Arbitration, University of Pennsylvania Journal of International Law, Vol. 40, 2019.

[14] *Técnicas Medioambientales Tecmed, S.A. v. The United Mexican States*, ICSID Case No. ARB (AF)/00/2, https://www.italaw.com/cases/1087.

Cytrar公司可以申請續簽。然而墨西哥環保單位最後只讓Cytrar之許可證續簽了一年，隔年即拒絕Cytrar公司之續簽申請。Tecmed認為墨西哥拒絕繼續簽發有關處理危險廢棄物事業許可證之行為，構成對於投資人投資之間接徵收，違反西班牙與墨西哥間之雙邊投資條約，故向國際投資爭端解決中心（International Centre for Settlement of Investment Disputes, ICSID）提出仲裁聲請。該案之仲裁判斷結果，認定墨西哥政府拒絕繼續簽發許可證之行為，確實構成對於該投資人投資之間接徵收[15]。

　　本案在作成仲裁判斷時，首次突破以往之框架，採用比例原則作為判斷之基礎。仲裁庭認為，東道國之管制措施對投資人之投資造成影響是否有違反兩國間之雙邊投資條約，尚須考慮該措施所要保護東道國之公共利益，與造成投資人損害之結果，是否符合比例原則。但有學者批評，本案之判斷理由雖參酌比例原則，而將該措施所要維護之公共利益考慮進去，但卻採取過於嚴格之評價標準，強調必要性原則及狹義比例原則，卻忽略了適當性原則。由於東道國之管制措施是否符合公共利益，仍須考慮東道國所實施該措施欲達到之目的，亦即不應僅考慮必要性原則及狹義比例原則，而亦應重視適當性原則[16]。換言之，該措施是為了對危險廢棄物之產生有一定之管控，而使環境能有更好之保護，若該目標能透過不再簽發危險廢棄物處理之許可有效達成，則應支持東道國對於環境保護之政策或法令；相對而言，若不再簽發許可，且無配套措施，反而導致可能喪失危險廢棄物之控管，無法達到環境保護之目的時，則應保護投資人之投資，如此始能真正平衡投資人之利益及東道國之公共利益。

---

[15] 陳安 著：《國際投資法之新發展與中國雙邊投資條約之新實踐》（初版），復旦大學出版社，2007年6月，第157頁以下。

[16] Benedict Kingsbury & Stephan W. Schill, Public Law Concepts to Balance Investor's Rights with State Regulatory Actions in the Public Interest-the Concept of Proportionality, in Stephan W. Schill (ed.), International Investment Law and Comparative Public Law, Oxford University Press, 2010, pp. 102-103.

2. *Metalclad v. Mexico*案

　　原告Metalclad爲一間在美國註冊之公司，專門處理廢棄物，原本計畫將處理廢棄物之事業擴展到墨西哥，並在墨西哥設立一個處理廠，且該計畫也經過墨西哥政府批准，因此原告Metalclad遂展開大型投資。但嗣後墨西哥政府卻以該廠可能破壞當地環境，而拒絕核發許可證，且又將該廠之所在地定爲生態保護區，因此原告Metalclad則向ICSID提出仲裁，認爲墨西哥之行爲未符合透明度之要求，已經違反了《北美自由貿易協定》。最後仲裁庭作出的判斷結果，是以《北美自由貿易協定》投資章節以外之規定也含有透明度之要求，而推定協定中所規範之公平公正待遇，雖然是不同章節，但透明度亦爲雙方應盡之義務，因此認定墨西哥確實違反前開規定，應賠償投資人因此造成之損失[17]。

　　本案仲裁庭之判斷結果是偏向投資人的，原因可能在於本案投資人在投資之前，該計畫已經獲得墨西哥政府之批准，但墨西哥政府嗣後又推翻自己之決定，在投資人之信賴保護上確實有所瑕疵，但本案仲裁庭之判斷理由是從《北美自由貿易協定》的其他章節中推定透明度也是《北美自由貿易協定》第1105條公平公正待遇下之義務[18]，顯然是擴張解釋，僅考慮到東道國之管制措施是否讓投資者受到損害，但卻未考慮東道國實行該措施所要保護之公共利益，實屬可惜[19]。

3. *Ethyl Corp. v. Government of Canada*案

　　原告Ethyl爲美國之公司，其在加拿大設立了一間子公司，以進口添加於無鉛汽油中之甲基環戊二烯基三羰基錳（Methylcyclopentadienyl

---

[17] *Metalclad Corp. v. United Mexican States*, ICSID Case No. ARB(AF)/97/1, https://www.iisd.org/itn/en/2018/10/18/metalclad-v-mexico/.

[18] 《北美自由貿易協定》第1105條：各方應給予另一方投資者之投資以遵守國際法，包括公正和公平待遇以及充分保護和安全。在不影響第1款之情況下，儘管有第1108條第7款(b)項之規定，各方應給予另一方投資者以及另一方投資者之投資，就其採取或維持的與損失有關的措施而言，給予非歧視待遇……。

[19] 韓秀麗：〈從國際投資爭端解決機構的裁定看東道國的環境規制措施〉，載《江西社會科學》2010年第6期。

Manganese Tricarbonyl, MMT）爲主要營業項目，且爲加拿大之唯一進口
商，但加拿大以維護人體健康爲由，禁止了MMT之進口與運輸，因此原
告Ethyl以加拿大違反了《北美自由貿易協定》第十一章所規定之義務，
要求賠償2.5億美元。但該案最後由雙方自行協商解決，加拿大不但取消
前開禁令，並賠償了原告公司1,300萬美元[20]。

　　本案之所以由雙方自行協商解決，最主要之原因是加拿大就MMT是
否對環境或人體之健康有危害，並沒有任何之科學證據，因此加拿大在原
告提出該案後，不但取消該禁令，並且願意賠償給原告巨額賠款[21]。

4. *Methanex v. United States*案

　　原告Methanex爲加拿大之註冊公司，爲了生產甲醇，在美國加州投
資了Methanex US及Methanex Fortier兩間公司，而甲醇則爲甲基叔丁基
醚（methyl tert-butyl ether, MTBE）之原料。1993年，美國加州以保護
水資源爲理由，頒布禁止MTBE作爲汽車添加劑之行政命令，因此原告
Methanex認爲美國加州所頒布之法令違反了《北美自由貿易協定》第1110
條[22]，故提出仲裁，要求美國賠償9.7億美元。但本案之仲裁判斷，卻駁回
原告全部請求，並要求原告支付美國政府因本件仲裁案所支出之律師費

[20] Jerry Clark, Opportunity Knocks—The Role of International Trade Arbitration in Reducing International Trade Barriers and Addressing Environmental Concerns, Currents: International Trade Law Journal, Vol. 13, 2004; *Ethyl Corporation v. The Government of Canada, UNCITRAL*, https://www.italaw.com/cases/409.

[21] 韓秀麗：〈從國際投資爭端解決機構的裁定看東道國的環境規制措施〉，載《江西社會科學》2010年第6期。

[22] 《北美自由貿易協定》第1110條：徵收與補償：徵收條件：任何一方不得直接或間接地將另一方投資者在其領土內的投資國有化或徵收，或採取等同於國有化或徵收的措施（簡稱「徵收」），除非：(a)出於公共目的；(b)在非歧視的基礎上進行；(c)遵守正當法律程序和第1105(1)條的規定；(d)按照第2至6款支付補償。補償金額：補償應等同於徵收發生前被徵收投資的公平市場價值（簡稱「徵收日期」），並且不應反映因預期的徵收提前被知曉而產生的任何價值變化。評估標準應包括持續經營價值、資產價值（包括有形財產的申報稅值）及其他適當的標準，以確定公平市場價值。

用，其理由在於：如果東道國決定頒布一項法規，是依據正當法律程序所制定的，且是基於維護公眾之目的，也並無歧視性，又美國政府對於MTBE造成水資源之嚴重污染已經掌握了一定之科學證據足資證明，故即使因此影響外國投資人之投資，此種措施並不會構成徵收，也不需要補償[23]。

　　該案在考量東道國所實行之環境保護規制，影響外國投資人之投資是否構成徵收，提出幾項須斟酌之因素：首先，東道國所實行之環境措施必須以維護公共利益為目標，但是該措施不能是以環境保護為藉口，而實際上只是綠色壁壘，目的在於實行其綠色保護主義，因此在採取該措施之前，必須有科學證據對於該措施之必要性、可行性，以及效果進行分析與評估，而認為該措施確實可以達成維護該公共利益之目的，且有其必要性始可；再者，該措施也必須符合正當法律程序所頒布，亦即該項措施必須遵守相關投資協定及東道國本國法律所要求之法律程序始可；第三，該措施也必須符合非歧視性原則，亦即該項措施之頒布，必須是具有普遍之適用性，不得指向特定之投資者。而本案因為美國政府就MTBE對於水資源之污染確實進行了詳盡之調查與評估，其調查結果顯示該地區之水資源已經遭受嚴重污染，且該項措施是對於MTBE所作之普遍性規制，並非針對特定之生產廠商，又該法令是依據正當法律程序所頒布的，因此本案仲裁判斷認定美國政府之此項措施並不構成徵收，也無須對投資者進行補償[24]。

(二) 案例評析

　　從以上國際投資仲裁案例可以看出，許多國際投資之爭端，起因於

---

[23] *Methanex Corporation v. United States of America, UNCITRAL,* https://www.italaw.com/cases/683.

[24] 韓秀麗：〈論比例原則在有關徵收的國際投資仲裁中的開創性適用〉，載《甘肅政法學院學報》2008年第10期；韓秀麗：〈從國際投資爭端解決機構的裁定看東道國的環境規制措施〉，載《江西社會科學》2010年第6期。

東道國實施與環境相關之政策或法令，導致投資人之投資損失。實踐中，仲裁庭作出仲裁判斷之考量點並不相同。在早期，基本上是以投資人之投資是否實際受到損害為重點，由於該仲裁庭之組成大多以商務仲裁之仲裁人擔任，因此大多以商務角度為判斷，導致過於偏袒投資人，如此之發展，使得東道國越來越不相信國際投資仲裁，而有部分國家因此退出《解決國家與他國國民間投資爭端公約》（*Convention on the Settlement of Investment Disputes Between States and Nationals of Other States*）。後來一些案例中，仲裁庭開始有考慮到這個問題，認為不能僅維護投資人之投資權益，卻將東道國之公共利益放在一旁，因此發展出必須平衡投資人權益及東道國公共利益之觀點，除確認該措施是為了維護東道國之公共利益外，並輔以比例原則來衡量該措施是否能夠達到維護公共利益之目標，且為達到該目標，亦應考慮該措施是否具有必要性，以及該措施所造成之損失是否小於所要維護之公共利益，而這些衡量之標準，也必須有相關之科學證據加以佐證，以證明該措施並非綠色壁壘，且該措施之適用並不具有特定性，而是普遍性地一體適用。此外，若東道國主張預防原則，也應注意比例原則之適用，換言之，亦須考量是否符合比例原則之檢視標準，若有符合，仲裁庭即應尊重東道國之環境立法權[25]。

二、國際投資仲裁之運作結果削減國家遵守環境義務之意願

　　如前所述，國際投資仲裁有許多案例，是因東道國為實行某些環境保護之措施，包括為人體健康或環境之維護，禁止某些物質之生產、銷售、進口或運輸，或是拒絕某些特許行業許可證之發放或續簽，而使得外國投資者之投資造成了影響，因此由投資者提出國際仲裁要求東道國取消該措施或是給予賠償。然而，東道國之所以實行這些環境保護之措施，往往是因為東道國加入了國際間環境保護之協定，必須履行該協定之承諾。但

---

[25] Rahim Moloo & Justin Jacinto, Environmental and Health Regulation: Assessing Liability under Investment Treaties, Berkely Journal International Law, Vol. 29, 2011.

是，由於雙邊投資協定之簽訂，導致國家無法拒絕投資人所發動之國際投資仲裁，若仲裁判斷之結果又未能考慮東道國必須履行環境保護之承諾，而讓東道國必須因此付出巨額之賠償，又該仲裁判斷依據《解決國家與他國國民間投資爭端公約》尚可向東道國執行之情況下，可以想見國際投資仲裁會帶給東道國極大之壓力，相對於有關環境保護之條約通常使用較為柔性之字眼，如此一來，將會降低東道國遵守國際環境義務之意願，造成國際投資仲裁之運作結果與國家履行國際環境義務間之衝突，以下詳述之。

(一) 問題點提出

1. 締約國無法拒絕投資人提出國際投資仲裁

國際投資仲裁之初期運作主要在於保護投資者之有形資產，避免東道國以相當於徵收之方式讓投資人之投資化為烏有。然而，如今國際投資條約要保護之投資，已經不僅限於有形資產，尚包括各種無形資產，例如智慧財產權、許可合約、預期利益，甚至是市場准入權等，只要是與投資相關之利益，都曾被仲裁庭認定為條款中所謂之「投資」。換言之，為實現最大限度保護投資人，國際投資之法律文件對於所謂「投資」及「投資者」之規定相當含糊，導致其範圍相當廣泛，不僅是個人和公司均得被認定為「投資者」外，包括公司之股東也可以成為條約中所規定之「投資者」，再加上《解決國家與他國國民間投資爭端公約》第25條[26]規定，若

---

[26] 《解決國家與他國國民間投資爭端公約》第25條第1款：中心之管轄適用於締約國（或締約國向中心指定之該國之任何組成部分或機構）和另一締約國國民之間直接因投資而產生並經雙方書面同意提交給中心之任何法律爭端。當雙方表示同意後，任何一方不得單方面撤銷其同意。第2款：「另一締約國國民」係指：1.在雙方同意將爭端交付調解或仲裁之日以及根據第28條第2款或第36條第3款登記請求之日，具有作為爭端一方之國家以外之某一締約國國籍之任何自然人，但不包括在上述任一日期也具有作為爭端一方之締約國國籍之任何人；2.在爭端雙方同意將爭端交付調解或仲裁之日，具有作為爭端一方之國家以外之某一締約國國籍之任何法人，以及在上述日期具有作為爭端一方締約國國籍之任何法人，而該法人因受外國控制，雙方

該法人受外國控制，得視爲另一締約國之國民，由此觀之，對「投資者」之認定標準十分寬鬆。因此，實踐中，有許多投資人利用公司或股東等不同之身分對同一個國家、同一個投資項目提出仲裁，或利用不同之投資條約對於同一個國家、同一個投資項目提出仲裁，以至於東道國面臨越來越多國際投資仲裁案件。更關鍵之問題在於，當投資人提出國際投資仲裁時，東道國尚有舉證之義務，如此舉證責任之分配方式，也更助長了投資人濫訴之情形[27]。但是這些仲裁案件，可能只是投資人爲一己私利，而透過仲裁方式，逼迫東道國滿足投資人自己對於投資項目之期待，雖然仲裁費用是由敗訴之一方負擔，然東道國面對這些仲裁案件，卻仍須花費許多人力進行處理，以及相當可觀之律師費用，因此不得不將更多之公共資源用在對付這些仲裁案件，也因此加重了國內納稅人之負擔[28]。從國際環境法角度觀之，東道國即使是爲了遵守國際環境法而採取之措施，但爲了避免投資人提起仲裁案件而需要花費相當之人力物力，可能也會有所顧忌。如此一來，東道國對於環境保護等相關政策及法令之實施將會更加被動。

2. 國際投資仲裁所依據之實體法過於模糊導致濫訴

由於雙邊投資條約所約定之條款文字往往相當籠統含糊，這些不明確之文字定義，讓投資者有相當之空間解釋自己擁有提出仲裁之權利外，也會讓東道國無法預測仲裁之結果。例如許多雙邊投資條約中經常約定之「公平公正條款」，卻未明確訂定其含義，因此實踐中產生不同解釋方式，包括有的認爲公平公正待遇即爲「國際法上之最低待遇標準」；有的則認爲公平公正待遇即爲「無差別待遇」；甚至有的認爲公平公正待遇內涵，會隨著時間發展而有所不同，其概念不僅應包括正當法律程序原則，尚包括投資者之合法期待保障、提供穩定透明之法規環境及善意原則

同意爲了本公約之目的，應看作是另一締約國國民。

[27] 辛憲章：〈試論國際投資爭端解決之強制性仲裁〉，載《大連海事大學學報》2013年第2期。

[28] 余勁松、詹曉寧：〈論投資者與東道國間爭端解決機制及其影響〉，載《中國法學》2005年第5期。

等[29]。又例如許多投資條約中會約定「間接徵收」之條款，但何謂「間接徵收」？大部分之條約也未明確定義，最多僅說明「間接徵收」即是「相當於」徵收之徵收，然而這樣之說明，仍然相當含糊籠統，對於投資者而言，則有相當大之空間可以指控東道國之行為屬於間接徵收，使得東道國所採取之行為明明是為了促進環境保護、維護人體健康等正常之管理行為，卻被扣上間接徵收之帽子，再加上國際投資仲裁往往過於偏向投資人之情況下，使得東道國追求經濟價值外之行為，包括為了環境保護、永續發展等目的採取之措施，都受到嚴重的挑戰，以至於削減了國家在環境領域進行監管之意願[30]。此種情形歸根結柢，其中一個重要之原因即在於雙邊投資條約之文字不夠明確，導致國際投資仲裁與其他東道國必須同時重視與發展之領域有所扞格，尤其是國際環境法之衝突更加嚴重[31]。因此有學者主張，若政府對於投資者造成污染之管制措施，若係為保護其國民健康，並具備合理性、可預測性之要件時，並不構成間接徵收[32]。

再者，由於條約文字之定義含糊不清，也導致投資人利用此含糊之定義，寬泛認定「投資人」之定義，分別利用自己外國法人之身分，或是股東之身分，引用東道國與不同國家所簽訂之雙邊投資條約，對東道國同一措施提出多起之仲裁案件。例如當時阿根廷因發生經濟危機所為之行為，

---

[29] 陳安 著：《國際投資法之新發展與中國雙邊投資條約之新實踐》（初版），復旦大學出版社，2007年6月，第67-69頁；Azernoosh Bazrafkan & Alexia Herwig, Reinterpreting the Fair and Equitable Treatment Provision in International Investment Agreements as a New and More Legitimate Way to Manage Risks, European Journal of Risk Regulation, Vol. 7, 2016.

[30] Perry E. Wallace, International Investment Law and Arbitration, Sustainable Development, an RIO+20: Improving Corporate Institution and State Governance, Sustainable Development Law & Policy, Vol. 12, 2012.

[31] 劉笋：〈論國際投資仲裁對國家主權的挑戰—兼評美國的應對之策及其啟示〉，載《法商研究》2008年第3期。

[32] Martin Wagner, International Investment, Expropriation and Environmental Protection, Golden Gate University Law Review, Vol. 29, 1999.

引發數十個仲裁案件，但由於仲裁庭之組成不同，各仲裁人及仲裁庭之見解也不相同，但相同之國家、相同之措施、相同之爭議，卻產生不同之判斷結果：有的仲裁庭認為阿根廷實行之措施是因為經濟危機，所以不需要對投資者賠償；有的則認為並非經濟危機，而應對投資者進行賠償，前後之仲裁判斷完全不一致，甚至相互牴觸，造成東道國無所適從之結果。又例如*Lauder v. Czech Republic*案[33]，Lauder為美國公民，其在捷克投資之企業，因為捷克修法導致該企業失去電視經營權，因此Lauder以其股東及美國公民之身分，依據美國與捷克間之雙邊投資協定提出仲裁，同時，因Lauder在捷克之投資，是透過荷蘭之控股公司，因此又以荷蘭公司為聲請人，依據荷蘭與捷克間之雙邊投資協定向捷克提出另一個仲裁案。此兩個仲裁案雖然具有相同之背景、相同之爭點，但是兩個仲裁庭除了均認為該企業受到歧視待遇之外，其餘之爭點卻有截然不同之判斷結果：以荷蘭與捷克間之雙邊投資協定為依據所成立之仲裁庭認為，捷克之管理行為構成了徵收，但美國與捷克間雙邊投資協定為依據成立之仲裁庭，則完全否定Lauder之主張[34]。即使這兩個案件所依據之投資協定並不相同，但是投資者利用這樣之解釋空間，提出多個不同的仲裁案件，只需要其中一個仲裁判斷之結果有利於投資人，均可以達到其目的。但是對於東道國而言，多個仲裁案件係對於同一行為進行判斷，其結論卻不相同之情形下，將會使得東道國對於其管理行為究竟是否符合國際法之判斷，由於沒有明確之標準，進而干擾了東道國之主權行使。如此一來，由於東道國未能明確其在投資條約下所需承擔之義務，即使東道國就該措施或法令之施行是為了達到環境保護或永續發展等理念，但是前後不一致之判斷結果，也會讓東道國無所適從。

---

[33] *Ronald S. Lauder v. The Czech Republic, UNCITRAL*, https://www.italaw.com/cases/610.

[34] Susan D. Franck, The Legitimacy Crisis in Investment Arbitration, Privatizing Public International Law Though Inconsistent Decisions, Fordham Law Review, Vol. 73, 2005.

3. 國際投資仲裁之透明度不足，影響國家環境政策之實施

　　國際仲裁其中一項特點即在於保密性，但在國際投資仲裁領域中，保密性卻是爲人所詬病之一大問題。由於國際投資仲裁所涉及之爭點，往往涉及東道國之公共利益，包括公共政策之擬定，以及相關立法、執法等行爲，例如自然資源之保護與開發、基礎建設之建造及營運，已經不僅僅涉及私人之投資權益，更涉及東道國政府之政策決定，以及利害關係群體公共問責之權利[35]。換言之，國際投資仲裁涉及將東道國之公共政策或立法行爲進行審查，此時若仍嚴守保密性，顯然對於公眾知情、參與政策監督等理念背道而馳，將會導致偏重於保護外國投資人之投資利益，卻忽視東道國其他應保護之公共利益，包括環境保護領域，因此有學者認爲，這些爭端屬於公法爭議，國際投資仲裁之本質並不適合解決公法爭議[36]。但本書認爲，此種論點也過於果斷。

　　國際投資仲裁之本身即在於處理東道國因歧視性之立法或執法行爲，影響外國投資人在東道國之投資，甚至讓該項投資產生相當於徵收之結果，換言之，在東道國願意簽署約定此種條款之投資條約時，對於發生投資爭議時，以仲裁爲爭端解決方式已經有所預期並認同，因此若直接以國際投資仲裁不適合用於此種涉及公法上之投資爭端作爲結論，恐怕過於果斷，而應該重新檢視其程序上是否有不妥之處而加以修正，以避免嚴重影響東道國整體之公共利益，較爲妥適。本書以爲，國際投資仲裁所處理之爭點，既然涉及東道國之公共政策及立法行爲，仲裁程序及仲裁判斷即不應再嚴守保密性，反而更應允許與該政策或立法相關之利害群體，從公共利益之觀點協助東道國提出抗辯之理由，而在仲裁程序中就投資人之投資權益與國家社會之公共利益進行充分討論，並且就該仲裁判斷之結果及理由公開予大眾，讓社會大眾對於此項爭議仍有表達意見、參與監督之機

---

[35] Bernardo M. Cremades & David J. A. Cairns, The Brave New World of Global Arbitration, The Journal of World Investment, Vol. 3, 2002, pp. 184-185.

[36] 王彥志：〈國際投資爭端解決的法律化：成就與挑戰〉，載《當代法學》2011年第25卷第3期。

會，也同時讓該案之仲裁庭有一定之壓力，須依法作出平衡投資者權益與公共利益之公平判斷。唯有如此，東道國方能在維護外國投資人之投資權利同時，也同時維護東道國國內包括環境等其他領域之公共利益及價值。換言之，國際投資仲裁之保密性，將會使東道國之環境保護政策及法令受到更大的挑戰，而不利於國際環境法之施行，因此應進行適當的調整。

4. 仲裁判斷結果之偏頗將削減國家履行國際環境義務之意願

　　國際投資仲裁在過去被批評的其中一個問題，即在於其判斷結果過於偏向投資人，而讓東道國經常面臨敗訴之結果。尤其是當外國投資者主張歧視性待遇時，只須證明在類似情形下，東道國對於其國人或本國企業有較明顯之有利待遇，仲裁庭通常會作出有利外國投資人之判斷[37]。由於投資人之經濟實力往往相當強大，可以花費更多之金錢來委任律師，但是東道國之預算有限，因此優秀之律師自然會有所選擇；再者，由於仲裁人本身背景大多為律師，而這些律師因為都在同一個領域，所以彼此熟識，故本案之代理人可能即是他案之仲裁人，而仲裁人是否有可能因此受到投資人之影響所作出偏頗之裁決，令人有所懷疑，所以有學者批評，仲裁人本身之不公正，讓東道國對於仲裁之中立性感到不信任[38]。

　　此外，由於國際投資仲裁之仲裁人背景，原則上均為國際經濟法或國際投資法之專家，對於其他領域不熟悉之情形下，通常會僅以國際經濟法或國際投資法之觀點來作判斷。因此當面對東道國是為了環境保護或減輕氣候變化所作出有效而具有拘束力之國際承諾時，仲裁人應該要判斷的是該政策或法令之施行是否造成不合理之貿易壁壘，但是該仲裁庭若不具備其他領域之專業知識，而僅以投資協定為優先之判斷依據下，往往會作出偏向投資人之仲裁判斷結果。因此，仲裁人之背景，關乎其是否具有能將其他領域應保護之利益，納入仲裁判斷進行考量之能力，也是造成東道國

---

[37] Ying Zhu, Environment Discrimination in International Investment Law, New York University Journal International Law & Policy, Vol. 51, 2019.

[38] Tamara L. Slater, Investor-State Arbitration and Domestic Environment Protection, Washington University Global Studies Law Review, Vol. 14, Issue 1, 2015.

是否信任國際投資仲裁之一大問題[39]。

　　若國際投資仲裁之判斷結果過於偏向投資人，加上投資協定讓投資人可以直接跳過東道國國內之裁判程序，投資者將會以此來挑戰東道國之法律，舉例而言，投資者原本應該遵從東道國國內有關環境保護之國內法，但卻可以透過國際投資仲裁方式，避免因遵守該項法令規定而使自己喪失預期利益。如此一來，東道國國內所制定之環境保護等相關政策及法令，面對投資人提出之國際投資仲裁都必須退讓，顯然大大影響東道國有關環境保護等政策推行。

5. 巨額賠償之判斷結果及可執行性所產生之問題

　　《解決國家與他國國民間投資爭端公約》允許投資人以請求金錢賠償之方式向國家追究國際法之責任，是國際法發展上相當重要之突破。目前允許個人對國家行爲提出賠償之訴的只有《歐洲人權公約》和《美洲人權公約》，但是從賠償金額觀之，因人權遭受侵害而求償之金額畢竟有限，但國際投資仲裁中投資人之投資項目因東道國政策或法令之變更而導致之損失，其求償之數目卻往往高達幾千萬，甚至上億美元，這些巨額之賠款對於一些發展中國家來說，簡直就是拖垮國家財政之一場災難[40]。

　　這些巨額賠款之仲裁判斷，加上《解決國家與他國國民間投資爭端公約》要求締約國對於仲裁判斷應予以承認及執行之相關規定，更是讓國家之負擔雪上加霜。依據《解決國家與他國國民間投資爭端公約》第53條規定，仲裁庭所作出之仲裁判斷對雙方均具有約束力[41]，而《解決國家與他國國民間投資爭端公約》第54條是以第53條爲基礎，規定仲裁判斷不

---

[39] *Ibid.*

[40] 劉笋：〈論國際投資仲裁對國家主權的挑戰—兼評美國的應對之策及其啓示〉，載《法商研究》2008年第3期。

[41] 《解決國家與他國國民間投資爭端公約》第53條：1.仲裁判斷對雙方有約束力。不得進行任何上訴或採取任何其他除本公約規定外之補救辦法。除依照本公約有關規定予以停止執行之情況外，每一方應遵守和履行仲裁判斷之規定。2.在本節中，「仲裁判斷」應包括依照第50條、第51條或第52條對仲裁判斷作出解釋、修改或撤銷之任何決定。

僅對於爭端當事方有約束力，且要求每一個締約國應認同該仲裁判斷之執行效力如同該國法院之最終判決，而在該國領土內執行該仲裁判斷[42]。換言之，投資人依據該條規定，可以同時向東道國、同為締約國但擁有東道國財產之第三國，或是東道國之債務國國內法院聲請執行該仲裁判斷。因此，締約國若獲得不利之判斷結果，將面臨巨額賠款且其財產將被執行之情形。

由此觀之，因環境保護之政策未能立即看到成果，但若投資人與東道國發生投資爭議，而讓東道國面臨巨額賠款，且依據《解決國家與他國國民間投資爭端公約》規定將會被執行其財產之情形下，執政者自然會降低推行環境保護等政策及法令之積極度，而削減國家對於環境保護義務履行之意願[43]。

6. 國家在國際投資仲裁提出反請求之限制將影響環境主權行使之問題

國際投資仲裁案例中，有許多是因為東道國實施環境保護之政策或法令而發生，例如*Methanex v. United States*案，該案係由於美國為保護水資源，頒布禁止MTBE作為汽車添加劑之行政命令，導致投資人之投資受到損害；或是*Metalclad v. Mexico*案中，投資人計畫在墨西哥設立之危險廢棄物處理廠，原本已經過墨西哥政府批准，但在投資人展開大型投資後，墨西哥政府卻以該廠可能破壞當地環境，而拒絕發給許可證。從這些案例可以看出，投資者根據投資條約所主張之權利，往往與環境保護之間存有潛在衝突，然若無法平衡兩者間之利益，就失去引進外國直接投資達到發展國家經濟與建設之目標，反而使國家之自主權及監管權受到了限制。原

---

[42] 《解決國家與他國國民間投資爭端公約》第54條：1.每一締約國應承認依照本公約作出之仲裁判斷具有約束力，並在其領土內履行該仲裁判斷所加之財政義務，如同該仲裁判斷是該國法院之最後判決一樣。具有聯邦憲法之締約國可以在聯邦法院或透過該法院執行該仲裁判斷，並可規定聯邦法院應視該仲裁判斷如同是其組成之一邦之法院作出之最後判決。

[43] Perry E. Wallace, International Investment Law and Arbitration, Sustainable Development, an RIO+20: Improving Corporate Institution and State Governance, Sustainable Development Law & Policy, Vol. 12, 2012.

本在國際投資仲裁中，仲裁庭應判斷的是該政策或法令是否有違反公平與公正待遇，或是造成類似徵收之效果，進而決定東道國之政策或法令是否不應執行，或東道國對於投資人所造成之損失是否應給付賠償金。但是當投資者主張其權利時，也應證明已盡其義務，方爲合理，而投資者之義務即在於應該遵守東道國國內法之規定，包括環境保護等相關法令。因此，東道國通常在此種國際投資仲裁案件中，會有兩種主張：一種是認爲由於投資人違反環境保護之相關法令，因此東道國也無須遵守雙邊投資協定中保護投資之必要；另一種，則是主張投資人違反東道國之法令，因此造成環境污染或破壞，而在國際投資仲裁程序中提出反請求，要求投資人負擔環境損害之賠償責任，*Aven v. Costa Rica*案[44]即爲一例[45]。

　　依據《解決國家與他國國民間投資爭端公約》第46條規定[46]，反請求必須是基於爭端之主要問題而直接引起的，且其範圍必須在ICSID之管轄範圍內，或取得雙方之同意，始得提出。因此，東道國提出之反請求，若具有以下之情形，仲裁庭方得受理：第一種，是雙方所簽訂之投資條約中，明文規定允許一國提出反請求，在*Urbaser v. Argentina*案[47]中所依據之《阿根廷與西班牙之雙邊投資條約》（*Argentina-Spain BIT*），即係

---

[44] 該案聲請人Aven等七位美國籍之投資人在哥斯大黎加購入帕里托縣鄰近海岸之土地，準備發展旅遊計畫，並向當地政府取得許可。然經居民檢舉，當地政府始發現申請許可之報告內有不實之資訊，因此對該計畫發出禁令，故Aven以哥斯大黎加違反美國─多明尼加─中美洲自由貿易協定之規定，向ICSID聲請仲裁，而哥斯大黎加在該案中也同時對於Aven等人因此造成環境之損害提出反請求，要求賠償。該案仲裁庭雖認爲該協議並不妨礙東道國提出反請求，但最終是因爲哥斯大黎加無法準確描述投資人所造成之環境損害，以及提出具體求償金額而受到不利之判斷結果。

[45] 鍾子晴：〈試析投資人與地主國爭端解決機制下環保反訴主張之準據法問題─以Aven v. Costa Rica案爲中心〉，載《經貿法訊》2021年第279期。

[46] 《解決國家與他國國民間投資爭端公約》第46條：除非雙方另有協議，如經一方請求，仲裁庭應對爭端之主要問題直接引起之附帶或附加之請求或反請求作出決定，但上述要求應在雙方同意之範圍內，或在中心之管轄範圍內。

[47] *Urbaser S.A. and Consorcio de Aguas Bilbao Bizkaia, Bilbao Biskaia Ur Partzuergoa v. The Argentine Republic*, ICSID Case No. ARB/07/2, https://www.italaw.com/cases/1144.

以雙邊投資條約約定允許國家提出反請求之例子；第二種，則是雙方所約定之仲裁規則中允許提出反請求，例如《國際商會仲裁規則》（*ICC Rules*）[48]、《倫敦仲裁院仲裁規則》（*LCIA Rules*）[49]、《2010聯合國國際貿易委員會仲裁規則》（*2010 UNCITRAL Rules*）[50]均有允許提出反請求之規定；第三種，則是雙方同意仲裁庭對於一方所提出之反請求具有管

---

[48] 《國際商會仲裁規則》第5條第5款：相對人提出之任何反請求應當與答辯書一起提交，並載明以下內容：1.引起反請求之爭議之性質及情況，以及提出反請求之依據；2.所請求之救濟，連同任何已量化之反請求之數額，以及對任何其他反請求可能得出之金額估值；3.任何有關協定，特別是仲裁協定；以及4.如果反請求是按照多項仲裁協議提出的，應寫明每項反請求所依據之仲裁協議。相對人可以在提交反請求時，一併提交其認為適宜或可能有助於有效解決爭議之其他文件或資訊。

[49] 《倫敦仲裁院仲裁規則》第2.1條：在仲裁啟動日起二十八日內，或由LCIA仲裁院根據任何一方之聲請或自行決定之較短或較長之期限內（根據第22.5條），相對人應當向書記員提交一份對仲裁聲請之書面答辯書（下稱「答辯書」），其中應載有或附有：(i)相對人之全稱、國籍和所有聯繫方式（包括電子郵寄地址、郵寄位址和聯繫電話），以便根據第4條接收仲裁中送達之所有文件，並應同時提供其授權代表（如果有的話）之上述材料；(ii)確認或否認聲請人在仲裁聲請中提出之全部或部分請求，包括聲請人為支持其請求而援引之仲裁協定；(iii)如果沒有全部確認，則簡述該爭議之性質和案情、預估貨幣金額或價值、爭議交易和相對人提出之答辯，並陳述相對人針對聲請人提出之反請求以及針對其他相對人提出之交叉請求；(iv)針對根據第1.1(iv)條要求在聲請書中所載列關於仲裁程序事項之任何陳述之答辯，包括相對人聲明中有關仲裁地、仲裁語言、仲裁人數量、仲裁人資歷和身分，以及當事人已經書面約定或相對人根據仲裁協定就其提出建議之其他程序事項；(v)如果仲裁協議（或任何其他書面協議）要求當事人提名仲裁人，應提供相對人提名仲裁人之全稱、電子郵寄地址、郵寄位址和聯繫電話；(vi)確認答辯書副本（包括所有附件）已經或正在按照第4條規定以該確認書中具體指明之一種或多種方式向仲裁之所有其他當事人送達，並在當時或之後儘快提供符合LCIA仲裁院要求之實際送達之證明文件（包括送達日期），或不能按照LCIA仲裁院要求實際送達的，應提供任何關於其他有效通知形式之充分資訊。

[50] 《2010聯合國國際貿易委員會仲裁規則》第21條第3款：相對人可在其答辯書中提出反請求或基於一項仲裁請求而提出抵銷請求，仲裁庭根據情況決定延遲是正當的，相對人還可在仲裁程序的稍後階段提出反請求或基於一項仲裁請求而提出抵銷請求，只要仲裁庭對此擁有管轄權。

轄權，例如在*Burlington Resources v. Republic of Ecuador*案[51]中，Ecuador
在程序中提出反請求，指控聲請人違反該國之環境法和契約義務，要求聲
請人進行賠償，該案之聲請人即在程序中同意仲裁庭就該反請求有管轄
權[52]。但若其所依據之投資條約或仲裁規則並未允許東道國提出反請求，
且程序中投資人也未同意東道國可以提出反請求時，東道國對於投資人因
違反國內之環境保護政策或法令而造成之環境污染或破壞，即無法以提出
反請求之方式在同一個仲裁程序中處理，將對東道國之環境主權進一步削
弱。換言之，允許東道國之反請求，將有助於東道國可以積極提出環境保
護之論點，以捍衛其環境政策之實施[53]。

　　綜前所述，《解決國家與他國國民間投資爭端公約》之簽訂及ICSID
之設立，最初之立意在於協助東道國引進外國投資人之直接投資，讓東道
國之經濟有更好之發展，也讓投資人可以更放心地在外國進行投資。然
而，由於投資條約規範太過於模糊，導致投資者濫訴之情況、仲裁過程不
公開，和仲裁判斷之結果過於偏袒投資人，以及其巨額之賠償，又會對於
東道國之財政造成極大之負擔，使得東道國原本為促使經濟發展而引進外
國的直接投資，卻因仲裁判斷結果與維護環境等公共利益相扞格而備感壓
力，如此一來，將在環境保護方面更加不利。

(二) 評析與建議

1. 仲裁判斷結果應同時考慮經濟發展與環境保護

　　前已述及，國際環境仲裁之程序主體包含了國家、國際組織（包含

[51] *Burlington Resources Inc. v. Republic of Ecuador*, ICSID Case No. ARB/08/5 (formerly Burlington Resources Inc. and others v. Republic of Ecuador and Empresa Estatal Petróleos del Ecuador (Petro Ecuador), https://www.italaw.com/cases/181.

[52] Kate Parlett & Sara Ewad, Protection of the Environment in Investment Arbitration—A Double-Edged Sword, Kluwer Arbitration Blog, August 22, 2017.

[53] Risteard de Paor, Climate Change and Arbitration: Annex Time before there won't be a next Time, Journal of International Dispute Settlement, Oxford University Press, Vol. 8, Issue 1, 2017.

政府間國際組織及非政府間國際組織）、個人（包含自然人與法人）。然
要以國際仲裁解決爭端，首先須雙方成立仲裁協議為前提，但傳統國際法
上，國家擁有主權豁免，國家與個人間顯不可能成立仲裁協議。然有鑑於
《解決國家與他國國民間投資爭端公約》之生效及ICSID之成立，其所受
理之仲裁案件，是締約國與另一締約國國民間之投資爭議，且由於國際環
境爭端往往是伴隨著國際投資爭議產生，因此有學者提出，國際投資仲裁
也許是國際環境爭端解決之有利途徑[54]。可惜的是，從過去國際投資仲裁
案例中觀之，其仲裁判斷之理由大都忽略了環境保護之重要性，因此本書
認為，雖然《解決國家與他國國民間投資爭端公約》確認了個人與國家間
得以仲裁方式解決爭議，實為傳統國際法之重大突破，但經濟發展與環境
保護應是相輔相成之議題，不得偏廢，若僅從投資保護之方面進行考慮，
未能從國際環境法之觀點出發，對於環境保護實有不周，故在投資保護之
仲裁程序應納入環境保護、永續發展等觀點，同時平衡環境與其他領域之
利益，若人類良好之生活環境都不可得，又談何經濟發展或投資保護？因
此唯有更加重視環境之保護，方能使經濟之發展更上一層樓。故在涉及環
境問題之國際投資爭端，其仲裁判斷必須同時考慮經濟發展與環境保護，
若國家所進行之監管行為並非不合理，且確能實現環境保護目標，並以非
歧視性之方法實施，甚至該法令也是符合正當法律程序而頒布的，即應認
為國家已經盡到投資保護之義務[55]，如此方能同時保護外國人之投資且不
違反永續發展之目標。

2. 國際仲裁之透明度問題

　　國際仲裁特色之一即為其保密性，在國際商事仲裁案件，保密性確實
為雙方同意以仲裁方式解決爭端之考量點。但是在國際投資仲裁案件，由
於仲裁庭會對於東道國所實施之公共政策或法令規定是否具有歧視性，或

---

[54] 劉媛媛、張曉進：〈一帶一路倡議下的國際環境爭端解決機制研究〉，載《國別和
區域研究》2018年第2期。

[55] Ying Zhu, Fair and Equitable Treatment of Foreign Investors in an Era of Sustainable
Development, Natural Resources Journal Vol. 58, 2018.

是否產生類似徵收之效果進行審查，而此種審查已涉及全體國民之公共利益，已非全然之私法爭議，爲避免黑箱作業，因此學者提議不能再堅守國際仲裁之保密性，而應該在仲裁程序中讓大眾就該政策進行相當之討論，以增加透明度之方式維持仲裁庭之中立性，進而對於該公共政策或法令規定之正當性、必要性及比例性，進行全面性之考慮，因此認爲保密性若適用在國際投資仲裁之案件中並非妥適。而目前國際間對此已有所關注，故包括聯合國國際貿易法委員會（UNCITRAL）於2013年通過了《投資人與國家間基於條約仲裁透明度規則》[56]之外，亦有許多雙邊投資協定規定，要求仲裁庭審理之紀錄、仲裁判斷等均必須公開[57]。

　　然而，國際環境爭端雖涉及國家之公共政策或法令規定，但由於國際環境爭端也可能有許多資訊涉及國家機密，從《常設仲裁法院仲裁有關自然資源和／或環境爭端之任擇性規則》中觀之[58]，當時常設仲裁法院在制定該仲裁規則時，即已考慮到這個問題，因此創設出任命保密顧問之方式：亦即任一方就所提交仲裁之任何資訊主張應保密者，在仲裁庭確認該資訊應被歸類爲機密資訊時，應要求所有接觸機密資訊之人簽署保密協定之外，仲裁庭並可任命一名保密顧問作爲專家，而僅讓該保密顧問接觸該機密資訊，且在不向對方及仲裁庭透露該機密資訊之方式下，報告具體爭議，以確保機密資訊不被揭露，及仲裁程序之順利進行。由此觀之，國際環境仲裁需考慮的不只是涉及爭議之公共政策或法令規定之正當性，也應

---

[56] chrome-extension://efaidnbmnnnibpcajpcglclefindmkaj/https://uncitral.un.org/sites/uncitral.un.org/files/media-documents/uncitral/zh/rules-on-transparency-c.pdf.

[57] 余勁松、詹曉寧：〈論投資者與東道國間爭端解決機制及其影響〉，載《中國法學》2005年第5期。

[58] 《常設仲裁法院仲裁有關自然資源和／或環境爭端之任擇性規則》第15條第6款：The arbitral tribunal may also, at the request of a party or on its own motion, appoint a confidentiality advisor as an expert in accordance with article 27 in order to report to it, on the basis of the confidential information, on specific issues designated by the arbitral tribunal without disclosing the confidential information either to the party from whom the confidential information does not originate or to the arbitral tribunal.

該注意到該資訊是否涉及國家機密而須確保該資訊不被揭露之問題。然而，確保機密資訊不被揭露並不代表該程序應嚴守保密性，本書以為，國際環境仲裁仍可以透過「法庭之友」之機制，廣納社會大眾對於該政策或法令之意見，因為最後之判斷結果仍是由國家之全體人民共同承擔。

3. 仲裁人應具備國際環境法之專業

由於仲裁人得由爭端當事方自行選任，因此仲裁機構與法院組織最大的不同點，在於仲裁機構僅需設立秘書處，及仲裁人名單即可；但法院須有固定的法官人數，如國際法院有15位法官，國際海洋法法庭有21位法官。但因國際環境爭端所涉及之領域甚廣，若要求這15位或21位法官面對所有類型之國際環境爭端均有所專精，顯然不切實際，但若能由爭端當事方依據爭端之類型及仲裁人之專業背景自行選任，相信就專業性而言，該仲裁判斷之結果更能讓爭端當事方信服。但由於國際投資仲裁案件在於爭端當事方因認為雙方爭議在於投資領域，因此所選任之仲裁人基本上均為國際投資法或國際經濟法之專家，當爭端涉及國家所推行有關環境保護之公共政策或法令，若仲裁人僅具備國際投資法或國際經濟法之專業背景，卻對於國際環境法並不熟悉，即可能導致其判斷結果偏向保護投資人之觀點，而忽略了環境保護之重要性[59]。因此本書以為，關於涉及國際環境爭端之國際投資仲裁案件，應特別重視仲裁人之專業背景，須同時在國際投資法及國際環境法均有深入研究之專家，始能擔任該案件之仲裁人，方能在審查國際投資爭議之同時，亦確保環境保護之政策及法令能有效實施。

4. 雙邊投資條約中訂定加強國家監管權之條文

雖然從仲裁規則及仲裁程序方面進行調整，有助於扭轉國家在國際投資仲裁中經常性獲得不利判斷之結果，但仲裁庭仍必須依據雙邊投資條約為實體上之判斷，因此，最有效之方式，則是在雙邊投資條約中訂定加強

---

[59] Jerry Clark, Opportunity Knocks—The Role of International Trade Arbitration in Reducing International Trade Barriers and Addressing Environmental Concerns, Currents: International Trade Law Journal, Vol. 13, 2004.

國家監管權之條文。而此種條文，可以分為三種規範方式：第一種方式，是將推動環境保護和擴大監管範圍之概念規定在序言中，由仲裁庭透過雙邊投資協定之整體解釋，認定其概念之存在；第二種方式，則是規範一些例外條款，例如GATT第20條一般例外之規定，就有關於人類健康，或是自然資源保護之部分，確認國家有一定之監管權，如此將可以使國家之環境義務與雙邊投資條約之目標一致，而讓國家在履行環境義務時，不必擔心違反投資保護義務；第三種方式，則是透過條文規定投資人權利與責任之方式，課予其企業社會責任或提交環境影響評價等要求，否則即無法享有將投資爭議提交仲裁方式解決之權利[60]。這三種方式中，雖然條約之序言代表了締約方簽訂該條約時之真意及期待達成之目標，但由於序言並無拘束力，故仲裁庭之解釋方式未必會朝向此種方向為之，因此本書認為，仍應將國家監管權之範圍明確規範在條文中，以避免爭議，故後兩者之規範方式較為妥適。

　　有鑑於此，斯德哥爾摩仲裁院與一些國際團體共同發起了一個競賽，鼓勵團隊將其起草為示範條約。如今比賽結果出爐，冠軍隊伍所起草之《綠色投資示範條款》（*Model Green Investment Treaty*），與目前之國際投資協定相比，特色在於讓外國投資者和東道國平衡地承擔相互之義務，以達到永續發展之目標，本書認為有其參考價值，就其重點論述如下。

(1) 加強東道國之一般監管權

　　許多國際投資仲裁案件，爭端之起因是由於東道國為了遵守國際環境條約之義務，而實施之政策或法令影響了投資人之投資，包括不延續投資人在該行業之特別許可，或是因此導致投資人之產品無法銷售，進而造成投資人之投資損失，投資人則以違反合理期待為由向東道國提出仲裁。而當仲裁庭又僅從保護投資人之方面進行考慮時，判斷結果過於保護外國投

---

[60] Areta Jez, Environmental Policy-Making and Tribunal Decision-Making: Assessing the Scope of Regulatory Power in International Investment Arbitration, University of Pennsylvania Journal of International Law, Vol. 40, 2019.

資人，將使得國家為履行環境保護義務反而受到外國投資人之大量求償，恐怕更難要求國家履行環境保護之義務。因此，建議在雙邊投資協定中，雖然應為投資者創造合理之期待，但是也必須要求投資者遵守國家合理之監管權，不得為保護投資者之權利而犧牲公共利益，而應該就保護投資者之合理期待與國家之監管目標間取得一定之平衡。

此部分在《綠色投資示範條款》中，即規劃為：雙邊投資協定之任何規定，均不得影響締約方根據任何氣候變遷條約所享有之權利及義務，若有不一致之處，則以氣候變遷條約之規定為優先。且雙邊投資協定不得解釋為阻止締約方採取任何行為來保護與氣候變遷有關之基本安全利益，這些行為包括應對極端天氣事件、嚴重糧食短缺、沿海洪水、疾病爆發和人口遷移之應急措施[61]。

(2) 農業及水資源方面東道國應有更強之監管權

農業生產在提供食物、動物飼料、纖維、燃料和其他必需品方面對社會至關重要，但在世界許多地方，仍有許多人面臨糧食不足、營養不良之情形，甚至因為缺乏維生素和礦物質而導致疾病之產生。但是農業因為氣候變遷、水資源短缺、土壤退化、快速城市化，以及對食物和動物飼料之需求不斷增加等原因，受到極大之壓力，例如全世界之用水量有70%用在農業灌溉，但水資源有限，因此農業通常是第一個被限制用水的產業；又或者是為農業開墾土地，將涉及森林砍伐，不僅增加溫室氣體之排放，更會因此減少生物多樣性，因而使得農業用地無法增加。而氣候變遷亦使得農業產生一些不利之影響，包括更加頻繁的極端天氣變化，嚴重影響農作物之生長；可預測之生長季節更少，農作物之產量受限；土壤荒漠化，限制了可以種植農作物之種類，以及農作面積更加限縮；甚至使用耕地種植農作物以進行生物碳捕獲和儲存，而不是種植糧食作物。這些問題，外國

---

[61] Danial B. Magraw, Chiara Giorgetti, Leila Chennoufi, Krycia Cowlin, Charles di Leva, Jonathan Drimmer, Jan Low, Kendra Magraw, Steve McCaffrey, Grace Menck Figueroa, Sergio Puig, & Anabella Rosemberg, Model Green Investment Treaty: International Investment and Climate Change, Journal of International Arbitration, Vol. 36, No. 1, 2019.

直接投資可以透過提高農業技術和管理方式，影響農作物之生長模式，縮短生長期間，增加農作物之產量，改善農作方式，減少對水資源及土地之利用造成過大之壓力，進而提高農業之生產力及永續性。

因此，《綠色投資示範條款》提出對於農業需要特別考慮之因素，強調投資人應該認知，由於締約國就農業所面臨之威脅及為減輕農業對氣候變遷之不利影響，將需要依情形採取監管制度，而這些措施可能會因應環境的變化經常發生變更，投資方不得因此認為東道國相關之監管行為是違反投資協定的，且雙方須確保投資之項目不可以導致產生影響氣候變遷之效果[62]。

而水資源短缺之問題，已經困擾著許多國家，由於人口之持續增長及提高生活水準之追求，都將增加對於水之需求。在某些沿海地區，尤其是隨著海平面上升，含水層正在枯竭，並受到污染和鹽鹼化，導致水資源短缺之問題更加嚴重。而氣候變遷將更進一步影響水資源之供應，因為降雨之數量和時間產生變化，將造成某些地區之持續洪澇，而某些地區之持續乾旱，且河流流量和徑流形式之變化，都使得農業灌溉方面產生很大的問題。而外國直接投資將可以帶進改善灌溉系統之新技術，或是以海水淡化技術改善農業灌溉之問題，因此，鼓勵外國直接投資確實有必要性。然而，在非洲和美國西部等地方，有許多外國投資人以購買或租賃土地及水資源之方式，種植農作物出口至投資者之母國，但這些利用水及土地等方式，卻涉及不永續利用之情形。例如：沙烏地阿拉伯禁止種植飼料，因為飼料之種植會使土壤中含水層之水被抽乾，而該國企業面對此種問題之處理方式，竟是到亞利桑那州購買土地並且使用該地區幾乎免費之水資源來種植，並將其出口至沙烏地阿拉伯。可以預見，各國未來將會對於此種消耗水資源之方式開始進行管制[63]。因此《綠色示範條款》建議對於涉及水資源之監管問題應更明確予以規範。

---

[62] *Ibid.*

[63] *Ibid.*

　　由於不論是地表水還是地下水，都並非是無限的，而水在人類及所有
具有生命形式之生物都是不可少的，在生態系統服務方面也具有不可或缺
的作用，甚至水與人權之間更是具有不可切割之關係。以上種種，都顯示
出必須保護各締約國對於水資源方面應擁有更強之監管權力。因此《綠色
示範條款》建議條約中應規定，由於締約方均認識到水之供應對於實現永
續發展目標及人權方面至關重要，故即使締約國對投資人作出了具體之承
諾，投資人就「有關於水資源之法律制度將維持不變」乙事，並不具有合
理期待，且締約國任一方均無義務允許將水用於所有的商業用途，包括農
業或工業之提取，因此，除非締約國之措施屬於徵收，否則投資人不得依
據本協定將爭議提交仲裁。換言之，應賦予締約國對於水資源應有更大之
監管權力，就其相關法令得依據永續發展之目標進行變更，而投資人就相
關爭議問題不得任意提交仲裁[64]。

(3) 加強外國投資人之義務

　　所謂「環境影響評價」，亦有稱為「環境影響評估」，主要是在對
於重大活動可能產生之環境影響進行研究，以決定是否進行該活動，或依
據該研究結果制定有效之環境管理計畫。國際間對此早已有所認識，包括
《里約熱內盧環境與發展宣言》中提出的環境影響評價之外，1991年《在
跨界背景下環境影響評價公約》，亦明確地要求各締約國，若預期在其領
土範圍內之活動，可能造成跨界影響，且其影響並非輕微之情形下，在作
出批准決定之前，應先進行環境影響評價。然而，目前國際上不論是相關
條約之規定，或是人權法庭、國際法院等司法見解，均僅說明國家有此義
務，卻在環境影響評價之內容上欠缺明確性。

　　因此，《綠色示範條款》為確保締約國能適當地進行環境影響評
價，要求東道國在批准或實施任何實質性投資之前，必須經過環境影響評
價，其工作內容至少要包括早期進行之規劃過程中，要以書面之方式讓公
眾知悉，並且就所收到之公眾意見，也必須有所回應；再者，環境影響評

---

[64] *Ibid.*

價除了考慮氣候變遷對於擬實施投資之影響，也需要考慮該投資對氣候變遷之影響，以及有關人權和社會之影響。此外，也要求投資者在進行投資活動之前，必須遵守東道國所規定之環境影響評價程序，並制定符合ISO37001之實質性合規計畫，以及環境管理計畫，且應在投資過程中全面有效地執行這些計畫，否則東道國有權拒絕讓投資人享有國際投資協定所規定之利益。至於如何確保投資人在投資過程中確實有效地執行這些計畫，《綠色示範條款》設計出要求進行監測和報告之方式，包括持續監測外國投資對緩解和適應氣候變遷之正面和負面之影響，並就其監測結果進行分析，且就其監督之結果及分析報告公開給大眾[65]。

第三節　氣候變遷議題與國際仲裁之結合

一、氣候變遷之特性

　　近年來嚴重異常之天氣變化，在全世界產生頻繁之驟雨、洪澇、乾旱、熱浪等問題，使得氣候災害更加嚴重且普遍，雖然氣候變遷之原因錯綜複雜，但是從聯合國政府間氣候變遷專門委員會（IPCC）在2007年所提出之報告，可以看出氣候變化之主因，在於人類使用化石燃料，大幅增加溫室氣體之排放量所致之暖化現象有關，因此IPCC提醒各國必須注意實行減排措施，致力於減緩全球暖化之趨勢，同時必須將氣候變化應實行之調適策略列入施政考慮[66]。由此觀之，人類之行為是造成氣候變遷最大之主因。而氣候變遷之議題與其他議題最大之不同點，在於氣候變遷具有兩大特性：其一，是該議題於空間上及時間上具有大尺度之特性，由於溫室氣體排放之結果，造成氣候變遷並非一朝一夕，而是因為該氣體滯留在

---

[65] *Ibid.*

[66] 陳文輝、莊敏芳、陳思潔：〈Taiwan Industrial Greenhouse Office, TIGO, IPCC 2007年評估報告〉，2008年。

大氣中，經過時間之累積而造成今天之結果；再者，這些極端之天氣變化往往也不一定直接出現在溫室氣體排放之地點，而是透過大氣環流及水之流動，最後發生在地球之某一處，因此影響之空間範圍相當大；另一個特性則在於科學之不確定性，亦即現今所發生之氣候變化，人們無法確知發生之原因及時間點，而現在之溫室氣體排放，也無法預知將來可能會發生之影響。由於這兩大特性，關於氣候變遷議題之思考與決策方式，即應與其他議題有所不同[67]。

　　由於傳統訴訟及仲裁制度下，必須要有具體之侵害主體、個別之可歸責主體，以及明確之因果關係，始能提出訴訟或仲裁，但是依據氣候變遷之特性，這些都呈現不確定之狀態，因此國際法主體面對氣候變遷之議題上，顯然無法直接提起司法救濟或是國際仲裁，如因海平面上升而導致島國之消失，該島國應向誰提起訴訟？若在無法確認之狀態下，又如何能讓仲裁在氣候變遷之議題上發揮作用？此外，仲裁之基本目標在於確保主體遵守具有約束力之法律義務，但對於氣候變遷之危機，國際間大都認為要解決這一問題，不能仰賴對抗之機制，而是必須依靠彼此協商而達成一致性之行動，方能有效減緩氣候變遷，因此，為了讓國家對於全球氣候變遷目標充分參與，國際文件中並沒有規範相關之執法細節[68]。這樣之背景下，要將國際仲裁直接用於執行氣候變遷相關之國際條約規範，恐有困難。例如《聯合國氣候變化綱要公約》中，僅約定爭端當事方應以和平方式解決爭議，例如透過談判手段為之，但只有聲明接受相同義務之締約方，始能將爭端提交國際法院或依據附件程序進行仲裁，並非如同《聯合國海洋法公約》之規定，讓不論是否聲明接受仲裁之締約方均得以仲裁為爭端解決方式。但是在此種條約中，國家接受國際法院或是國際仲裁之意願很低，更遑論彼此間成立仲裁協議，且國際環境法相關之義務在文字上

---

[67] 葉俊榮 著：《氣候變遷治理與法律》（初版），臺大出版中心，2015年11月，第22-24頁。

[68] Daniel Bodansky, Jutta Brunee, & Lavanya Raiamani, International Climate Change Law, Oxford University Press, 2017.

也相當含糊，因此更增加執行之難度。如此一來，由於缺乏強制性管轄或強制執行之方式，這些規定之強制性非常薄弱，也因此在實踐中，在減少二氧化碳排放量之方面也無法達到要求[69]。此種完全依賴國際間合作或國際輿論壓力來確保各國行動之規則體系，其實是非常脆弱而沒有效率的。因此，在氣候變遷之議題上，仍需要有國際司法或國際仲裁作爲其爭端解決方式，進一步強制各國之行動。尤其如今關於減緩氣候變遷和適應等議題，正在多個領域如火如荼地開展中，國際仲裁也應該在氣候變遷之議題上助一臂之力，本節將討論如何讓國際仲裁在此議題上發揮其作用[70]。

二、如何以國際仲裁增強國家履行減緩氣候變遷義務之意願

若從氣候變遷之議題直接討論國際仲裁，顯然不切實際，但是若從國際投資仲裁切入，也許可以讓氣候變遷與國際仲裁有更好之結合。

由於《解決國家與他國國民間投資爭端公約》之生效，實爲國際法上一大進展，確認個人可以透過國際仲裁方式解決與國家間之爭議，因此，若能將氣候變遷政策納入國際投資條約中，將可使國家在不履行減緩氣候變遷之義務時，可透過國際仲裁方式要求其承擔國家責任[71]。

(一) 從仲裁庭之判斷理由說明氣候變遷爲國家義務

雙邊投資條約中在判斷國家是否違反義務，其中有一項常見之標準爲「充分保護和安全性」（full protection and security），該標準通常係指國家有保護投資者之財產免於受到實際損害之義務，包括國家在採取行動之前必須先進行詳細調查及評估，換言之，這項標準即在於要求國家應保護

---

[69] *Ibid.*

[70] Annette Magnusson, New Arbitration Frontiers: Climate Change, in Jean Engelmayer Kalicki & Mohamed Abdel Raouf (eds.), Evolution and Adaptation: The Future of International Arbitration, ICCA Congress Series, Vol. 20, Kluwer Law International; International Council for Commercial Arbitration/Kluwer Law International, 2019.

[71] *Ibid.*

投資者財產之實質完整性。至於國家危害環境之行為，是否可以認定有違反投資條約中所規範「充分保護和安全性」標準之義務？在*Peter A. Allard v. The Government of Barbados*案[72]中，Peter A. Allard為加拿大之投資者，認為巴貝多政府由於未能執行包含國際環境條約在內之國內法和國際環境法，故違反條約義務，損害他之投資，因此提出本仲裁案。雖然該案仍被仲裁庭駁回，但是仲裁庭在該案所作出之判斷中指出，在認定東道國行為是否有違反「充分保護和安全」之標準時，也應「考慮東道國之國際義務，因為這很可能是相關的」，且仲裁庭將之解釋為一項法律標準，如此一來，將可能讓「環保主義者未來得就該項法律標準來幫助投資人對抗政府」。由該仲裁判斷之理由觀之，可以得出以下之論點：若政府違反氣候變遷之義務，不論是作為還是不作為，均有可能因此被認定違反了「充分保護和安全」之標準，進而違反雙邊投資條約之義務[73]。

2015年，印尼發生森林大火，霧霾在東南亞幾個鄰國造成了相當嚴重之空氣污染，當時就此森林大火引起空氣污染之情形，是否有違反國際法及是否引起違反條約義務之問題，引起了學者間激烈的爭論。其中有一個重要的論點，係所謂「充分保護和安全」之標準，是否也應該包括國家有義務防止「嚴重污染」所造成之損害？換言之，國家有義務採取所有必要之行動，以防止溫室氣體之排放，避免對投資者之投資造成損害[74]。因此，近年來在涉及環境爭議的國際投資爭端，從一些案件的仲裁判斷觀之，已經有越來越重視環境保護的趨勢，甚至有學者認為，以國際投資仲裁方式解決投資者與國家間之爭端，將能有效地同時解決投資與環境爭端[75]。

---

[72] *Peter A. Allard v. The Government of Barbados* (PCA Case 2012-06), Award (27 June 2012).

[73] Annette Magnusson, New Arbitration Frontiers: Climate Change, in Jean Engelmayer Kalicki & Mohamed Abdel Raouf (eds.), Evolution and Adaptation: The Future of International Arbitration, ICCA Congress Series, Vol. 20, Kluwer Law International; International Council for Commercial Arbitration/Kluwer Law International, 2019.

[74] *Ibid.*

[75] Stephen Crable, ADR: A Solution for Environment Disputes, Arbitration Journal Vol. 48, 1993.

(二) 國家政策鼓勵綠色投資與國際仲裁之連結

　　減緩氣候變遷最有關聯性之投資，莫過於可再生能源之投產與建設，因為要讓全球暖化之風險降低到可接受之水準，必須持續降低全球包括二氧化碳等溫室氣體之排放量，其中最有效之方式，即是將投資資金從化石燃料之項目移轉到低碳排及綠色能源之項目，因此目前全世界正在以空前之速度發展綠色能源，包括風能、太陽能、水力能、海洋能、地熱能、氫能、生質能等可再生能源，學者預測，可再生能源將會是2015年至2040年間增長最快之能源。可再生能源之急遽增長，讓許多國家不得不作出一些政策上之改變，也因此產生許多投資者要求政府賠償之案例，因為他們認為不斷變化之法律制度構成了投資保護條約之違反，例如在荷蘭之Charanne B.V.和盧森堡之建築投資公司S.à.r.l對西班牙政府提出之仲裁案，其理由即係因西班牙政府之行為違反《能源憲章條約》之規定，故而違反投資人之合理期待[76]。此外，在Eiser對西班牙提出之仲裁案中，仲裁庭則直接將排放目標作為審查政府政策之考慮內容[77]。由此觀之，國際投資仲裁已有關於可再生能源之投資而產生的案例，且仲裁庭也開始對於投資人之保護與國際環境義務應相互連結而有所認識。

　　由於減緩氣候變遷與適應不僅需要國際合作，更需要大量之資本投資，因此外國直接投資在建設低碳經濟中發揮著關鍵作用。換言之，減緩氣候變遷與適應已經不僅是政府或國際組織之任務，而更應該朝著私人投資之方向來推展。目前已有越來越多之大型公司轉向投資可再生能源，包

---

[76] 該案仲裁庭指出，所謂投資人應被保護之合理期待，不得為「不合理、不成比例，或與公共利益背道而馳」，因此，投資人之合理期待，應在於期待國家會依據公共利益而行事。然何謂國家之公共利益？包括關於降低溫室氣體之排放量，以及減緩氣候變遷之國際義務，是否為國家之公共利益此點，在本案並未詳予說明，甚為可惜。*Charanne and Construction Investments v. Spain* (SCC Case No. V062/2012), Award (21 January 2016), http:// www.italaw.com/case/2082.

[77] *Eiser Infrastructure Limited and Energia Solar Luxembourg S.à.r.l v. Kingdom of Spain* (ICSID Case No.ARB/13/36), final Award (4 May 2017), https://www.italaw.com/cases/5721.

括清潔技術或是節能措施等方面,這不僅讓這些公司在商業上有良好獲利
能力跟競爭力,而且也對於永續發展與氣候承諾方面,展現出領導作用,
獲得良好之公司聲譽。當更多之公司認識到可再生能源之重要性,並轉向
此發展時,將使可再生能源之政策制定更具有確定性,讓更多之公司願意
進入這個市場,而政策之制定也會因此朝向增加可再生能源之方向,而形
成一個良性循環。另外,從金融市場觀之,包括臺灣地區,全球目前正積
極推動綠色金融,包括鼓勵金融機構投、融資綠色產業、發展永續金融
商品及服務[78],舉例而言,符合環境、社會和公司治理(ESG)標準之基
金,其表現通常也會優於不符合標準之基金,當投資人發現,投資對於地
球和人類都有益之產品、技術或是商業模式,他們也可以從中獲得利益
時,這些公司或基金將更受到投資人之青睞。如此一來,私人資本與市場
經濟在這個議題上,將更能發揮其作用[79]。

　　由於全球生活水準之提高和世界人口之增長,對於能源之需求不斷增

---

[78] 金管會自2017年起推動「綠色金融行動方案1.0」,涵蓋授信、投資、資本市場籌
資、人才培育、促進綠色金融商品或服務深化發展、資訊揭露、推廣綠色永續理念
等七大面向。然隨著全球極端氣候影響加劇,永續發展為當前全球經濟轉型之首要
目標,為與時俱進,金管會於2020年8月又發布「綠色金融行動方案2.0」,其措施
包括:鼓勵金融機構投、融資永續發展領域、建置永續板,支持企業投資對環境及
社會有實質改善效益之計畫、強化ESG資訊揭露內容及品質、研究永續金融涵蓋範
圍、建置及強化ESG相關資訊之整合平臺、加強金融機構落實氣候變遷風險管理。
而證券交易所配合金管會政策,為健全及強化上市公司及其董事會重視永續報告書
編製責任,於2024年修訂永續報告書相關規定,在「上市公司編製與申報永續報告
書作業辦法」要求:1.永續報告書宜經董事會決議通過;2.實收資本額20億元以下的
上市公司,應自2025年起編製永續報告書,並鼓勵永續報告書可參考SASB準則揭露
行業指標資訊;3.實收資本額20億元以上的水泥工業等11種產業別上市公司,應適用
產業別永續指標;4.修正有關溫室氣體盤查及確信相關資訊,並明定上市公司分階段
適用揭露減碳目標、策略及具體行動計畫之時程;5.考量上市公司編製永續報告書及
確信作業時程規劃之實務,明定公司應於每年8月底前完成申報永續報告書。

[79] Annette Magnusson, New Arbitration Frontiers: Climate Change, in Jean Engelmayer Kalicki
& Mohamed Abdel Raouf (eds.), Evolution and Adaptation: The Future of International
Arbitration, ICCA Congress Series, Vol. 20, Kluwer Law International; International Council
for Commercial Arbitration/Kluwer Law International, 2019.

加，關於減緩氣候變遷之投資，也會具有多樣化及富有全球性之特色。包括可再生能源之工廠將會取代化石燃料之工廠；就世界日益增長之人口，需要更節省能源卻更高效能之運輸來協助運送；永續農業之發展和植樹造林將取代不永續之土地利用與毀林；在海平面上升而面臨危險之地區，則必須建立具有能適應氣候變遷之基礎設施。而這些都需要大量之投資來支援新技術之創新並擴大現有技術之規模，而這些新技術亦需要基礎設施之搭配。依據OECD在2017年5月曾發表一項研究，估計在2016年至2030年間，每年將需要6.3兆美元之資金投資在這些基礎設施之建設上。在此背景下，將會產生更多與減緩和適應氣候變遷之外國直接投資及商業契約，因此，國際投資仲裁將可以在此發揮其重要性[80]。

(三) 將環境保護義務置入雙邊投資協定之趨勢

前面提及之*Peter A. Allard v. The Government of Barbados*案中，開始將雙邊投資協定與國家應履行之環境保護義務聯繫在一起，而並不是將其認爲是兩個不相關聯，甚至相互衝突之議題，雖然該案並沒有因此導出國家違反環境保護義務即有違反雙邊投資協定之結論，但是該案仲裁庭在探討雙邊投資協定之要件時，已經考慮到國家依據國際環境條約所應負之環境保護義務。而另一個值得注意之趨勢，則是在雙邊投資條約中直接置入國家之環境保護義務。2009年《秘魯與美國貿易促進協議》（*Peru-US Trade Promotion Agreement*，下稱「TPA」）中，要求雙方應盡最大之努力履行TPA中所列出之一系列多邊環境協議下之義務，再加上TPA中亦包含以國際仲裁爲爭端解決方式之章節，如此一來，將可能透過國際仲裁來強制國家執行其所簽訂之環境協定下之義務。換言之，若能夠在雙邊投資條約中置入國家之環境保護義務，將會產生締約國若有違反環境保護義務之情形，即有可能因此違反雙邊投資協定，加上雙邊投資協定得以國際仲裁方式解決爭議，國際投資仲裁即有可能間接成爲強制國家履行環境保護

---

[80] *Ibid.*

義務之方式[81]。

　　氣候變遷與其他環境問題相比，更加充滿不確定性，無法由任何單一國家或從單一方面來應對氣候變遷之問題，大量的國際合作是有必要的。再者，幫助各國緩解及適應氣候變遷之威脅，也需要大量資金，尤其是發展中國家，更是需要大量之外國直接投資來協助應對。因此，有學者提出，由於雙邊投資協定得以國際仲裁方式解決爭議，若能在雙邊投資協定中置入有關氣候變遷相關之條文，一則可以避免東道國為履行國際環境保護義務所決定之政策，而遭到外國投資人以不符合「充分保護和安全」之標準，或是違反「合理期待」等理由提出國際投資仲裁，而受到仲裁判斷不利之結果；二則因雙邊投資條約中包含有關氣候變遷之條文，而使得締約國鼓勵綠色投資之政策更為明確，加強投資人投資綠色產業之信心，且雙邊投資條約得以國際仲裁方式解決爭議，將可使得外國之直接投資更符合緩解或適應氣候變遷之方向，而有助於透過國際仲裁方式，達到間接強制締約國履行氣候變遷義務之結果。更進一步而言，為確保綠色投資政策與國際投資仲裁之結合，可在雙邊投資協定中將投資項目區分為永續投資項目及非永續投資項目，東道國僅能對於永續投資項目提出投資保護承諾，並允許該投資人得以條約之規定，將投資爭端提交仲裁；相反地，由於國家須縮減非永續投資項目，故應將非永續投資之項目及投資人排除在雙邊投資協定中爭端解決程序之適用範圍，而不允許此等投資人將國際投資爭端依據雙邊投資條約之規定提交仲裁[82]。如此一來，該條款不但鼓勵綠色投資，也同時賦予國家為達保護投資之結果必須遵守環境義務，進而解決氣候變遷之緩解和適應之需求。

---

[81] *Ibid.*

[82] Nathalie Bernasconi-Osterwalder, Martin Dietrich Brauch, Yanick Touchette, Aaron Cosbey, Ivetta Gerasimchuk, Lourdes Sanchez, Maria Bislia Torao Garcia, Temur Potaskaevi, & Erica Petrofsky, Treaty on Sustainable Investment for Climate Change Mitigation and Adoption: Aligning International Investment Law with the Urgent Need for Climate Change Action, Journal of International Arbitration, Vol. 36, Issue 1, 2019.

在強調經濟發展之年代，國際間往往將經濟發展與環境保護視為兩個衝突之議題，致使過去之雙邊投資協定基本上都對氣候變遷議題保持沉默，並不令人意外，但是如今若能從雙邊投資協定來鼓勵企業與政府共同合作因應氣候變遷之問題，可從雙邊投資協定之條文來著手置入有關國家環境保護義務之相關條文[83]。換言之，若能在雙邊投資協定中讓東道國與投資者間均負有一定之義務，且將義務之內容規範明確，而讓投資者在不遵守相關規定之情形下，將無法享有雙邊投資協定之利益，即使將爭議提付仲裁也未能取得有利之判斷，甚至要求投資者必須進行永續投資，始能適用條約之規定將國際投資爭端提交仲裁解決，如此方能讓國際投資仲裁轉向有利於氣候變遷之方向發展，而在氣候變遷方面能有發揮之空間。

第四節　國際環境仲裁中心之創建

目前國際上最有規模且專門致力於國際環境事務之機構，莫過於聯合國環境規劃署，由於該機構設立在聯合國之下，而目前幾乎全世界大多數的國家均已加入聯合國，故為目前最重要之環境保護機構。然而該機構之任務，僅是貫徹執行理事會之各項決定、提出相關計畫、執行協調各國之環境方案、管理環境基金，以及向理事會提出有關之環境報告等，換言之，聯合國環境規劃署實際上僅立於協助聯合國之成員國進行環境保護之角色，卻無解決環境糾紛功能，從而對於造成環境破壞和環境污染之爭端無法處理，殊為可惜。

因此，中國政法大學林燦鈴教授積極宣導應儘快建立「世界環境組織」（World Environment Organization, WEO），並在該組織下成立一個

---

[83] Risteard de Paor, Climate Change and Arbitration: Annex Time before there won't be a next Time, Journal of International Dispute Settlement, Oxford University Press, Vol. 8, Issue 1, 2017.

爭端解決機構，期以妥善解決國際環境爭端，保護人類之生存環境[84]，本書深表贊同。但本書更進一步認為，該爭端解決機構應為常設仲裁機構，如此方能除了充分從國際環境法之角度進行裁判之外，亦能讓所有的國際法主體，包括國家、個人、政府間國際組織，以及非政府間國際組織，均能利用該機構解決國際環境爭端，而讓環境能有更好之保護，因此建議應另行創建「國際環境仲裁中心」為專門處理國際環境仲裁之常設仲裁機構。

一、應成立國際環境仲裁中心之原因

　　國際法院雖為目前最具聲望之訴訟機構，且有學者曾提倡指定國際法院作為唯一國際環境爭端解決機構等建議[85]。然而從實踐之經驗來看，國際法院曾在1993年成立了專門處理環境事務之分庭，但是直到2006年因為幾乎沒有案源，因此國際法院不再組建環境分庭。主要是因為當時國際法院之環境分庭效力不彰，在於其環境分庭與一般案件之法庭相較，並沒有特別吸引國家將案件提交到環境分庭審理之優勢；另一方面，雖然國際法院就環境權作為人權，以及在經濟發展上應考慮環境因素等見解，推動國際法向環境保護之方向邁進實有貢獻，但對於國際環境法整體發展而言，國際法院並未扮演好環境保護之角色，甚為可惜；又依據《國際法院規約》之規定，僅有國家始能成為訴訟當事方，限制了其他主體利用國際法院解決國際環境爭端之機會，因此國際法院顯然並非合適之爭端解決機構。

　　至於依據《聯合國海洋法公約》所成立之國際海洋法法庭，雖然對於海洋及海洋資源之爭端擁有廣泛之管轄權，且並無如同《國際法院規約》

---

[84] 林燦鈴 著：《荊齋論法—全球法治之我見》（初版），學苑出版社，2011年12月，第340頁以下。

[85] Peggy Rodgers Kalas, International Environment Dispute Resolution and the Need for the Access by Non-State Entities, Colorado Journal of International Environmental Law & Policy, Vol. 12, 2001.

限制僅有國家始能成爲訴訟當事方之規定。然而，因《聯合國海洋法公約》之規範範圍限於海洋方面，故國際海洋法法庭之管轄範圍也僅限於涉海爭端，但國際環境爭端之範圍並不限於海洋環境，因此就未涉及海洋之國際環境爭端，則無法利用國際海洋法法庭加以解決，且自然人及法人也必須是在國際海底區域因參與探勘和開發之活動所產生之糾紛，方能訴諸至國際海洋法法庭或海底爭端分庭成爲當事方[86]，因此，利用國際海洋法法庭進行訴訟程序，亦有相當之限制存在。

　　因此目前國際環境爭端之解決，日漸由處理特定問題之爭端解決機構主導，例如當發生與貿易有關之環境問題時，爭端當事方會將爭議提交到世界貿易組織（WTO）之爭端解決機制處理；若發生與國際投資爭議相關之環境問題時，則會提交至ICSID處理；若屬於人權公約範圍內之爭端，則會提交到區域人權法院或人權委員會處理，包括歐洲人權法院、歐洲人權委員會、美洲人權委員會等。

　　至於世界貿易組織所制定之國際貿易爭端解決機制，如今已經相對於其他爭端解決機制更爲成熟，是否可以用來支持環境問題之解決？有論者認爲，由於當今自由貿易所要追求之目的，其實與國際環境法之原則一樣，均以永續發展爲目標，故世界貿易組織主張以「貿易自由化」與「穩定且可預測」之貿易條件支持環境價值，因爲促進貿易開放與經濟發展，可以透過提升經濟成長，達到保護環境之目的。此外，在GATT第20條一般例外之規定，締約國在「(b)維護人類、動物或植物生命或健康所必要者」，以及「(g)關於可能枯竭之自然資源之保存」狀況下，只要對他締約國沒有造成不合理之歧視，是允許其違反GATT協議應遵守之義務。然而，環境保護是一門相當複雜之系統工程，即使GATT第20條有一般例外

---

[86] 《聯合國海洋法公約》第187條：海底爭端分庭根據本部分及其有關之附件，對以下各類有關「區域」內活動之爭端應有管轄權：……(c)第153條第2款(b)項內所指的，作爲合約當事各方之締約國、管理局或企業部、國營企業及自然人或法人之間關於下列事項之爭端：(1)對有關合約或工作計畫之解釋或適用；或(2)合約當事一方在區域內活動方面針對另一方或直接影響其合法利益之行爲或不行爲。

之規定，單就前開簡單之條文規定恐怕並無法有效解決，且世界貿易組織爭端解決機制之處理方向，仍以審查是否有阻礙貿易自由為優先，環境保護之爭議並非其最為關注之重點。

　　而環境權益屬於人權其中之一，已是國際間所公認，甚至有許多國家建立人權法庭解決國內環境損害問題[87]，但若將環境爭端以人權問題訴諸人權法院或人權委員會，則可能因為特定群體所主張之人權與全人類之環境權益有所衝突，而無法將環境保護置於最高位階，例如為保護山林地區之環境，避免人類之活動對環境造成損害，因而要求原住民改變原本之生活方式，則原住民之生存權即可能與此環境保護之政策相左，但若僅從原住民之生存權考慮，又可能忽略了全人類之環境權益。更何況，目前人權公約以區域性之公約為主，並非所有國家均為締約國，因此可以利用人權法院或人權委員會之主體自然也有所限制。

　　至於《解決國家與他國國民間投資爭端公約》所設立之ICSID，雖然有學者認為，因為其所處理之案件涉及環境議題已相當多，表示投資與環境之衝突持續存在，且因投資深入東道國，對於東道國之環境政策將產生重大影響，加上越來越多之國際投資條約中含有相關之環境規則，若能透過ICSID仲裁判斷結果，將可更豐富國際環境法之內涵，進而認為現今應以ICSID為國際環境爭端主要之爭端解決機構[88]。然而，由於ICSID成立之目的，是在處理國際投資爭端，即使期待各國在推動綠色投資項目，並且在雙邊投資協定中放入環境保護之條文後，能使國際投資仲裁案件朝向環境保護之方向前進，但也無法確保投資保護與環境保護完全不會有所衝突，若一旦有所衝突，自然仍是以投資保護為主要觀點。由此觀之，ICSID恐怕也非解決國際環境爭端之最佳機構。

---

[87] George (Rock) Pring & Catherine (Kitty) Pring, Specialized Environmental Courts and Tribunals at the Confluence of Human Rights and the Environment, Oregon Review of International Law, Vol. 11, 2009.

[88] 趙玉意：〈國際投資仲裁機構對涉環境國際爭端的管轄：主導與協調〉，載《國際經貿探索》2017年第9期。

　　爲解決裁判者缺乏國際環境法專業之問題，曾在1999年於羅馬召開之會議上，提出了應選任國際環境法之專家擔任法官而另行成立國際環境法院之建議，並且該提案更進一步制定了建立國際環境法院之條約草案，就國際環境法院之組成、職能、管轄權、法律適用及資金籌措等均提出具體建議。然而，此種方式雖然可以就國際環境爭端解決之專業性加以提升，但是由於目前已經有國際法院及國際海洋法法庭之情形下，國際環境法院成立之必要性，成爲爭議問題。且由於國際環境爭端往往涉及其他領域，若國際環境法院之管轄權過於廣泛，將與現有之機構，包括國際法院、國際海洋法法庭、人權法院、世界貿易組織之上訴機構、國際刑事法院等，造成管轄權重疊之問題，而國際環境法院也勢必會被迫作出對其他領域亦有影響之裁判，如此將造成國際法之碎片化更加嚴重，也使得爭端當事方有選擇管轄機構之空間進而造成不公平之結果，而備受批評[89]。尤有甚者，若解決國際環境爭端之機構仍設計爲法院組織，則應有固定之法官人數，然因國際環境爭端所涉及之領域甚廣，是否能就每一個領域都有合適且專業的法官進行審判，實令人質疑。再者，若法院之審理規則必須與不具備該等專業之法官一同審判時，其判決結果也恐怕未能令人信服。

　　有鑑於目前機制有以上的問題，爲妥適解決國際環境爭端，本書認爲，應成立「國際環境仲裁中心」，以國際仲裁的方式爲之，應爲更好之途徑。參考WTO之所以成爲全球在維護貿易自由方面最受到重視之組織，主要是因其具有令人信服之爭端解決機制，因此國際環境爭端也應有專門之爭端解決機制加以處理，使國際環境爭端能從國際環境法之觀點進行考慮之外，也能調整目前爭端解決機制無法妥善處理國際環境爭端之缺陷。故另行成立專門解決國際環境爭端之常設仲裁機構實有其必要性。

---

[89] Susan M. Hinde, The International Environment Court: Its Broad Jurisdiction as a Possible Fatal Flaw, Hofstra Law Review, Vol. 32, 2003.

二、國際環境仲裁中心管轄範圍之建議

　　承前所述，為專門解決國際環境爭端，應成立國際環境仲裁中心。因國際環境爭端所具有之跨界性，必須躍至國際場域解決，且其具有高度學科邊緣綜合性，必須具備不同領域之專門知識，並往往牽一髮而動全身，因此需妥善考慮社會經濟各個層面，並以國際環境法之觀點出發，始能妥善解決國際環境爭端。由於環境保護關乎全人類存在及發展之問題，故即使是涉及人權領域、投資領域、貿易領域，仍必須同時平衡環境保護，方能朝向永續發展之目標前進。因此，本書建議創建國際環境仲裁中心，其管轄範圍應包括本書所定義之國際環境爭端，亦即「因各種人為所造成跨界之環境污染或生態破壞，導致國際法上主體之權益受到侵害，所因此發生可裁判性之爭端，但損害不以實際上已發生結果者為限」。

　　再者，由於國際仲裁之主體不限於國家，因此得利用「國際環境仲裁中心」解決爭端之國際法主體，應不限於國家，尚包括個人、政府間國際組織、非政府間國際組織，均能利用該爭端解決機制處理國際環境爭端，特別是非政府間國際組織，其所具有公益性、中立性及專業性，更應使其成為環境損害究責之主體。然而，參考《解決國家與他國國民間投資爭端公約》第25條之規定，ICSID管轄之主體除締約國之外，尚包括「締約國所指派之任何組成或機構」，故本書認為，「國際環境仲裁中心」管轄之主體，亦不應限制其必須為「國際法之主體」。

　　由於國際間對於環境問題之治理單位，有兩種發展趨勢值得注意：第一種是超越國家之角度，包括由區域性政府間國際組織主導，積極參與環境治理之趨勢。以歐盟為例，雖然歐盟是歐洲因為經濟上之議題所組成之區域性政府間國際組織，但是在環境之議題上，尤其是氣候變遷，亦是相當積極：對內方面，制定區域聯盟之標準，並要求成員國跟隨該標準制定本國相關規定；對外方面，更是全力支援《京都議定書》所規範之機制，建立起全球第一個碳排放之交易市場。此外，包括中國、日本、印度與南韓等亞太地區國家，亦以保護環境及減緩氣候變遷為目的而組成「亞

太潔淨發展與氣候合作夥伴」，都是區域性政府間國際組織積極參與環境議題之趨勢。相對於此，第二種發展趨勢，則是就國家以下之次級單元，例如州政府或城市等，為發展之主體。例如美國本身對於氣候變遷之議題相當保守，但是因為聯邦憲法賦予各州有一定之許可權，因此有部分州政府相較於美國消極之態度，力求跟上國際間環境保護之腳步，尤以加州更是相當積極，在2006年為減緩與降低溫室氣體排放，提出《全球暖化解決方案法》（*Global Warming Solutions Act of 2006*）及相關之監測及管理措施，著實令人讚賞；此外，由美國之11個州所發起之「區域溫室氣體倡議」（Regional Greenhouse Gas Initiative, RGGI），則是美國第一個實施區域性溫室氣體排放交易之計畫，而「西部氣候倡議」（Western Climate Initiative, WCI），則除了美國五個州發起之外，連加拿大之省分也加入，實為一跨國性之結盟。又自2010年起，「地方環境行動國際委員會」（International Council for Local Environmental Initiatives, ICLEI）每年舉辦「Resilient Cities」全球論壇，除邀集世界各國代表與會之外，亦邀請城市代表共同討論氣候變遷之議題，以及城市應如何面對與調適。該委員會並曾邀集多個地方政府代表共同簽署《2011波恩市長宣言》（*2011 Bonn Declaration of Mayors*）、《德班氣候變遷調適章程》（*Durban Adaptation Charter*）等文件，可以看出環境議題產生多層次治理之模式，從超越國家之區域性政府間國際組織，到國家內之次級單元，包括一個州或一個城市。

　　面對環境治理發展出此種多層次治理之模式，本書認為，除了非政府間國際組織之外，也有必要讓不同之「環境治理單位」利用爭端解決機制來監督環境，亦即可以透過「國際環境仲裁中心」仲裁規則之制定，讓國家內之次級單元，不論是州或城市，在符合一定之條件下，允許這些環境治理單位也可以利用「國際環境仲裁中心」處理國際環境爭端，相信能讓環境有更好之保護。

　　綜前所述，因環境污染所造成之後果所及者，不僅只有國家，故傳統國際法以國家為中心之模式，應該有所改變，而國際環境爭端解決機制之

主體，也不應如同《國際法院規約》之限制，僅有國家始能成為訴訟當事方，否則將有許多國際環境爭端無法獲得妥適之處理。因此，本書認為應設立「國際環境仲裁中心」，用以專門解決國際環境爭端。而其爭端解決機制設計以仲裁方式為之，即在允許國家以外之主體，尤其是非政府間國際組織，均可透過「國際環境仲裁中心」提出仲裁。雖然聯邦國家內之州或國家內之城市，並非國際法上之主體，但本書建議可以透過「國際環境仲裁中心」之規則制定，讓這些環境治理之單位均有機會可以利用此爭端解決機制處理國際環境爭端，以求達到全面性解決國際環境爭端之目標。若能如此，將可因為大量推動國際環境仲裁之結果，加強監督國家對於環境義務之履行，並為國際環境法之發展添加動能，而使國際環境法能夠更加完善。

|第七章|
結論：共同打造與國際接軌的環境仲裁法

　　生態系統是一個整體，基於大氣環流及水的流動，影響所及的範圍，顯然無法侷限於人為劃定的疆界，雖然許多國家均已制定與環境相關的國內法，但有鑑於環境問題的跨界性與國際性，問題的最終解決必然需要以「命運共同體」為基本視角，透過共同努力創建國際規則以適之。本書以《國際環境仲裁之比較研究》為題，旨在研究如何以國際仲裁使國際環境爭端獲得更加妥適的解決，使國際仲裁成為有效解決國際環境爭端的途徑，並藉此推動我國《國際環境仲裁法學》之發展。

　　由於國際環境爭端因與天文學、地理學、生物學、環境科學、環境倫理學，以及海洋法、國際經濟法、國際投資法等密切相關，具有高度學科邊緣綜合性，故與其他國際爭端有所不同，且環境問題經常牽一髮而動全身，因此，國際環境爭端往往錯綜複雜，環環相扣，實無法從單一層面處理，加上環境問題所具有的潛在性，故國際環境爭端較其他國際爭端而言，其解決之難度更大。此外，環境污染造成損害後果所涉及的主體不僅只有國家，尚包括個人；所涉及的範圍，不僅只有國家管轄範圍內的環境，尚包括公域環境。

　　目前國際間雖然已有一系列的國際法律文件承認個人的環境權益，但若要以訴訟方式解決國際環境爭端，就目前國際間最具有聲響的訴訟機構——國際法院——觀之，依據《國際法院規約》的規定，僅有國家始能在國際法院成為訴訟當事方，如此，個人之環境權益即無法在國際法院的訴訟程序中落實，而依據《聯合國海洋法公約》成立之國際海洋法法庭，卻因國際海洋法法庭之管轄範圍有限，對於大氣污染問題、生物多樣性問

題、土壤荒漠化等環境問題，若未涉及海洋之爭端，仍無法透過國際海洋法法庭加以處理。因此，國際環境爭端之解決，尚需有更適當之方式，本書認為，國際仲裁應是解決國際環境爭端更佳的途徑。

首先，從仲裁的主體觀之，國家為國際法最重要的主體，亦為國際環境法的主體，而在國際仲裁上具有程序主體的資格，在過去國際環境爭端的案例上，也扮演著最關鍵的角色。

而政府間國際組織在履行其職能範圍內，具有國際法人格，而以環境保護為目的成立之政府間國際組織，在環境保護領域也發揮著非常重要的作用。由於其具有國際法人格，在國際仲裁上則亦具有程序主體資格，但因政府間國際組織是依據各國所簽訂之條約而設立的，因此政府間國際組織的活動，有相當程度受到各國間政治外交之牽制，甚難期待政府間國際組織可以成為環境損害究責的主體。

至於非政府間國際組織則透過積極參加政府間國際組織的締約方大會，在國際環境會議活動極力發聲，以發表宣言之方式提供環境保護之指導原則、廣泛參與國際環境條約之制定、監督國際環境法之實施、積極推廣環境教育，因此在環境保護之領域中具有相當重要之地位，也在環境治理上扮演著相當重要之角色，對於環境保護及國際環境法之發展提供了莫大的助力，因此就環境保護所起的積極作用是非常明顯的，其存在就決定了它在國際環境法上的地位。更何況，依據1986年4月24日部分歐洲理事會成員國簽訂的《關於承認非政府間組織的法律人格的歐洲公約》中，已明確承認非政府間國際組織的法律人格。至於在國際仲裁方面，「彩虹勇士號仲裁案」則開啓了非政府間國際組織與國家之間進行仲裁的先例，更可以確認非政府間國際組織當然具有國際仲裁之程序主體資格。尤有甚者，由於非政府間國際組織所具有的公益性、中立性及專業性，實為環境究責的最佳主體，而應賦予其更加積極的任務。然而，由於非政府間國際組織仍無法通過有法律拘束力的文件，對於締約國履行條約的監督行為也不具有強制性等特點，其所具有的國際法人格仍有相當的限制，且非政府間國際組織雖然可以透過與國家之間簽訂仲裁協定將爭端提交仲裁解決，

但也甚難期待國家與非政府間國際組織簽訂仲裁協定解決國際環境爭端。因此本書建議，應先有條件地認可非政府間國際組織的法人格，其方式可以透過聯合國目前審核非政府間國際組織的機制，將一些發展態勢強大、組織嚴密、對環境保護卓有貢獻的非政府間國際組織，認可其具有完整之國際法人格，並允許其加入目前的國際環境公約，進而讓該非政府間國際組織得以國際環境公約的仲裁條款，對於違反環境義務的國家提出國際仲裁，要求其停止損害環境的行為，甚至對其造成之損害進行賠償，如此一來，對於公域環境受到破壞之問題，亦能透過非政府間國際組織提出國際仲裁之方式獲得更好的解決。

至於個人在國際環境法上的地位，從《斯德哥爾摩人類環境宣言》開始，即已承認個人擁有環境權益。由於個人能直接享有國際環境法上之權利並承擔國際環境法上之義務，個人當然具有國際環境法上之主體資格。尤有甚者，因為1965年《解決國家與他國國民間投資爭端公約》之簽署，以及ICSID的設立，讓外國投資人得以自己之名義，與東道國政府間因直接投資而引起的爭端，提出國際仲裁加以解決，更確定了個人在國際仲裁程序上之主體地位。因此，在國際環境爭端發生時，個人具有國際仲裁之主體資格應可確認。

確認國際仲裁之主體資格後，其次是提起國際仲裁，尚需爭端當事方之間有仲裁協議。除了爭端當事方在爭端發生後雙方訂定仲裁協議之情形外，需視爭端當事方共同締結之國際環境條約中是否有以仲裁為爭端解決方式，若該條約中將仲裁採為唯一的爭端解決方式，或採用若爭端當事方沒有選擇相同之爭端解決方式，則爭端「必須」提交仲裁解決等規範方式，爭端當事方則無須另訂仲裁協議，可直接依據條約之規定將爭端提交仲裁。

仲裁協議成立後，如何進行仲裁，相關之程序問題尚需由雙方共同協商議定，但為避免雙方對於細節問題無法達成共識，而使得案件久拖不決，國際環境條約中規定以仲裁為爭端解決機制者，通常有兩種規範方式：一種是條約直接指定應提交特定之常設仲裁機構，因為仲裁機構通常

會制定一系列之仲裁規則供爭端當事方適用；另一種則是在條約的附件規定仲裁規則，作為爭端當事方依據該公約提出仲裁時，關於程序上可資遵循之依據。

至於目前解決國際爭端之常設仲裁機構，則以常設仲裁法院最受重視。因常設仲裁法院制定一系列之仲裁規則，其中最新的是《2012年常設仲裁法院仲裁規則》，適用於所有國際爭端，該規則係將先前之仲裁規則作一整合，將適用之主體明文確認包括國家、國家所控制的實體、政府間國際組織及私人當事方，且讓常設仲裁法院秘書長作為爭端當事方未能協議選定仲裁人時的指定機構，避免雙方因未能選任仲裁人而導致仲裁程序延滯，使得該規則在適用上更加明確。且常設仲裁法院也關注到國際環境爭端之特點，故為此特別擬定《常設仲裁法院仲裁有關自然資源和／或環境爭端之任擇性規則》，更考慮到仲裁人之資格、臨時措施之實施，以及保密措施等問題，值得參考。

由於國際環境爭端的特性，審判者的專業若僅深通「國際法」恐有不足，而應「依據該爭議事項」的不同，由具有「特殊專業」的審判者進行裁判，方能使得國際環境爭端的裁判結果更具有專業性，也才能讓爭端當事方更為信服。因國際仲裁制度最重要之特徵，在於爭端當事方有自行選任仲裁人之權利，而國際環境爭端所具有的高度科學技術性及學科邊緣綜合性，若能透過自行選任之方式，將可選出具有國際環境法專門知識之仲裁人，而從國際環境法的觀點解決國際環境爭端，相信更能達到環境保護及永續發展之目標。

然而爭端解決甚為耗時，若要等到終局裁判，方能要求停止損害環境之行為，恐怕環境破壞已是無法逆轉，因此為了使環境得到更好的保護，應使仲裁庭有充分之權力，在環境受到損害威脅時，得依「預防原則」指示適當之臨時措施，將重大之環境問題在萌芽之時即予消滅，以維護環境。但仲裁庭是否有此權力，則需視其提出爭端解決之依據是否有所約定，或是爭端當事方所約定之仲裁規則，是否有賦予仲裁庭得指示臨時措施之權利。然而，臨時措施亦不能無限上綱，否則將會嚴重影響人類經濟

社會的發展，而必須在經濟發展與預防措施之間尋求一個平衡點，方能達到永續之目標。

　　至於在實體法之適用上，國際仲裁與訴訟程序亦不相同。仲裁庭原則上依據爭端當事方合意選定之實體法爲準據法，但若爭端當事方無法合意選定，則由仲裁庭依據雙方所約定的仲裁規則選定之，包括爭端當事方之間所簽訂的條約或協議中所規定的仲裁規則。但因國際環境爭端之解決具有相當的公益性，故本書認爲，國際環境仲裁應無須受到爭端當事方合意選定的限制，而應從國際環境法之淵源及國際環境法之基本原則作爲判斷依據，由仲裁庭判斷如何適用，以維護環境爲終極目標，妥善解決國際環境爭端，並推動國際環境法之發展。

　　然而，國際仲裁在面對國際環境爭端所具有之跨界性及潛在性特點，也面臨一定之挑戰，例如公域環境之污染和破壞如何防止的問題。由於公域環境不屬於任何國家管轄，且該區域人煙稀少，惟基於環境問題之跨界性，任何地區之環境污染，影響所及之範圍並不會受到人爲劃定疆界所限制，因此若未能制止該行爲繼續實施，將會使得全人類之環境權益都受到影響。但是公域環境往往是人煙稀少之地，若嚴格界定「直接利害關係」，將會導致沒有主體得就公域環境之污染或破壞，透過國際仲裁要求其停止行爲，或就該行爲所造成之環境損害要求賠償，此著實爲目前亟需解決之問題。本書認爲，因非政府間國際組織所具有的公益性、中立性及專業性，實爲最佳之究責主體，但非政府間國際組織雖具有國際仲裁程序主體資格，卻未具備完整之國際法人格，因此在公域環境之究責方面亦有所阻礙。故本書建議，首先，承認非政府間國際組織在國際環境法上具有主體地位，以及在國際仲裁程序上具有主體資格；再者，放寬此種關於公域環境損害案件聲請人是否具有「直接利害關係」之認定，由於環境問題涉及全人類生存與發展問題，無須限定應由個人方能主張，而應允許個人得授權他人代爲主張，而非政府間國際組織在特定之條件下具有國際法人格，以及非政府間國際組織所代表之公益性，自得接受個人所授予之環境權益，進而代表全人類主張其環境權益。第三，可以利用聯合國目前審核

非政府間國際組織之機制，將一些非政府間國際組織，認可其具有完整的國際法人格，進而允許其加入國際環境公約，一旦非政府間國際組織所加入之條約得以國際仲裁提出爭端解決，如此一來，非政府間國際組織即可就造成公域環境損害之國家依據條約提起國際環境仲裁，要求其停止污染環境之行為，並負起相關之法律責任，相信將可對於公域環境有更進一步之保護。

其次，因為《解決國家與他國國民間投資爭端公約》之簽署及ICSID之成立，使得外國投資人與東道國之間投資爭議，得透過國際仲裁加以解決，但國際投資爭端中，也往往涉及了環境問題。然而，此種涉及環境爭議而提付仲裁之國際投資爭端，往往是東道國為遵循國際環境法之義務，因而實行之政策或法規使得投資人之投資受到損失，例如以保護環境為由，禁止某些產品之販賣，導致投資人之損失，因而提起之仲裁案件。但從過去的案例觀之，由於其仲裁判斷結果過於偏袒投資人，加上巨額賠償對東道國之財政造成極大之負擔等問題，造成削減國家在履行環境保護義務方面之意願。本書認為，投資保護之仲裁判斷應同時平衡環境與其他領域之利益，判斷理由應納入保護環境、永續發展等觀點。因為不論是經濟發展或是投資保護，其與環境保護不應係相衝突之議題，而應相輔相成、不可偏廢，唯有更加重視環境的保護，方能使經濟的發展更上一層樓。故在涉及環境爭議之國際投資爭端，其判斷結果必須同時考慮經濟發展與環境保護，方能真正保護投資人之投資而達到永續發展之目標。

再次，由於氣候變遷之特性，屬於不確定之狀態，因此面對氣候變遷之議題，顯然無法直接提起司法救濟或是國際仲裁。但是換個角度，也許國際投資仲裁可以督促國家遵守環境保護義務，而在此議題上讓國際仲裁發揮作用。首先，從近年來的國際投資爭端案例觀之，已經開始有投資人以國家未遵守環境保護義務而損害其投資之案例出現，而仲裁庭之見解也開始朝向將國家之環境保護義務與投資人保護義務連結之趨勢，換言之，若國家未遵守環境保護義務，也將會被認定為未遵守投資人之保護義務；再者，目前許多國家頒布鼓勵投資人轉向綠色投資之政策，如此將會產生

更多與減緩和適應氣候變遷之外國直接投資，國際投資仲裁將可在此發揮其重要性；第三，更重要的是，若能在雙邊投資協定中置入有關氣候變遷或環境保護相關條文，將可在依據雙邊投資條約以國際仲裁解決爭議時，一方面使外國投資人不得任意因投資損失而挑戰東道國之監管權，尤其是環境方面公共利益之保護，另一方面，也讓國家之環境保護義務與投資人保護義務明確連結，達到間接強制締約國履行氣候變遷及環境保護義務之結果。

　　綜前所述，由於目前國際間並無專門解決國際環境爭端之常設機構，導致爭端當事方即使遇有與環境相關之爭議，通常會依其所涉及其他領域之爭端解決方式尋求解決，如與貿易相關之爭議，則會提交世界貿易組織爭端解決機制解決爭端；如與國際投資有關的爭議，則會提交ICSID解決；如與人權有關的爭議，則可能提交至人權法院或人權委員會等機構。但因人權法院或人權委員會等機構屬於區域性，並非全世界均得利用該等機構，其管轄範圍亦有所限制，無法保障全人類之環境權益；至於世界貿易組織的爭端解決機制，或是ICSID之仲裁規則，並非以維護環境為最高指導原則，因此未必能從保護環境、永續發展等觀點為最高指導原則進行裁決。因此本書認為，應另行成立一個新的常設仲裁機構——國際環境仲裁中心，能夠受理涉及國家、政府間國際組織、非政府間國際組織及個人，甚至其他的環境治理單位所提出之國際環境爭端，以妥善處理國際環境爭端為目的，制定適合解決國際環境爭端之仲裁規則，從國際環境法之觀點妥適解決國際環境爭端，要求國家停止其破壞環境之行為，並負起法律責任，如此方能使其知所警惕，共同遏止環境污染之行為，而使得地球環境能有更好之保護。

參考文獻

一、中文部分

(一) 書籍

〔美〕加里‧B.博恩 著，白麟、陳福勇、李汀潔、魏奎楠、許如清、趙航、趙夢伊 譯：《國際仲裁法律與實踐》（初版），商務印書館，2015年10月。

〔英〕勞特派特 修訂，王鐵崖、陳體強 譯：《奧本海國際法》（初版），商務印書館，1981年12月。

《中國大百科全書（環境科學卷）》，中國大百科全書出版社，1983年。

中國政法大學國際法教研室 編：《國際公法案例評析》，中國政法大學出版社，1995年。

王樹義 著：《環境法基本理論研究》（初版），元照，2012年5月。

王樹義 等著：《環境法前沿問題研究》（初版），元照，2012年5月。

王澤鑑 著：《民法總則》（增訂新版），自版，2017年3月。

王鐵崖 等編著：《國際法》（初版），五南圖書，1995年2月。

丘宏達 著：《現代國際法》（修訂3版），三民書局，2019年4月。

丘宏達 著：《現代國際法參考文件》（2版），三民書局，2019年6月。

余謀昌 主編：《環境倫理學》（初版），高等教育出版社，2007年2月。

吳光明 著：《商事爭議之仲裁》（2版），五南圖書，2014年8月。

吳慧 著：《國際海洋法法庭研究》（初版），海洋出版社，2002年1月。

呂忠梅 著：《環境法新視野》（初版），中國政法大學出版社，2000年5月。

李雙元 主編：《國際私法學》（初版），北京大學出版社，2000年11月。

肖永平 著：《國際私法原理》（初版），法律出版社，2003年12月。

周忠海 主編：《國際法》（3版），中國政法大學出版社，2017年7月。

周鯁生 著：《國際法(上)》，商務印書館，1981年。

周鯁生 著：《國際法》（初版），商務印書館，2018年12月。

林誠二 著：《民法總則新解—體系化解說(上)》（3版），瑞興圖書，2012年2月。

林燦鈴 著：《國際法上的跨界損害之國家責任》（初版），華文出版社，2000年8月。

林燦鈴 著：《國際環境法》（修訂2版），人民出版社，2011年11月。

林燦鈴 主編：《國際環境條約選編》（初版），學苑出版社，2011年12月。

林燦鈴 著：《荊齋論法－全球法治之我見》（初版），學苑出版社，2011年12月。

林燦鈴 著：《跨界損害的歸責與賠償研究》（初版），中國政法大學出版社，2014年10月。

林燦鈴 編著，《國際環境法案例解析》（初版），中國政法大學出版社，2020年2月。

林燦鈴 著：《氣候變化所致損失損害責任之國際法機制》（初版），中國政法大學出版社，2023年5月。

林燦鈴 等著：《國際環境法的產生與發展》（初版），人民法院出版社，2006年11月。

林燦鈴 等著：《國際環境法理論與實踐》（初版），知識產權出版社，2008年5月。

林騰鷂 著：《行政法總論》（修訂4版），三民書局，2020年2月。

城仲模 著：《行政法之理論與實用》（增訂13版），三民書局，2015年10月。

姚瑞光 著：《民法物權編》，自版，大中國圖書公司總經銷，1976年9月。

姜皇池 著：《國際海洋法(上)》（2版），新學林出版公司，2018年4月。

姜皇池 著：《國際海洋法(下)》（2版），新學林出版公司，2018年4月。

施啓揚 著：《民法總則》（6版），自版，2005年6月。

柯澤東 著：《國際私法新境界－國際私法專論》（臺大法學叢書156／初版），元照，2006年9月。

柯澤東 著，吳光平 增修：《國際私法》（增訂6版），元照，2020年10月。

馬漢寶 著：《國際私法總論各論》（3版），翰蘆圖書，2014年。

馬驤聰 主編：《國際環境法導論》，社會科學文獻出版社，1994年2月。

高健軍 著：《《聯合國海洋法公約》爭端解決機制研究》（修訂版），中國政法大學出版社，2014年11月。

國家環境保護總局政策法規司 編：《中國締結和簽署之環境環境條約集》，學

苑出版社，1999年。

梁西 著：《國際組織法》（4版），武漢大學出版社，1998年7月。

理律法律事務所 著，李念祖、李家慶 主編：《訴訟外紛爭解決機制》（初版），三民書局，2012年2月。

郭紅岩 著：《跨界損害損失分擔基本理論問題研究》（初版），中國政法大學出版社，2013年8月。

陳安 著：《國際投資法之新發展與中國雙邊投資條約之新實踐》（初版），復旦大學出版社，2007年6月。

陳慈陽 著：《環境法總論》（3版），元照，2011年11月。

陳衛佐 著：《比較國際私法》（清華大學法學教材大系叢書／初版），法律出版社，2022年9月。

湯德宗 著：《美國環境法論集》（初版），無花果企業有限公司，1990年3月。

黃異 著：《國際海洋法》（2版），新學林出版公司，2020年9月。

黃進 主編：《國際私法》（初版），法律出版社，1999年9月。

黃進、宋連斌、徐前權 著：《仲裁法學》（修訂版），中國政法大學出版社，2007年1月。

葉俊榮 著：《環境政策與法律》（2版），元照，2010年10月。

葉俊榮 編：《氣候變遷之制度因應：決策、財務與規範》（初版），臺大出版中心，2014年9月。

葉俊榮 著：《全球環境議題—臺灣觀點》（初版），巨流圖書，2015年10月。

葉俊榮 著：《氣候變遷治理與法律》（初版），臺大出版中心，2015年11月。

葉俊榮、張文貞、林春元 主編：《建構氣候轉型立法—比較立法與議題論述》（初版），新學林出版公司，2020年6月。

端木正 主編：《國際法》，北京大學出版社，1997年9月。

裴廣川、林燦鈴、陸顯祿 主編：《環境倫理學》（初版），高等教育出版社，2002年6月。

趙相林 主編：《國際私法》（初版），中國政法大學出版社，2007年9月。

劉鐵錚 著：《國際私法論叢》（3版），三民書局，1984年。

劉鐵錚、陳榮傳 著：《國際私法論》（修訂4版），三民書局，2008年9月。

賴來焜 著：《國際（私）法之國籍問題—以新《國籍法》為中心》（衝突法叢書3），自版，2000年9月。

賴來焜 著：《當代國際私法學之基礎理論》（初版），自版，2001年1月。

賴來焜 著：《當代國際私法學之構造論—建立以連結因素為中心之理論體系》（衝突法叢書5），自版，神州書局出版公司總經銷，2001年9月。

賴來焜 著：《基礎國際私法學》（初版），三民書局，2004年6月。

賴來焜 著：《強制執行法總論》（初版），元照，2007年10月。

韓忠謨 著：《法學緒論》（初版），自版，臺灣大學法學院事務處總經銷，1962年7月。

藍瀛芳 著：《比較的仲裁法(上)》（初版），元照，2018年11月。

藍瀛芳 著：《比較的仲裁法(下)》（初版），元照，2018年11月。

(二) 期刊、專書論文

丁夏：〈國際投資仲裁案件中"客觀行為標準"的適用〉，載《國際經貿探索》2016年第3期。

丁敏：〈環境保護非政府間國際組織在國際環境保護中的作用〉，載《世界環境》2005年第1期。

于文軒：〈生態文明語境下風險預防原則的變遷與適用〉，載《吉林大學社會科學學報》2019年第5期。

于湛旻：〈論國際投資仲裁中仲裁員的迴避〉，載《武大國際法評論》2014年第1期。

于湛旻：〈論國際投資仲裁中仲裁員的身分衝突及克服〉，載《河北法學》2014年第7期。

文同愛、李凝：〈試論非政府間國際組織在國際環境法中的作用〉，載《時代法學》2006年第1期。

王全齊：〈國際非政府間組織法律地位評析〉，載《法治與經濟》2014年第386期。

王勇、方建偉：〈非政府間國際組織略探〉，載《現代法學》2002年第7期。

王彥志：〈國際投資爭端解決的法律化：成就與挑戰〉，載《當代法學》2011年第25卷第3期。

王曉東、馬瑋：〈論國際法主體的新發展—以國際環境法爲例〉，載《求索》
　　2005年第4期。

王寶輝：〈仲裁人倫理經驗談〉，載《仲裁報季刊》2007年6月第4期，版3。

白倩倩：〈淺議國際投資仲裁裁決的承認與執行〉，載《湖北警官學院學報》
　　2013年第141期。

朱明新：〈國際投資仲裁平行程序的根源、風險以及預防—以國際投資協定相
　　關條款爲中心〉，載《當代法學》2012年第2期。

朱鵬飛：〈國際環境爭端解決機制研究—國際公法的視角〉，華東政法大學博
　　士論文，2019年。

何志鵬、劉海江：〈國際非政府組織在國際法中的尷尬地位〉，載《廣西社會
　　科學》2013年第5期。

余勁松、詹曉寧：〈論投資者與東道國間爭端解決機制及其影響〉，載《中國
　　法學》2005年第5期。

宋效峰：〈非政府組織在國際環境法治中的角色分析〉，載《內蒙古農業大學
　　學報》2018年第3期。

李文杰：〈也談國際海底區域擔保國的法律義務與責任—以國際海洋法法庭第
　　17號"諮詢意見案"爲基點〉，載《河北法學》2019年第1期。

李家慶、蕭偉松、謝定亞、范光群：〈工程仲裁未來之走向—先調後仲之爭端
　　解決模式〉，載《仲裁季刊》2006年第80期。

李騰：〈淺析風險預防原則在國際環境法中的適用—以溫室效應爲例〉，載
　　《時代經貿》2011年第18期。

汪信君：〈氣候變遷與保險機制：議題研究與展望〉，載《氣候變遷之制度因
　　應：決策、財務與規範》，臺大出版中心，2014年。

肖松、丁洋洋：〈論國際環境法對個人主體的接納—基於泛國際法主體的嵌入
　　研究〉，載《法制博覽》2015年10月第30期。

肖惟志：〈NGO作爲國際環境法主體的研究〉，載《廣西品質監督導報》2020
　　年第11期。

辛憲章：〈試論國際投資爭端解決之強制性仲裁〉，載《大連海事大學學報
　　（社會科學版）》2013年第2期。

周園：〈法庭之友制度在國際投資仲裁中的發展歷程〉，載《北京仲裁》2016

年第91輯。

林燦鈴：〈淺析個人在國際法上的地位〉，載《當代法學》1999年第2期。

林燦鈴：〈論國際法不加禁止行爲所產生的損害性後果的國家責任〉，載《比較法研究》2000年第3期。

林燦鈴：〈論國際環境法的性質〉，載《比較法研究》2005年第2期。

林燦鈴：〈重大環境損害的歸責與賠償〉，載《中國社會科學報》2011年第227期。

邵沙平、馮雅囡：〈國際法院指示臨時措施法律問題研究〉，載《外交評論》2012年第2期。

金永明：〈國際海洋法法庭與國際法院比較研究—以法庭在組成、管轄權、程序及判決方面之特徵爲中心〉，載《中國海洋法學評論》2005年第1期。

金成華：〈評析國際投資爭端中心仲裁制度〉，載《國際商務—對外經濟貿易大學學報》2006年第5期。

施文眞：〈氣候變遷減緩與調適措施之財務機制〉，載《氣候變遷之制度因應：決策、財務與規範》，臺大出版中心，2014年。

胡小芬：〈國際法院解決國際環境爭端評析〉，載《湖北警官學院學報》2018年第5期。

胡斌：〈試論國際環境法中的風險預防原則〉，載《環境保護》2002年第6期。

范舒：〈國際環境法中風險預防原則的核心要素及適用標準〉，載《太原城市職業技術學院學報》2013年第3期。

范睿：〈論國際投資仲裁法庭之友參與制度的完善措施〉，載《法治博覽》2017年第25期。

徐崇利：〈保護傘條款的適用範圍之爭與我國的對策〉，載《華東政法大學學報》2008年第4期。

徐曾滄、盧建祥：〈《聯合國海洋法公約》爭端解決機制十年：成就、不足與發展—以與常設國際仲裁法庭、國際法院的比較實證分析爲視角〉，載《中國海洋法學評論》2007年第1期。

秦天寶：〈淺論國際環境對現代國際法的發展〉，載《東方法學》2008年第5期。

馬偉陽：〈國際海洋法法庭在臨時措施案件中所遇到的主要問題—兼論國際法

院的臨時措施〉，載《研究生法學》2010年第3期。

馬漢寶：〈談國際私法案件之處理〉，載《軍法專刊》1982年11月第28卷第11期。

高敏：〈再論環境公益訴訟的原告資格〉，載《西部法學評論》2017年第3期。

婁立：〈從國際環境法的發展看全球環境治理—兼評國際法院等組織的角色定位〉，載《創新》2013年第1期。

常欣：〈全球化背景下國際非政府組織的作用與侷限性分析〉，載《國際社會組織》2018年第5期。

張小奕：〈關於象牙海岸訴迦納海洋劃界案臨時措施裁定的評述〉，載《亞太安全與海洋研究》2016年第2期。

張建：〈國際投資仲裁管轄權與雙邊投資協定的解釋文題當議—兼議《華盛頓公約》體系下投資仲裁的管轄要件〉，載《研究生法學》2016年第2期。

張華：〈國際海洋爭端解中的"不應訴"問題〉，載《太平洋學報》2014年第12期。

張藝璿：〈淺析國際仲裁制度〉，載《文化學刊》2019年第3期。

張寶：〈從危害防止到風險預防：環境治理的風險轉身與制度調適〉，載《法學論壇》2020年第1期。

張寶、潘鳴航：〈環境公益訴訟中"公益"的識別與認定——一種反向排除的視角〉，載《中南大學學報》2018年第2期。

陳文輝、莊敏芳、陳思潔：〈Taiwan Industrial Greenhouse Office, TIGO, IPCC 2007年評估報告〉，2008年。

陳勇：〈論非政府間國際組織的國際法律地位〉，載《廣東外語外貿大學學報》2006年第1期。

陳斌蘭：〈論個人在國際環境法中的主體資格〉，載《法制博覽》2012年第9期。

陳劍玲：〈國際投資仲裁中的法庭之友參與問題研究〉，載《暨南學報（哲學社會科學版）》2012年第7期。

喬慧娟：〈論國際投資條約仲裁中的法律適用問題〉，載《武漢大學學報》2014年第2期。

黃世席：〈非政府間國際組織的國際法主體資格探討〉，載《當代法學》2000

年第5期。

黃炎：〈國際法風險預防原則的解釋論〉，載《法律方法》2019年第1期。

鄒純忻：〈國際環境仲裁研究〉，中國政法大學國際法研究所博士論文，2022年。

雷瑛：〈試述非政府間國際組織的國際環境法主體資格〉，載《公民與法》2013年第3期。

裴欣：〈從1899年到今天：常設仲裁法院的百年〉，載《北京仲裁》2008年第4期。

趙玉意：〈國際投資仲裁機構對涉環境國際爭端的管轄：主導與協調〉，載《國際經貿探索》2017年第9期。

趙維田：〈論GATT/WTO解決爭端機制〉，載《法學研究》1997年第19卷第3期。

劉京蓮：〈國際投資仲裁正當性危機之仲裁員獨立性研究〉，載《河北法學》2011年第9期。

劉思竹：〈臨時措施在國際海洋環境爭端解決中的適用－理論建構及其實踐運用〉，載《法大研究生》2019年第2期。

劉笋：〈論國際投資仲裁對國家主權的挑戰－兼評美國的應對之策及其啓示〉，載《法商研究》2008年第3期。

劉媛媛、張曉進：〈一帶一路倡議下的國際環境爭端解決機制研究〉，載《國別和區域研究》2018年第2期。

劉夢非：〈國際投資爭端解決平行程序的誘因－讀國際投資仲裁有感〉，載《政法論壇》2018年第4期。

劉澤：〈國際環境法中的風險預防原則——一種功能性認識〉，載《中國國際法年刊》2015年第1期。

劉繼勇：〈論個人的國際環境法主體地位〉，載《理論與改革》2015年6月。

樊勇明：〈全球化與國際行為主體之多元化－兼論國際關係中之非政府組織〉，載《世界經濟研究》2009年第9期。

蔣小翼：〈《聯合國海洋法公約》涉海環境爭端解決程序之比較分析〉，載《邊界與海洋研究》2018年第2期。

蕭惟志：〈NGO作為國際環境法主體之研究〉，載《廣西品質監督導報》2020

年第11期。

賴來焜:〈國際投資法律制度之比較研究—以中國大陸《外商投資法》爲中心〉,臺灣地區經濟部109年度《台商在中國大陸投資權益保護法律服務、宣導及研究計畫》附件二。

鍾子晴:〈試析投資人與地主國爭端解決機制下環保反訴主張之準據法問題—以Aven v. Costa Rica案爲中心〉,載《經貿法訊》2021年第279期。

韓秀麗:〈論比例原則在有關徵收的國際投資仲裁中的開創性適用〉,載《甘肅政法學院學報》2008年第10期。

韓秀麗:〈從國際投資爭端解決機構的裁定看東道國的環境規制措施〉,載《江西社會科學》2010年第6期。

韓融:〈國際非政府間組織在全球環境治理中的作用初探〉,載《各界》(下半月)2020年第6期。

聶洪濤:〈非政府組織的國際法主體資格問題研究〉,載《學術論壇》2015年第5期。

羅國強、于敏娜:〈《聯合國海洋法公約》附件七仲裁庭管轄權的發展傾向和中國應對〉,載《河北法學》2020年第12期。

龐強:〈政府間與非政府間國際組織在全球環境治理中的有效性評估〉,載《河北工程大學學報(社會科學版)》2016年第1期。

二、外文部分

山本敬三 著:《國際私法入門》(初版),青林書院新社,昭和54年12月。

江山英文 著:《國際私法》(17版),有斐閣,1989年2月。

A. Roberts, The Environmental Consequences of War: Legal, Economic, and Scientific Perspectives, Cambridge University Press, 2000.

Annette Magnusson, New Arbitration Frontiers: Climate Change, in Jean Engelmayer Kalicki & Mohamed Abdel Raouf (eds.), Evolution and Adaptation: The Future of International Arbitration, ICCA Congress Series, Vol. 20, Kluwer Law International; International Council for Commercial Arbitration/Kluwer Law International, 2019.

Areta Jez, Environmental Policy-making and Tribunal Decision-making: Assessing the Scope of Regulatory Power in International Investment Arbitration, 40 University of Pennsylvania Journal of International Law, Vol. 40, 2019.

Azernoosh Bazrafkan & Alexia Herwig, Reinterpreting the Fair and Equitable Treatment Provision in International Investment Agreements as a New and More Legitimate Way to Manage Risks, European Jouranl of Risk Regulation, Vol. 7, 2016.

Benedict Kingsbury & Stephan W. Schill, Public Law Concepts to Balance Investor's Rights with State Regulatory Actions in the Public Interest-the Concept of Proportionality, in Stephan W. Schill (ed.), International Investment Law and Comparative Public Law, Oxford University Press, 2010.

Bernardo M. Cremades & David J. A. Cairns, The Brave New World of Global Arbitration, The Journal of World Investment, Vol. 3, 2002.

Bryant G. Garth, International Arbitration, Elsevier Inc., 2015.

Camille Martini, Balancing Investors' Rights with Environmental Protection in International Investment Arbotrational: An Assessment of Recent Trends in Investment Treaty Drafting, American Bar Association, International Lawyer, 2017.

Charles Qiong Wu, A Unified Forum? The New Arbitration Rules for Environmental Disputes under the Permanent Court of Arbitration, Chicago Journal of International Law, Vol. 3, No. 1, 2002.

Chrisphoer L. Campbell & Ana Coimbra Trigo, A Vision for Green Foreign Direct Investment: Proposals for an Investor-State Collaborative Effort, Journal of International Arbitration, Kluwer Law International Vol. 36, Issue 1, 2019.

Christina L. Beharry & Melinda E. Kuritzky, Going Green: Managing the Environment through International Investment Arbitration, American University Law Review, 2015.

Christoph H. Schreuer, Loretta Malintoppi, August Reinisch, & Anthony Sinclair, The ICSID Convention: A Commentary (2nd ed.), Cambridge University Press, 2009.

Christopher F. Dugan, Don Wallace, Jr., Noah D. Rubins, & Borzu Sabahi, Investor-State Arbitration, Oxford University Press, 2008.

Ciprian N. Radavoi, Community-Invester Environment Conflicts: Should and Could

They be Arbitrated?, South Carolina Journal of International Law & Business, 2016.

Crina Baltag, Human Rights and Environmental Disputes in International Arbitration, Kluwer Arbitration Blog, July 24, 2018.

Danial B. Magraw, Chiara Giorgetti, Leila Chennoufi, Krycia Cowlin, Charles di Leva, Jonathan Drimmer, Jan Low, Kendra Magraw, Steve McCaffrey, Grace Menck Figueroa, Sergio Puig, & Anabella Rosemberg, Model Green Investment Treaty: International Investment and Climate Change, Journal of International Arbitration, Vol. 36, No. 1, 2019.

Daniel Bodansky, Jutta Brunee, & Lavanya Raiamani, International Climate Change Law, Oxford University Press, 2017.

Gary B. Born, International Arbitration: Law and Practice, Kluwer Law International, 2012.

Gelia Campbell Mohn, Barry Breen, & J. William Frtrell, Sustainable Environmental Law, West Publishing co., 1993.

George (Rock) Pring & Catherine (Kitty) Pring, Specialized Environmental Courts and Tribunals at the Confluence of Human Rights and the Environment, Oregon Review of International Law, Vol. 11, 2009.

James Cameron & Juli Abouchar, The Precautionary Principle: A Fundamental Principle of Law and Policy for the Protection of the Global Environment, 14 Boston College International & Comparative Law Review, Vol. 14, 1991.

Jerry Clark, Opportunity Knocks—The Role of International Trade Arbitration in Reducing International Trade Barriers and Addressing Environmental Concerns, Currents: International Trade Law Journal, Vol. 13, 2004.

Julianne J. Marley, The Environment Endangerment Finding in International Investment Disputes, New York University Journal of International Law & Policy, Vol. 46, 2014.

Kate Parlett & Mark Tushingham, Recalibrating the Balance Between Protecting Foreign Investments and Protecting the Environment: Is Asia Taking the Lead?, Asian Dispute Review, Hong Kong International Arbitration Center (HKIAC),

Vol. 20, Issue 4, 2018.

Kate Parlett & Sara Ewad, Protection of the Environment in Investment Arbitration—A Double- Edged Sword, Kluwer Arbitration Blog, August 22, 2017.

Laurence Boisson de Chazournes, Environmental Protection and Investment Arbitration: Yin and Yang, Anuario Colombiano de Derecho Internacional, Vol. 10, 2017.

Ludwig Krämer, European Environmental Law, Taylor and Francis, 2017.

M. Sornarajah, The Settlement of Foreign Investment Disputes, Kluwer Law International, 2000.

Mari Nakamichi, The International Court of Justice Decision Regarding the Gabcikovo-Nagymaros Project, Fordham Environmental Law Journal, Vol. 9, 1998.

Marie-Claire Cordonier Segger, Markus W. Gehring, and Andrew Newcombe, Chapter 6: An Integrated Agenda for Sustainable Development in International Investment Law, in Sustainable Development in World Investment Law, Global Trade Law Series, Vol. 30, 2011.

Martin Wagner, International Investment, Expropriation and Environmental Protection, Golden Gate University Law Review, Vol. 29, 1999.

MaryEllen O'Connell, International Dispute Settlement, Taylor and Francis, 2017.

Nathalie Bernasconi-Osterwalder, Martin Dietrich Brauch, Yanick Touchette, Aaron Cosbey, Ivetta Gerasimchuk, Lourdes Sanchez, Maria Bislia Torao Garcia, Temur Potaskaevi, & Erica Petrofsky, Treaty on Sustainable Investment for Climate Change Mitigation and Adoption: Aligning International Investment Law with the Urgent Need for Climate Change Action, Journal of International Arbitration, Vol. 36, Issue 1, 2019.

Patricia Birnie, Alan Boyle, & Catherine Redgwell, International Law and the Environment (3rd ed.), Oxford University Press, 2009.

Paula F. Henin, Jessica Howley, Amelia Keene, & Nicola Peart, Innovating International Investment Agreement: A Proposed Green Investment Protocol for Climate Change Mitigation and Adaption, Journal of International Arbitration, 2019.

Peggy Rodgers Kalas, International Environment Dispute Resolution and the Need for

Access by Non-State Entities, Colorado Journal of International Environmental Law & Policy, Vol. 12, 2001.

Perry E. Wallace, International Investment Law and Arbitration, Sustainable Development, an RIO+20: Improving Corporate Institution and State Governance, Sustainable Development Law & Policy, Vol. 12, 2012.

Rahim Moloo & Justin Jacinto, Environmental and Health Regulation: Assessing Liability under Investment Treaties, Berkely Journal International Law, Vol. 29, 2011.

Risteard de Paor, Climate Change and Arbitration: Annex Time before there won't be a Next Time, Journal of International Dispute Settlement, Oxford University Press, Vol. 8, Issue 1, 2017.

Robin Churchill, Some Reflections on the Operation of the Dispute Settlement System of the UN Convention on the Law of the Sea During the First Decade, in David Freestone, Richard Barnes, & David M. Ong (eds.), The Law of the Sea: Progress and Prospects, Oxford University Press, 2006.

Rosemary Rayfuse, The Future of Compulsory Dispute Settlement Under the Law of the Sea, Victoria University of Wellington Law Review, Vol. 36, 2005.

Rudiger Wolfrum, Provisional Measure of the International Tribunal for the Law of the Sea, Indian Journal of International Law, Vol. 37, 1997.

Shu Zhang, Developing China's Investor-State Arbitration Clause, Springer International Publishing, 2018.

Silke Noa Elrifai, Hans Rusinek, & Simon R. Sinsel, A Model Multilateral Treaty for the Encouragement of Investment in Climate Change Mitigation and Adaption, Journal of International Arbitration, 2019.

Stephen Crable, ADR: A Solution for Environment Disputes, Arbitration Journal Vol. 48, 1993.

Sumudu Atapattu & Andrea Schapper, Human Rights and the Environment, Taylor and Francis, 2019.

Susan D. Franck, The Legitimacy Crisis in Investment Arbitration, Privatizing Public International Law Though Inconsistent Decisions, Fordham Law Review, Vol.

73, 2005.

Susan M. Hinde, The International Environment Court: Its Broad Jurisdiction as a Possible Fatal Flaw, Hofstra Law Review, Vol. 32, 2003.

Tamar Meshel, The Evolution of Interstate Arbitration and the Peaceful Resolution of Transboundary Freshwater Disputes, Journal of Dispute Resolution, 2016.

Tamara L. Slater, Investor-State Arbitration and Domestic Environment Protection, Washington University Global Studies Law Review, Vol. 14, Issue 1, 2015.

The George Washington University Law School Conference on International Environmental Dispute Resolutions (15-17 April 1999), George Washington Journal International Law & Economic, Vol. 32, 2000.

W. Michael Tupman, Challenge and Disqualification of Arbitrators in International Commercial Arbitration, International and Comparative Law Quarterly, Vol. 38, 1989.

Ying Zhu, Fair and Equitable Treatment to Foreign Investors in the Era of Sustainable Development, Natural Resources Journal, Vol. 58, 2018.

Ying Zhu, Environment Discrimination in International Investment Law, New York University Journal of International Law & Politics, Vol. 51, 2019.

|附錄一|
仲裁法

第一章　仲裁協議

第1條

有關現在或將來之爭議,當事人得訂立仲裁協議,約定由仲裁人一人或單數之數人成立仲裁庭仲裁之。

前項爭議,以依法得和解者為限。

仲裁協議,應以書面為之。

當事人間之文書、證券、信函、電傳、電報或其他類似方式之通訊,足認有仲裁合意者,視為仲裁協議成立。

第2條

約定應付仲裁之協議,非關於一定之法律關係,及由該法律關係所生之爭議而為者,不生效力。

第3條

當事人間之契約訂有仲裁條款者,該條款之效力,應獨立認定;其契約縱不成立、無效或經撤銷、解除、終止,不影響仲裁條款之效力。

第4條

仲裁協議,如一方不遵守,另行提起訴訟時,法院應依他方聲請裁定停止訴訟程序,並命原告於一定期間內提付仲裁。但被告已為本案之言詞辯論者,不在此限。

原告逾前項期間未提付仲裁者,法院應以裁定駁回其訴。

第一項之訴訟,經法院裁定停止訴訟程序後,如仲裁成立,視為於仲裁庭作成判斷時撤回起訴。

第二章　仲裁庭之組織

第5條

仲裁人應為自然人。

當事人於仲裁協議約定仲裁機構以外之法人或團體為仲裁人者,視為未約定仲裁人。

第6條

具有法律或其他各業專門知識或經驗,信望素孚之公正人士,具備下列資格之一者,得為仲裁人:

一、曾任實任推事、法官或檢察官者。

二、曾執行律師、會計師、建築師、技師或其他與商務有關之專門職業人員業務五年以上者。

三、曾任國內、外仲裁機構仲裁事件之仲裁人者。

四、曾任教育部認可之國內、外大專院校助理教授以上職務五年以上者。

五、具有特殊領域之專門知識或技術,並在該特殊領域服務五年以上者。

第7條

有下列各款情形之一者,不得為仲裁人:

一、犯貪污、瀆職之罪,經判刑確定。

二、犯前款以外之罪,經判處有期徒刑一年以上之刑確定。

三、經褫奪公權宣告尚未復權。

四、破產宣告尚未復權。

五、受監護或輔助宣告尚未撤銷。

六、未成年人。

第8條

具有本法所定得為仲裁人資格者,除有下列情形之一者外,應經訓練並取得合格證書,始得向仲裁機構申請登記為仲裁人:

一、曾任實任推事、法官或檢察官者。

二、曾執行律師職務三年以上者。

三、曾在教育部認可之國內、外大專校院法律學系或法律研究所專任教授
　　二年、副教授三年，講授主要法律科目三年以上者。

四、本法修正施行前已向仲裁機構登記為仲裁人，並曾實際參與爭議事件
　　之仲裁者。

前項第三款所定任教年資之計算及主要法律科目之範圍，由法務部會商相
關機關定之。

仲裁人未依第一項規定向仲裁機構申請登記者，亦適用本法訓練之規定。

仲裁人已向仲裁機構申請登記者，應參加仲裁機構每年定期舉辦之講習；
未定期參加者，仲裁機構得註銷其登記。

仲裁人之訓練及講習辦法，由行政院會同司法院定之。

第9條

仲裁協議，未約定仲裁人及其選定方法者，應由雙方當事人各選一仲裁
人，再由雙方選定之仲裁人共推第三仲裁人為主任仲裁人，並由仲裁庭以
書面通知當事人。

仲裁人於選定後三十日內未共推主任仲裁人者，當事人得聲請法院為之選
定。

仲裁協議約定由單一之仲裁人仲裁，而當事人之一方於收受他方選定仲裁
人之書面要求後三十日內未能達成協議時，當事人一方得聲請法院為之選
定。

前二項情形，於當事人約定仲裁事件由仲裁機構辦理者，由該仲裁機構選
定仲裁人。

當事人之一方有二人以上，而對仲裁人之選定未達成協議者，依多數決定
之；人數相等時，以抽籤定之。

第10條

當事人之一方選定仲裁人後，應以書面通知他方及仲裁人；由仲裁機構選
定仲裁人者，仲裁機構應以書面通知雙方當事人及仲裁人。

前項通知送達後，非經雙方當事人同意，不得撤回或變更。

第11條

當事人之一方選定仲裁人後，得以書面催告他方於受催告之日起，十四日內選定仲裁人。

應由仲裁機構選定仲裁人者，當事人得催告仲裁機構，於前項規定期間內選定之。

第12條

受前條第一項之催告，已逾規定期間而不選定仲裁人者，催告人得聲請仲裁機構或法院為之選定。

受前條第二項之催告，已逾規定期間而不選定仲裁人者，催告人得聲請法院為之選定。

第13條

仲裁協議所約定之仲裁人，因死亡或其他原因出缺，或拒絕擔任仲裁人或延滯履行仲裁任務者，當事人得再行約定仲裁人；如未能達成協議者，當事人一方得聲請仲裁機構或法院為之選定。

當事人選定之仲裁人，如有前項事由之一者，他方得催告該當事人，自受催告之日起，十四日內另行選定仲裁人。但已依第九條第一項規定共推之主任仲裁人不受影響。

受催告之當事人，已逾前項之規定期間，而不另行選定仲裁人者，催告人得聲請仲裁機構或法院為之選定。

仲裁機構或法院選定之仲裁人，有第一項情形者，仲裁機構或法院得各自依聲請或職權另行選定。

主任仲裁人有第一項事由之一者，法院得依聲請或職權另行選定。

第14條

對於仲裁機構或法院依本章選定之仲裁人，除依本法請求迴避者外，當事人不得聲明不服。

第15條

仲裁人應獨立、公正處理仲裁事件，並保守秘密。

仲裁人有下列各款情形之一者，應即告知當事人：

一、有民事訴訟法第三十二條所定法官應自行迴避之同一原因者。

二、仲裁人與當事人間現有或曾有僱傭或代理關係者。

三、仲裁人與當事人之代理人或重要證人間現有或曾有僱傭或代理關係者。

四、有其他情形足使當事人認其有不能獨立、公正執行職務之虞者。

第16條

仲裁人有下列各款情形之一者，當事人得請求其迴避：

一、不具備當事人所約定之資格者。

二、有前條第二項各款情形之一者。

當事人對其自行選定之仲裁人，除迴避之原因發生在選定後，或至選定後始知其原因者外，不得請求仲裁人迴避。

第17條

當事人請求仲裁人迴避者，應於知悉迴避原因後十四日內，以書面敘明理由，向仲裁庭提出，仲裁庭應於十日內作成決定。但當事人另有約定者，不在此限。

前項請求，仲裁庭尚未成立者，其請求期間自仲裁庭成立後起算。

當事人對於仲裁庭之決定不服者，得於十四日內聲請法院裁定之。

當事人對於法院依前項規定所為之裁定，不得聲明不服。

雙方當事人請求仲裁人迴避者，仲裁人應即迴避。

當事人請求獨任仲裁人迴避者，應向法院為之。

第三章　仲裁程序

第18條

當事人將爭議事件提付仲裁時，應以書面通知相對人。

爭議事件之仲裁程序,除當事人另有約定外,自相對人收受提付仲裁之通知時開始。

前項情形,相對人有多數而分別收受通知者,以收受之日在前者為準。

第19條

當事人就仲裁程序未約定者,適用本法之規定;本法未規定者,仲裁庭得準用民事訴訟法或依其認為適當之程序進行。

第20條

仲裁地,當事人未約定者,由仲裁庭決定。

第21條

仲裁進行程序,當事人未約定者,仲裁庭應於接獲被選為仲裁人之通知日起十日內,決定仲裁處所及詢問期日,通知雙方當事人,並於六個月內作成判斷書;必要時得延長三個月。

前項十日期間,對將來爭議,應自接獲爭議發生之通知日起算。

仲裁庭逾第一項期間未作成判斷書者,除強制仲裁事件外,當事人得逕行起訴或聲請續行訴訟。其經當事人起訴或聲請續行訴訟者,仲裁程序視為終結。

前項逕行起訴之情形,不適用民法第一百三十三條之規定。

第22條

當事人對仲裁庭管轄權之異議,由仲裁庭決定之。但當事人已就仲裁協議標的之爭議為陳述者,不得異議。

第23條

仲裁庭應予當事人充分陳述機會,並就當事人所提主張為必要之調查。

仲裁程序,不公開之。但當事人另有約定者,不在此限。

第24條

當事人得以書面委任代理人到場陳述。

第25條

涉外仲裁事件，當事人得約定仲裁程序所使用之語文。但仲裁庭或當事人之一方得要求就仲裁相關文件附具其他語文譯本。

當事人或仲裁人，如不諳國語，仲裁庭應用通譯。

第26條

仲裁庭得通知證人或鑑定人到場應詢。但不得令其具結。

證人無正當理由而不到場者，仲裁庭得聲請法院命其到場。

第27條

仲裁庭辦理仲裁事件，有關文書之送達，準用民事訴訟法有關送達之規定。

第28條

仲裁庭為進行仲裁，必要時得請求法院或其他機關協助。

受請求之法院，關於調查證據，有受訴法院之權。

第29條

當事人知悉或可得而知仲裁程序違反本法或仲裁協議，而仍進行仲裁程序者，不得異議。

異議，由仲裁庭決定之，當事人不得聲明不服。

異議，無停止仲裁程序之效力。

第30條

當事人下列主張，仲裁庭認其無理由時，仍得進行仲裁程序，並為仲裁判斷：

一、仲裁協議不成立。

二、仲裁程序不合法。

三、違反仲裁協議。

四、仲裁協議與應判斷之爭議無關。

五、仲裁人欠缺仲裁權限。

六、其他得提起撤銷仲裁判斷之訴之事由。

第31條
仲裁庭經當事人明示合意者，得適用衡平原則爲判斷。

第32條
仲裁判斷之評議，不得公開。

合議仲裁庭之判斷，以過半數意見定之。

關於數額之評議，仲裁人之意見各不達過半數時，以最多額之意見順次算入次多額之意見，至達過半數爲止。

合議仲裁庭之意見不能過半數者，除當事人另有約定外，仲裁程序視爲終結，並應將其事由通知當事人。

前項情形不適用民法第一百三十三條之規定。但當事人於收受通知後，未於一個月內起訴者，不在此限。

第33條
仲裁庭認仲裁達於可爲判斷之程度者，應宣告詢問終結，依當事人聲明之事項，於十日內作成判斷書。

判斷書應記載下列各款事項：

一、當事人姓名、住所或居所。當事人爲法人或其他團體或機關者，其名稱及公務所、事務所或營業所。

二、有法定代理人、仲裁代理人者，其姓名、住所或居所。

三、有通譯者，其姓名、國籍及住所或居所。

四、主文。

五、事實及理由。但當事人約定無庸記載者，不在此限。

六、年月日及仲裁判斷作成地。

判斷書之原本，應由參與評議之仲裁人簽名；仲裁人拒絕簽名或因故不能簽名者，由簽名之仲裁人附記其事由。

第34條

仲裁庭應以判斷書正本,送達於當事人。

前項判斷書,應另備正本,連同送達證書,送請仲裁地法院備查。

第35條

判斷書如有誤寫、誤算或其他類此之顯然錯誤者,仲裁庭得隨時或依聲請更正之,並以書面通知當事人及法院。其正本與原本不符者,亦同。

第36條

民事訴訟法所定應適用簡易程序事件,經當事人合意向仲裁機構聲請仲裁者,由仲裁機構指定獨任仲裁人依該仲裁機構所定之簡易仲裁程序仲裁之。

前項所定以外事件,經當事人合意者,亦得適用仲裁機構所定之簡易仲裁程序。

第四章　仲裁判斷之執行

第37條

仲裁人之判斷,於當事人間,與法院之確定判決,有同一效力。

仲裁判斷,須聲請法院為執行裁定後,方得為強制執行。但合於下列規定之一,並經當事人雙方以書面約定仲裁判斷無須法院裁定即得為強制執行者,得逕為強制執行:

一、以給付金錢或其他代替物或有價證券之一定數量為標的者。

二、以給付特定之動產為標的者。

前項強制執行之規定,除當事人外,對於下列之人,就該仲裁判斷之法律關係,亦有效力:

一、仲裁程序開始後為當事人之繼受人及為當事人或其繼受人占有請求之標的物者。

二、為他人而為當事人者之該他人及仲裁程序開始後為該他人之繼受人,及為該他人或其繼受人占有請求之標的物者。

第38條

有下列各款情形之一者，法院應駁回其執行裁定之聲請：

一、仲裁判斷與仲裁協議標的之爭議無關，或逾越仲裁協議之範圍者。但除去該部分亦可成立者，其餘部分，不在此限。

二、仲裁判斷書應附理由而未附者。但經仲裁庭補正後，不在此限。

三、仲裁判斷，係命當事人為法律上所不許之行為者。

第39條

仲裁協議當事人之一方，依民事訴訟法有關保全程序之規定，聲請假扣押或假處分者，如其尚未提付仲裁，命假扣押或假處分之法院，應依相對人之聲請，命該保全程序之聲請人，於一定期間內提付仲裁。但當事人依法得提起訴訟時，法院亦得命其起訴。

保全程序聲請人不於前項期間內提付仲裁或起訴者，法院得依相對人之聲請，撤銷假扣押或假處分之裁定。

第五章　撤銷仲裁判斷之訴

第40條

有下列各款情形之一者，當事人得對於他方提起撤銷仲裁判斷之訴：

一、有第三十八條各款情形之一者。

二、仲裁協議不成立、無效，或於仲裁庭詢問終結時尚未生效或已失效者。

三、仲裁庭於詢問終結前未使當事人陳述，或當事人於仲裁程序未經合法代理者。

四、仲裁庭之組成或仲裁程序，違反仲裁協議或法律規定者。

五、仲裁人違反第十五條第二項所定之告知義務而顯有偏頗或被聲請迴避而仍參與仲裁者。但迴避之聲請，經依本法駁回者，不在此限。

六、參與仲裁之仲裁人，關於仲裁違背職務，犯刑事上之罪者。

七、當事人或其代理人，關於仲裁犯刑事上之罪者。

八、爲判斷基礎之證據、通譯內容係僞造、變造或有其他虛僞情事者。

九、爲判斷基礎之民事、刑事及其他裁判或行政處分，依其後之確定裁判或行政處分已變更者。

前項第六款至第八款情形，以宣告有罪之判決已確定，或其刑事訴訟不能開始或續行非因證據不足者爲限。

第一項第四款違反仲裁協議及第五款至第九款情形，以足以影響判斷之結果爲限。

第41條

撤銷仲裁判斷之訴，得由仲裁地之地方法院管轄。

提起撤銷仲裁判斷之訴，應於判斷書交付或送達之日起，三十日之不變期間內爲之；如有前條第一項第六款至第九款所列之原因，並經釋明，非因當事人之過失，不能於規定期間內主張撤銷之理由者，自當事人知悉撤銷之原因時起算。但自仲裁判斷書作成日起，已逾五年者，不得提起。

第42條

當事人提起撤銷仲裁判斷之訴者，法院得依當事人之聲請，定相當並確實之擔保，裁定停止執行。

仲裁判斷，經法院撤銷者，如有執行裁定時，應依職權併撤銷其執行裁定。

第43條

仲裁判斷經法院判決撤銷確定者，除另有仲裁合意外，當事人得就該爭議事項提起訴訟。

第六章　和解與調解

第44條

仲裁事件，於仲裁判斷前，得爲和解。和解成立者，由仲裁人作成和解書。

前項和解，與仲裁判斷有同一效力。但須聲請法院爲執行裁定後，方得爲強制執行。

第45條

未依本法訂立仲裁協議者，仲裁機構得依當事人之聲請，經他方同意後，由雙方選定仲裁人進行調解。調解成立者，由仲裁人作成調解書。

前項調解成立者，其調解與仲裁和解有同一效力。但須聲請法院爲執行裁定後，方得爲強制執行。

第46條

第三十八條、第四十條至第四十三條之規定，於仲裁和解、調解之情形準用之。

第七章　外國仲裁判斷

第47條

在中華民國領域外作成之仲裁判斷或在中華民國領域內依外國法律作成之仲裁判斷，爲外國仲裁判斷。

外國仲裁判斷，經聲請法院裁定承認後，於當事人間，與法院之確定判決有同一效力，並得爲執行名義。

第48條

外國仲裁判斷之聲請承認，應向法院提出聲請狀，並附具下列文件：

一、仲裁判斷書之正本或經認證之繕本。

二、仲裁協議之原本或經認證之繕本。

三、仲裁判斷適用外國仲裁法規、外國仲裁機構仲裁規則或國際組織仲裁規則者，其全文。

前項文件以外文作成者，應提出中文譯本。

第一項第一款、第二款所稱之認證，指中華民國駐外使領館、代表處、辦事處或其他經政府授權之機構所爲之認證。

第一項之聲請狀，應按應受送達之他方人數，提出繕本，由法院送達之。

第49條

當事人聲請法院承認之外國仲裁判斷，有下列各款情形之一者，法院應以裁定駁回其聲請：

一、仲裁判斷之承認或執行，有背於中華民國公共秩序或善良風俗者。

二、仲裁判斷依中華民國法律，其爭議事項不能以仲裁解決者。

外國仲裁判斷，其判斷地國或判斷所適用之仲裁法規所屬國對於中華民國之仲裁判斷不予承認者，法院得以裁定駁回其聲請。

第50條

當事人聲請法院承認之外國仲裁判斷，有下列各款情形之一者，他方當事人得於收受通知後二十日內聲請法院駁回其聲請：

一、仲裁協議，因當事人依所應適用之法律係欠缺行為能力而不生效力者。

二、仲裁協議，依當事人所約定之法律為無效；未約定時，依判斷地法為無效者。

三、當事人之一方，就仲裁人之選定或仲裁程序應通知之事項未受適當通知，或有其他情事足認仲裁欠缺正當程序者。

四、仲裁判斷與仲裁協議標的之爭議無關，或逾越仲裁協議之範圍者。但除去該部分亦可成立者，其餘部分，不在此限。

五、仲裁庭之組織或仲裁程序違反當事人之約定；當事人無約定時，違反仲裁地法者。

六、仲裁判斷，對於當事人尚無拘束力或經管轄機關撤銷或停止其效力者。

第51條

外國仲裁判斷，於法院裁定承認或強制執行終結前，當事人已請求撤銷仲裁判斷或停止其效力者，法院得依聲請，命供相當並確實之擔保，裁定停止其承認或執行之程序。

前項外國仲裁判斷經依法撤銷確定者，法院應駁回其承認之聲請或依聲請撤銷其承認。

第八章　附則

第52條
法院關於仲裁事件之程序，除本法另有規定外，適用非訟事件法，非訟事件法未規定者，準用民事訴訟法。

第53條
依其他法律規定應提付仲裁者，除該法律有特別規定外，準用本法之規定。

第54條
仲裁機構，得由各級職業團體、社會團體設立或聯合設立，負責仲裁人登記、註銷登記及辦理仲裁事件。

仲裁機構之組織、設立許可、撤銷或廢止許可、仲裁人登記、註銷登記、仲裁費用、調解程序及費用等事項之規則，由行政院會同司法院定之。

第55條
為推展仲裁業務、疏減訟源，政府對於仲裁機構得予補助。

第56條
本法除中華民國八十七年六月二十四日修正公布之條文自公布後六個月施行，及九十八年十二月十五日修正公布之條文自九十八年十一月二十三日施行外，自公布日施行。

|附錄二|
國際法院規約

第1條

聯合國憲章所設之國際法院爲聯合國主要司法機關,其組織及職務之行使,應依本規約之下列規定。

第一章　法院之組織

第2條

法院以獨立法官若干人組織之。此項法官應不論國籍,就品格高尚並在各本國具有最高司法職位之任命資格或公認爲國際法之法學家中選舉之。

第3條

法院以法官十五人組織之,其中不得有二人爲同一國家之國民。

就充任法院法官而言,一人而可視爲一個國家以上之國民者,應認爲屬於其通常行使公民及政治權利之國家或會員國之國民。

第4條

法院法官應由大會及安全理事會依下列規定就常設公斷法院各國團體所提出之名單內選舉之。

在常設公斷法院並無代表之聯合國會員國,其候選人名單應由各該國政府專爲此事而委派之團體提出;此項各國團體之委派,準用1907年海牙和平解決國際紛爭條約第四十四條規定委派常設公斷法院公斷員之條件。

凡非聯合國會員國而已接受法院規約之國家,其參加選舉法院法官時,參加條件,如無特別協定,應由大會經安全理事會之提議規定之。

第5條

聯合國秘書長至遲應於選舉日期三個月前,用書面邀請屬於本規約當事國

之常設公斷法院公斷員，及依第四條第二項所委派之各國團體。於一定期間內分別由各國團體提出能接受法官職務之人員。

每一團體所提人數不得超過四人，其中屬其本國國籍者不得超過二人。在任何情形下，每一團體所提候選人之人數不得超過應佔席數之一倍。

第6條

各國團體在提出上項人員以前，宜諮詢本國最高法院、大學法學院、法律學校、專研法律之國家研究院、及國際研究院在各國所設之各分院。

第7條

秘書長應依字母次序，編就上項所提人員之名單。除第十二條第二項規定外，僅此項人員有被選權。

秘書長應將前項名單提交大會及安全理事會。

第8條

大會及安全理事會各應獨立舉行法院法官之選舉。

第9條

每次選舉時，選舉人不獨應注意被選舉人必須各具必要資格，並應注意務使法官全體確能代表世界各大文化及各主要法系。

第10條

候選人在大會及在安全理事會得絕對多數票者應認為當選。

安全理事會之投票，或為法官之選舉或為第十二條所稱聯席會議人員之指派，應不論安全理事會常任理事國及非常任理事國之區別。

如同一國家之國民得大會及安全理事會之絕對多數票者不止一人時，其年事最高者應認為當選。

第11條

第一次選舉會後，如有一席或一席以上尚待補選時，應舉行第二次選舉會，並於必要時，舉行第三次選舉會。

第12條

第三次選舉會後，如仍有一席或一席以上尚待補選時，大會或安全理事會得隨時聲請組織聯席會議，其人數爲六人，由大會及安全理事會各派三人。此項聯席會議就每一懸缺以絕對多數票選定一人提交大會及安全理事會分別請其接受。

具有必要資格人員，即未列入第七條所指之候選人名單，如經聯席會議全體同意，亦得列入該會議名單。

如聯席會議確認選舉不能有結果時，應由已選出之法官，在安全理事會所定之期間內，就曾在大會或安全理事會得有選舉票之候選人中，選定若干人補足缺額。

法官投票數相等時，年事最高之法官應投決定票。

第13條

法官任期九年，並得連選，但第一次選舉選出之法官中，五人任期應爲三年，另五人爲六年。

上述初期法官，任期孰爲三年孰爲六年，應於第一次選舉完畢後立由秘書長以抽籤方法決定之。

法官在其後任接替前，應繼續行使其職務，雖經接替，仍應結束其已開始辦理之案件。

法官辭職時應將辭職書致送法院院長轉知秘書長。轉知後，該法官之一席即行出缺。

第14條

凡遇出缺，應照第一次選舉時所定之辦法補選之。但秘書長應於法官出缺後一個月內，發出第五條規定之邀請書，並由安全理事會指定選舉日期。

第15條

法官被選以接替任期未滿之法官者，應任職至其前任法官任期屆滿時爲止。

第16條

法官不得行使任何政治或行政職務，或執行任何其他職業性質之任務。

關於此點，如有疑義，應由法院裁決之。

第17條

法官對於任何案件，不得充任代理人、律師或輔佐人。法官曾以當事國一造之代理人、律師或輔佐人、或以國內法院或國際法院或調查委員會委員、或以其他資格參加任何案件者，不得參與該案件之裁決。

關於此點，如有疑義，應由法院決定之。

第18條

法官除由其餘法官一致認為不復適合必要條件外，不得免職。

法官之免職，應由書記官長正式通知秘書長。

此項通知一經送達秘書長，該法官之一席即行出缺。

第19條

法官於執行法院職務時，應享受外交特權及豁免。

第20條

法官於就職前，應在公開法庭鄭重宣言，本人必當秉公竭誠行使職權。

第21條

法院應選舉院長及副院長，其任期各三年，並得連選。

法院應委派書記官長，並得酌派其他必要之職員。

第22條

法院設在海牙，但法院如認為合宜時，得在他處開庭及行使職務。

院長及書記官長應駐於法院所在地。

第23條

法院除司法假期外，應常住辦公，司法假期之日期及期間由法院定之。

法官得有定時假期，其日期及期間，由法院斟酌海牙與各法官住所之距離

定之。

法官除在假期或因疾病或其他重大原由，不克視事，經向院長作適當之解釋外，應常住備由法院分配工作。

第24條

法官如因特別原由認為於某案之裁判不應參與時，應通知院長。

院長如認某法官因特別原由不應參與某案時，應以此通知該法官。

遇有此種情形，法官與院長意見不同時，應由法院決定之。

第25條

除本規約另有規定外，法院應由全體法官開庭。

法院規則得按情形並以輪流方法，規定准許法官一人或數人免予出席，但準備出席之法官人數不得因此減至少於十一人。

法官九人即足構成法院之法定人數。

第26條

法院得隨時設立一個或數個分庭，並得決定由法官三人或三人以上組織之。此項分庭處理特種案件，例如勞工案件及關於過境與交通案件。

法院為處理某特定案件，得隨時設立分庭，組織此項分庭法官之人數，應由法院得當事國之同意定之。

案件經當事國之請求應由本條規定之分庭審理裁判之。

第27條

第二十六條及第二十九條規定之任何分庭所為之裁判，應視為法院之裁判。

第28條

第二十六條及第二十九條規定之分庭，經當事國之同意，得在海牙以外地方開庭及行使職務。

第29條

法院為迅速處理事務，應於每年以法官五人組織一分庭。該分庭經當事國

之請求，得用簡易程序，審理及裁判案件。法院並應選定法官二人，以備接替不能出庭之法官。

第30條

法院應訂立規則，以執行其職務，尤應訂定關於程序之規則。

法院規則得規定關係襄審官之出席法院或任何分庭，但無表決權。

第31條

屬於訴訟當事國國籍之法官，於法院受理該訴訟案件時，保有其參與之權。

法院受理案件，如法官中有屬於一造當事國之國籍者，任何他造當事國得選派一人爲法官，參與該案。此項人員尤以就第四條及第五條規定所提之候選人中選充爲宜。

法院受理案件，如當事國均無本國國籍法官時，各當事國均得依本條第二項之規定選派法官一人。

本條之規定之於第二十六條及第二十九條之情形適用之。在此種情形下，院長應請分庭法官一人，或於必要時二人，讓與屬於關係當事國國籍之法官，如無各當事國國籍之法官或各該法官不能出席時，應讓與各當事國特別選派之法官。

如數當事國具有同樣利害關係時，在上列各規定適用範圍內，祇應作爲一當事國。關於此點，如有疑義，由法院裁決之。

依本條第二項、第三項、及第四項規定所選派之法官，應適合本規約第二條、第十七條第二項、第二十條、及第二十四條規定之條件。各該法官參與案件之裁判時，與其同事立於完全平等之地位。

第32條

法院法官應領年俸。

院長每年應領特別津貼。

副院長於代行院長職務時，應按日領特別津貼。

依第三十一條規定所選派之法官而非法院之法官者，於執行職務時，應按

日領酬金。

上列俸給津貼及酬金由聯合國大會定之，在任期內，不得減少。

書記官長之俸給，經法院之提議由大會定之。

法官及書記官支給退休金及補領旅費之條件由大會訂立章程規定之。

上列俸給津貼及酬金，應免除一切稅捐。

第33條

法院經費由聯合國擔負，其擔負方法由大會定之。

第二章　法院之管轄

第34條

在法院得為訴訟當事國者，限於國家。

法院得依其規則，請求公共國際團體供給關於正在審理案件之情報。該項團體自動供給之情報，法院應接受之。

法院於一案件遇有公共國際團體之組織約章或依該項約章所締結之國際協約，發生解釋問題時，書記官長應通知有關公共國際團體並向其遞送所有書面程序之文件副件。

第35條

法院受理本規約各當事國之訴訟。

法院受理其他各國訴訟之條件，除現行條約另有特別規定外，由安全理事會定之，但無論如何，此項條件不得使當事國在法院處於不平等地位。

非聯合國會員國為案件之當事國時，其應擔負法院費用之數目由法院定之，如該國業已分擔法院經費之一部，本項規定不適用之。

第36條

法院之管轄包括各當事國提交之一切案件，及聯合國憲章或現行條約及協約中所特定之一切事件。

本規約各當事國得隨時聲明，關於具有下列性質之一切法律爭端，對於接

受同樣義務之任何其他國家，承認法院之管轄爲當然而具有強制性，不須另訂特別協定：

一、條約之解釋。

二、國際法之任何問題。

三、任何事實之存在，如經確定即屬違反國際義務者。

四、因違反國際義務而應予賠償之性質及其範圍。

上述聲明，得無條件爲之，或以數個或特定之國家間彼此拘束爲條件，或以一定之期間爲條件。

此項聲明，應交存聯合國秘書長，並由其將副本分送本規約各當事國及法院書記官長。

曾依常設國際法院規約第三十六條所爲之聲明而現仍有效者，就本規約當事國間而言，在該項聲明期間尚未屆滿前，並依其條款，應認爲對於國際法院強制管轄之接受。

關於法院有無管轄權之爭端，由法院裁決之。

第37條

現行條約或協約或規定某項事件應提交國際聯合會所設之任何裁判機關或常設國際法院者，在本規約當事國間，該項事件應提交國際法院。

第38條

法院對於陳訴各項爭端，應依國際法裁判之。裁判時應適用：

一、不論普通或特別國際協約，確立訴訟當事國明白承認之規條者。

二、國際習慣，作爲通例之證明而經接受爲法律者。

三、一般法律原則，爲文明各國所承認者。

四、在第五十九條規定之下，司法判例及各國權威最高之公法學家學說，作爲確定法律原則之補助資料者。

前項規定，不妨礙法院經當事國同意，本公允及善良原則，裁判案件之權。

第三章　程序

第39條

法院正式文字爲英、法兩文。如各當事國同意用法文辦理案件，其判決應以法文爲之，如各當事國同意用英文辦理案件，其判決應以英文爲之。

如未經同意應用何種文字，每一當事國於陳述中得擇用英、法兩文之一，而法院之判詞應用英、法兩文。法院並應同時確定以何者爲準。

法院經任何當事國之請求，應准該當事國用英、法文以外之文字。

第40條

向法院提出訴訟案件，應按其情形，將所訂特別協定通告書記官長，或以請求書送達書記官長，不論用何項方法，均應敍明爭端、事由及各當事國。

書記官長應立將請求書通知有關各方。

書記官長並應經由秘書長通知聯合國會員國及有權在法院出庭其他之國家。

第41條

法院如認情形有必要時，有權指示當事國，應行遵守以保全彼此權利之臨時辦法。

在終局判決前，應將此項指示辦法立即通知各當事國及安全理事會。

第42條

各當事國應由代理人代表之。

各當事國得派律師或輔佐人，在法院予以協助。

各當事國之代理人、律師及輔佐人，應享受關於獨立行使其職務所必要之特權及豁免。

第43條

訴訟程序應分書面與口述兩部分。

書面程序係指以訴狀、辯訴狀及必要時之答辯狀，連同可資佐證之各種文

件及公文書，送達法院及各當事國。

此項送達，應由書記官長依法院所定次序及期限爲之。

當事國一造所提出之一切文件，應將證明無訛之抄本一份送達他造。

口述程序係指法院審訊證人、鑑定人、代理人、律師及輔佐人。

第44條

法院遇有對於代理人、律師及輔佐人以外之人送達通知書，而須在某國領土內行之者，應逕向該政府接洽。

爲就地搜集證據而須採取步驟時，適用前項規定。

第45條

法院之審訊應由院長指揮，院長不克出席時，由副院長指揮；院長副院長均不克出席時，由出席法官中之資深者主持。

第46條

法院之審訊應公開行之，但法院另有決定或各當事國要求拒絕，公眾旁聽時，不在此限。

第47條

每次審訊應作成記錄，由書記官長及院長簽名。

前項紀錄爲唯一可據之記錄。

第48條

法院爲進行辦理案件，應頒發命令。對於當事國每造，應決定其必須終結辯論之方式及時間。對於證據之搜集，應爲一切之措施。

第49條

法院在開始審訊前，亦得令代理人提出任何文件，或提供任何解釋。如經拒絕，應予正式記載。

第50條

法院得隨時選擇任何個人、團體、局所、委員會或其他組織，委以調查或

鑑定之責。

第51條

審訊時，得依第三十條所指法院在其程序規則中所定之條件，向證人及鑑定人提出任何切要有關之詰問。

第52條

法院於所定期限內，收到各項證明及證據後，得拒絕接受當事國一造欲提出之其他口頭或書面證據。但經他造同意者，不在此限。

第53條

當事國一造不到法院或不辯護其主張時，他造得請求法院對自己主張為有利之裁判。

法院於允准前項請求前，應查明不特依第三十六條及第三十七條法院對本案有管轄權，且請求人之主張，在事實及法律上均有根據。

第54條

代理人、律師及輔佐人在法院指揮下，陳述其主張已完畢時，院長應宣告辯論終結。

法官應退席討論判決。

法官之評議應祕密為之，並永守祕密。

第55條

一切問題應由出席法官之過半數決定之。

如投票數相等時，院長或代理院長職務之法官應投決定票。

第56條

判詞應敘明理由。

判詞應載明參與裁判之法官姓名。

第57條

判詞如全部或一部分不能代表法官一致之意見時，任何法官得另行宣告其

個別意見。

第58條

判詞應由院長及書記官長簽名，在法庭內公開宣讀，並應先期通知各代理人。

第59條

法院之裁判除對於當事國及本案外，無拘束力。

第60條

法院之判決系屬確定不得上訴。判詞之意義或範圍發生爭端時，經任何當事國之請求後，法院應予解釋。

第61條

聲請法院覆核判決，應根據發現具有決定性之事實，而此項事實在判決宣告時，爲法院及聲請覆核之當事國所不知者，但以非因過失而不知者爲限。

覆核程序之開始，應由法院下以裁決，載明新事實之存在，承認此項新事實具有使本案應予覆核之性質，並宣吉覆核之聲請因此可予接受。

法院於接受覆核訴訟前，得令先行履行判決之內容。

聲請覆核至遲應於新事實發現後六個月內爲之。

聲請覆核自判決日起，逾十年後，不得爲之。

第62條

某一國家如認爲某案件之判決可影響屬於該國具有法律性質之利益時，得向法院聲請參加。

此項聲請應由法院裁決之。

第63條

凡協約發生解釋問題，而訴訟當事國以外尙有其他國家爲該協約之簽字國者，應立由書記官長通知各該國家。

受前項通知之國家有參加程序之權；但如該國行使此項權利時，判決中之

解釋，對該國具有同樣拘束力。

第64條

除法院另有裁定外，訴訟費用由各造當事國自行擔負。

第四章　諮詢意見

第65條

法院對於任何法律問題，如經任何團體由聯合國憲章授權而請求，或依照聯合國憲章而請求時，得發表諮詢意見。

凡向法院請求諮詢意見之問題，應以聲請書送交法院，此項聲請書對於諮詢意見之問題，應有確切之敘述，並應附送足以釋明該問題之一切文件。

第66條

書記官長應立將諮詢意見之聲請，通知凡有權在法院出庭之國家。

書記官長並應以特別且直接之方法，通知法院（或在法院不開庭時，院長）所認為對於諮詢問題能供給情報之有權在法院出庭之任何國家，或能供給情報之國際團體，聲明法院於院長所定之期限內，準備接受關於該問題之書面陳述，或準備於本案公開審訊時，聽取口頭陳述。

有權在法院出庭之任何國家，如未接到本條第二項所指之特別通知時，該國家得表示願以書面或口頭陳述之意思，而由法院裁決之。

凡已經提出書面或口頭陳述或兩項陳述之國家及團體，對於其他國家或團體所提之陳述，准其依法院（或在法院不開庭時，院長）所定關於每案之方式，範圍及期限，予以評論。書記官長應於適當時間內，將此項書面陳述，通知已經提出此類陳述之國家及團體。

第67條

法院應將其諮詢意見當庭公開宣告，並先期通知秘書長、聯合國會員國及有直接關係之其他國家，及國際團體之代表。

第68條

法院執行關於諮詢意見之職務時，並應參照本規約關於訴訟案件各條款之規定。但以法院認爲該項條款可以適用之範圍爲限。

第五章　修正

第69條

本規約之修正，準用聯合國憲章所規定關於修正憲章之程序，但大會經安全理事會之建議，得制定關於本規約當事國而非聯合國會員國參加該項程序之任何規定。

第70條

法院認爲必要時，得以書面向秘書長提出對於本規約之修正案，由聯合國依照第六十九條之規定，加以討論。

|附錄三|
解決國家與他國國民間投資爭端公約

序言

考慮到為經濟發展進行國際合作的需要和私人國際投資在這方面的作用；注意到各締約國和其他締約國的國民之間可能不時發生與這種投資有關的爭端；認識到雖然此種爭端通常將遵守國內法律程序，但在某些情況下，採取國際解決方法可能是適當的；特別重視提供國際調解或仲裁的便利，各締約國和其他締約國國民如果有此要求可以將此種爭端交付國際調解或仲裁；願在國際復興開發銀行的主持下建立此種便利；認識到雙方同意藉助此種便利將此種爭端交付調解或仲裁，構成了一種有約束力的協議，該協議特別要求對調解員的任何建議給予適當考慮，對任何仲裁判斷予以遵守；宣告不能僅僅由於締約國批准、接受或核准本公約這一事實而不經其同意就認為該締約國具有將任何特定的爭端交付調解或仲裁的義務。

第一章　解決投資爭端國際中心

第一節　建立和組織

第1條

一、茲建立解決投資爭端國際中心（以下簡稱「中心」）。

二、中心的宗旨是依照本公約的規定為各締約國和其他締約國的國民之間的投資爭端，提供調解和仲裁的便利。

第2條

中心的總部應設在國際復興開發銀行（以下稱爲「銀行」）總行辦事處。該總部可以根據行政理事會經其成員的三分之二多數作出的決定遷往另一地點。

第3條

中心應設有一個行政理事會和一個秘書處，並應有一個調解員小組和一個仲裁員小組。

第二節　行政理事會

第4條

一、行政理事會由每一個締約國各派代表一人組成，在首席代表未能出席會議或不能執行任務時，可以由副代表擔任代表。

二、如無相反的任命，締約國所指派的銀行的理事和副理事應當然地成爲各該國的代表和副代表。

第5條

銀行行長應爲行政理事會的當然主席（以下稱爲「主席」），但無表決權。在他缺席或不能執行任務時和在銀行行長職位空缺時，應由暫時代理行長的人擔任行政理事會主席。

第6條

一、行政理事會在不損害本公約其他條款賦予它的權力和職能的情況下，應：

　　（一）通過中心的行政和財政條例；

　　（二）通過交付調解和仲裁的程序規則；

　　（三）通過調解和仲裁的程序規則（以下稱爲「調解規則和仲裁規則」）；

　　（四）批准同銀行達成的關於使用其行政設施和服務的協議；

　　（五）確定秘書長和任何副秘書長的服務條件；

（六）通過中心的年度收支預算；

（七）批准關於中心的活動的年度報告。

上述（一）、（二）、（三）和（六）項中的決定，應由行政理事會成員的三分之二多數票通過。

二、行政理事會可以設立它認為必要的委員會。

三、行政理事會還應行使它所確定的為履行本公約規定所必需的其他權力和職能。

第7條

一、行政理事會應每年舉行一次年會，以及理事會可能決定的，或經理事會至少五個成員的請求由主席或由秘書長召開的其他會議。

二、行政理事會每個成員享有一個投票權，除本公約另有規定外，理事會所有的事項應以多數票作出決定。

三、行政理事會任何會議的法定人數應為其成員的多數。

四、行政理事會可由其成員的三分之二多數決定建立一種程序，根據該程序的主席可以不召開理事會議而進行理事會表決，該項表決只有理事會的多數成員在上述程序規定的期限內投票，才能認為有效。

第8條

中心對行政理事會成員和主席的工作，不付給報酬。

第三節　秘書處

第9條

秘書處由秘書長一人、副秘書長一人或數人以及工作人員組成。

第10條

一、秘書長和任何副秘書長由主席提名，經行政理事會根據其成員的三分之二多數票選舉產生，任期不超過六年，可以連任。主席在同行政理事會成員磋商後，對上述每一職位得提出一個或幾個候選人。

二、秘書長和副秘書長的職責不得與執行任何政治任務相聯繫。秘書長或

任何副秘書長除經行政理事會批准外，不得擔任其他任何職務，或從事其他任何職業。

三、在秘書長缺席或不能履行職責時，或在秘書長職位空缺時，由副秘書長擔任秘書長。如果有一個以上的副秘書長，應由行政理事會在事前決定他們擔任秘書長的次序。

第11條

秘書長是中心的法定代表和主要官員，並依照本公約的規定和行政理事會通過的規則負責其行政事務，包括任命工作人員。他應履行書記官的職務，並有權認證根據本公約作出的仲裁判斷和核證其副本。

第四節　小組

第12條

調解員小組和仲裁員小組各由合格的人員組成，他們應根據以下規定指派，並願意提供服務。

第13條

一、每一締約國可以向每個小組指派四人，他們可以是但不一定是該締約國國民。

二、主席可以向每個小組指派十人，所指派人員應具有不同的國籍。

第14條

一、指派在小組服務的人員應具有高尚的道德品質，並且在法律、商務、工業和金融方面有公認的能力，他們可以被信賴作出獨立的判斷。對仲裁員小組的人員而言，在法律方面的能力尤其重要。

二、主席在指派在小組中服務的人員時，還應適當注意保證世界上各種主要法律體系和主要經濟活動方式在小組中的代表性。

第15條

一、小組成員的任期為六年，可以連任。

二、如果小組的成員死亡或辭職時，指派該成員的機構有權指派另一人在

該成員剩餘的任期內服務。

三、小組成員應繼續任職，直至其繼任人被指派時為止。

第16條

一、一個人可以在兩個小組服務。

二、如果一個人被一個以上的締約國、或被一個或一個以上的締約國和主席指派在同一個小組服務，他應被認為是被首先指派他的機構所指派；或者如果其中一個指派他的機構是他國籍所屬國家，他應被認為是被該國所指派。

三、所有的指派應通知秘書長，並從接到通知之日起生效。

第五節　中心的經費

第17條

如果中心對使用其設施而收取的費用或其他收入不足以彌補其支出，那末屬於銀行成員的締約國應各按其認購的銀行資本股份的比例，而不屬於銀行成員的締約國則按行政理事會通過的規則來負擔超支部分。

第六節　地位、豁免和特權

第18條

中心具有完全的國際法律人格。中心的法律能力應包括：

（一）締結契約的能力；

（二）取得和處置動產和不動產的能力；

（三）起訴的能力。

第19條

為使中心能履行其職責，它在各締約國領土內應享有本節規定的豁免和特權。

第20條

中心及其財產和資產享有豁免一切法律訴訟的權利，除非中心放棄此種豁

免。

第21條

主席，行政理事會成員，擔任調解員或仲裁員的人員或按照第五十二條第三款任命的委員會成員以及秘書處的官員的僱員：

（一）在履行其職責時的一切行動，享有豁免法律訴訟的權利，除非中心放棄此種豁免；

（二）如不是當地的國民，應享有締約國給予其他締約國相應級別的代表、官員和僱員在移民限制、外國人登記條件和國民兵役義務方面的同等豁免權，在外匯限制方面的同等便利以及有關旅行便利的同等待遇。

第22條

第二十一條的規定應適用於根據本公約在訴訟中出席作為當事人、代理人、顧問、辯護人、證人或專家的人，但該條第（二）項只適用於他們往返訴訟地的旅程和停留。

第23條

一、中心的檔案不論其在何處，應不受侵犯。

二、關於官方通訊，各締約國給予中心的待遇，不得低於給予其他國際組織的待遇。

第24條

一、中心及其資產、財產和收入，以及本公約許可的業務活動的交易，應免除一切稅捐和關稅。中心還應免除徵繳任何稅捐或關稅的義務。

二、除當地國民外，對中心付給行政理事會主席或成員的津貼或其他報酬，均不得徵稅。

三、對擔任調解員或仲裁員，或按照第五十二條第三款任命的委員會成員，在本公約規定的訴訟中取得的報酬或津貼，均不得徵稅，倘若此項徵稅是以中心所在地、進行上述訴訟的地點、或付給報酬或津貼的

地點為唯一管轄依據的話。

第二章　中心的管轄

第25條

一、中心的管轄適用於締約國（或締約國向中心指定的該國的任何組成部分或機構）和另一締約國國民之間直接因投資而產生並經雙方書面同意提交給中心的任何法律爭端。當雙方表示同意後，任何一方不得單方面撤銷其同意。

二、「另一締約國國民」係指：

（一）在雙方同意將爭端交付調解或仲裁之日以及根據第二十八條第三款或第三十六條第三款登記請求之日，具有作為爭端一方的國家以外的某一締約國國籍的任何自然人，但不包括在上述任一日期也具有作為爭端一方的締約國國籍的任何人；

（二）在爭端雙方同意將爭端交付調解或仲裁之日，具有作為爭端一方的國家以外的某一締約國國籍的任何法人，以及在上述日期具有作為爭端一方締約國國籍的任何法人，而該法人因受外國控制，雙方同意為了本公約的目的，應看作是另一締約國國民。

三、某一締約國的組成部分或機構表示的同意，須經該締約國批准，除非該締約國通知中心不需要予以批准。

四、任何締約國可以在批准、接受或核准本公約時，或在此後任何時候，把它將考慮或不考慮提交給中心管轄的一類或幾類爭端通知中心。秘書長應立即將此項通知轉送給所有締約國。此項通知不構成第一款所要求的同意。

第26條

除非另有規定，雙方同意根據本公約交付仲裁，應視為同意排除任何其他救濟方法而交付上述仲裁。締約國可以要求以用盡該國行政或司法救濟作

為其同意根據本公約交付仲裁的條件。

第27條

一、締約國對於其國民和另一締約國根據本公約已同意交付或已交付仲裁的爭端，不得給予外交保護或提出國際要求，除非該另一締約國未能遵守和履行對此項爭端所作出的裁決。

二、在第一款中，外交保護不應包括純粹為了促進爭端的解決而進行的非正式的外交上的交往

第三章　調解

第一節　請求調解

第28條

一、希望交付調解程序的任何締約國或締約國的任何國民，應就此向秘書長提出書面請求，由秘書長將該項請求的副本送交另一方。

二、該項請求應包括有關爭端的事項、雙方的身分以及他們同意依照交付調解和仲裁的程序規則進行調解等內容。

三、秘書長應登記此項請求，除非他根據請求的內容認為此項爭端顯然在中心的管轄範圍之外。他應立即將登記或拒絕登記通知雙方。

第二節　調解委員會的組成

第29條

一、調解委員會（以下稱為「委員會」）應在依照第二十八條提出的請求予以登記之後儘速組成。

二、（一）委員會應由雙方同意任命的獨任調解員或任何非偶數的調解員組成。

　　（二）如雙方對調解員的人數和任命的方法不能達成協議，則委員會應由三名調解員組成，由每一方各任命調解員一名，第三名由雙方協議任命，並擔任委員會主席。

第30條

如果在秘書長依照第二十八條第三款發出關於請求已予以登記的通知後九十天內，或在雙方可能同意的其他期限內未能組成委員會，主席經任何一方請求，並儘可能同雙方磋商後，可任命尚未任命的一名或數名調解員。

第31條

一、除主席根據第三十條進行任命的情況外，可任命調解員小組以外的人為調解員。

二、從調解員小組以外任命的調解員應具備第十四條第一款所述的品質。

第三節　調解程序

第32條

一、委員會應是其本身權限的決定人。

二、爭端一方提出的反對意見，認為該爭端不屬於中心的管轄範圍，或因其他原因不屬於委員會權限範圍，委員會應加以考慮，並決定是否將其作為先決問題處理，或與該爭端的是非曲直一併處理。

第33條

任何調解程序應依照本節規定，以及除雙方另有協議外，依照雙方同意調解之日有效的調解規則進行，如發生任何本節或調解規則或雙方同意的任何規則未作規定的程序問題，則該問題應由委員會決定。

第34條

一、委員會有責任澄清雙方發生爭端的問題，並努力使雙方就共同可接受的條件達成協議。為此目的，委員會可以在程序進行的任何階段，隨時向雙方建議解決的條件。雙方應同委員會進行真誠的合作，以使委員會能履行其職責，並對委員會的建議給予最認真的考慮。

二、如果雙方達成協議，委員會應起草一份報告。指出發生爭端的問題，並載明雙方已達成協議。如果在程序進行的任何階段，委員會認為雙

方已不可能達成協議，則應結束此項程序，並起草一份報告，指出已將爭端提交調解，並載明雙方未能達成協議。如果一方未能出席或參加上述程序，委員會應結束此項程序並起草一份報告，指出該方未能出席或參加。

第35條

除爭端雙方另有協議外，參加調解程序的任何一方均無權在其他任何程序中，不論是在仲裁員面前或在法院或其他機構，援引或依仗參加調解程序的另一方所表示的任何意見或所作的聲明或承認或提出的解決辦法，也不得援引或依仗委員會提出的報告或任何建議。

第四章　仲裁

第一節　請求仲裁

第36條

一、希望採取仲裁程序的任何締約國或締約國的任何國民，應就此向秘書長提出書面請求，由秘書長將該項請求的副本送交另一方。

二、該項請求應包括有關爭端事項、雙方的身分以及他們同意依照交付調解和仲裁的程序規則提交仲裁等內容。

三、秘書長應登記此項請求，除非他根據請求的內容，認為此項爭端顯然在中心的管轄範圍之外，他應立即將登記或拒絕登記通知雙方。

第二節　仲裁庭的組成

第37條

一、仲裁庭應在依照第三十六條提出的請求登記之後儘速組成。

二、（一）仲裁庭應由雙方同意任命的獨任仲裁員或任何非偶數的仲裁員組成。

（二）如雙方對仲裁員的人數和任命的方法不能達成協議，仲裁庭應由三名仲裁員組成，由每一方各任命仲裁員一名，第三人由雙

方協議任命，並擔任首席仲裁員。

第38條

如果在秘書長依照第三十六條第三款發出關於請求已予以登記的通知後九十天內，或在雙方可能同意的其他期限內未能組成仲裁庭，主席經任何一方請求，並儘可能同意雙方磋商後，可任命尚未任命的仲裁員或數名仲裁員。主席根據本條任命的仲裁員不得爲爭端一方的締約國的國民或其國民是爭端一方的締約國的國民。

第39條

仲裁員的多數不得爲爭端一方的締約國國民和其國民是爭端一方的締約國的國民；但獨任仲裁員或仲裁庭的每一成員經雙方協議任命，本條上述規定則不適用。

第40條

一、除主席根據第三十八條進行任命的情況外，可以從仲裁員小組以外任命仲裁員。

二、從仲裁員小組以外任命的仲裁員應具備第十四條第一款所述的品質。

第三節　仲裁庭的權力和職能

第41條

一、仲裁庭應是其本身權限的決定人。

二、爭端一方提出的反對意見，認爲該爭端不屬於中心的管轄範圍，或因其他原因不屬於仲裁庭的權限範圍，仲裁庭應加以考慮，並決定是否將其作爲先決問題處理，或與該爭端的是非曲直一併處理。

第42條

一、仲裁庭應依照雙方可能同意的法律規則對爭端作出裁決。如無此種協議，仲裁庭應適用作爲爭端一方的締約國的法律（包括其衝突法規則）以及可能適用的國際法規則。

二、仲裁庭不得藉口法律無明文規定或含義不清而暫不作出裁決。

三、第一款和第二款的規定不得損害仲裁庭在雙方同意時按公允及善良原則對爭端作出裁決的權力。

第43條

除雙方另有協議，如果仲裁庭在程序的任何階段認為有必要時，它可以：

（一）要求雙方提出文件或其他證據；

（二）訪問與爭端有關的場地，並在該地進行它可能認為適當的調查。

第44條

任何仲裁程序應依照本節規定，以及除雙方另有協議外，依照雙方同意提交仲裁之日有效的仲裁規則進行。如發生任何本節或仲裁規則或雙方同意的任何規則未作規定的程序問題，則該問題應由仲裁庭決定。

第45條

一、一方未出席或陳述其案情，不得視為接受另一方的主張。

二、如果一方在程序的任何階段未出席或陳述案情，另一方可以請求仲裁庭處理向其提出的問題並作出裁決。仲裁庭在作出裁決之前，應通知未出席或陳述案情的一方，並給以寬限日期，除非仲裁庭確信該方不願意這麼做。

第46條

除非雙方另有協議，如經一方請求，仲裁庭應對爭端的主要問題直接引起的附帶或附加的要求或反要求作出決定，但上述要求應在雙方同意的範圍內，或在中心的管轄範圍內。

第47條

除雙方另有協議外，仲裁庭如果認為情況需要，得建議採取任何臨時措施，以維護任何一方的權利。

第四節　裁決

第48條

一、仲裁庭應以其全體成員的多數票對問題作出決定。

二、仲裁庭的裁決應以書面作成，並由仲裁庭投贊成票的成員簽字。

三、裁決應處理提交仲裁庭的每一個問題，並說明所根據的理由。

四、仲裁庭的任何成員可以在裁決上附上他個人的意見（不論他是否同意多數人的意見），或陳述他的不同意見。

五、中心未經雙方的同意不得公布裁決。

第49條

一、秘書長應迅速將裁決的核證無誤的副本送交雙方。裁決應視為在發出上述副本之日作出。

二、仲裁庭經一方在作出裁決之日後四十五天內提出請求，可以在通知另一方後對裁決中遺漏的任何問題作出決定，並糾正裁決中的任何抄寫、計算或類似的錯誤。其決定應為裁決的一部分，並應按裁決一樣的方式通知雙方。第五十一條第二款和第五十二條第二款規定的期限應從作出決定之日起計算。

第五節　裁決的解釋、修改和撤銷

第50條

一、如果雙方對裁決的意義或範圍發生爭議，任何一方可以向秘書長提出書面申請，要求對裁決作出解釋。

二、如有可能，應將該項要求提交作出裁決的仲裁庭。如果不可能這樣做，則應依照本章第二節組織新的仲裁庭。仲裁庭如認為情況有此需要，可以在它作出決定前停止執行裁決。

第51條

一、任何一方可以根據所發現的某項其性質對裁決有決定性影響的事實，向秘書長提出書面申請要求修改裁決，但必須以在作出裁決時仲裁庭

和申請人都不瞭解該事實為條件,而且申請人不知道該事實並非由於疏忽所致。

二、申請應在發現該事實後的九十天內,且無論如何應在作出裁決之日後三年之內提出。

三、如有可能,該項要求應提交作出裁決的仲裁庭。如果不可能這樣做,則應依照本章第二節組織新的仲裁庭。

四、仲裁庭如認為情況有此需要,可以在作出決定前,停止執行裁決。如果申請人在申請書中要求停止執行裁決,則應暫時停止執行,直到仲裁庭對該要求作出決定為止。

第52條

一、任何一方可以根據下列一個或幾個理由,向秘書長提出書面申請,要求撤銷裁決:

　　(一)仲裁庭的組成不適當;

　　(二)仲裁庭顯然超越其權力;

　　(三)仲裁庭的成員有受賄行為;

　　(四)有嚴重的背離基本程序規則的情況;

　　(五)裁決未陳述其所依據的理由。

二、申請應在作出裁決之日後一百二十天內提出,但以受賄為理由而要求撤銷者除外,該申請應在發現受賄行為後一百二十天內,並且無論如何在作出裁決之日後三年內提出。

三、主席在接到要求時,應立即從仲裁員小組中任命一個由三人組成的專門委員會。委員會的成員不得為作出裁決的仲裁庭的成員,不得有相同的國籍,不得為爭端一方國家的國民或其國民是爭端一方的國家的國民,不得為上述任一國指派參加仲裁員小組的成員,也不得在同一爭端中擔任調解員。委員會根據第一款規定的任何理由有權撤銷裁決或裁決中的任何部分。

四、第四十一至第四十五條、第四十八條、第四十九條、第五十三條和第

五十四條以及第六章和第七章的規定，在適用於委員會的程序時，得作必要的變動。

五、委員會如認為情況有此需要，可以在作出決定前，停止執行裁決。如果申請人在申請書中要求停止執行裁決，則應暫時停止執行，直到委員會對該要求作出決定為止。

六、如果裁決被撤銷，則經任何一方的請求，應將爭端提交給依照本章第二節組織的新仲裁庭。

第六節　裁決的承認和執行

第53條

一、裁決對雙方具有約束力。不得進行任何上訴或採取除本公約規定外的任何其他補救辦法。除依照本公約有關規定予以停止執行的情況外，每一方應遵守和履行裁決的規定。

二、在本節中，「裁決」應包括依照第五十條、第五十一條或第五十二條對裁決作出解釋、修改或撤銷的任何決定。

第54條

一、每一締約國應承認依照本公約作出的裁決具有約束力，並在其領土內履行該裁決所加的財政義務，正如該裁決是該國法院的最後判決一樣。具有聯邦憲法的締約國可以在聯邦法院或通過該法院執行裁決，並可規定聯邦法院應把該裁決視為組成聯邦的某一邦的法院作出的最後判決。

二、要求在一締約國領土內予以承認或執行的一方，應向該締約國為此目的而指定的主管法院或其他機構提供經秘書長核證無誤的該裁決的副本一份。每一締約國應將為此目的而指定的主管法院或其他機構以及隨後關於此項指定的任何變動通知秘書長。

三、裁決的執行應受要求在其領土內執行的國家關於執行判決的現行法律的管轄。

第55條

第五十四條的規定不得解釋為背離任何締約國現行的關於該國或任何外國執行豁免的法律。

第五章　調解員和仲裁員的更換及取消資格

第56條

一、在委員會或仲裁庭組成和程序開始之後，其成員的組成應保持不變；但如有調解員或仲裁員死亡、喪失資格或辭職，其空缺應依照第三章第二節或第四章第二節的規定予以補充。

二、儘管委員會或仲裁庭的某一成員已停止成為仲裁員小組的成員，他應繼續在該委員會或仲裁庭服務。

三、如果由一方任命的調解員或仲裁員未經委員會或仲裁庭（該調解員或仲裁員是該委員會或仲裁庭的成員）的同意而辭職，造成的空缺應由主席從有關小組中指定一人補充。

第57條

一方可以根據明顯缺乏第十四條第一款規定的品質的任何事實，向委員會或仲裁庭建議取消其任何成員的資格。參加仲裁程序的一方還可根據第四章第二節以某一仲裁員無資格在仲裁庭任職為理由，建議取消該仲裁員的資格。

第58條

對任何取消調解員或仲裁員資格的建議的決定應視情況由委員會或仲裁庭的其他成員作出，但如成員中雙方人數相等，或遇到建議取消獨任調解員或仲裁員的資格，或取消大多數調解員或仲裁員的資格時，則應由主席作出決定。如決定認為該建議理由充分，則該決定所指的調解員或仲裁員應依照第三章第二節或第四章第二節的規定予以更換。

第六章　訴訟費用

第59條
雙方爲使用中心的設施而應付的費用由秘書長依照行政理事會通過的條例予以確定。

第60條
一、每一委員會和每一仲裁庭應在行政理事會隨時規定的限度內並在同秘書長磋商後，決定其成員的費用和開支。
二、本條第一款的規定並不排除雙方事先同有關的委員會或仲裁庭就其成員的費用和開支達成協議。

第61條
一、就調解程序而言，委員會成員的費用和開支以及使用中心的設施的費用，應由雙方平均分攤。每一方應負擔各自與程序有關的任何其他開支。
二、就仲裁程序而言，除雙方另有協議外，仲裁庭應估計雙方同程序有關的開支，並決定該項開支、仲裁庭成員的酬金和開支以及使用中心的設施的費用應如何和由何人償付。此項決定應成爲裁決的一部分。

第七章　訴訟地

第62條
調解和仲裁程序除以下的條文規定外，應在中心的所在地舉行。

第63條
如果雙方同意，調解和仲裁程序可以在下列地點舉行：
（一）常設仲裁庭或任何其他適當的公私機構的所在地，中心可以同上述機構就此目的作出安排；
（二）委員會或仲裁庭在同秘書長磋商後所批准的任何其他地點。

第八章　締約國之間的爭端

第64條

締約國之間發生的不能透過談判解決的有關本公約的解釋或適用的任何爭端，經爭端任何一方申請，可提交國際法院，除非有關國家同意採取另一種解決辦法。

第九章　修改

第65條

任何締約國可建議修改本公約。建議修改的文本應在審議該修改案的行政理事會召開會議之前至少九十天送交秘書長，並由秘書長立即轉交行政理事會所有成員。

第66條

一、如果行政理事會根據其成員的三分之二多數決定修改，則建議修改的文本應分送給所有締約國予以批准、接受或核准。每次修改應在本公約的保管人向各締約國發出關於所有締約國已經批准、接受或核准該項修改的通知之後三十天開始生效。

二、任何修改不得影響任何締約國或其任何組成部分或機構或該國的任何國民，在修改生效之日以前表示同意受中心管轄而產生的由本公約規定的權利和義務

第十章　最後條款

第67條

本公約應開放供銀行的成員國簽字。本公約也向參加國際法院規約和行政理事會根據其成員的三分之二多數票邀請簽署本公約的任何其他國家開放簽字。

第68條

一、本公約須由簽字國依照其各自的憲法程序予以批准、接受或核准。

二、本公約在交存第二十份批准、接受或核准書之日後三十天開始生效。
　　對以後每一個交存批准、接受或核准書的國家，本公約在其交存之日
　　後三十天開始生效。

第69條

每一締約國應採取使本公約的規定在其領土內有效所必需的立法或其他措
施。

第70條

本公約應適用於由一締約國負責國際關係的所有領土，但不包括締約國在
批准、接受或核准時，或其後以書面通知本公約的保管人予以除外的領
土。

第71條

任何締約國可以書面通知本公約的保管人退出本公約。該項退出自收到該
通知六個月後開始生效。

第72條

締約國依照第七十條或第七十一條發出的通知，不得影響該國或其任何組
成部分或機構或該國的任何國民在保管人接到上述通知以前由他們其中之
一所表示的同意受中心的管轄而產生的由本公約規定的權利和義務。

第73條

本公約的批准、接受或核准書以及修改的文本應交存於銀行，它是本公約
的保管人。保管人應將本公約核證無誤的副本送交銀行的成員國和被邀請
簽署本公約的任何其他國家。

第74條

保管人應依照聯合國憲章第一○二條和大會通過的有關條例向聯合國秘書
處登記本公約。

第75條

保管人應將下列各項通知所有簽字國：

（一）依照第六十七條的簽字；

（二）依照第七十三條交存的批准、接受和核準書；

（三）依照第六十八條本公約的生效日期；

（四）依照第七十條不適用本公約的領土；

（五）依照第六十六條對本公約的任何修改的生效日期；

（六）依照第七十一條退出本公約。

訂於華盛頓，用英文、法文和西班牙文寫成，三種文本具有同等效力。正本一份，存放在國際復興開發銀行檔案庫，銀行已在下方簽字，以表明它同意根據本公約履行其職責。

|後記|

　　自2022年6月取得中國政法大學法學博士學位後，又歷經2年的時間，才將這本《國際環境仲裁法理論與實踐》完成，把這些年關於國際環境法的研究撰寫成書，達成當年對博導林燦鈴教授的承諾。撰寫過程中，特別感謝賴來焜教授對這本書的指導與協助，並且同意將此書列為衝突法系列叢書之一，甚至同意為書寫序，這對於第一次將自己研究出版的我而言，真是莫大的榮幸與鼓舞，也促成了這本書的誕生。

　　在忙碌的律師工作中，能夠完成這本書，衷心地感謝林燦鈴教授、賴來焜教授、莊均緯理事長、李喬銘教授、鄧穎懋教授、吳行浩教授、郭子哲主任秘書、彭雙浪董事長、施義芳理事長、王紹平理事長、蔡仁毅建築師給我的指導與鼓勵，也謝謝魏林耀博士悉心地校對與編輯，同時感謝我的工作夥伴們：陳裕禎董事長、郭素玫女士、郭驊漪律師、范力山律師、蔡宗隆律師、陳志誠律師、李逸寧小姐的傾力協助，讓我能有時間靜心寫作；最後要感謝我的媽媽賴照子女士、舅舅賴建興先生、阿姨賴文娟女士以及姊姊鄒純怡律師，有你們溫馨的陪伴與照顧，讓我無後顧之憂，終於完成這次的出書計畫。

　　最後要將這本書獻給在天上的父親鄒啟驍先生，也再次跟我的博導林燦鈴教授說聲：這最後一哩路，我做到了！

國家圖書館出版品預行編目資料

國際環境仲裁法理論與實踐／鄒純忻著. ——
初版. ——臺北市：五南圖書出版股份有限
公司, 2025.01
面；　公分
ISBN 978-626-423-048-3 (平裝)

1.CST: 國際法　2.CST: 環境保護　3.CST:
　國際仲裁

579.948　　　　　　　　113019377

1UG7

國際環境仲裁法理論與實踐

作　　　者 — 鄒純忻（330.3）

編輯主編 — 劉靜芬

責任編輯 — 呂伊真

文字校對 — 黃郁婷、楊婷竹

封面設計 — 封怡彤

出　版　者 — 五南圖書出版股份有限公司

發　行　人 — 楊榮川

總　經　理 — 楊士清

總　編　輯 — 楊秀麗

地　　　址：106臺北市大安區和平東路二段339號4樓

電　　　話：(02)2705-5066

網　　　址：https://www.wunan.com.tw

電子郵件：wunan@wunan.com.tw

劃撥帳號：01068953

戶　　　名：五南圖書出版股份有限公司

法律顧問　林勝安律師

出版日期　2025年1月初版一刷

定　　　價　新臺幣520元

經典永恆·名著常在

五十週年的獻禮——經典名著文庫

五南，五十年了，半個世紀，人生旅程的一大半，走過來了。

思索著，邁向百年的未來歷程，能為知識界、文化學術界作些什麼？

在速食文化的生態下，有什麼值得讓人雋永品味的？

歷代經典·當今名著，經過時間的洗禮，千錘百鍊，流傳至今，光芒耀人；

不僅使我們能領悟前人的智慧，同時也增深加廣我們思考的深度與視野。

我們決心投入巨資，有計畫的系統梳選，成立「經典名著文庫」，

希望收入古今中外思想性的、充滿睿智與獨見的經典、名著。

這是一項理想性的、永續性的巨大出版工程。

不在意讀者的眾寡，只考慮它的學術價值，力求完整展現先哲思想的軌跡；

為知識界開啟一片智慧之窗，營造一座百花綻放的世界文明公園，

任君遨遊、取菁吸蜜、嘉惠學子！